沉浮与枯荣

八十自述

沉浮与枯荣

八十自述

江 平／口述
陈夏红／整理

法律出版社
LAW PRESS CHINA
北京

江平先生

本书整理者陈夏红与江平先生合影　　　　摄影：江波

序

我一生中真正能称得上是故友、至交的人几乎没有，这可能与我的人生信条“君子之交淡如水”有关吧！也许是因为自己年轻时被划成了“右派”，故友和至交逐渐离去，人情淡漠，我也不敢再奢求于故友和至交了！

近三十年来我在学术领域有所成就，可能与两个人的启迪有密切关系：

一位是李慎之先生。我与李慎之先生交往只有五年，那是七届全国人大(1988～1993年)法律委员会期间，他是法律委员会委员，我是法律委员会副主任，经常在一起开会。他那“右派”经历与燕京大学的学历和我相同，再加上我们对政治风波的看法完全相同，所以我们之间的谈话，可以说是“心有灵犀一点通”。在我们去贵州视察工作的途中，他对我说：你们搞法治的，最终会发现法治的困惑在于政治，法治离不开政治，中国现有的政治制度，你们是绕不开的。这句话我至今记忆犹新，也促使我更关心宪政，关心国家的政治制度的改革。政治制度的改革，是中国改革的核心之核心。

另一位是吴敬琏先生。我与吴敬琏先生交往和合作，从北戴河中央召开的社会科学专家座谈会算起，也快十年了。我和他是同龄人，在中国改革面临的问题和出路上，我们的见解是惊人的一致。

他常常讲,中国的市场经济面临的主要危险是国家的过度干预,市场过度依赖于国家的公权力,就会造成"权贵资本主义",所以他大声呼喊市场经济需要法治。我从经济学家那里得到了启示并得到了大力的支持,即中国现今私权的保障,仍是市场面临的主要问题。而对私权的侵犯,或者叫对人权的侵犯,主要来自公权力的滥用。人权保障仍然是政治制度改革的核心。

从李慎之先生和吴敬琏先生身上,我看到了中国知识分子的两个品质:一个是独立的精神,不屈服于任何政治压力,敢于独立思考;一个是批判的精神,以自己的学术良心,敢于批判现实。在人生已届80岁时,我唯一的希望是能切切实实地继受这两个品质,高举独立的旗帜,高举批判的旗帜。

往时,曾参加过王铁崖教授80寿辰的纪念活动,那时,我是以晚辈身份去参加的。今天,人们以我的80寿辰做纪念活动,我是以长辈身份来参加的。从1956年从教以来,我的学生中已经退休的就难以计算;从1979年复校以来,我的学生中在政法岗位上的数以千计;从1991年我开始招博士生以来,将近20届的博士生也有近百名。我的弟子们总是劝我写一本回忆录,将我的经历留给后代。我一再犹豫之后,还是答应下来。起始是自己动手写的,把我参与立法活动的经历写了约十章近十万字左右,又彷徨起来了,这些破烂东西有谁去看呀?一停笔就是半年多。后来我的学生赵旭东和其他学生们结合我80寿辰的纪念活动,给我配备一位助手,由我口述、他记录整理、我再修改的方式,形成了这本40多万字的自传。感谢陈夏红先生的辛勤努力,使我的自传在我80岁生日的2010年正式问世,也算是自己人生的回顾与总结吧!出版成书后,叫个什么名字呢?我自己诗词集中最喜爱的一首是《临江仙·悲歌》:

千言万语满胸臆,欲诉欲泣无从。长吁三声问天公,为何射日手,不许弯大弓。

翻云覆雨人间事,过耳过目无穷。谁主沉浮与枯荣?欲平心中愤,唯唱大江东。

于是,从中选择了"沉浮与枯荣"作为书名,讲述了自己80年的

"沉浮与枯荣"。

剩下的日子不多了,也不那么重要了,希望这本书能够给法学界的后辈们有所启迪,那就不辜负写这本书的初衷了。

谨以此序献给亲爱的读者。

江平教授携夫人崔琦、儿子江波、儿媳鸿燕、女儿江帆、孙女江临、孙子江乘全家福合影。

目 录

第一卷　似水流年

一、我的青少年时代

二、崇德三年

三、我在燕京大学

四、“最早我是文工团的”

五、杂忆留苏

第二卷　廿载逆境

六、从天堂到地狱

九、“文革”十年

第三卷　我的教与学

十、归队

十一、法大十年

十二、从校长变回教授

十三、罗马法的因缘

十四、比较法的情怀

第四卷　大立法时代

十八、难产的民法典和顺产的《民法通则》

十九、民法、经济法之争

二十、七届人大五年记

二十一、《行政诉讼法》的台前幕后

二十二、《民事诉讼法》的“转正”

二十三、《著作权法》的争议

二十四、立法活动与执法检查

二十五、牵动改革神经的“双城记”

二十六、国企改制与《公司法》

二十七、失去衡平法依托的《信托法》

三十、律师兴则国家兴

三十一、我与经济学界的交往

三十二、我的法治观

三十三、我所能做的是呐喊

前因与后果

第一卷

似水流年

一、我的青少年时代

我的父亲母亲

我祖籍浙江宁波。1930 年 12 月 28 日，我出生在大连。

据我母亲说，我一岁那年，她带我回过宁波，参加我外祖父的葬礼，跟家族里老人有关的记忆，可能也就剩这点了。我家族里的其他老人，像祖父母、外祖父母等，现在真是一点印象都没有。我的祖父、祖母四十多岁即已去世，我可能都没见过他们。那时候的中国人，由于医疗条件差，营养也跟不上，寿命都很短，一般五六十岁甚至更早就故去了。

我父亲叫江怀澄，字仲宁。在我们江家里，不同辈分之间排行，是按照“永怀伟业”四个字的顺序来排的。我父亲是“怀”字辈，那么往上推我祖父应该是“永”字辈，往下我们这一代就是“伟”字辈。所以我家兄妹几个，名字都是由“伟”开头，我哥哥叫江伟琳，大姐叫江伟珉，二姐叫江伟珊，三姐叫江伟珣，我叫江伟琏，弟弟叫江伟璋。

父亲（江仲宁）与母亲（王桂英）合影

但是，到了我的下一代，就不按照这个排序取名字了。

尽管我父亲名叫江怀澄，但大家更习惯叫他字，也就是“江仲宁”。他的字里之所以有“仲”字，是因为我父亲在他那一辈排行老二，自然就有了“仲”字。古人讲究“伯仲叔季”，名字里也就常常用这几个字来表示排行。姓名和字号这东西也很奇怪，有的人是以“字”行名于世，比如蒋中正字介石，大家都叫他蒋介石；但也有人以“名”行名于世，比如毛泽东字润之，但大家主要还是叫他毛泽东。我父亲就是按照字来叫的。

我父亲兄弟六个、姐妹两个，一共有八个人。我祖父过世后，按照他们的分家协议，应该由我大伯承担起抚养未成年的两个弟弟的责任，分家的时候，相关的遗产也都分给我大伯了。那时候我五叔、六叔还很小，比我父亲小了近二十岁，按照分家协议，应该由我伯父抚养成人。可是我伯父拿到了分给我几个叔叔的遗产，却不愿意承担相应的抚养责任。于是我五叔、六叔在稍微懂事的时候，就大老远跑到北京来投奔我父亲。最终，他们在我父亲的抚养下长大成人，并由我父亲帮忙找到了工作。我五叔后来在石家庄的一个保险公司，我六叔在银行系统。我们几个家庭的感情一直比较深，现在有时还聚聚会、聊聊家常。

我的祖父与外祖父是表兄弟。在宁波有一种风俗，就是亲上加亲，我的父亲与母亲在两岁时便订了婚。我母亲是典型的家庭妇女。那时候，中国女性在结婚前就独立工作的为数很少，尤其是有孩子之后，更不会出来工作。我母亲在她家原来排行老大。那时候我外公认为，大女儿不需要有太多文化，只需要帮家里大人照顾下面的孩子就可以了。所以，我母亲自己并没有上过什么学，更多的是主持家务。当然，我外公家的家庭情况也是很不错的，特别是我的四姨，她和我四姨夫都是从英国留学回来的。

我的出生地是一个谜

很多人可能都会纳闷：为什么我的父母亲都是宁波人，我的籍贯写的也是浙江宁波，而出生地却一直写的是大连呢？

这件事得从我父亲的工作讲起。我父亲这个家族，本来是很不错的，在当地也还算是个小康家族吧。但中间遭遇了大的变故，我祖父过世比较早，尽管祖母还在，但一下子家里顶梁柱没有了，家道也就慢慢衰落了。

我父亲当时在宁波师范学校读书，这在当时来说，应该算有一定的文化程度。因为我祖父已经过世，我父亲必须承担起养家糊口的任务。正好当时有个亲戚，即我的五姨公（我父亲叫他五姨夫），在中国东北地区的中国银行做事，我父亲从师范学校毕业之后，便前往东北投奔我五姨公。

此为我所保留最年幼时的照片，摄于大连星个浦公园，时年四岁左右

在我五姨公的介绍下，我父亲也在中国银行谋得了一个职位。刚开始的时候，只是普通职员，做过出纳、会计等，后来一直干到了出纳主任这样的中层领导岗位。我父亲后半辈子一直在银行系统工作，而且一直在做会计或相关工作。他工作调动很频繁，仅就东北地区来说，在长春、哈尔滨、大连等地方都待过，后来又到了北京、上海。

据我母亲后来告诉我，1930 年的时候，我父亲还在中国银行哈尔滨分行工作。我也是在哈尔滨出生的。但我出生没几天，我父亲工作调动到大连，于是我们全家就又搬迁到大连了。

我一直很纳闷：我出生的日期是阴历十一月初八（公历 12 月 28 日），当时正好寒冬腊月，哈尔滨的气候应当很冷。按照我母亲的说法，我出生没几天，她就乘火车离开哈尔滨，千里迢迢跟随我父亲到大连。那时候，我母亲应该还在月子期间，不大可能经得住这样的长途奔波。是不是老太太有点记忆模糊了……但无论如何，我的出生地就这样变成了一个谜，我究竟是在哈尔滨还是在大连出生的，这个问题现在谁也说不清楚。但我自小就在大连生活，在那个城市度过了天真烂漫的童年，所以，后来我的出生地就一直写大连。

我原来的名字叫江伟琏。这个“伟”字当然是按照家族取名习惯排下来的，而这个“琏”字，则有两方面的含义：一方面，我是在大连出生或者成长，名字里面有“连”字，我想肯定跟大连有关系；另一方面，我们那时候取名还有一个习惯，就是名字里面必须有母亲的姓。我母亲她们家姓“王”，所以，在我们兄妹几个的名字里，前一个字都是“伟”，后面一个字无论是“琳”、“珉”、“珊”、“珣”、“琏”还是“璋”，都有一个“王”字旁。

大连的文化与历史

七岁以前，我一直在大连。

大连的历史很悠久，但“大连”这个名称确定的时间并不早，大概是在 1879 年李鸿章给光绪帝的奏折中才第一次出现了“大连湾”的字样，而在 20 世纪初才确定为城市名称。但这究竟是不是“大连”名称的由来，到现在也没有个定论，有人说大连来源于俄语 Далянь 或 Дальний，音为“达里尼”，意为“遥远的城市”；也有人说“大连湾”是由许许多多的小湾连接成大湾而形成的，当地人都叫“链岛”，所以叫“大连”；还有人认为，大连的地形似“褡裢”，而当时大连一带多为山东移民，褡裢是山东人随身带的物件，故大连因此而得名；还有一种说法，说是大连因为盛产牡蛎而被称为“大蛎湾”，久而久之则被称为“大连湾”；甚至还有人提出，大连一词来自满语“dalin”，意为水边、海滨等，读音酷似“大连”，故因此而得名。各种各样的说法都有，现在也没有定论，这也从一个侧面说明了大连历史文化的多样性。

1894年甲午海战中清军惨败，清政府被迫签订《马关条约》，日本占领了辽东半岛，外国势力即断断续续地控制大连。由于俄国、德国、法国干涉日本独占辽东，日本在晚清政府赔偿巨款的前提下，即于1895年将辽东退还中方，旅顺、大连暂时回归中国。1898年，俄国又根据《旅大租地条约》，租借了大连的部分地区，并以大连为中心设置了关东州，屡次违约扩大租界范围，最终侵占了包括金州在内的整个辽东半岛。1904年2月日俄战争爆发，这是一场在中国土地上进行的日俄战争，战争的结果是日胜俄败。战争结束后，俄国即把旅顺、大连的租借权转让给日本，大连开始了长达40年的日据时代。所以我的童年时代的大连，从行政管理的角度来说，一直归日本管。

印象中的大连

在我的印象中，大连是个很美的城市。气候温和，四季宜人。可以说，在城市规划以及市政管理方面，日本人的治理还是很不错的。

我们家住在山上。我记得山后不远的地方，还有一个果园。当时印象很深的是，看果园的人允许我们进去，我们可以随便吃苹果，但是有一点，就是吃完苹果后一定要把果核留给他。这在我们小时候看来，还是比较新奇的。

我现在还能想起来当时大连的一些地名，比如老虎滩、星个浦（现在叫星海公园）。此外，还有浪速町，这是典型的日式名字，就是现在的天津街一带。

日本占领大连后，就把以前的俄国地名全部换掉了。据说当时更换名称有这么几条原则：一个是要突出当时征战大连的日本高层军官的名字，如以乃木希典而命名的乃木町、以山县有朋命名的山县通、以东乡平八郎命名的东乡町、以儿玉源太郎命名的儿玉町等；另外一条原则是要以日本战舰名称命名，如敷岛町、朝日町、吉野町、三笠町、浅间町、浪速町等；此外一条，是以日本古代诸侯国国号命名，如纪伊町、骏河町、武藏町等；还有一条，是以树木花草来命名，如芙蓉町、水仙町、楠町、桂町、枫町、樱町、桔梗町、千草町等。浪速町即是以一艘日本战舰名称命名的商业区。

浪速町是那时候大连最热闹的地方，一说买东西就肯定去浪速町。我记得那时候开在浪速町的第一家百货公司，叫“辽东百货”，生意非常红火。除此之外，还有毗邻而居的“几久屋”，后来居上，生意也好得不得了。

我家在大连的时候有五个孩子，我的哥哥、大姐、二姐、三姐，我当时是最小的。我们到了北京之后呢，又添了一个弟弟。这弟弟比我小七八岁，但在他七岁的时候夭折了。现在我们兄妹中，我大姐在“文化大革命”中即告别人世，我的弟弟又在童年夭折，最终就剩下我们兄姐弟四人了。

由于父亲的工作变动，1937 年我们搬离大连，前往北平。我们离开大连后，我四叔家还在大连待了一些年。前几年，我还跟我四叔的孩子以及两个姐姐，我们共五位老人前往大连，探寻我们当年居住的地方。这些年我经常有机会去大连，但我姐姐及叔伯弟妹他们，就没怎么去过了，所以，我兴致勃勃地带他们去寻访旧居。当我们发现当年中国银行的建筑还在时，当年去看过电影的老电影院还在时，当时乘坐过的有轨电车还在时，我们的心情是何等高兴啊！

小康生活

对我来说，在大连期间终究年龄比较小，能够清楚记忆的东西并不多。

我父亲 1930 年的时候，从中国银行哈尔滨分行调到了大连分行，最后升任会计室主任。但在我们的印象中，即便这么一个级别的高级职员，我们家里的生活状况也很难说有多富裕。家里养了五个孩子，另外我三叔的一个孩子也在我们家，可毕竟就父亲一个人在工作。但回过头来看，当时中国银行的待遇还可以，我家那时候生活还是不错的，起码过着小康的生活。

中国银行之所以能够给职员提供一份不错的薪水，主要得益于其可观的业务量。1932 年 3 月 9 日，“满洲国”在长春宣告成立。“满洲国”成立之后，大连还是由日本直接管辖。而且，“满洲国”并没有完全建立自己的金融系统，它跟内地的金融往来，主要还是通过中国银行。所以，中国银行的业务量，在当时特定的历史情况下，还是相当不错的。

需要说明的是，中国银行在当时既不属于日本，也不属于“满洲国”，它是真正属于中国本土的金融机构。

父亲银行界的同事们，大都来自江浙一带，都是南方口音，家乡风俗习惯很浓。我父母亲在家里一直说宁波话，乡音始终未改，所以我们几个孩子，也就形成了两种语言系统：在学校说官话，在家里说家乡话。在饮食上，我们一直吃宁波风味的菜肴，也一直按宁波一带的风俗祭祖。

大连的中国银行有一个传统，即每年春节都要举办同乐会，所有的职员都要上台表演节目。我记得在某一年的同乐会上，我父亲还扮演过《空城计》中扫街的老军。举办同乐会的时候，往往是一年里孩子们最为开心的时刻。

亲眼看“八·一三”之战

我很小的时候，就对战争有印象。1937 年“七七事变”爆发时，父亲决定举家南迁，那年我正好七岁。淞沪会战发生时，我正好借住在上海的姨家。

“七七事变”爆发后，日军扬言“三个月内灭亡中国”，下定决心“速战速决”。在淞沪地区展开的淞沪会战，可以说是日军侵华战略的一次全面实践。1937 年 8 月 9 日，日本海军陆战队中尉大山勇夫和斋藤要藏两人驱车闯进虹桥机场挑衅，中国保安部队将其击毙，日军即以此为借口，要求中国撤出驻防上海的保安部队，并大量向上海增兵。8 月 13 日，日本海军陆战队开始向淞沪铁路天通庵站至横滨路的中国守军开枪，“八·一三”淞沪会战全面爆发，中华民族的抗日战争全面开始。淞沪会战自 8 月 13 日开始，到当年 11 月 12 日才结束，持续近三个月，中日双方都投入了大量兵力决一死战。中国军队的顽强抵抗使得日军“速战速决”的美梦破碎，从此陷入了长达八年的战争泥潭。

我姨家就在上海英租界里，距离“八·一三”的重要战场之一四行仓库很近。四行仓库位于光复路117号，是一座长64米、宽54米、高25米的钢筋混凝土建筑，由于是1931年由金城、中南、大陆、盐业四家银行共同出资建设，故得名“四行仓库”。淞沪战争期间，由中国国民党国民革命军第三战区88师524团的谢晋元中校带领“八百壮士”守卫，掩护88师撤退。10月27日下午日军开始进攻，至10月31日中国军队在完成掩护任务后，接受英国调解而撤入英租界。四行仓库南岸就是英租界。中方战士的严防死守以及女童军杨惠敏冒着日军炮火赠送“青天白日满地红”旗的一幕幕，为租界区的平民和外国人士所目睹，“八百壮士”因此而青史留名，四行仓库保卫战也成为中国人在抗日战争中最为坚毅卓绝的一幕，后来还专门拍成了电影《八百壮士》。英租界外面，包括吴淞江、闸北一带，就全是由中国人管辖的领土了。四行仓库就在离英租界很近的地方。

我模糊的记忆中，对这场战争印象最深的是那时候人们支援军队抗日的情形。除此之外，还有淞沪战争爆发后，中国难民源源不断地涌入租界区的场景。那时候隐隐约约听大人说，中国空军的飞机为了减轻负担，误把炸弹投到闹市中，炸死了不少人。我们在上海并没待多久，战事一结束，我们全家就回北平了。

从大连到北平

我八岁以后，由于父亲的工作调动，我们全家就从大连搬到北平。从大连到北京，对我们家来说是一个非常大的变化。

促成这种变化的原因，是中国联合准备银行的成立。在日据时代，华北独立于热河、东北，由“华北自治委员会”实施政府管理职能。中国联合准备银行成立于1938年初。当时日本占领平津后，各个原有的银行都不愿意为日本服务。而原在沈阳经营中国银行沈阳分行业务的汪时璟，又因为伪满中央银行的成立而受到排挤，赋闲在家。在这种情况下，专门负责华北财经事务的日本关东军调满洲铁路株式会社理事坂谷希一，来北京筹设“华北政务委员会中央银行”。汪时璟的教育、职业背景以及人际关系，使得他成为筹设这个“中央银行”的不二人选。汪时璟别名诩唐，安徽旌德人，出生于1892年。早年留学日本，先后就读于日本国文书院陆军班、陆军经理学校。回国后，早期一直供职于中国银行，先后担任汉口、沈阳中国银行经理。

1937年11月后，汪时璟即招兵买马，开始筹备。这个筹备中的银行名为“中国联合准备银行”，资金总额五千万元，除了中国、交通、大陆、金城、中南、盐业、河北、冀东八家银行联合出资外，“华北政务委员会”亦是出资人之一。但实际上，中国联合准备银行实际资本远远低于其账面资本。1938年3月10日中国联合准备银行正式成立，成为“华北自治委员会”下辖的“中央银行”，具有发行货币的职能，发行的货币叫“联银券”。

由于汪时璟的积极运动，最终如愿出任中国联合准备银行总裁，把他在东北的部下也拉过来一大批。我父亲也受到了汪时璟的邀请。在东北时，我父亲就是汪时璟在中国银行的部下。

思考再三，我父亲同意跟随汪时璟来到北平。汪时璟来北平后在东城兵马司胡同一号购置了公馆，下面的副总裁、各局局长等也大多是汪时璟在东北时中国银行的部下。我父亲是长期搞会计的，业务熟练，所以，汪时璟就任命他担任中国联合准备银行的营业部经理。较之外汇局等机构，营业部肯定没有那么重要，但我父亲在中国联合准备银行里面，也算是一个中层负责人，待遇也比以前好多了。

汪时璟除担任中国联合准备银行总裁外，后来还担任“华北政务委员会常务委员”兼财政总署督办、“全国经济委员会委员”、常务委员、经济总署督办等职务。

抗战胜利后，中国联合准备银行被认定为汉奸组织，其高级职员中行长、副行长均被逮捕。国民政府以汉奸罪逮捕汪时璟，判处终身监禁。1952年8月，汪时璟死于狱中。

我父亲由于级别不高，够不上“汉奸罪”的标准，所以，国民政府对他审查完了之后，即没他什么事情。但即便没他什么事情，像他这样的身份在北京谋生已经不大可能。于是，我父母亲决定南下去上海。上海仍有一些人际关系，最后我父亲在一家私营企业——上海夹板厂担任财务经理。而将我们姐弟三人都留在北京，因为北京的教育在当时来说还是很好的。

回头来看，我从1938年8岁时到北京，一直到1945年15岁时日本投降，可以说整个抗日战争期间，我都是在日本统治下的北平度过的。家庭不是自己所能选择，历史也不是自己所能选择，但这终究是中华民族同仇敌忾抗战的时间，有时候回忆起来，内心深处多少还是感觉到有一种遗憾——毕竟从全中国的历史来说，这八年抗战期间是近现代史上最困难的时候，而我们还在日本人的统治下，过着安逸而舒适的生活。这是个事实。

北京生活记

到北平后，我们全家住在屯绢胡同，即现在金融街一带。屯绢胡同原名是“屯院胡同”，系“屯马察院胡同”的简称，由于明代时设有衙署屯马察院而得名。到了清代时，民间已将之讹称为“屯绢胡同”。

我家在屯绢胡同里租了一个四合院，有前院、后院，生活条件应该说相当不错。我记得小时候我们家还雇有包车。那时候的包车都是专门的人力车，你出门需要代步的时候，就招呼一下，按月或者更长的时间来结账。后来，人力车慢慢发展成三轮车了。

拿现在的北京跟我小时候比，变化可以说非常大。那时候的北京，夏天绝对没有现在这么热，冬天的寒冷可能跟现在差不多。我至今还能想起来，每年夏天我们全家都在后院的葡萄架下乘凉的情景。那时候空气很干净，能见度很高，我们晚上在院子里乘凉的时候，常常以看星星为乐，大人会手把手给我们指银河、牛郎星、织女星、北斗七星等星座的位置。那时候夜色漆黑，群星灿烂，每一颗星星都非常明亮。哪像现在，到了晚上，天空灰蒙蒙一片，根本看不到星星。这一点至今印象很深。那时的北京，冬天的雪要比现在多多了，要是没有棉衣、棉裤、棉鞋，是无法过冬的。

家庭教育氛围很好

就我小时候的家庭教育氛围来说，可以说是非常好的。现在想来，我童年时候的家庭氛围，有两点特别好：一个是父母千方百计培养我们上大学，另外一个是父母教育我们的方式很民主。

就我们姐弟几个来说，我的大姐是中国大学毕业的，二姐是清华大学毕业的，三姐毕业于北京大学医学院，而我最后上了燕京大学。

对于供我们姐弟上大学这一点，不管经济状况如何，我父亲都是一以贯之的。抗战期间，他收入高一些，供我们上大学没有大问题；但是抗战胜利后，收入大不如前，这一点依然未变动。

抗战胜利后，因为亲戚都在上海，我父母亲从北京搬到了上海，我父亲在上海夹板厂找了个工作，担任厂里的财务经理。就那时候的工资来说，较之普通工人，我父亲的收入肯定是非常高的；但跟以前比，就不是特别富裕了。当时即便不算我哥哥，我父亲同时要供我们姐弟三个上大学，经济上还是很有压力的。我觉得那时候在我父亲心目中，供孩子上大学，尤其是名牌大学，接受高等教育，是他人生中最高的理想。这一点在当时来说是很难得的。

而就家庭教育来说，父母亲教育我们的方式是非常开明、民主的。我印象中，父母亲几乎从来没有打骂过我们，即便我们真做错了事情，他们也会心平气和地教育，非常宽容。这种作风，在现代知识分子家庭中，应该是比较常见的，对我们影响很大。

初中时经常去中南海玩

到北平后，我就开始上小学、中学。我的小学很不起眼，时间长了，连这个学校的名字都记不起来了。

我现在只记得，初中有一段时间是在艺文中学上的。艺文中学在中南海旁边，我们顺着艺文中学大门附近的墙头一爬，就能够很轻松地爬到中南海里。那时候中南海还是一个荒废的公园，很少有人去，倒也成了我们度过中学时代的天堂。

艺文中学我只读了两年，实际上没待多久。我在初中读艺文中学的时候，受的是很一般的教育。那时候的中小学，学生流动性很强，可以自由地入学或退学。1944 年时，日寇大势已去，当时我父亲让我大姐带着我和三姐到上海去，看看有什么出路或工作。所以我便从艺文中学辍学，离开北平前往上海，在上海读的也是一个很普通的中学，读了一年又回到北平。

回头看我的初中时代，由于颠沛流离，我并没有受过很正规的教育，直到高中时候上崇德中学之后，才比较稳定。严格说来，我的小学和初中都是按部就班的，该学什么学什么，该上什么学上什么学，我也不是很优秀的学生，学校也不是很有名的学校，都是很不起眼的。

1945 年 8 月日本投降时，我正好初中毕业。整体上来说，我十五岁以前，不论是对于国家的时事还是个人的前途，都没有什么正面的看法，也没有什么负面的看法。我那时完全是一个小孩子，在一个很封闭也很温馨的家庭里，过着无忧无虑的生活，对于当时社会到底什么样子，我几乎一无所知。

强化治安运动

现在隐隐约约能想起来的，在日本人统治下的北平，印象比较深的就是“强化治安”运动。

我们现在知道，“七七事变”后，国民党的军政势力主要在南方活动，包括浙江、江苏一带。日军主要占领了一些大城市。在大城市之外，很多中小城市里还有国民党军队在活动。但当时的华北，基本上没有国民党的军事力量存在了。

当时，中国共产党的游击队在日军占领的间隙发展壮大起来，先后建立了晋察冀、平北等抗日根据地。

日军占领华北后，将占领区划分成了三类：“治安区”、“准治安区”和“非治安区”。“治安区”主要就是日本人占领的地区，对这一地区的统治以“清乡”为主，实行连坐、保甲等制度，扩大自卫团、警备队等民兵组织，严密盘查人口，加强监控；“准治安区”属于日军跟中共游击队拉锯的区域，日本对这部分地区，恐怖与怀柔政策同时实施，大肆修筑碉堡、封锁沟、封锁墙等，尽量扩大占领区；而对“非治安区”，也就是中共根据地，则以“扫荡”为主，实行“杀光、烧光、抢光”的“三光”政策，日军铁蹄所至，玉石俱焚，无一幸存。1941 年 2 月 15 日，侵华日军华北方面军参谋部第四课制定了《治安强化运动实施计划》，从 1941 年 3 月 30 日至 1942 年 12 月 19 日，对华北尤其是京津各地区先后进行了五次治安强化运动。这些治安强化运动，主要都是针对中国共产党的游击队而展开的。

我小时候毕竟生活在内城，对这些运动实质性的接触谈不上，但多少还是有点印象。有时候大人会说，偶尔也会看到日军在报纸上甚至大街上宣传。

吴佩孚的葬礼

童年的记忆中，还有一件印象很深的事情，那就是吴佩孚的葬礼。

吴佩孚1874年生于山东蓬莱，秀才出身。按照现在的看法，吴佩孚是民国时期的大军阀，是北洋军阀中举足轻重的一个人物。1919年"五四运动"发生时，吴佩孚对学生运动给予了高度评价，反过来舆论也给了他高度评价。1926年吴佩孚被国民革命军北伐时击败后南逃四川，从1932年开始在北平隐居。吴佩孚在北平的住处位于什锦花园11号，时人称之为"吴公馆"。他隐居北平时，基本上退出了中国军政界。

但日本人的侵略，打破了吴佩孚隐居的生活。"七七事变"后，日本侵华势如破竹，先后在北平组织了以王克敏为主的"中华民国临时政府"，在南京组织了以梁鸿志为主的"中华民国维新政府"，试图通过这两个傀儡政权与重庆国民政府抗衡。但1938年7月时，日本方面发现这两个傀儡政权都过于软弱，离开日本武力维持将一无所成，决定在中国扶植更有号召力的人物出来组织傀儡政府。在中国专门从事特务活动的土肥原贤二具体操持此事。

土肥原贤二把目标瞄准了这么几个人：唐绍仪、吴佩孚和靳云鹏。这几个人都是中国近现代史上炙手可热的人物，尤其是唐绍仪和土肥原贤二私交甚好，也最早与土肥原贤二达成一致，计划合并现有两个傀儡政权，成了日本羽翼下的中央政权。但1938年9月30日，获悉此消息的国民党军统特务刺杀了唐绍仪。

土肥原贤二大失所望，只好启动"吴佩孚工作"，由大迫通贞少将专门负责，并由曾担任吴佩孚日本顾问的冈野增次郎担任"敦请专使"。一时间，"吴公馆"门前车水马龙，各色说客云集。但吴佩孚并不为种种利诱所动，甚至痛骂上门游说的江朝宗"老而不死"，齐燮元"死无葬身之地"，斥责汪精卫"无耻下贱"。1939年1月30日，日方强邀吴佩孚参加新闻发布会，事先拟好了"一切赞成日方主张"的新闻通稿，要求吴佩孚宣读。但吴佩孚在这次新闻发布会上，完全抛开了日方提供的通稿，公开提出了中日和平的先决条件：其一，日本无条件全面撤兵；其二，保持中华民国领土和主权完整；其三，日本以重庆政府为议和对象。发表完这番言论之后,对记者们的其他提问一概不答。事后,土肥原贤二伪造了一封吴佩孚主张"日中议和"的通电在报刊上发表。但很快,吴佩孚委托家属向美国记者做了声明,揭穿了日寇的骗局。

吴佩孚的强硬态度最终使日方恼羞成怒。但他始终也没有搬离北平,一直住在"吴公馆"。日方与吴佩孚的周旋延宕多半年后,1939年12月4日,吴佩孚突然离奇死亡。

吴佩孚辞世后,社会上流传着各种各样的传说,最主要的一种就是说吴佩孚坚持不跟日本人合作,最终日本人下毒杀死了他。但平津地区日本人控制的媒体,四处散布谣言,企图掩盖真相。事情的过程很快就清晰起来。吴佩孚的孙子吴运乾、吴运坤曾在《百年潮》上发过一篇题为"吴佩孚的生前身后事"的文章,以较为可信的方式讲述了吴佩孚死亡的过程:

日寇意识到敦促先祖父充当傀儡的计划已告失败,于是密谋杀害先祖父,以绝后患。当时,先祖父患牙疾,延请德国医生到家中诊看,诊断需住院拔牙。因系"德国医院",被毕生不入租界的先祖父拒绝。日本当局得知后,强行指派日医到家中拔牙,结果导致严重感染,腮部肿胀,继而高烧昏迷。试想,德国医生认为家中不具备拔牙的卫生条件,才要求住院手术,这点难道日医不懂吗?可见这是谋杀计划的一部分。

1939年12月4日,北平大雪。日特头子川本会同大汉奸齐燮元携日本军医前来强行"治疗"。家属欲阻拦而不得,齐燮元说:"大帅是国家的人,一切由国家主持安排,家属无权过问"。我们后来得知,当时是由我父亲扶护头部,母亲也在侧,川本、齐燮元现场监督。日医用手术刀在浮肿的右腮下气管与静脉的部位一刀割下,血流如注,先祖父顿时气绝。当时有人喊了一声:快打强心针!日医在医药包里寻找一番,表示没带强心针,旋即跳到床上"抢救",进行"人工呼吸",强压胸腔及心脏。事后想来,这番"抢救"动作,无非是再施手脚,加速死亡。母亲从屋中出来时,痛哭失声,告诉我们:"天塌了!"

噩耗一经传出,楼上下、院内外一片大乱,哭声震天。祖母当场昏厥。亲随张劭溥拔出手枪要打死日医,日医在众多警特掩护下鼠窜而逃。当时的情景，给我们的印象十分深刻，直到如今，还历历在目。

吴佩孚的葬礼规模非常大。在我童年时期，北平死去的大官为数不少，但像吴佩孚这样高级别的官员死去，以及其死后极尽哀荣的场景，真是绝无仅有。甚至后来有人说，自民国以来，吴佩孚出殡仪式规模之大，无以比拟。

那时候我已经十岁，对此留下了深刻的印象。那天几乎北平城内所有人都出来参加了吴佩孚的出殡仪式。当时的内城，核心区在现在的东单、东四、西单、西四一带。吴佩孚的灵柩队伍，在内城的街道上绵延好几里，真是轰动一时。我现在还能想起来这样的场景：很多人抬着吴佩孚的大棺材缓缓走过，冥币扔得遮天蔽日，到处都是。

我们可以看看吴运乾、吴运坤笔下这次出殡仪式的情形：

1940 年 1 月 24 日（农历腊月十六日）是移灵日子，实际上是民族传统形式的大出殡。64 人杠绣“佛”字的大棺罩，两旁各拴 300 尺长的白练，由送殡人牵引，缓缓行进。殡前由军、警列队开路，后边是西乐队、民乐队、古典仪仗队、各界民众团体队、影像松亭、若干匾额亭队、白柳队、纸活队、番、道、僧、尼队、僚属亲朋队、朝野军政要人步送者。孝子左手“接引幡”，右手“哭丧棒”，我们孝孙紧跟其后。灵罩后女孝眷每人乘白布小轿相随，骑兵马队殿后。

当时送殡的人数很多，虽没有准确的统计数字，但殡头至殡尾延绵数里，据说殡头已至天安门，殡尾尚未出灯市口。行进的路线大致从北平的东四，经灯市口、王府井，沿东长安街、天安门、西安门大街、地安门，至鼓楼西旧鼓楼大街大石桥胡同拈花寺。北平的老百姓自发地参加葬礼，以此来表达他们的爱国情感和对日寇的愤懑。沿途的楼窗里、阳台上、街道旁的观殡民众，人潮如海。途中搭有很多席棚进行路祭。殡队边进边停，极为缓慢，从早晨出发至黄昏才抵达，几乎行进了一天。当时报称，此乃民国以来北平罕见的盛举。

我的哥哥是国民党少将

当年我参加革命的时候，我的历史情况，组织上都知道，我的历史问题始终很清楚，跟划右派等都没有任何牵连。

但是在我家里，我哥哥江伟琳的情况就比较特殊了。我哥哥生于1923年，比我大七岁。早先在大连时，他就读于一个日本人办的中学，这个中学教学水平很高，很重视日语，课程很正规，我哥哥在那的功课成绩也很好。

1937年我们全家决定迁到北平时，我父亲觉得让我哥哥去北平，可能会耽误他的学业，最后决定让我哥哥寄住在我四叔家，继续在大连上学。

后来我哥哥在那个学校一直读到高中毕业。大约在1942年，由于成绩优异，他被保送京都帝国大学。当时日本有两所帝国大学，一所是位于东京的东京帝国大学，另一所是位于京都的京都帝国大学。我哥哥进的是京都帝大。

在京都帝大，我哥哥读医学专业。那时候，日本的医学专业很难考，能够考进京都帝大学医的学生，都是特别出类拔萃的。后来我哥哥讲起这段历史，还很自豪，他说他同时入学的同学中，就有后来担任台湾地区"总统"的李登辉。李登辉在京都帝大学的是农学。我哥哥说，学农跟学医比，肯定是差多了，所以学医的同学，常常看不起学农的。

由于这些原因，我哥哥年轻时，他的生活和我们的生活，几乎没有什么交集。1937年之后，我们住在北平，他只有在寒暑假时才回来住一段时间，然后匆匆就又回去了。应该说，在我们兄妹中，我哥哥过着完全独立自主的生活。

1944年时，我哥哥已经上到大学二年级。那个时候，美日之间早已爆发战争，美国飞机常常频繁轰炸日本本土。我父亲考虑到日本的情况，尤其是美国飞机轰炸那么厉害，担心我哥哥的人身安全，于是就让我哥哥退学回国，跟我们住在一起。也就是说，只有这一次，我们在北京一起生活了较长的时间。

可是我哥哥回国后就比较麻烦了。他在国内做什么呢？学医学了半天，最后也没学成，也没有毕业证书。要让他再去日本，这时候日本已经投降，国内同仇敌忾，已经完全不行了。最后，我哥哥在国内找了一个工作，但还是心有不甘，还是想把他的医学学完。

当时，中国大陆地区所有的医学院都不承认日本的学历。而在大陆之外，只有一家医学院承认日本学历，原来学的成绩和学分完全有效，可以继续学业。这个医学院，就是台湾大学医学院。因为台湾1945年光复之前，一直在日本的殖民统治下，其学制和各方面要求都跟日本一样。台湾光复后，国民政府并没有遽然废止台湾大学的日本学制。所以，1947年8月，我哥哥进入台湾大学医学院，继续他的学业。

按照日本医学的学制，医学专业的学生必须学习满六年才能毕业。我哥哥到台湾后，即插入三年级继续学习，可是等到他完成学业，已经是1951年，台海两岸分离的状态已然形成，他也回不了中国大陆了。

这就形成了一段特殊的历史。后来不知道情况的人们，常常以为他是跟国民党军队撤退到台湾去的，实际情况不是这样，他就是学完医学之后留在台湾的。

我哥哥从台湾大学医学院毕业后，留在台湾，开了个私人诊所。由于他有日本京都帝大、台湾大学医学院的两个毕业证书，在那时候找个工作并不难，毕竟是人都要生病，生病都得上医院。我哥的诊所效益一直很好。

后来，我哥又跟台湾政界搭上了关系。这种关系主要是通过参军实现的。我哥哥大学毕业后不久，就进入军队。在军队里，他担任过国民党海军里军医的最高职位，军衔是少将。到现在我们见了面，还开玩笑说他是“江将军”。那时候在台湾，如果有少将军衔而退役，那他所享受的待遇还是很好的。

我哥退役之后，又当了台湾地区“卫生署”的副署长。我们知道，台湾地区政治架构是按照五院体制建立起来，即立法院、司法院、行政院、监察院和考试院，跟行政机构有关的主要集中在行政院。在台湾地区的行政院，只有“外交部”、“财政部”、“法务部”、“交通部”、“内政部”、“经济部”六个部，其他都是“委员会”、“局”或者“署”，前者如“大陆委员会”、“农业委员会”、“公共工程委员会”等；“局”一类的单位有“国贸局”、“标准检验局”、“经济部智慧财产局”等；而后者，则有“环保署”、“卫生署”等。我哥哥担任“卫生署”副署长之后，由于尚在公职期间，还不能回中国大陆。后来他退休之后，才可以经常回来团聚。现在他在加拿大定居了。

所以说，我哥哥具有国民党背景，而且他确实是国民党员。而我是共产党。我们一家里既有共产党员，又有国民党员，这种情况在那时候的家庭里，并不少见。但我家里除了我哥哥之外，没有任何人参加国民党，也没有任何国民党的背景。我父亲也是这样，他从来没做过国民党的任何官，都是在银行系统谋职。后来因为蒋经国开放的政策，共产党和国民党逐渐趋于和解，我哥哥是国民党员这个问题，倒也没带来什么麻烦。

我们这一代人身上有两个烙印

从家庭出身来看，我们这一代人出生的时候，正好碰上了一个特殊的历史时机，那就是抗日战争的爆发。我是在 1930 年出生。中国近现代史上最重要的抗日战争开始时，我才七岁，战争结束时，我也才十五岁，我根本没有可能参加这场我们国家乃至中华民族最关键的战争。坦率地说，未能参加抗日战争，对于像我这种情形的人来说，不能不说是人生的遗憾之一。

1949 年共产党胜利之后，按照新的意识形态，我们这一代人身上带着两个不可更改的烙印：

第一个烙印，是我们出身于知识分子家庭，而知识分子的家庭跟工农出身的相比，在获取工农革命的胜利后，不光有自卑感，甚至还有点原罪感。

但是在今天，我们务实地评价知识分子，拿现实的眼光来看，知识分子也有其好处，因为知识分子身上，无论是其个人还是家庭，多少还带着一种文化的、文明的、知识的色彩。或者说，知识分子家庭所培养的，也有其优点，正如所谓的“腹有诗书气自华”嘛！

第二个烙印，就是我们没有参加抗日战争。1949 年之后，很多革命老干部青云直上，并不是因为他们能力有多强，主要是人家经历好，是抗日战争出来的。未能参加抗日战争这一点，是在我们这一代知识分子身上烙下的一个很重的烙印，也是一个很大的遗憾。

二、崇德三年

考入崇德中学

我的高中时代，正好是1945年到1948年。那时候我正介于15岁到18岁之间，这个阶段可以说是人生最关键的阶段，毕竟这个阶段里一个人的思想大概能够定型了。

抗战胜利后，我父母南下求职。由于北京的教育水平比较高，我们姐弟三个都继续留在北京上学。当时我初中已经毕业，面临着上哪个高中的问题。

那时候，北平市内中学尽管数量不算少，但远没有今天多。在1949年之前，北平市的市立中学里男中只有七所，即北京一中、北京二中……北京七中，而女中则只有四所。而私立的中学，则又分为私人私立和教会私立。外国教会办的私立学校，按照宗教类别分为天主教和基督教两个系统。当时北平市的中学里面，属于天主教系统的有法文学堂（后改名南堂中学）、竞存中学、盛新中学、华光女中、耕莘中学等。而基督教系统的中学，则有属于美以美教会（American Methodist）的汇文中学和慕贞女中；属于公理会（Congregational Mission）的育英中学和贝满女中；属于长老会（Presbyterian Church）的崇实中学和崇慈女中；属于圣公会（Church of England Mission，或者 Anglican Church）的崇德中学和笃志女中。早期的时候，大约在1925年之前，还有属于伦敦会（London Mission）的萃文中学和萃贞女中。当时，属于基督教系统的这八所中学两两结成兄妹校，一个男校、一个女校，两两配对。

我初中毕业时，恰好在报纸上看到崇德中学的招生广告。崇德中学在太平洋战争爆发后，曾随燕京大学一起迁到成都，那时候又要迁回来。崇德复校后，即开始招收学生，我觉得还不错，便报名参加入学考试，并顺利考取。

崇德中学溯源

崇德中学建于 1910 年。当时,英国圣公会拨款 1000 英镑,在西绒线胡同一座古庙的基础上,开始修建崇德中学的校舍。1911 年 10 月 28 日,崇德中学正式开学,创建初期,包括校长鄂方智在内只有教职员工六七人,中、小学生在内全部也不过三四十人。

1927 年崇德中学按照国民政府相关法律,在北平教育部立案。在经历鄂方智、史多玛、纪铎甫三任外国校长后,毕业于剑桥大学的中国传教士凌贤扬出任校长。

"二战"爆发后,随着英日关系的恶化,日本军方在 1939 年即强令崇德中学关闭。1940 年春,燕京大学校务长司徒雷登与凌贤扬秘密商谈,在燕京大学的掩护下,将崇德中学旧班底搬到海淀蔚秀园,成立燕京大学附属高中部,由凌贤扬出任高中部主任。这年八月,燕京大学附属高中部开始对外招生,共招收初一、高一学生共计 150 人左右。

然而好景不长,珍珠港事件后,日美亦全面开战,原在日本占领区的燕京大学,亦被日寇强令关闭。覆巢之下,安有完卵,燕京大学附属高中部亦随之停办。

随后,燕京大学及其附属高中部南下成都,在成都复办至抗战胜利。抗战胜利后,在崇德校友和教职员工齐心协力的努力下,崇德中学在 1945 年 9 月回到北京,重新开始运作,依然由凌贤扬担任校长。

就这样,我幸运地成为崇德复校后的第一批高中部学生。需要说明的是,由于路途遥远,崇德复校并不顺利,我们尽管是按照 1945 级学生,但实际上,我们开学已是 1946 年年初。

崇德中学的 VI 系统

崇德中学的校训是"业精于勤,行成于思"。

校歌歌词如下:

忠信徙义,是为崇德,懿欤吾校嘉名!

惟德润身,惟德成智,惟德乃能合众。

崇德！崇德！愿此名铭我心！
我侪同人，努力崇德，吾校永保令闻！
崇德又当先难后获，青年学业宜勤。
朝乾夕惕，学成致用，盛德辉光日新！
忠信徙义，是为崇德，懿欤吾校嘉名！
惟德润身，惟德成智，惟德乃能合众。
崇德！崇德！
崇德！崇德！

崇德中学的校旗，有两个版本。其中一个版本，我记得有点像英国的国旗，底色为白色，图案正中心有象征“日不落帝国”的太阳图案，一个象征着基督教的“十”字架与太阳图案叠印，“十”字架的四端一直延伸到边界。“十”字架的四周，写着楷体的“北平市私立崇德中学校”十个字，其中左上角是“北平市”，右上角是“私立”，左下角是“崇德”，右下角是“中学校”。而另外一个版本则比较简单。图案正中是象征着“日不落帝国”的太阳图案，太阳图案上写有篆体的“崇德学校”四个字。太阳的上方，写着“北平特别市”，太阳的下方，写着“中华圣公会”。

崇德中学很宽容

崇德中学刚刚复校时，第一批学生只有初一、高一两个年级。

由于崇德中学属于教会学校，其政治控制较之其他中学少多了，校园氛围也比较宽容。虽然崇德中学里也有训育主任这样的人，但其所发挥的作用，跟其他私立的学校或者国民党色彩浓重的市立学校比，的确很不一样。在这样的教会学校里，学校负责人对于学生参加政治活动，放得比较宽，甚至可以说完全不管——而同样的行为，如果发生在市立学校，那可能就会被开除。也正是因为这个原因，我们常常会看到大学生搞的各种政治运动中，尤其是像“五二〇”这样的大规模游行，崇德中学等学校的学生，常常夹杂其中，而回来后学校也没有处分任何学生；要是在市立学校，这种情况是绝对不容许的。

需要说明的是，尽管同为教会学校，基督教系统的学校和天主教系统的学校，还是有着天壤之别。毕竟天主教的最顶端是教廷，无论是主教的任命、校长的任命等，天主教系统的中学都会相对严格一点。而基督教系统的中学，就宽松多了。

高中三年，轻轻松松就过来了

就高中那三年学习的课程来说，我觉得当时的情形跟今天完全不能相比。我们这些从崇德出来的学生，每次聚会时，回忆起来就说，高中那时候真是非常轻松，没有那么多的家庭作业给你做。课余之后，你自己爱看什么看什么，爱干什么干什么，除了住在学校不能随便跑出来之外，其他几乎没任何要求，所以觉得高中三年，轻轻松松就过来了。

这可能跟我对外语理解比较好，而崇德中学又特别注重外语有关系。现在我们还有同学说，"好像那时候也没看你每天有多用功，关起门来死扣书本，玩的时候都是跟大家一起玩，可是为什么考试时往往就看出高下来了？"说真的，这个我也说不清楚。我们考试的时候，外语的确占了很大的比重，特别注重你的理解能力。我在高中的时候，在外语的理解能力上好像就比别的同学强一点。

我想这可能是因为我对外语的悟性比较好。我后来在苏联时，学习俄语也有同样的感觉，在北京时自学了一点，到苏联后努力学了一阵子，就插班上了一年级。可是同去的很多同学，就觉得俄语实在是很难，特别是我们有个彝族的同学，对外语很头疼，要让他掌握俄语的变格、变位等语法规则，似乎非常困难。我觉得我掌握英语之后，再学习俄语，而且又是处于俄语环境中，理解起来很容易。

我们在崇德时候怎么学英语呢？崇德中学的教育有个很大的特点，就是用直接教学法。一方面，英语教师一般都请外教，也就是从英国人中直接聘任，我在崇德中学上英语课，有一学期是由校长凌贤扬亲自来代课的；另一方面，教材也都从英国直接订购，或者由崇德中学的英语老师编写，高中阶段则选用林语堂等编写、开明书店出版的系列教材。

这种直接教学法的好处是发音准确，从一开始就教给学生正确的发音，并培养出一种偏重理解和运用为主的综合能力。完全不像今天的外语教育，学完了大学英语，可能见了老外还是不会说一个单词。崇德校友中，有很多后来从事和英语有关的工作，基础就是在崇德打下的。对于这种教学法，我如鱼得水，高中这几年就无忧无虑地过来了。

崇德学生分四类

我上高中那三年，正是国民党和共产党之间从和谈到内战的三年。那时候，学生运动风起云涌，自然影响到崇德中学。当时学校的教员和学生中，既有中国共产党地下组织及其外围组织，也有国民党的三青团员。

由于各种势力都有，都想争夺学生会的领导权，这样一来，学生会领导权的争夺就十分激烈了。

学生大概可以分为四部分：

第一类是进步学生，甚至有些中共地下党员。我到崇德中学之后，跟这些学生交往比较多，比如顾昂然、李友滨、金铮等，我跟他们现在还有来往。学生会的领导权，也往往掌握在中共地下党领导的民、青联和进步学生手中。

第二类是学生教徒。应该说，在基督教办的教会学校里面，真正信仰基督教的人并不多。崇德中学名义上是教会学校，学校鼓励大家信教，但也非常宽容不信教的学生。信教的学生每周末都去做礼拜，参加一些校园里的宗教活动。这样的学生有一些，他们大都是虔诚的教徒，比较老实，几乎不参加政治活动。从政治倾向上来说，他们处于中间偏右的状态，活动主要出发点和落脚点都是维护教会权威，但所能发挥的影响力越来越小，在崇德中学复办后，这类学生教徒数量已经大为减少了。

第三类是有国民党背景的学生，如三青团团员。这个群体在崇德中学的校园里有一部分，但数量很少，也不是特别张扬。由于国民党名声很臭，教员中的国民党员，也不敢与三青团员发生联系，更不敢联合起来搞活动，所以，三青团员往往比较被动、孤立。

当然，还有一类学生是完全没有任何关系、任何政治背景的。

管理食堂，练习自治

崇德中学当时还有个特点，这跟我有直接的关系。崇德中学有个寄宿部。寄宿部的学生，大都是因为父母不在身边，不得已住在学校里。寄宿部的管理很严格，学生平常不能出去。即便到学校门口买点东西，也都要向管理员请假，否则即不允许你出去。这的确很不方便，学生被严格地限制在校园里。

那么寄宿部的伙食怎么办呢？这个问题由学生通过自治的方式解决。具体地说，就是学生食堂的管理、采购、开销等，都由学生自己管理。通过这种方式，培养学生的自治能力。我当时因为父母亲不在身边，就住在学校里，也参与过这种自治活动，管理过我们寄宿生的伙食。

当然，那时候寄宿生毕竟数量有限，高中部的寄宿生至多也就十几二十个人。而且，大多数时候，学生人数是到不了这个数的，学生流动频繁，经常转来、转走，数量一直变化，比较稳定的也就十几个人。通过食堂的管理，的确培养了我一定的管理能力、服务能力。

民主学生运动的洗礼

对我来说，在崇德中学印象最深的是各种学生运动。当时，学生运动是中国共产党的另外一条战线，也是很重要的。对于学生运动，我们实际参与的并不多，主要是作为旁观者来观察的。

我当时有一个比较便利的条件，就是我二姐在清华大学上学，三姐在北京大学上学。二姐在清华西语系，和英若诚是同班同学。但清华地处郊区，交通不便，去清华大学看大字报的经历也有，但不多。我那时候经常去找我三姐。三姐在北大医学院，当时北大还在沙滩，离崇德中学不算远，去看三姐时，顺便去北大的民主广场看看当时的大字报。每当发生重大事件，民主广场就成了各种观点汇集的海洋，本身就是学生运动的一部分，对学生运动的开展亦起了很重要的作用。

那时候的大字报，即便是用现在的眼光看，也还是很有水平的，有一些独立的思想和见解，猛烈批评时弊，有点振聋发聩的感觉。当时我才十六岁。对于我这个十六岁的少年来说，每次步入民主广场，都像步入了一个各种观点汇集的海洋，目不暇接，眼花缭乱。那些文采飞扬而又剑拔弩张的大字报，对我来说，的确有很大的煽动力。通过观看大字报，通过阅读进步书刊，更关键的是再加上周围进步学生的启引，我很快就加入了学生运动潮流。

萧伯纳曾经说过："一个人在二十多岁时不'左倾'，就是没有出息的青年。"这大概是 20 世纪中期青年思想的共同趋势。"青年人不'左倾'是很少的，老年人再'左倾'，也是很少的。"

林达在《西班牙旅行笔记》中讲到西班牙 1936 年国内的政治状况。他说，"中间派消失了，西班牙人不是左派就是右派"，这与我们国家 1946 ~ 1948 年的情况何其相似啊?！在这三年期间，中间派消失了，每个人都要选择自己的政治立场，不是左派就是右派。当时在青年人心中，国民党代表的是富人，而共产党代表的是穷人，民心是站在共产党这一边的。

与崇德中学老学友们六十年后相聚时合影

学生运动的主流思想是"争民主，要自由"，学生运动也是以民主的方式进行的，比如贴大字报、游行示威等。可以说，高中三年我是在北京民主学生运动思想熏陶下逐渐成长起来的。

担任崇德中学学生自治会主席

1946年开始，随着国共内战的不可避免，国民党加强其统治力度，煽动组织大规模的反苏游行，使得崇德中学的学生很有上当受骗的感觉。这一年4月上旬《北平解放报》被关闭，4月21日发生了中山音乐堂事件，7月国共内战全面爆发，和平的前景越来越暗淡。国事如此，同学们聚在一起时，便常常讨论国家的前途和出路。在这种背景下，北平地下党学委自然积极展开对中学生的渗透和培养，组织了“北平市基督教八校联合会”，发展下线的外围组织。郑甲登、金铮、李友滨三人代表崇德中学参加了该联合会。

在育英中学王光荃的牵线下，李友滨于1947年年初与中共地下党组织取得了联系。中共华北局城工部北平地下党中学工作委员会委员李营，即化名“老丁”，每周与李友滨联系，不时指导学习《论联合政府》、《新民主主义论》等进步书刊。李友滨回学校后，即向周围同学宣传进步思想，引导大家传阅《民萃》、《世界知识》、《钢铁是怎样炼成的?》、《铁流》、《母亲》等进步读物。不久之后，郑甲登亦与李营取得了联系。

1947年4月，北平地下党学委在北平建立了中国民主青年联盟。崇德中学的李友滨、郑甲登、庄守经等人成为“民联”组织的第一批盟员。5月20日的“五・二〇大游行”，崇德中学部分学生跟随游行队伍前往。在考察成熟后，李友滨于这年的8月4日由李营发展成为中国共产党党员。不久之后，顾昂然的组织关系亦被转到崇德中学，于是，北平崇德中学地下党临时支部得以成立，李营担任支部书记。10月18日，李营又发展郑甲登为中共党员。11月初，李友滨转正，李营代表地下党组织，批准成立崇德中学地下党支部，由李友滨担任书记，顾昂然担任组织委员，郑甲登担任宣传委员。

当时，李友滨、郑甲登等几位地下党员均在学生自治会工作，郑甲登还担任学生会主席，并代表崇德中学参加八校学联和华北学联召开的各种会议。

到1947年年底，民联组织有了一定发展，李友滨、郑甲登等又成为中共地下党员，于是上级党组织指示李友滨等人，要求把秘密工作与公开工作适当分开，支持在群众中有一定威信的民联成员竞选学生自治会主席。

就这样,在 1947 年年底崇德中学学生自治会换届选举中,我在地下党组织的支持下,从激烈的竞争中胜出,担任崇德中学学生自治会主席。

即便现在,我跟顾昂然见面时,他还老说我是“崇德的学生会主席”。我哈哈大笑,告诉他,“这不都是你们在背后鼓捣,给弄出了一个嘛,你们怕露面,就选我做学生会主席”。现在看起来,当时的学生自治会主席能使他们避开当局的注意,从而确保地下党组织及党员的安全。

加入地下党的外围组织

由于在崇德中学的各类学生运动中表现积极,我逐渐也成为地下党外围组织“民联”的成员之一。

当时北平的地下党外围组织有两个系统,一个叫中国民主青年同盟,简称“民青”;另外一个叫中国民主联盟,简称“民联”。这两个系统对应不同体系的中共地下党。当时在北平的中共地下党,一部分是“北系”,即在抗战时期乃至之前就潜伏在北平活动的地下党员;另外一部分叫“南系”,这部分地下党是抗战胜利后才潜入北平的。另外,我当时还有几个崇德中学的校友,像顾昂然、李友滨、金铮等,实际上都是中共地下党,做地下党的工作。这一点后来都得到了证实。

地下党是怎么发展外围组织呢? 据我的了解,基本上是这样的:地下党支部和民联小组常常在组织生活会上,研究校内的政治动态,逐个分析班内每个同学的家庭状况和本人的思想政治状况、学习成绩、爱好、特长、个性等。对于条件较好的同学,则确定为发展对象,由地下党员、民联成员去分工联系,团结争取。条件成熟后,就组织发展对象学习民联章程,并及时吸收其为民联的成员。“民联”基本上就是这么滚雪球一样发展起来的。在 1948 年 6 月高中毕业前,我已经是地下党外围组织“民联”的成员。我们那一届学生中,到毕业时的 39 个学生中,已经有中共地下党员 3 人,民联成员 14 人。

那时候,地下党员隐蔽很深,但就进步学生内部来说,我们大致知道谁是地下党员,但谁都不捅破这层窗户纸。

地下党与学生自治会

后来我们才逐渐了解崇德中学复校后地下党发展的历史。1945年刚复校时,崇德中学没什么民主活动,也没有地下党员。在整个北平地下党学委的辛勤耕耘下,崇德中学在1947年8月建立了地下党支部,领导崇德中学的进步学生参加各种学生运动。

1947年10月29日,国民党军警枪杀了浙江大学学生会主席于子三。消息传来,华北学联号召学生11月6日罢课,并在民主广场举行追悼会。这天一上午,李友滨到崇德中学后,即与郑甲登、顾昂然等商定,通过学生自治会和班会,上午在崇德中学高中三个年级组织签名罢课,下午去民主广场参加追悼会。

这一次,我们崇德中学高中同学有70%签了名。清华、燕京等大学的学生自治会代表还在这天上午,专门来崇德中学做关于于子三被害事件的演讲。此事被校方获悉后,当然恼羞成怒,将清华、燕京的代表从礼堂撵出来,他们只好在操场上向同学们做了简单的演说。事后,校方本来想以旷课的名义严肃处理罢课学生,后来经过我们学生自治会与校方的谈判,此事也就不了了之。

还有一件事值得一提,那就是我们抵制军训课。1947年年底,教育当局决定向学校派出军训教官,以加强对学生的监督和控制。我们在地下党的指示下,通过学生自治会的名义向学校请愿,反对开设军训课。后来,甚至以学生自治会名义,发动学生在课堂上采取哄闹等方式消极抵制军训课。经过一段时间的消极抵制,教育当局开设军训课的想法胎死腹中,军训课完全流于形式,成为我们踢足球或自由活动的时间了。

我们高中崇德的老同学在退休后,仍然保持着友好的往来。李友滨成了研究老子哲学的业余爱好者;金铮从北京市计生委主任退下来,仍然是助人为乐;庄守经从北大图书馆主任退下来,我们有许多相似的观点;肖峋从全国人大法工委民法室副主任退下来,我们有许多共同的经历、共同的语言;冯钟骥仍然在经商,他是校友中联络最积极的牵线人;顾昂然是我们校友中"级别"最高的人,当过"部长"——法工委主任,我后来参加许多立法,都是在他的领导之下,他从1952年起就担任彭真同志的秘书，深得彭真同志信任，他退休后也参加我们的一些活动。

出黑板报，演《陞官图》

就我个人而言，尽管担任过崇德中学学生自治会主席，但参与学生活动依然限于校内，并没有参与过校外的游行。而我在校内的学生活动，主要体现在出各种黑板报。那时候比较有名的黑板报如《暖流》、《野火》、《发掘》等，都是各班同学自己创办的，成为传播进步思想的主要阵地。

毕竟那时候还是中学时代。在大学里，学生自治会可能会有很多活动。但就中学而言，学生自治会的确没有太多、太大的活动。之所以这样，是因为校际之间不允许串联，即便同属教会中学的兄妹校之间，也不能串联起来搞活动，更不用说跟其他天主教学校或者市立学校之间的串联了。这样的话，你有什么想法，也只能自己跟自己玩，也就局限在校园内了。

当然校外活动也不是完全没有。高中时代，我们唯一跟校外有关的活动，就是搞过一次募捐。1945 年抗战胜利后，许多校友写信给凌贤扬校长和校董会，要求尽快复校，个别校友还表示愿意义务讲课。1945 年 9 月决定复校后，10 月 28 日即召开有七八十人参加的校友会，成立专门的募捐委员会，发动校友及有关社会人士为崇德中学捐款。除此之外，还约请了一些著名的戏剧演员在北京饭店的礼堂举办义演，所得收入全部捐给崇德中学。

那么，校园里我们怎么搞活动呢？我印象最深的是，我们在校园里自导、自演过一个叫做《陞官图》的话剧。这个《陞官图》完全由崇德中学的学生演出。当时我们面临最大的问题就是缺乏女演员。因为我们崇德是男校，没有一个女生，女角色只好男扮女装来演出。到后来稍微开放点了，才可以到女校去请女同学来参加演出。那个时候，也就这些演出，还算不错。

足球成了我最大的爱好

在其他方面，崇德中学或许不是最好的，但就足球场而言，崇德可以说是最好的，毕竟它是北平所有中学里唯一一个有标准足球场的中学。有了这个硬件条件，我们不光平时经常踢，而且还举办过对外售票的足球比赛。

2002 年第 17 届足球世界杯在韩国举行，首场中国对哥斯达黎加比赛我前去助阵，这是中国唯一一次参与世界杯，与韩国博士生合影

那时候，崇德中学尽管没有专门的足球队，但战绩在北平一直小有名气。崇德代表队常常和英国驻华领馆的英国兵足球队打比赛，有时候是在崇德，有时候是在东交民巷足球场，每次比赛都能吸引不少观众，双方各有胜负。据说在早期的时候，崇德中学的代表队也常常和清华学校足球队打比赛，互有胜负，但胜多于负，有一度崇德中学足球队的队歌就有这样的词句，“But once and again we beat Ching Hua, Rua……Ree!”除此之外，崇德足球队有时也和通州潞河中学、北京汇文中学等打比赛，常常得胜而归。足球一直是崇德中学的体育强项，我们球队当中，有一些人踢得确实比较好。

在崇德中学的时候，由于我住校，出门不大方便，而且我除足球外，也没有别的爱好，所以，一有时间就去踢足球。刚才已经说了，我们那时候的高中，不像现在的中学生，有那么多的课后作业，我们的作业很少，下课后的课余活动，完全以踢球为主，踢完球再去上自习。这样，足球就成了我最大的爱好。

只是中学时代，我们并没有组建专门的崇德足球队，每次有比赛都是临时组队，平时玩的时候，更是随机的，人多人少都能玩。我成为校队球员的梦想，要到燕京大学后才能实现。

教会学校不强迫信教

无论是在崇德中学的三年还是在燕京大学的半年，我一直没有信仰任何宗教。这个可能现在看来很奇怪，在教会学校里近四年，怎么会不信教呢？我想最主要的，可能是因为家里没有信仰宗教的传统，个人这么多年也没有信仰宗教的倾向。

当然，尽管我自己不信仰宗教，但我还是尊重别人的信仰，我对宗教本身倒是持比较中立的态度，信与不信都是个人的自由和权利。尤其是后来，我们的宣传中，虽然动辄将国内宗教斥做封建迷信，对外来宗教认定为帝国主义对中国进行文化侵略的工具。与此相反，我自己对宗教的这种看法依然未变。

能够在教会学校近四年而不信教，这跟教会学校的管理方式也有很大关系。尽管叫做“教会学校”，但它毕竟是“学校”而不是“教会”，所以在教会学校里，从来没有行政力量强迫老师和学生信仰宗教，在课堂上也不允许老师向学生传教。

我们高中的时候，有两个外籍老师，一个是戴维斯，一个是芮德兰，她们都是虔诚的基督教徒，以传教为终身的事业。但即便如此，她们也从来没有在课堂上传过教。她们对宗教信仰的捍卫和传播，也只是在校内的宗教场所，如周末带信教学生一起做礼拜之类。她们为传教到中国来，但传教归传教，教书归教书，这两者始终泾渭分明。这一点应该说还是难能可贵的。

报考燕京大学

我从崇德中学毕业之后，为什么要考燕京大学呢？

前面已经说过北平教会中学的简况，尤其是燕京大学和崇德中学通过司徒雷登、凌贤扬而建立起来的一段特殊的关系。由于同属北平的基督教系统，那么这些教会中学的毕业生，就可以参加燕京大学专门面向教会中学毕业生举办的预备考试。一旦通过预备考试，就可以成为燕京大学学生。燕京大学也往往从这些教会中学的毕业生中，优先录取新生。每年的情形基本都是这样。这个预备考试的时间，实际上要比燕京大学对外招生时间早点。

1948 年摄于北平，二姐就读于清华大学，三姐就读于北京大学，我考入燕京大学

我 1948 年夏季从崇德中学毕业时，就参加了燕京大学的预备考试。燕京大学的预备考试的内容，我记得除了英语，好像还有其他几门，如智力测试什么的。但这几门课和英语差不多，基本上都是考查你的思维能力、理解能力，题量特别大。就英语来说，其方式基本上是学美国式的做法，考试卷有一大本，大概有 8 页左右，题量很大，在限定的时间内，几乎很少有人能够做完。考题本身不光数量大，难度更大，特别偏重阅读理解能力。按照题型设置来说，题目的设置由浅入深次第编排，前面的答不上来，后面的答上的可能性就更小。燕京大学的预备考试的判分，即根据考生对试卷上题目完成的多少及正确率，来确定考生的外语水平，判定相关分数。

由于崇德中学对英语的要求也很高，而且也是纯美国式的，因此，我在崇德三年学下来，应付这样的考试还是绰绰有余的。最终燕京大学发榜，我顺利考上了，而且还拿到了只需要缴少量学费的奖学金。

顺带说说芮德兰事件

说到我们的外语老师芮德兰，我的印象还很深刻：一头白发，一个胖墩墩的老太太，不知是什么原因芮老师始终未婚。芮老师中文讲得很流利，是一位任教多年的老教师，对学生要求很严格。她第一次见到我就说，我叫江伟琏，就给我起了英文名字，叫 William。解放后，崇德中学发生了"芮德兰事件"，在当时，包括《人民日报》等媒体大肆宣传，作为对帝国主义斗争的胜利，闹得沸沸扬扬。

我高中毕业是在 1948 年 6 月。我们毕业之后，芮德兰当然还在崇德中学教书。1948 年年底，国民党在国共内战中节节败退，崇德中学一度成为国民党伤兵的收容所，教学秩序被完全摧毁。凌贤扬在教会方面的授意下，解聘全体教职员，宣布学校无限期停办。北平和平解放后，学校在 1949 年 2 月开学，崇德中学校董事被改组，崇德中学的权力逐渐由教职工掌握，代表教会的凌贤扬被架空。

芮德兰侮辱学生事件即发生在这个时候。按照《人民日报》的报道的说法，1949 年 11 月 8 日，英籍教师芮德兰"辱骂"了崇德中学初二学生卢祖翼。具体怎么一回事情呢？我们且看看《人民日报》当时的报道：

【北京讯】京市私立崇德中学英籍英语教员芮德兰于本月八日辱骂该校学生卢祖翼，引起全体师生极大愤怒。该校师生员工于昨（十一）日下午三时召开了对芮德兰侮辱中国人民的控诉大会，并有北京大学、慕贞女中、贝满女中、师大男、女附中、市立男女一中、艺文中学、笃志女中、新生中学等校学生代表以及中小学教联代表参加，共约五百余人，首由该校初二小同学卢祖翼控诉被辱骂经过。事情的发生是在本月八日下午三点至三点五十分的英语课堂上，因卢祖翼向地上吐了一口痰，致引起芮德兰的蛮横行为，他（她）辱骂卢祖翼说："中国人从来不讲卫生，百分之八十一的人都有肺病，解放前上海公园及饭店门口挂'华人与狗不准入内'的牌子并不怪外国人，实在是中国人太脏和狗一样！"他（她）一边辱骂，一边随便吐唾沫，将唾沫溅在卢祖翼座前同学脸上。芮德兰如此公然侮辱中国人民的行为，已引起该校全体师生员工的极大愤怒。该校各班同学员工及该校“团契”代表并纷纷控诉芮德兰一贯的欺侮同学行为，要求将芮德兰交人民法院制裁，到会各校学生代表讲话中均一致指出，芮德兰此种行为非仅对卢祖翼一人的侮辱，而是对全中国青年以及中国人民的侮辱。最后，大家一致主张向人民法院控诉芮德兰罪行。

此事件经《人民日报》报道后，即引起了各界强烈的反响，正好可以成为反抗帝国主义的契机。11 月 12 日，北京市学生联合会即致信崇德中学全体同学，将这件事上纲上线到帝国主义与中国人民对立的程度。

新成立不久的北京市人民法院，受理了这一控诉，并于 11 月 14 日派审判员彭忱赴崇德中学现场调查，并传讯原被告、学生会代表及学校负责人问话。调查结论为：“被告芮德兰一贯侮辱欺骂学生，在本学期开始，就曾这样骂过高一学生姬荣堂；在两年前芮德兰还打过该校工友王均全五六岁的孩子，她认为她有权打她仆人的孩子。学生宋振绥因为近视没配眼镜，坐在教室前排，芮竟扯着宋的耳朵扯到教室后面，并且还打了他。经调查结果认为：被告芮德兰这次侮辱学生和中国人民不是偶然的，而是她一贯行为。”11 月 16 日，审判员贺战军在崇德中学召开调查庭，继续对原、被告作出调查。调查结束后，“市人民法院认为被告芮德兰侮辱学生并公然侮辱中国人民事实，业已明显。为防止被告有逃匿之虞，当庭令芮德兰取保，当由崇德中学校长凌贤扬出面具保，保证被告随传随到”。11 月 18 日，该案公开开庭审理。1950 年 1 月 8 日，北京市人民法院在经过一个多月调查后，向芮德兰发出传票，并在 1 月 10 日对所谓芮德兰“辱华”事件作出判决，“被告芮德兰应登报悔过，并向崇德中学全体学生口头道歉。原告与被告双方对于这一判决都当庭表示接受”。当天下午，北京市人民法院还派审判员贺战军专程到崇德中学执行这一判决，芮德兰当众向崇德中学全体学生与教职员工道歉，并将其认错启事送到《人民日报》刊登。

芮德兰道歉后，此事总算告一段落。未料她在崇德中学还是待不下去。据崇德校友韩进英回忆，芮德兰“公然不让学生参加庆祝‘五一’的游行，居然在学生中散布拥蒋反共言论”，“为此，北平市军管会下令:立即取缔教会中私设的电台,驱除破坏中国人民解放事业的帝国主义分子。当北平市军管会的代表在我们崇德中学当场宣布‘限芮德兰 48 小时离境’时,学生们沸腾了,几百人把芮德兰的宿舍围得水泄不通,高呼口号:‘打倒帝国主义分子芮德兰!’‘芮德兰滚回去!’。这个满头白发的英国女人,吓得直发抖,她在军管会派人护送下,绕道天津去了香港。”

这是 1950 年的事情。这之后,凌贤扬校长于 1950 年辞职,崇德校友李瑞启开始担任校长。1952 年 10 月,北京市政府接管北京市所有私立中学,崇德中学改名为“北京市立第三十一中”,从此变成公立中学了。

如何对待崇德中学、燕京大学以及司徒雷登?政府的态度反映出我们对美国、英国等帝国主义政府与教会民间组织不加区分的政策。我们反对和打倒的是帝国主义,但从崇德中学、燕京大学许许多多教会办医院、办学校,那是办慈善事业。我们不加区分,对之全部没收为国家财产,对教会学校中任职的外国籍人员以“帝国主义分子”而加以“驱逐出境”,就显得不妥了!

三、我在燕京大学

考入燕京新闻系

说到燕京大学,得先从我所受的教育谈起。我受的教育实际上有两种:一种是英美式的,一种是苏联式的。而崇德中学的三年、燕京大学的半年,通通都可以归入英美式教育之下。

报考燕京大学,我报的当然是新闻系。从人文科学来说,当时燕京大学最好的系就是新闻系。燕大新闻系创建于 1924 年,是中国当时最早创立的新闻系之一。它与美国密苏里新闻学院有合作关系,在师资、信息、交流等方面,得到了密苏里新闻学院的大力支持。而燕京新闻系的教师,除了密苏里新闻学院的支援外,还有大量很活跃的资深报人。著名的记者埃德加·斯诺在写作《西行漫记》前后,就曾在燕京大学新闻系教书。燕京新闻系培养了不少人才,包括采访“二战”的萧乾,甚至“二战”结束日本投降签字仪式中采访的三位中国记者,全部毕业于燕京大学新闻系。

当然,燕京大学其他专业也不差。如其医预系,是受协和医学院委托办的预备班,医预系学生在燕京大学学完三年后,就可以报考协和医学院。而其他学生要想考协和医学院,则必须有大学生物系理学士学位证书才可以。再比如燕京大学的宗教系、音乐系等,也都是很不错的。但无论怎么说,在燕京大学的文科里,大家普遍都认为新闻系最好。

我之所以报考新闻系还有一个原因,可能是因为我读高中那三年,正好是解放战争如火如荼的时候,或者说北京本身就是学生运动比较多的地方,也是高校比较集中的地方。在这种时代背景下,报纸和刊物对我们的影响是相当大的。那时候我们接触一些进步思想,主要是通过报刊。那时候我最喜欢看的刊物有两份:一份是《文萃》,另一份是《观察》。由于我们接触进步思想、观点,都是通过报刊这个途径,所以我非常崇敬报人,觉得报人能够给人带来更多的知识,能够给人带来真理,能够让人在国民党暗无天日的统治下,捅破黑暗势力的封锁，获悉真相与正义。而且，新闻记者常常有“无冕之王”的美誉，对这个光辉的头衔本身，我亦崇拜得五体投地。

这些因素都是促使我报考燕京大学新闻系的原因。幸运的是，我报新闻系，最终被顺利录取了。

与清华擦肩而过

当时各个大学都是单独招生，也都有各自的入学考试，其时间自然有早有晚，并不统一。由于燕京大学入学考试属于对八所基督教中学的内部保送性质的考试，不属于对外的正式考试，发榜时间比较早，这样的话，也好给没有考上燕京的考生，留下报考其他学校的时间。只要时间上不冲突，当然可以在报燕京的同时报考北大，在报考北大的同时还可以报清华。

所以，我在考完燕京大学之后，又报了清华大学的建筑系。当然，清华大学最好的专业应该是工科，尤其是所谓“水木清华”，清华的水利系、建筑系等应该都是很好的。

但在参加清华大学入学考试时，我碰到了最大的问题，数学考题对我来说太难了。对我来说，数学一直是很让人头痛的，我的物理还不错，化学也还可以，但数学很不行。但当时来说，要考建筑系，当然需要数学很好，而这恰恰又是我的弱项，所以，最后考清华就落榜了。

我在考清华的时候，已经知道被燕京新闻系录取。既然如此，心里有底了，心里真实的想法是，考清华也就试试看，并非志在必得。最终考清华落榜，心里就想，没考上就没考上吧，反正有一个燕京大学保底，并没有太在意。

燕京大学的教与学

燕京大学的课程设置很独特。我印象最深的是很多课程的学习，都以大量的阅读为主。比如我学英语，要选读英国文学课，那老师就给你指定一本书去看。这本书可能是小说，而且很可能是名著，当然阅读量也相当大。老师会根据阅读量的大小，让你在一周、两周乃至一月之内读完指定的内容，然后在课堂上用英文提问，并让你用英语回答。从这一点上来说，燕京大学的教学方式还是采取了美国模式。

但这一点，到后来并没有太坚持。燕京大学从设立一直到太平洋战争爆发前，都是由司徒雷登担任校长。抗战胜利后，国民政府规定，凡是中国境内的大学，校长只能由中国人来担任。所以，燕京大学校长也换成了陆志韦。这种变化，给燕京大学带来的首先是纯英文教学的比重大大降低了。到我们 1948 年入学的时候，除了个别课程之外，大多数课程都已经改用中文授课，这样的话，对教授和学生的英文水平的要求，跟以前比，也就大大降低了。但即便如此，从燕京大学的整体氛围来看，无论是英语化程度还是传统习俗，它还是有着教会大学的特点。

仿照美国的高校制度，燕京大学也是实行必修课、选修课，学生可以自由选课，修满相应的学分即可毕业。按照燕京大学对学生的要求，要想获得毕业，必须拿够至少 124 学分。一般来说，一年级时必修课多点，以专业课为主；二年级之后选修课多点，学生可以在专业之外获得更多的学分。

必修、选修课各个学院设置极其不一样。我考入的是燕京大学新闻系，新闻系属于文学院，而文学院的必修课则包括国文、英语、历史、体育等几门基础课，此外还必须在理学院、法学院修读一门该院的基础课。我们文学院的学生，大多数人都会选读理学院的生物课，以及法学院的政治学、经济学或者社会学之类。与此类似，法学院、理学院的学生也必须在文学院选读一门基础课。必修课除了上述要求外，对女同学还有更特别的要求，那就是女同学还必须修读家政系的课，主要有营养学和儿童福利两个专业。选修课的范围就很广泛，要求也更松，大多数学生的选修课，都会尽量跟副修专业相关，这样就在满足必修、选修要求的同时，还能满足主修、副修的要求。

这里值得一提的是燕京大学学生对于“党义”课程的处理。按照国民政府教育部门的规定，凡是在中国境内的大学，必须安排“党义”课，对学生来说属于必修课。我们入校后，高年级同学就告诉我们，可以这样处理“党义”课：故意选一门与“党义”课时间冲突的主修课或者必修课，把“党义”课挤掉，到毕业时，学校也不追究，对此就不了了之了。可惜我们没读到毕业，对此缺乏切身感受。

燕京大学办学宗旨是“通才教育”。因此，与必修、选修制度相对应，燕京大学更有特色的教育制度是主、副修制。我进入燕京大学后，主修新闻学专业，而副修西洋文学专业。所谓主修课，也就是你的专业，按照专业要求必须修的专业课程；而副修课，则是专业之外其他专业的课程。按照燕京大学的要求，学生在燕京大学除选修一门主修的专业外，还必须选一门副修专业，比如我是新闻系学生，主修新闻专业，那么我就必须副修历史或者西洋文学专业；比如你是社会系的，主修社会学专业，那么你就必须副修心理学或者其他专业。副修专业的选择，系里的老师会给予一定的指点，学生选定副修专业之后，就要在相应的每学期里拿到副修专业的学分。总体来说，副修专业的学分较少，而主修专业的学分则很多。这一点，跟今天的双学位教育有类似之处，只不过它不会让你在拿到一个本科学位后攻读另一个学位。或者说，主、副制的主要目的并不是让你拿到两个学位，它最终还是发给一个学位，实施主、副修制的最主要目的，还是在于扩大学生的知识面，提高综合素质。

就考试来说，燕京大学对学生的评估，我认为还是比较人性化的。当时，每门课都是按照10分制评分。较之各个大学更流行的5分制，10分制的优点在于档次多，容易拉开差距，而不像5分制里，大面积的学生都是4分，无论是班里的横向比较还是个人成绩的纵向比较，都不容易看出差距。更有特色的是，10分制并不简单与100分制挂钩，也就是说，100分里60分算及格，但是在10分制下，并不对应着6分的及格线。除此之外，必修课、选修课以及主修课、副修课的及格线完全不一样：主修课、必修课以5分算及格；副修课、选修课3分算及格。但大多数学生都是说“学生无大志，但愿三五分”，上进的学生都以7~8分为努力目标。至于9分、10分，那就不是轻易能得到的了。

与上述评分标准有关，燕京大学还实行绩点规定。这个规定非常严苛，每一届新生入学都要过好几道关口，期中考试要淘汰一批，期末考试还要淘汰，第一学年依然有淘汰，过了第二学年才会稍微好点。按照这个规定，如果学生在第一学年总成绩平均达不到4.2分，前两年总成绩平均达不到5分的，则由校方通知学生退学。这种考核方式甚至严苛到极致，在《燕大文史资料》第四辑中，有篇文彬如的回忆文章，说曾有个学生四年修完学业之后，都已经照好了学士服的半身像，等着印制在同学录上，但就在这个当口，校方突然通知他不能毕业，因为他的总平均分是5.29分，而燕京大学毕业生的总平均分必须在5.3分以上。这种方法听起来很严苛，但也有好处。有的学生不适合燕京大学，回头考入其他大学后，反而学得轻松自在。

我们入学的时候，绩点制度依然在实行，而且对我们的确有一定压力。我们尽管作为中共地下党的外围组织参加各种进步活动，但心里的弦依然很紧，参加这些活动的前提，是顺利达到绩点规定，别被半途劝退。只是谁也没想到，燕京大学乃至北平很快解放，我们都还没到考核期呢。

燕京大学的 TOSS 传统

说到燕京大学的传统习俗，最有名的当然是 toss 了。什么是 toss 呢？这个词用中文谐音说就是“拖尸”，每年新生入学后，高年级学生都会调戏新生，跟你玩各种游戏，让你出洋相，最严重的就是把你从燕京大学西校门的校友桥上扔下去，淋成个落汤鸡，大家取笑你。这个习俗是由美国传来的一种恶作剧，主要目的可能是给新生“下马威”吧。

我们1948年入学时，这个风俗已经没有那么时兴了，我没有挨过“拖尸”，但我们那一级新生中，还是有其他学生挨过的。“拖尸”风俗不大时兴的原因，是大家不再一致地欢迎这种恶作剧味道颇浓的习俗。据说有一年，上一年度被“拖尸”过的同学组成的“拖尸”团中，发生了严重分歧：有人主张继续“拖尸”，有人极力反对继续“拖尸”。两派针锋相对，人群都聚集起来，能否“拖尸”却迟迟定不下来。而该年级的新同学，得到了反“拖尸”派的支持，亦对此持反对立场。人流簇拥到校友桥边，两派依然在理论究竟是否“拖尸”，言语不和，几乎快要打起来了。最后还是学生自治会出面打圆场，把“拖尸”改成集体游戏，找了几位自愿下水的同学，象征性地表演了一下。

这个“拖尸”具体怎么搞呢？大概新生入学不久，“拖尸”团即贴出《新生十诫》，列出十种可能被“拖尸”的人选，比如勾搭异性同学、爱穿奇装异服、喜欢自我表现等，并写明上述十项，触犯任何一条都“拖”无赦。总之，用今天的话来说，就是那类太拉风的学生，很容易挨“拖尸”。

开始“拖尸”的时候，“拖尸”团会先在校园里敲锣打鼓，聚集人气。当“拖尸”团选好“拖尸”对象后，即向西校门的河边走去，许多同学簇拥在后面看热闹。“拖尸”有时候进展并不顺利，被“拖尸”的对象可能会反抗，甚至会跑到教务处去告状，围观者中亦可能有人觉得“拖尸”太过分，边看热闹边发牢骚。

“拖尸”顺利进行的话，就会比较好看了。比如，“拖尸”团可能会让“拖尸”对象啃一个吊在树上的苹果，苹果吊得肯定比嘴高啊，想要啃着肯定得踮起脚尖，还得竭力仰起脸。而如果咬的角度、力度都不对的话，苹果还没咬着便已经荡开去了，“拖尸”者的滑稽模样自然令大家捧腹大笑。好不容易啃完苹果，还有一项内容，就是用鼻子把乒乓球拱过石拱桥。这个动作难度也不小，力气不能太大，又不能太小，还得尽力贴在桥面上，否则根本拱不着。这个也能让大家狂笑。

当然，最搞笑的莫过于真正的“拖尸”。到时候，被“拖尸”的对象要主动把外衣都脱掉，然后由“拖尸”团的两名高大威猛的学生，提起来将之扔到河中去。不管水性如何，他都得在水里扑腾一阵后，才能游上岸，或者被拉上来。一年一度的“拖尸”，至此才算尘埃落定。

燕京大学的生活

我家既非高级知识分子家庭，更不是大资本家，生活并不是非常富裕。考燕京大学时，根据我预备考试时的成绩，学校给了我一份奖学金。奖学金数额有多少，我现在记不住了，我现在只记得要缴学费，但只需要缴很少量的。

燕京大学生活的条件，并不是很奢侈。就伙食来说，吃得也不是很好，跟一般大学的伙食差不多。当然，你要想吃好也可以，主要还是根据你的经济情况。当时我们入学时，燕京大学还未解放，国统区物价飞涨，伙食费几乎每个月都要翻一番，而且伙食标准却越来越低。我记得曾有人就伙食编过一首歌，唱什么“嘿！来碗粥，再来上几个窝窝头，白菜汤只搁咸盐不搁酱油，熬白菜不搁油，吃到嘴里像木头”。学生改善伙食的办法不多，至多也就是出燕京大学南校门老虎洞，在海淀镇上买点花生酱、咸菜之类。

但燕京大学住宿条件是非常好的。男生住的地方叫“楼”，女生住的地方叫“院”。但燕京素有自由、民主的传统,当年也是在中国率先招收女学生,但在宿舍问题上,燕京大学依然极其保守。男生的“楼”门口必然挂着“女宾止步”的大红牌子,而女生的“院”门口亦有“男宾止步”的标示。

正因为这样,燕京大学的男生去女生宿舍,就受了严格的限制,平时你想去看的话,还要通过舍监,女生宿舍都有专门的舍监来看。女生宿舍只在每年返校节开放一天。平时的话,女生宿舍是闺房重地,门禁森严,如果你真有事要找女同学,那你得先按门铃,待舍监出来,问明你具体找的人以及事由后,她才会进去把你要找的女同学给叫出来。除此之外,别无他法。这一点,只有每年司徒雷登的诞辰,也就是返校日才会例外。

当时我住在男生五号楼。男生宿舍管理就比较宽松一些,尽管有“女宾止步”的牌子,但女生还是可以随便到男生宿舍来看的。男生宿舍我记得是两个人一间,相当于现在博士的待遇,在那时候条件也是相当好的。

只记得教《新闻学概论》的张隆栋

我在燕京大学待的时间太短,上课的时间满打满算也就一个多月。所以,大多数老师都没有什么印象,唯一能想起来的就是张隆栋,他给我们教过《新闻学概论》,我对他的印象比较深。

在我进入燕京大学前,大概从 1942 年起,蒋荫恩就一直是新闻系主任。但我考入燕大新闻系时,蒋荫恩已经不当系主任,而去美国密苏里新闻学院进修,张隆栋刚刚接替蒋荫恩担任新闻系主任。后来院系调整时,张隆栋去了中国人民大学。

学生自治会选举

就学生活动来说,我在燕京大学那半年,印象最深的事情之一,就是新闻系学生会的选举。那个时候学生会的选举,对我来说确实是第一次感受了高等学校里的校园民主。

当时很明显的是,进步学生和保守学生很自然地分成两个阵营,都想争夺学生会的领导权。在当时的情况下,燕京大学里进步力量,也就是中共地下党外围组织的力量还是比较强的。

那时候,学生自治会的竞选活动轰轰烈烈。竞选的时候,竞选人要发表自己的竞选纲领,告诉大家,假如自己当选之后想要做的事情,然后呼吁其他学生来投他的票。那次进步学生都获得了很大的成功,我也通过竞选进入了新闻系的学生会。

接头暗号是 AB

我去燕京大学的时候,已经是地下党的外围组织的成员了。

当时北平的地下党外围组织有两个系统,一个叫中国民主青年同盟,简称"民青";另外一个叫中国民主联盟,简称"民联"。这两个系统对应不同体系的中共地下党。当时在北平的中共地下党,一部分是"北系",即在抗战时期乃至之前就潜伏在北平活动的地下党员;另外一部分叫"南系",这部分地下党是抗战胜利后才潜入北平的。张大中最近写了一本回忆录,叫《我经历的北平地下党》。他就是燕京的,1941 年考入燕京大学新闻系,后来担任我最早参加工作时的领导,即北京市团市委第一书记。

另外,我当时还有几个崇德中学的校友,也在燕京大学。其中一个是李友滨,他是参加燕京大学的普通录取考试时考入的,实际上是中共地下党员,做地下党的工作。

还有一个是李伯康,他是燕京大学新闻系的老学长、地下党,他不是崇德的校友,后来我们在团市委的时候,他是我们青年文工团的领导。

我在崇德中学的时候,已经参加了地下党的外围组织"民联"。我前往燕京大学报到时,我就问组织负责人,"到燕京之后我的组织关系怎么办呢?"当时对方回答说,"你就等着吧,当有人告诉你暗号是 AB 的时候,那你就跟他接头。"

我进入燕京没多久,有一个人来找我,先跟我 AB 一番,对暗号。AB 完了,他就给我一些书籍,跟你说定怎么样来联系、怎么样来工作。我记得他第一次给我的书,是一本《新民主主义论》,当时这本书的封皮还做了特殊的"包装"。

参加高唱队

在当时来说,燕京大学确实有一些很特殊的东西。特殊在什么地方呢?就是各种学生社团特别多,让人眼花缭乱,那么多的社团,都不知道参加什么好。而这在我们高中的时候,是完全不可想象的。进入燕京大学后,我报名参加了起码有四个社团。

其中一个是“高唱队”。“高唱队”是燕京大学的一个专门唱歌的社团,在解放前的历次学生运动中,“高唱队”一直都非常活跃。据介绍,“高唱队”是由傅立崑、晏苏民和冯祥光等同学在1946年冬天发起的。当时成立“高唱队”的时候,主要是因为已有的宗教性“燕京合唱团”太曲高和寡,而学生中间口耳相传的一些进步歌曲,又没有诸如清华的“大家唱”与北大的“大地合唱团”这样专门的歌咏团体来演唱,燕园的歌声显得不那么嘹亮。“高唱队”于1947年年初正式成立,早期队员有四五十人,其中新闻系的同学较多,各个社团的学生也积极参加“高唱队”,“高唱队”的队员回到社团后,又教其他同学唱进步歌曲。因此,“高唱队”很快在燕京大学唱响,在先前的“五·二〇大示威”、“反饥饿、反内战、反迫害”等学生运动中,“高唱队”都有很积极的表现。

我1948年9月入学时,“高唱队”已经成立了快两年,已经发展到近百人。后来我在青年文工团的团友中,像江璞、招翠馨等,都曾经是“高唱队”的成员。

参加义校,接触生活

那时候,我还参加了一个义校。所谓义校,就是当时学生组织的义务学校,专门义务辅导燕京大学周围贫苦人家的子弟。

当时我们去什么地方做辅导呢?就是成府路一带。从地理位置上说,成府就在燕京大学东边,当然远远没有现在的成府路繁华,那时候还是贫瘠的农村。

我们去成府的时候发现,有些人家生活确实非常贫苦,不仅小孩上不起学,家里也是一无所有。我们所做的,就是教农民子弟识字,普及一些基本的文化，顺便也做一些宣传工作。参加义校的时间很短，但给我留下的印象却很深。

这个经历对我的影响很大，毕竟这是当时我接触社会的第一步。我生活到十八岁，一直是在家庭和学校这个圈子里，从未接触过社会。参加义校活动后，了解到离燕京大学一墙之隔的地方，生活竟然是截然不同的两重天，这边是现代化的大学，那边是上不起学的文盲儿童；这边是阳光明媚的教室、宿舍，那边是暗无天日的贫民窟。当时国民党统治下的两极分化的悲惨现实，给了我极大的震撼。

参加黑白社

我还参加了一个社团，叫黑白社。这个社团我印象也很深。那时候我们在黑白社做什么呢？就是隔三差五讨论时事问题。大家不一定都很懂，但都在那兴致勃勃地聊，毫不隐瞒自己的观点。

我印象最深的一次讨论，是讨论共产国际情报局开除南斯拉夫这一事件。我记得当时在讨论过程中，大家对南斯拉夫也不是很熟悉，发言中，就有人为南斯拉夫鸣不平，说南斯拉夫作为独立国家，人家当然可以不同意共产国际的决策，你为什么要开除人家呢……那时候讨论的都是这样一些问题。

过去我们在崇德中学时，毕竟还比较封闭，也没有报纸来报道共产国际开除南斯拉夫的事情，我对此一无所知。所以在燕京大学里，一进入黑白社，突然就讨论这个问题，对我的思想的冲击还是非常大的，好像一个青年知识分子一下子进入了知识的海洋，可以自由自在地来讨论一些问题。这也能够反映出，在当时的情况下，我对知识和信息，充满渴望和热情。

加入燕京足球队

在崇德中学时，我就比较喜欢足球。但在崇德中学的时候，毕竟还没有正式经过选拔的足球队。但一进入燕京大学，就有了正式的足球队了，而且公开报名、选拔。我当然就报名参选，并顺利地被选入燕京大学校队。

1948 年燕京大学足球队合照，前排右数第一人为我，踢右前锋

当时的燕京足球队教练是闫华堂，他性情温良，待人宽厚，对队员说话时态度很和蔼。队员中，守门员是林肯、庄守经，后卫有周宝恩，中卫是队长邓肇豪，前锋线上有恽筱园、王广铨、陈尧光、Henry Sailer、叶良能、渠川瓒、胡冬生等。燕京足球队曾经取得过很好的战绩。在一次燕京、清华、北大、辅仁、师大五校联合比赛中，燕京大学 5:0 大胜师大、北大弃权、5:1 胜清华，但在最后的决赛中，1:2 惜败给辅仁，最终获得了亚军。

我在燕京足球队中，司职右前锋。只是我加入燕京足球队的时候，学校里各种社会活动很多，所以足球队的训练还是比较少的，我记得一共也就训练过两三次。而且那时候人心浮动，也没有组织或参加过什么正式的足球比赛。我记得当时还照了一张在燕京大学踢足球的照片，我的那张珍贵的照片现在丢了，2009 年 80 大寿时庄守经又给我翻拍了一张作为纪念。

护校运动

在燕京大学还有一个很重要的经历，那就是护校运动，那是 1948 年 12 月初的事情。

那时候，我们通过地下党渠道，已经知道解放军打到了西苑、圆明园、香山一带。而且我们也知道，当时中共中央有个保护北京市文化传统的政策，说燕京、清华是绝对不能攻打的，希望学校自己配合，组织学生搞护校运动，免得国民党败退的军队冲进来搞破坏。

12月13日，燕京大学组织专门的护校委员会，我也积极报名参加。需要说明的是，由于当时距离国民党的“八·一九”大逮捕没多长时间，上了黑名单的地下党员和学生运动骨干，早已经分批撤离。我们这些入学晚又未受到关注的地下党外围组织成员，亦很少以外围组织名义活动。像护校运动这样的活动，都是以学生自治会和各系自治会的名义来组织的。我们大家都嘴上不说，但心里十分明白，学生自治会的重点活动都是按照地下党的要求做的，而且学生自治会和各系会的骨干，也基本上都是中共地下党或外围组织的成员。这一点，在当时是心照不宣的。

我们这个护校委员会，也没有像样的武器，随便拿个棍子就作为武器了。护校委员会组织学生，在院墙里轮流分段值班，防止国民党溃败军队冲进来。还有一部分学生，属于机动的，负责巡逻、联络工作。当时，护校委员会主要出面组织的成员有谢道渊、茅以华等，各系会亦承担一定的任务，如医预系负责生物楼的安全，而工预系则负责自来水、锅炉房的安全，经济系的学生则负责朗润园的安全。就我们新闻系来说，当时新闻系自治会主席是王百强，比较活跃的还有46学号的李普（正修）、47学号的关迪谦、48学号的伍愉凝。新闻系人多，留校的也不少，所以护校运动中承担的任务，以纠察巡逻为主。

燕京大学纠察队以新闻系学生为主，外加其他系部分学生及工友，共有250人左右。纠察队的臂上，绑着白底黑字“纠察”字样的布条，拿着棍棒，分组分批沿着燕京大学的院墙，在西、南、东门之间巡逻，每一组巡逻回来都要到办公楼报告。夜间也是如此，办公楼灯火通明，护校委员会的主要负责人及部分同学集中在这里，随时处理问题。

护校运动大概持续了一个礼拜左右。当时燕京大学的所有地方，无论是大门还是围墙，都有人把守。我当时主要在燕京大学西北角那个地方值班。每天晚上都去，而且要通宵，直到轮班的同学来了才能回去休息。

护校的过程，还是很惊心动魄的。那时候经常有传言，比如说国民党军队退下来了，或者说国民党军队来冲大门了。不过最终还好，并没有国民党的大部队开过来。有零星的人来，大家据理力争，他们也就不进来了。

我看到了战争场面

护校期间，最特殊的一次经历，就是近距离看到了圆明园一带的零星战斗。我在燕京大学护校时，正好在燕京大学的西北角，而在那个地方，当时有个小土坡，我们在小土坡上，对当时两边战斗的情况，可以说看得还是比较清楚的。

这个战斗主要在圆明园一带。不过这个战斗的规模不大，双方都没有动炮，都是用枪互相射击。白天的时候，可以看到战场上硝烟弥漫，国民党的飞机在上空盘旋，偶尔有零星的炸弹声。入夜之后，步枪声、机枪声就更加清脆了，我们常常看到枪管中吐出火舌，枪弹也拖着红色的尾巴飞到对方阵地，划破夜空的信号弹、使周围亮如白昼的照明弹络绎不绝。这可算是真正经历的战争场面吧。

那时候应该是 12 月 14 日之前。圆明园的战斗打完之后，双方就悄无声息了。到 14 日的时候，战斗已接近尾声，枪炮声逐渐稀疏，我们在墙内值班时，几乎能听到败军南逃的杂乱声音。那天下午，枪炮声完全听不见了，只有两三架飞机在圆明园上空盘旋，偶尔投下炸弹，激起冲天烟柱。据说有几颗炸弹落到了清华园，害得一些师生跑到燕园来“避难”。

15 日凌晨两点，一个巡逻小组报告：西门外有人走动。大家颇为紧张，立即在王百强的带领下，前往查看究竟。当时星月无光，夜空漆黑一片。大家也不敢贸然开门出去查看究竟，只好屏声静气细听，还确实有人活动。于是王百强大声问道：“外面有人吗？”问了第一声没有回答，大家都觉得很蹊跷，于是王百强又问了第二声。这时门缝里传来温和的东北口音：“我们是中国人民解放军，你们这儿是啥地方？”王百强赶紧回答：“我们这儿是燕京大学，高等学校。”门外又传来说：“解放军保护国家和人民财产，你们不用怕。”“同志，我们不怕，我们正在保护校园安全。”但即便如此，我们自始至终没有开学校大门。门外解放军小声嘀咕几句，就不再说话了。但解放军来到燕京大学西门外的消息，很快就由护校委员会传开了。

到了12月15日天刚亮时，外面一点动静都没有了，悄无声息。我们都还不敢开大门，怕危险，不敢出去。而有些胆子大的学生，就吆喝说，走吧走吧，没事啦，都没有枪声了，战斗已经结束了，他们就结伴去圆明园那边拣战利品去了。据他们回来的人讲，当时还有一些钢盔啊什么的留下来，还能够被他们作为战利品拿回来。我当时没有去，我胆子小，不知道外面的情况，确实不敢去。

燕园被解放

圆明园战斗完之后，燕园一带就清净了。尽管大家已经知道解放军就在西门外，但护校运动依然继续进行。只不过大家心态跟以前比，有了很大的变化，以前战战兢兢，生怕国民党的散兵游勇冲进来搞破坏，而现在，则是用实际行动，保护好燕京大学的一草一木，等待着解放。

燕京大学具体是怎么解放的呢？12月16日，燕京大学西校门内贴出十三兵团政治部主任刘道生署名的“安民告示”，特别声明，为了保持正常的教学工作，任何军人不得进入校内。所以，燕京大学一直没有军队进来过，在这样情况下被解放，可以说是保留得很完整，一点破坏都没有。

17日下午时，刘道生和荣高棠来到燕京大学，为全校师生员工做报告。由于事涉国家、燕京以及个人的前途与命运，大家对这件事非常关心，因此，听报告的人非常多，门里门外都是人。

刘道生重点围绕争取北平和平解放的形势和任务，谈了两个问题。第一个问题是说要坚决把革命进行到底，举“农夫和蛇”的寓言为例，提出不能像农夫怜悯冻僵的毒蛇一样怜悯国民党，否则迟早会被国民党反戈一击。第二个问题跟燕京大学有很大的关系。刘道生说，要把美帝与美国人民分开，美帝帮助国民党打内战，是我们的敌人；但美国人民是我们的朋友，他特别提及燕京大学的几位美籍教师，对教学作出了贡献，是我们中国共产党人的好朋友。

刘道生的讲话很是中听，很多人消除了对中国共产党的偏见。他讲完之后，时任校务长的窦威廉（William Adolph）等几位美国教师还宴请了刘道生。

这之后，燕京大学掀起了学习的热潮。学校几乎每天都有延安来的各界人士做报告。我印象比较深的有光未然、艾青等，特别是光未然讲了解放军的城市政策，和同学们入城宣传时要注意的问题。通过这些报告，大家的觉悟有了提高，对中国共产党有了更深入的了解。为了配合学习，十三兵团文工团不时来学校演出节目，这些节目大都是以阶级斗争为主题，渲染旧社会的黑暗，大家很受教育。

欢迎解放军入城

我入学没多久，学校课程就停了。当时北平城已经被解放军包围，人心惶惶，大家也没有心思上课了。那么停课之后我们做些什么呢？我们主要是准备宣传活动，为解放军进北京做宣传。

燕京大学和清华大学是最先解放的。于是，解放军进城时，宣传队伍便以我们两校的学生文工团为主构成。在解放军入城前，我们每天都开展各种形式的文娱活动，练唱革命歌曲，学习跳集体舞，特别是每天清晨，在适楼以东的网球场集体扭秧歌。甚至包括英籍教授贝卢斯(Lucy Burtt)在内的很多外籍教师，也来跟我们一起扭。

1949 年 1 月 31 日，北平和平解放。2 月 3 日，解放军举行入城仪式，我们文工团便提前进城，准备欢迎仪式。这天凌晨四点多，天还很黑，我们燕京大学文工团的成员便整队向清华园车站出发。那时，从燕京去清华园车站需要走过田间小路，坎坷不平，我们每个人紧跟前面的人，小心翼翼地摸索着前进。夜深人静，只有几声犬吠，能够短暂地打破宁静。到了清华园火车站，清华大学的同学已先我们而到，我们一道登上专列，直抵前门火车站。

抵达前门火车站天已大亮。燕京、清华的同学从前门火车站步行至箭楼旁边，在马路两边整好队伍。其他各界人士亦纷纷前来参加，紧挨着我们的队伍，顺马路两边排下去。

上午八时许，前门大街已经人山人海。人们高呼口号，举手振臂，解放军雄赳赳、气昂昂地列队进城了。大家情不自禁地呼喊口号，清华大学的管弦乐队奏起了解放军进行曲。排在解放军队伍最前列的是步兵，后面依次是骑兵、炮兵、坦克等。这支军队进入前门后，就直接东转进入东交民巷——这个举动颇有向外国示威的意味，也很有划时代的意义，以前的东交民巷使馆区，哪能让中国军队踏入半步呢。

作为燕京大学文工团的宣传成员，我们当时参加了各种活动。解放军入城仪式结束后，我们列队前往师范大学附中，在那边住了下来。我记得很清楚，这个地方的位置是在和平门外。当时，男、女同学分别住在几个大教室里，白天去街头宣传，晚上与清华、师大同学一道练歌、跳舞。大概一周后，也就是 2 月 10 日左右，我们又和清华同学一起，乘坐专列，回到了燕京大学。

现在回想起来，后来我之所以能够到青年文工团，这跟先前参加燕京大学文工团的宣传活动有很大关系。北平市青年文工团正是以燕京大学文工团成员为骨干，加上部分清华的、北大的文工团成员，还有一些中学生组成。我在燕京大学文工团的这段经历，实际上为留在团市委奠定了基础。

报名参加南下工作团

燕京解放之后，说实在的，在当时情况下，学习已经是次要的。或者说，当时的局势已经这样，北京已经和平解放，整个中国面临着政权的变动，大家更多的是关心国家政治前途的问题，大家更加热衷于学生运动，所以在学习方面，当时并没有给予特别的关注。当时我就想，学习方面，我只要能混下来，不至于让学校把学籍取消，或者产生别的什么问题就可以了。

当时的情形跟“一二・九运动”时很类似。“一二・九运动”学生喊出了“华北这么大，已经放不下一张平静的书桌了”的口号。当时人心也都不在学校了。

北平和平解放后，中央军委赋予刚打完平津战役的第四野战军一项新的任务：继续进军河南、湖北、湖南、江西、广东、广西六省。这时候，随着解放区的不断扩大，中共党内储备的干部人才极为短缺，急需大批干部到各个解放区去开展工作。而此时，青年学生参加革命的热情则非常高涨。于是，1949 年 2 月 15 日，四野向中共中央报告，提出在平津地区吸收万名青年学生南下，组建“中国人民解放军南下工作团”，培养南下工作干部。2 月 17 日，中共中央即批复并同意此报告。

于是，四野南下工作团以总团长谭政、副总团长陶铸的名义，2月24日在平津地区各大报纸如《人民日报》、《北平解放报》、《天津日报》上登出招收团员的公告，招收“七千学生，条件是初中以上，年龄18岁，男女均收；另三千人拟招收技术工人与职员和各种专业技术人才，由两市委负责动员，待遇从优”。南下工作团的招募口号是：“打到江南去，解放全中国，到解放区建立革命政权。”

这一招募启事，得到了平津地区大学生的热烈响应，这在进步力量强大、解放较早的燕京大学、清华大学尤其明显。报名者中除在校的大、中学校学生之外，还有流落在平津一带的外地知识青年。但由于理工科学生需要留校继续学习，这次招募团员最终招收的大多数是人文社科类的在校学生。

当时的情形很明显，我们自己要决定自己的命运了。所以，当时我报名参加了南下工作团，当时有很多人参加呢。但实际上我并没有真正南下，而是进入北平市青年文工团，留守北京了，具体情形下次再说吧。

我在燕京大学的学生生涯，实际上只有半年，但就是这半年，在我的人生中却起了很重要的作用。

改名江平

1948～1949年，也可以说“偌大的一个华北、北京，连一张平静的课桌都放不下了”。革命形势的巨潮使我们这些年轻的心再也不能平静地坐在课桌旁了。我当时还是燕京大学新闻系一年级的学生，连课桌都没有坐热，心就跑到课桌外去了！由燕京文艺社团组成的宣传队在随军队入城后回校不久，我们一些人，就决定报名四野的南下工作团。

要正式参加革命工作，首先要革掉自己原来的名字，何况领导人还特别说明，要到长江南岸去工作，如果有亲属在南边的，最好改改名字便利工作。而我父母当时是在上海，那当然更应改个名字了。到南下工作团临出发前的头天晚上，我的名字还没改定。那时候更兴改单名，大家七嘴八舌，说北平、北平，你也一直住在北平，你就叫江平吧！这个名字一直用到现在，想再改都不可能。

后来，我和吴敬琏教授共同发起一个民办的研究机构“洪范法律经济研究所”。我对吴敬琏教授说，我原来的名字叫江伟琏，我们两个人名字都带“琏”字，这个字很少用啊，人们一听就会想到红楼梦里贾琏的“琏”字！

关于这个改名，还有一个有意思的现象，就是改名姓“江”的人特别多。这可能是由于“张”、“王”、“李”等姓的人太多了，姓“江”的话，显得特别一点，下面随便加个什么字都是个好名字。我到了北平青年文工团的时候，发现有四个姓江的，除了我之外，还有江山、江璞和江流。而实际上呢，江流原来的姓名是“张永经”，江山原来的姓名是“江伯寅”，江流和江璞原来都不姓江，其实只有我和江山是真正姓江的。

如果恢复燕京大学，哈佛燕京学社的钱依然可以用

燕京大学跟哈佛有很密切的关系。现在的哈佛大学里面，还有一个哈佛燕京学社，还有一个燕京图书馆，美国的教会到现在，还仍然给哈佛燕京学社拨款。在美国甚至有人主张，如果中国政府现在同意在大陆恢复燕京大学，那么现在仍然可以使用这笔钱。

哈佛燕京学社是怎么来的呢？其经费来源于发明电解铝的查理·赫尔。赫尔生于1863年，卒于1914年，他在1886年发明电解提炼铝矾土的方法。这项技术使得制铝成本陡降，在工业上获得了极其广泛的应用。这样的话，赫尔当然挣了一笔钱。他在1914年逝世时，身后留下一笔可观的遗产和一份关系中美文化交流事业的遗嘱。

赫尔为什么对中美文化交流感兴趣？据说是由于他在上大学的时候，学习成绩不好，受到老师和同学的取笑，唯独中国留学生对他鼓励有加，赫尔由此对中国文化产生了浓厚的兴趣。

赫尔的遗产除了指定赠与亲友、朋友和慈善机构的之外，全部作为发展教育事业之用：一部分赠与他的母校奥柏林学院（Oberlin College），一部分赠与博瑞亚学院（Berea College），一部分赠与美国基督教协会（American Missionary Association），还有一部分用于发展美国国外若干地区的教育事业，具体包括日本、中国、土耳其以及巴尔干半岛。就赫尔的遗产与燕京大学的关系来说，其早在1921年开始，就通过路思（Henry Winter Luce）的募集，开始捐赠燕京大学。

1924 年春，哈佛大学商业经济管理学院研究生部主任、化学系与艺术系筹集资金委员会主席华莱士·董纳姆也注意到赫尔的遗产，便前往探询究竟。最终，由于这笔遗产的使用方向限制，董纳姆遂改弦更张，放弃为哈佛化学系、艺术系建立化学实验室和博物馆的思路，决定以东方学为研究方向，拟建立哈佛大学东方研究所（Harvard Oriental Institute），并接受赫尔基金会两位委托人的条件：如果哈佛能够在东方寻求到一所大学或研究机构愿意参加该研究计划，就批准该申请。于是，哈佛一方面着手建设其东方研究所，一方面在中国寻求合作伙伴。

哈佛大学在中国寻求合作伙伴并不是很顺利。1924 年，哈佛艺术系派出两位教员瓦纳尔与杰尼到中国敦煌盗窃文物，小有所获。等到次年哈佛派遣更大规模的考察队，带好黏取壁画的胶布、汽油等物品再次来到敦煌时，由于中国政府的防范而未能得逞。哈佛大学原来打算以此“哈佛—中国研究方案”（Harvard-Chinese Schemes）申请赫尔遗产基金，至此也被叫停。除此之外，哈佛大学原想与中国的国立北京大学合作，不料燕京大学校长司徒雷登获悉后即捷足先登，最终于 1925 年 9 月达成临时协议，双方合作建立“哈佛—北京中国研究学社”（Harvard-Peking Institute for Chinese Studies）。由于燕京大学早期的英文校名就是 Peking University，后来改名为 Yenching University，这一研究机构才更名为“哈佛燕京学社”（Harvard-Yenching Institute）。双方的合作有一系列计划，赫尔基金会自 1926 年 1 月起即全面资助哈佛燕京学社。

哈佛燕京学社成立后，其通过赫尔基金会的捐赠，资助过不少研究，诸如我们耳熟能详的费正清，其来华进行研究就是受哈佛燕京学社资助。其他我们知道的还有赖肖尔，他与费正清合写过《东亚文明史》、《东亚：传统与变革》等。我的印象中，像早点的杨联陞、瞿同祖，现在的余英时、杜维明等，都受过哈佛燕京学社的资助。除了对学术研究进行资助外，哈佛燕京学社还资助学术刊物，如《燕京学报》（*Yenching Gazette*）、《史学年报》（*Yenching Journal of Chinese Studies*）、《哈佛亚洲研究学报》（*Harvard Journal of Asiatic Studies*）、《远东季刊》（*The Eastern Quarterly*），等等。这些刊物有的在燕京大学 1952 年被撤销后即停刊，有的到现在仍然在出版。可以说，20 世纪

30 年代以后哈佛燕京学社资助的各项研究，奠定了迄今为止美国的中国学研究的水平。

现在哈佛大学的哈佛燕京图书馆（Harvard-Yenching Library）亦是哈佛燕京学社成立后，利用其经费建立的图书分馆，最早的名叫“汉和图书馆”（The Chinese-Japanese Library of the Harvard-Yenching Institute at Harvard University），到后来才简化称为“哈佛燕京图书馆”。这个图书馆所藏的中文图书，在 1949 年以前几乎全靠燕京大学的哈佛燕京学社为其选购，由于其资金实力雄厚，书目选择专业，尤其偏重收藏珍本、善本、抄本等古籍，很快哈佛燕京图书馆藏书便成为仅次于美国国会图书馆的美国第二东亚图书馆，在哈佛大学的哈佛燕京学社迅速成为国际闻名的美国汉学研究中心。

1948 年末，国共胜负大局已定，燕京大学面临何去何从问题。燕京大学当局曾专门开会，认为中国共产党即将取得胜利，而其不会阻挠文化教育事业的发展，决定燕京大学继续办下去。但在燕京大学的哈佛燕京学社由于受在美国的董事会控制，第一步迁到广州，最后撤到了美国。

从上述历史我们不难看出，哈佛燕京学社乃至燕京大学完全是私立的，与美国政府可以说没有丝毫的关系。它始终属慈善事业，它是教会的，而且还有专门的经费。但这笔经费拨来给你用的前提，是你得把当年没收的财产还给人家，这就比较难了。这个问题的关键也就在这。

司徒雷登身后事

燕京大学的校训是“因真理，得自由，以服务”。说实在的，我在燕京时间比较短，对这个校训并没有很深刻的体会。但是，对于美国教会办的学校，包括协和大学、华西医科大学、圣约翰大学等应该说现在的看法跟当时的情况相比，很明显有很大改变。我想最基本的一点是，从司徒雷登本人来说也好，从美国退还庚子赔款给中国办清华大学也好，甚至于美国教会人员来中国办大学也好，教会办教育确实是中国教育发展史上很重要的一股力量。

据说司徒雷登临死时，他立了遗嘱，想在死后将他骨灰的一半，与他的妻子埋在一起。司徒雷登的妻子在他五十岁那年,也就是 1926 年逝世于北京,当时埋葬在中关园。司徒雷登 1948 年回美国后,即一病不起,一直到 1962 年 9 月 19 日在华盛顿以 86 岁高龄逝世。司徒雷登逝世后,他的骨灰一直由其私人秘书傅泾波安放在家中,而傅泾波 1988 年去世后,司徒雷登的骨灰则由傅泾波的女儿傅海澜保管。

但司徒雷登的骨灰回归燕园的事,一直是一波三折。1973 ~ 1974 年间,傅泾波应周恩来总理的秘密邀请,两度回国访问,并向有关部门提出将司徒雷登安葬燕园的申请,但无果而终。后来中美关系好了,许多燕京的校友还提出这个问题,司徒雷登这个遗愿能不能实现?当时北京大学请示了教育部乃至于更高的领导,领导答复说,毛泽东写了《别了,司徒雷登》,你现在又让他的骨灰回来,这不是就矛盾了嘛?所以,高层的领导人,始终不同意把他的骨灰埋在燕园,认为这在政治上是与毛泽东的思路违背的,司徒雷登的遗愿无法实现。

1986 年元月,病危的傅泾波给邓小平写信,再次提出司徒雷登的骨灰回中国的问题。这一年 6 月,中共中央书记处作出批复,同意让司徒雷登的骨灰以燕京大学校长的名义,安葬在燕园临湖轩故居。可惜傅泾波此时身体每况愈下,未能再次回国,而北大内部对此批复亦是阳奉阴违,以"缓办"的名义使安葬司徒雷登的事一拖再拖。据说 1998 年北大百年校庆时提出让司徒雷登安葬临湖轩,未知几天后美国轰炸中国驻南斯拉夫大使馆,中美关系骤降,此事再次不了了之。

不过这件事前不久总算有了结果,最终搞了个妥协方案。2006 年 5 月,时任浙江省人大常委会主任、中共浙江省委书记的习近平率团访问美国,参加"2006 美国・中国浙江周"活动。在华盛顿的一个宴会上,习近平巧遇美国陆军少将傅履仁。傅履仁是傅泾波的儿子,觉得这个机会不错,遂向习近平提出安葬司徒雷登骨灰的个人请求。最终,在司徒雷登去世整整 47 年后的 2008 年 11 月 17 日,在美国驻华大使雷德、傅泾波之子傅履仁、杭州市副市长佟桂莉、燕京大学校友会北京校友代表国仲元等人的见证下,司徒雷登遗骨安放在杭州半山安贤园——他 1876 年出生在杭州,曾于 1946 年获得过杭州"荣誉市民"称号。从遗嘱将骨灰安放在燕园,到最终安放在杭州,虽然没有完全实现遗愿,但毕竟回到中国,这可以说部分地了却了司徒雷登的遗愿。

我想,司徒雷登本人的经历就很能说明这个问题。他一直是传教士，从来就不搞政治活动，只不过在历史关头担任了最后一届美国驻华大使。他一辈子的心血献给了中国教育事业，我们应视其为朋友，不要将其当做中国的敌人来对待。现在我们看待国外的传教士，需要认真分析，不能一概一棍子打死。我们讲汤若望、利玛窦，在中国尤其是明清时期，都获得了很高的职位。司徒雷登一生几乎都是为了中国科学教育的发展。应该说，这些人给中国做出了很大的贡献，应该肯定。

四、“最早我是文工团的”

南下前被留下来

北平解放后,每个人都面临着何去何从的问题。自己要决定自己的命运了。

我报名南下工作团之后,心想很快就要南下了,行李背包什么都准备好了。四野的南下工作团是往武汉方向,行装当然是从简,该扔掉的都扔掉。我们随时准备出发。

可命运偏偏作怪。1949 年 3 月 5 日晚上,就是南下工作团要出发的头天晚上,上头突然来了一个紧急命令,说是为了配合北平解放后的革命宣传工作和建团工作,市青委要组建一个文工团,决定从燕京、清华抽调一批进步学生文艺骨干,参加新民主主义青年团的筹建工作,立即去市青委报到。这等于是说,我们这些燕大文艺宣传队的人全部留在北平,不走了。

市青委就是北平市新民主主义青年团筹备委员会对外的称呼。那时候还不是共产主义青年团,而是新民主主义青年团;是北平市的,而且还是筹备委员会。

参加“青训班”

1949 年 3 月 6 日一大早,我们燕京大学的 22 名文艺骨干和清华大学的 8 名文艺骨干,在燕京大学校园内集合,在原来担任燕京大学迎接北平解放文艺宣传大队队长李伯康的带领下,乘坐专门接我们的大卡车,赶赴东长安街 8 号,即中国新民主主义青年团北平市筹委会所在地报到。

当时,一道前往的燕大 22 名校友分别是:李伯康、沈彭年、田耕、张永经、黄真、陈治、江璞、郑荣时、何承、方青、陈用仪、方松、招翠馨、刘常新、尹仪芝、汤小薇、张青、张楠、杨念、朱洪、葛翠琳和我。

这些人中，李伯康、田耕、沈彭年、黄真、陈治等人都是燕京大学海燕剧团的。

我们一行抵达东长安街8号之后，中国新民主主义青年团北平市筹委会组织部部长张大中接待了我们，并通知我们先去宣武门内北京大学四院参加“北平市青年干部培训班”（简称“青训班”）的学习。北平市青年干部培训班是由团中央和团市筹备委员会联合举办的，从1949年3月4日开班，3月25日结业，专门为北平市新民主主义青年团的建立培养第一批干部。

当晚，我们在团市筹备委员会的小礼堂地板上睡了一夜。次日，即赶往北京大学四院，参加“青训班”的学习。

在“青训班”学习的过程中，青年文工团又不断有新面孔加入。来自北大、国立艺专、师大女附中、女二中、中国大学附中、贝满女中、汇文中学、育英中学、孔德中学、东北中学、东北中山中学等大、中学校的32名文艺骨干，也加入了这个大家庭。

“青训班”的培训以政治学习为主。而这种政治学习，又以文件学习为主。我们主要学习了《社会发展史》的部分内容、《中国共产党纲领》、《中国共产党党章》、《中共中央关于建立中国新民主主义青年团的决议》和《中国新民主主义青年团团章（草稿）》等。总之，就是学习建团理论以及具体做法。

培训的最后一周，是转团仪式。在我们一起参加培训的六十多人中，凡是参加了党的外围组织“民青”、“民联”的同学，都被转为中国新民主主义青年团的首批团员。我就是在这个时候被转为团员的。那一年，我19岁。

我们穿上了灰布军装

学习完了之后，市青委正式宣布，我们这六十多人都留在北平市团市委，组建北平市青年文工团。那时候还是北平市团市委筹备委员会。1949年3月，我们搬进了北京绒线胡同45号。2009年4月，我们刚开了青年文工团建团60周年的纪念大会——我们是早于共和国半年成立的。

北京绒线胡同45号是原来的北平市三青团总部，分东、西两院，东院给我们住宿、排练等，西院是中共七区工委。之所以选定这里作为青年文工团团址，有个重要的原因是这里有个大院子，院子一边还有个很大的方台，排列节目可以用。这个院子建筑很讲究，地板都是磨砖对缝，房屋之间有走廊连接，房屋之内有雕花屏风隔断，颇为气派。

1949 年摄于北平，当时刚参加团市委工作，与三个姐姐合影

由于属于团市筹委，也属于革命干部，大家享受供给制的"大灶"待遇，每人每月有 6 斤小米的生活津贴，女团员另加 6 斤小米的卫生费。不久，上面给每个团员都发了一套洗漱用具和一身灰布军装，并发给了一个写有"北平市军事管制委员会"的标志。穿上之后，大家你看看我，我看看你，觉得很神气呢。

推选文工团领导

1949 年 3 月 28 日，团市筹委宣传部长佘世光来到文工团，跟大家讲了建立北平市青年文工团的目的、任务和要求。按照他的说法，青年文工团主要就是通过文艺形式，向广大青年和人民群众宣传当前的革命形势任务，并配合建团工作。佘世光还传达了市青委领导的意见：青年文工团的领导班子由全体团员推选，然后报上级审批。

这种方式在当时看来当然新鲜。次日，青年文工团全体团员即开会，推选李伯康为团长，沈彭年为副团长。同时商定成立音乐、戏剧、总务三个股，并推荐了各个股的负责人：音乐股股长是招翠馨，戏剧股股长是张其锟，总务股股长未选定，最后由团市筹委派来金福元担任。

唱砸合唱,我无地自容

我这个人很喜欢文艺,但并不擅长文艺。后来被派到苏联去学习时,有一位捷克同学和我关系非常好,他带我去音乐厅听交响乐,听的是挪威作曲家格里戈的《皮尔·京特》交响曲,我第一次领略音乐的魅力,自此就和音乐结下了缘分。

可是我自己的音乐细胞少得可怜。1949 年 4 月,我们青年文工团刚成立时,前往北平市人民广播电台,演唱实况转播的《我爱人民的新中国》。这次唱合唱,不知为什么,指挥非让我领唱。我那时也够勇敢的,觉得革命都敢,还怕领唱嘛？没想到一领唱,就唱砸了。当时我真是无地自容,但团友们并没有抱怨或者责备我。

唱砸歌这件事使我明白,我是没有文艺细胞的,所以,最后终于走上了和文艺截然相反的道路——搞法律。后来,我也学了一些乐器,手风琴曾每天都拉,但左右手就是永远合不起来。小提琴也买过,但调老调不准。经济条件富裕了,也买了一架钢琴,倒不是故充高雅,更不敢和青年文工团的团友尹仪芝这样的高手攀比,只想当做自己休闲娱乐的一种工具,但总不见长进,也只好自己最终给自己下个结论:缺少音乐细胞!

纵然如此,我身上仍然有极丰富的爱好文艺的细胞,这当然要归功于当时我们文工团的熏陶。至今我还说"最早我是文工团的"。

缺少音乐细胞就跳跳舞吧。好在随解放军入城宣传时,天天跳秧歌舞,也没到过陕北,反正那时大家都跳,人家说动作越大越好,所以,我也就在大街上尽最大的动作去跳,寒冬腊月跳下来,都出汗呢。

青年文工团的集体舞剧目《咱们工人有力量》,就由方松、方青、何承、张其锟、何春霖、艾群、宜风和我等几人排演完成。这个舞蹈是当时已划归团中央的原东北野战军文工二团,也就是后来的中国青年艺术剧院来辅导我们青年文工团完成的。

在文工团里跳舞,让我挥旗舞旗,我感到很光荣,我成了旗手,也不容易犯错。看看其他团员跳的舞,也不过是用红绸组几个字,什么"团结"、"和平"啦。但在那个时候,这也算是很新鲜的。

唱和跳干不太好,就演演戏吧。好在高中时,我们还凑合着搞了个《陞官图》。实没想到文工团里排的这出戏也真太简单，在我印象中似乎只演出过一两场，仅此而已。

配合形势做宣传

当时成立青年文工团，把燕京、清华、北大还有一些中学的艺术骨干凑在一起，主要就是为了配合共和国成立时期最初的宣传工作，比如配合新政协的成立、配合中华人民共和国的成立，等等。

最早的演出应该是四月份到北平市人民广播电台演出，演唱实况转播的《我爱人民的新中国》。后来还到该台府右街的录音室，对这首歌进行了专门录音，成为北京人民广播电台开始播出的片头曲。

那年的五月份，有几个团友去中南海参加过一次小型的舞会。这次表现得到中央统战部的好评，于是又请我们在新政协筹备会闭幕晚会上做演出。那是 1949 年 6 月 19 日晚。大家非常兴奋，加班加点排演了节目，有大合唱，也有《工人舞》、《进军舞》，还有新编的《大团结舞》。6 月 19 日新政协筹备会闭幕，晚上我们即乘大卡车到怀仁堂演出。利用这种演出的机会，大家也有机会看到毛泽东、朱德、刘少奇、周恩来等领导人和张澜、沈钧儒等民主党派人士了。

取消"自由"

值得说说的是新编的《大团结舞》。这个舞蹈最大的看点，是在舞蹈中间，用红绸组成"民主"、"团结"、"和平"等字样。这个节目当时受到了毛泽东等人的热烈欢迎，给大家的印象也很深，现在还有团友在争论毛泽东的鼓掌，到底是 18 下、21 下、22 下还是 26 下呢！

但这个节目在演出的时候，并不是大家最初预想的样子。这个节目当时的策划，是以秧歌为基础，舞动红绸表达喜庆，扭秧歌的人由工人、农民打头，紧接着军人、知识分子出场，最后还得有一个手拿算盘的商人，以昭示大团结的主题。当时又有人提出用红绸子组几个字，以突出主题。根据我们的理解，最后大家根据毛泽东在新政协筹备会上讲话中提及的"全国人民团结奋斗的共同政治基础就是走上独立、自由、民主、和平和强盛的道路"，选定了"自由"、"和平"、"民主"、"团结”这八个字,并以这八个字的内容做了排练。

但到了临演出前,前来审查节目的领导取消了“自由”两个字,当然没有说明原因。当时我们就在想,按照笔画来说,“自由”和“民主”、“和平”差不多,取消的原因肯定不是艺术上的瑕疵,可能是政治上有缺陷吧?但这既然是上级的决定,大家还是服从了,不就是少跳了两个字嘛!

郭沫若的赞美诗

印象比较深的演出,还有1949年7月1日,全团在先农坛体育场参加的庆祝建党28周年群众大会演出。这次演出中,天空突然下起瓢泼大雨。台上的领导同志继续冒雨观看,我们在雨中继续表演。不几分钟,雨过天晴,天空出现了一道彩虹。也就是在这次演出中,我们听到郭沫若即席朗诵的赞美诗:“看西边出现了一道美丽无比的彩虹,万岁啊,中共!万岁啊,毛泽东……”

第一届全国文代会在7月2日至19日召开时,中共北平市委文委要求全市各大文艺团体,在7月2日至24日之间自定时间,演出成台的节目。当时,我们青年文工团亦在东华门大街的建国东堂做了汇演,连续演出四五场,既有大合唱,又有独唱,还有秧歌剧《夫妻识字》和独幕话剧《取长补短》等。这次系列演出活动,还给我们青年文工团挣了一面锦旗。可是谁也没有想到,这居然是我们的告别演出。

这些演出,都是紧密结合宣传形势而做的,当时看来很有时代气息,现在看来当然也很有那个时代的印记。

在文工团的乐趣

整体上来说,在文工团的生活并不好。至少跟我们在燕京大学的生活比,差了一大截子。

就住宿来说,我们刚到绒线胡同45号时,连床板都没有,我们都在地板上铺上稻草,稻草上铺上席子,然后一字排开,人挨着人打地铺睡觉。团里也没有桌子椅子,大家听时事报告时,都是坐在马扎上,把腿当做桌子来记笔记。团里只有一辆自行车,只有采购员出门办事才能骑,稍微近点的演出,都是步行着去,步行着回来。直到后来,才从团市筹委拉来些床板、桌子、椅子等旧家具。

伙食方面亦是如此。当时我们享受的是只管伙食、没有工资的供给制。伙食标准是大灶,全团吃的是大锅饭。主食以粗粮为主,常常吃东北调来的高粱米。副食以蔬菜为主,每周能吃两次肉:一次是“打牙祭”,也就是馒头夹炖肉;另外一次是肉馅包子。有时候,也吃窝头就咸菜,咸菜里加几滴辣椒油,就觉得分外香了。

但即便如此,我们依然很乐观,觉得自己是来干革命的,干革命就不应该怕吃苦。当时我在文工团的最大乐趣,就是和我们团里的几位同志每日看着地图插红旗。在渡江战役之前,我们文工团就成立了。随着渡江战役的进展,我们也忙坏了,每天按报纸报道的信息,寻找地图上的每一个地名。那时地图也小,地名也不很全,为找一个刚解放的县名,还要认真看,兴趣盎然,似乎我也随着南下工作团在前进,也不知道我会在哪个地方留下来,停止前进。

文工团解散

文工团的日子过得很快。但大家刚刚融洽了,磨合好了,又要解散了。

文工团为什么要解散呢?严格说来,青年文工团里真正有艺术特长的人应该说是有一些,但不是很多,这样的话,水平自然上不去。这可能是青年文工团被撤销的原因之一。除了这个原因之外,我想可能还有一个原因,就是当时团中央也有个文工团,叫中国青年艺术剧院。这样,在市里面还要不要搞这个青年文工团,当时确有争议。

1949 年 8 月初,团市筹委主任许立群来文工团跟团员谈话,提出了文工团转制的问题。当月下旬,许立群再次来到青年文工团,跟我们这么讲:

你们是学生运动的文艺骨干,你们的文化程度高。解放区还没有一个文工团有这么多的大学生。这么多人才集中在一起,怎样才能充分发挥作用?而我们许多方面都很缺乏干部。我们经过反复考虑,决定撤销文工团,留下少数同志改组为团市筹委文化艺术部,负责指导基层团组织开展青年业余文艺活动,多数同志可以参照大家的意见重新安排工作。年纪小的同志还可以再去学习。这样可以更好地发挥你们的作用,培养出一批干部,不至于造成人才的浪费。

当然,这是好听的说法,无非是说,把这么多的大学生出身的知识分子集中在这么小的文工团里,每天就蹦蹦、跳跳,确实造成了人才的浪费,现在国家急需人才,应当把这些人放到社会里更广阔的地方去锻炼、培养。而不好听的说法,是把这么多的大学生出身的知识分子集中在一起,接触不到工农群众,小资产阶级思想得不到改造,不利于知识分子的成长。我更相信后者。

尽管我们对撤销青年文工团的做法颇想不通,但当上面领导晓之以革命大义,尤其是提出革命以服从为天职时,我们团员们就不好再说什么了。所以在成立半年时间后,青年文工团就解散了。1949 年 9 月初,青年文工团即根据团市筹委《关于撤销北平市青年文工团的决定》而撤销。文工团的骨干人员,有的到北京青年团文艺部,有的到少儿部,有的到青工部,也有的到团中央,也有的到青年艺术剧院,就是根据每个人的特长来分配。

青年文工团成立只有半年,也就是说 10 个月多一点就解散了。但是这半年期间,我们将之叫做革命的第一次的洗礼,应该说给大家还是留下了很深刻的印象。

从文艺到体育

文工团解散了,我开始人生第二个转折。这个转折比起第一个转折来要小得多,只不过是工作的调整。当时,有文艺细胞的团员进了青艺、人艺这样的大型、正规的文艺团体,有组织细胞的团员进入了团中央、团市委。像我这两个方面细胞都欠缺一些的,就被分配到"北京市体育分会"。青年文工团里的团员,一起到体育分会的有张青和我,我们在杨正彦的领导下工作。

北京市体育分会属于群众组织,也归团市委领导,其主管上级是团市委的军事体育部。当时,政府才开始谋篇布局,体育并不是特别要紧的事情,还没有一个专门的机构来管体育事业,体育方面的事情还是由团组织来管理。直到1953年,北京市政府正式成立了北京市体育运动员委员会,才结束了北京市教育局体育科、团市委军体部、群众团体北京市体育分会共同管理体育事务的局面。

客观地说,在体育方面我也是一个爱好者,但够不上一个擅长者。崇德中学的足球比较有名,在那块场地上还组织过售票性质的足球赛,我是每天都要踢球的。进入燕京大学之后,在燕大校队选拔中,我也被选为校足球队队员。也正是因为这方面的原因,从事体育工作我还是很乐意。从这一点上说,我这一辈子,在开始时是兼搞了文艺和体育。

我们在北京体育分会时,跟当时体育界的一些知名人士都是有来往的,比如说李凤楼、马约翰、马启平等,还有一些当时其他的体育界顶尖人物。当然我们是做组织工作的,人家所处的那个地位,还是比较高。前几年,体育界在研究中国体育发展史的时候,还曾经采访过我。

自学俄语,引进"劳卫制"

当时各个方面都在开始学习苏联。我和张青、杨正彦想把苏联的一套"保卫国家、锻炼身体"的标准移植过来,成为符合我们国家青少年的一套体育锻炼标准。这是我们在当时所做的事情,这件事我认为是很有意义的。

1950年8月,中国体育访问团赴前苏联,全面考察了前苏联体育包括学校体育的经验,第一次带来了"劳卫制"的信息。苏联的这个"劳卫制",它全称为"准备劳动与保卫祖国体育制度"。1931年3月14日,苏联部长会议体育运动委员会根据列宁共青团的倡议,颁布了第一个"准备劳动与保卫祖国体育制度"。其主要内容即是按照青少年的年龄组别,制定相应的达标标准,然后通过对各类运动项目的测试,看你达到哪一级,就颁发相应的证书和证章,如奖章、勋章等,通过这种方式,促进国民特别是青少年积极参加各项体育运动,以提高身体的体力、耐力、速度、灵巧等素质。"劳卫制"的主要测试项目,直接参照了当时奥运会的比赛项目,并通过该项制度,使之成为苏联中小学体育教学的内容。据了解,当时苏联中小学体育教学的内容,除了

“劳卫制”的理论知识外，主要包括体操、田径、滑雪、游泳、球类、古典式摔跤（7～10年级男学生）和艺术体操（7～10年级女学生）等运动项目。

我国为什么要引进这项制度呢？一方面，当时各方面各领域都在学习苏联，我们体育界尤其是体育分会，自然也不能落后，也得学点什么；另一方面，当时中华人民共和国刚刚成立，百废待兴，尤其是中国人长期背负“东亚病夫”的恶名，上上下下都希望摘掉这个大帽子，全国掀起了一股体育热。

我对这件工作很入迷。当时，苏联的“劳卫制”并没有被翻译成中文，我们根本看不懂。为了真正了解“劳卫制”的内容，为此我开始自学俄文，买了俄语词典，粗粗学了些语法、单词，没想到这时的俄语ABC给我后来去苏联带来不小的帮助。当时自学到了什么个程度呢？大概就是能够认识里面的字，不认识的也能在词典上查出来，理解其具体的含义，看看文法，能够知道里面什么意思。

最后，我们参照苏联的“劳卫制”，制定出了中国的锻炼标准。当时“劳卫制”按年龄进行分段：14～15岁为3级，16岁以上为2级。每个运动项目分及格、良好、优秀三等，每项测完，成绩好的都会受到表扬。

当然，“劳卫制”在中国全面推行，并不是那么快，1951年的时候只是在北京、上海等城市试点。1952年6月10日，毛主席为中华全国体育总会的成立，专门题了“发展体育运动，增强人民体质”的词。中华全国体育总会刚成立，就发文要求逐步推行“劳卫制”。到了1954年的时候，新成立的国家体委才颁布了《准备劳动与卫国体育制度暂行条例和项目标准》，从而掀起了全国中学和大学群众性体育活动的热潮。

组织派我学法律

其实，体育分会就是三四个人在那搞。现在看来简直是不可想象的，可是那时候，就是这么一个摊子。在体育分会工作一年多，给我带来了人生的第三转折，这个转折根本改变了我的人生轨迹。

1951年7月6日，高等教育部发出《急速选拔留学生的指示》，要求各单位在6天之内选定“政治上可靠”的学生，并“由保送部门首长亲自签字负责”。我们这批派到苏联留学的学生共三百多名，是新中国成立以后第一次派学生去苏联。那次派出非常仓促，出国之前都没有像以后派出的那样，先经过初步的俄语学习。

我很快得到通知，派我去学的是法律。我对法律一窍不通，而且没有兴趣，体育分会的同志们鼓励我去学体育，我也赞成。他们也按组织系统往上报，请求改变我的专业方向，但那时候一切都按计划，没有个人志愿，计划中没有“体育”一项也就作罢了。

为什么会派我呢？听说华北局是选派单位。他们要团市委派一个最好是大学一年级文科学生出来参加工作的，要有较好的外语基础。看起来，燕京大学一年级学生参加工作的就成了首选对象。其他有文艺细胞的、有领导细胞的，都各有前途，我这个文工团里比较年轻、比较老实、比较“聪明”的就被选上了。当时华北局在北京选了我一个，在天津选了两个法官，当时就这么个情况。

别了，燕京大学

出国前，只有不到一个月的时间在燕京大学校园做短期准备，主要是政治思想的准备和生活上的准备。隶属于教育部的留苏预备部的培训基地就在燕京大学，于是出国前，我们又在燕京大学集中学习。我又回到了离别两年多的燕园。

当然，这只是我们这第一批留学生的特殊经历。只有我们在燕京大学搞过短暂的集训，后来的留苏学生就去设在醇亲王府的留苏预备部了。

那时候回到燕京，觉得很亲切，但是也有点说不出的感觉。对我个人而言，这也是很有意思的——我在离开燕京大学两年之后，又于1951年7月回到了燕京大学。一年多前刚刚跨出燕京大学校门参加革命，今天又由于革命需要跨进燕京大学校园并准备去更遥远的地方学习。我一点思想准备都没有，革命燃起的激情还难以适应学习要求的冷静，面对校园的书桌有些茫然。我在燕京大学原来读的是新闻系，那是我自己选择的，而现在让我去苏联学法律。新闻像我的性格一样奔放、激情，而法律却像冰山那样生硬、冷酷。在我的脑海里，那像是由一条条僵化、难懂的法律条文构筑起的高墙等待我去攀援。

那个时候，物质上的准备主要包括考试、政审、体检以及统一置装等。留学生选拔事关国家未来，有关部门无论是在遴选期间，还是在燕京大学集训期间，都制定了一套严格的选拔制度，以便遴选出学习上具有培养潜力、政治上可靠、身体健康的留苏学生。后来，这一套严苛的程序，被俗称为“过三关”，即“学习关”、“政审关”、“体检关”，甚至有这么一个说法，“够得上入党的条件，不一定够得上留苏的条件”。

当时上面给我们做报告，说中国派出留学生的待遇，也就是在一个留学生身上花的钱，排在第二位。排在第一位的是培养飞行员。由此可以看出，国家当时为了派遣留苏学生，都是不惜血本的。那个时候，我们的开销都是从纳税人那里拿的，而中华人民共和国刚刚成立，经济上还真是一穷二白，能够给我们这样的待遇，的确可以说明国家对人才的迫切需要。

统一置装也是很有意思的。给我们开销的一部分，就是配备衣服。我记得给我们每个人都做了两套西服，还有一件狐皮大衣。而狐皮大衣，也就只有前两届留苏学生能享受这种待遇了。

所谓思想上的准备，主要是学习各种纪律和外交礼仪等。纪律里面，我记得最重要的一条，就是不能和苏联女性谈恋爱，除此之外，中国男女同学之间，也不能有越轨行为。这里面的故事很多，下文会细说。

1951 年 8 月初，高教部在北京饭店设便宴，欢送全体留苏人员。当时周总理也赶过来，专门接见了我们，说了些勉励的话。那时候和美国的关系已经完全破裂，外交上是“一边倒”，到苏联去好像是“西天取经”。应该说，对于很多同学来说，这可能是唯一一次亲眼看见周总理，印象是比较深的。

我们 7 月份集中，8 月上旬就出发。毛泽东的《别了，司徒雷登》是我们学习的材料之一。这是毛泽东很有名的文章，尤其后来选入中学语文课本，中国人民都知道《别了，司徒雷登》。临别登上火车，踏上赴苏联的九天九夜的遥远路程之际，我默默地在心里说，“别了，司徒雷登！别了，燕京！”不光是告别了燕京大学，而且是把燕京大学骨子里的美国传统都告别了。我告别了燕京，就去苏联学习了。这是人生中很关键的一个转折点。

五、杂忆留苏

人人都要抢“白旗”

1951 年负笈西游，那时不是去欧美国家求学，而是到苏联老大哥那里求学。半个世纪过去了，有些事情和人物真是“依稀”模糊，但有些事情和人物清晰“依然”。六十年后，再用今天的头脑、今天的思维去重映一下过去的事情，不是也可以获得一些有益的东西吗？

我们这批留学生的领队是钱信忠、涂通今、潘世征三位老军医。钱信忠随我们出国的时候，头发都有点白了，他后来曾经做过卫生部部长。

我们出国时，钱信忠给我们讲话，说你们到苏联后，人人都要抢白旗。抢白旗什么意思呢？当时什么都是红的好，白的意味着不好的东西。后来我们才明白，因为苏联的考试制度是实行 5 分制，5 分是最高的，而 5 分在俄语是 пятёрка ，谐音就是汉语里面的“白旗”。苏联大中小学的成绩均为 5 分制：5 分为优，4 分为良，3 分为中，2 分就不及格了，他让大家争取“优”的成绩，所以叫“抢白旗”。钱信忠说让我们“抢白旗”，就是说让我们好好学习，争取考试门门拿最高分。他讲的其他内容都忘记了，唯独这句“抢白旗”记住了，人人都要“抢白旗”。

潘世征 1951 年和我们一同去苏联，进入莫斯科中央医师进修学院学习，获得了医学副博士学位。后来又进入苏联基洛夫军事医学科学院特别系学习。1956 年学成回国后，曾担任军事医学科学院副院长。我记得 1955 年 7 月他获得副博士学位时，苏联的塔斯社还专门报道过，“苏联中央医师进修学院学术委员会授予中国医师潘世征医学副博士学位。他的论文被苏联著名科学家认为有重要的实践意义……潘世征 1951 年到莫斯科学习，那时他一个俄文字也不识。现在，在他的论文参考文献目录上，已经列有苏联作者的学术著作二百多种了”。

九天九夜到苏联

1951年8月13日，我们第一批留苏学生离京，前往苏联。这一走，就是九天九夜。大体的路线是从北京到满洲里，再穿越西伯利亚，最后抵达苏联首都莫斯科。

我记得光从北京到满洲里，就花了两天两夜时间。那时候火车很慢，一路上也老有各种各样的意外，时不时停车让道。从满洲里到莫斯科，还有七天七夜的旅程。

对于我们来说，这是个很新奇的旅程。穿越西伯利亚的时候，两边都是连绵不绝的林海，都是茫茫无际的西伯利亚森林，真是感觉到了苏联的辽阔。贝加尔湖那么大，我们绕着贝加尔湖走，无边无际的草原、无边无际的森林，真是大饱眼福。

走在贝加尔湖边的时候，不禁想到西汉时期苏武牧羊的故事。苏武牧羊时的北海，就是贝加尔湖。在那么罕无人烟的地方流放二十年，需要多么坚忍不拔的毅力啊！

蒙古族曾经是一个非常强大的民族，成吉思汗是这个民族最辉煌时期的英雄代表人物。经过历史上的变迁，后来逐渐衰落，到了近现代它分成了三大民族居住区：第一部分在俄罗斯叫布里亚特自治共和国，以蒙古族居民为主，首府在乌兰乌德；紧挨着贝加尔湖，我们乘火车经过这里，是一个经济比较发达的地区。第二部分在中国叫内蒙古自治区，应该说也是属于经济比较发达的地方，资源相对来说比较丰富，很多蒙古族居民已从游牧民族转为农耕民族。第三部分就是20世纪20年代从中国独立出去的蒙古人民共和国，国土的三分之一是戈壁滩和大沙漠，地大，人口稀少。

我们在路上靠什么维生呢？上面给我们每个人发了好多罐头，都是梅林牌的。梅林是当时很有名的一个牌子，红烧肉、竹笋等，各种各样的都有，而且发了好多。这些罐头不光让我们度过了九天九夜的旅程，而且到苏联后，还吃了一段时间。

我们在苏联待了很多天后，才慢慢习惯苏联的食品和生活。刚到苏联时，苏联人还觉得奇怪，老问这些中国学生怎么不吃苏联的饭菜。其实主要是因为语言不通，基本上没法交流，只好吃罐头。这种生活水平，在中华人民共和国刚成立那个时候，的确是比较高的。

冰天雪地中的“青铜骑士”（彼特大帝雕像）

从莫斯科到喀山

1951 年 8 月 21 日，我们抵达向往多日的苏联首都莫斯科。苏联毕竟是全世界第一个社会主义国家，是全世界社会主义革命的中心。我们到了莫斯科，心情非常激动。抵达当天，中国驻苏联大使张闻天即举行洗尘晚宴迎接我们的到来。

我们一行三百多人，到苏联后就被分散开了。其中，法律、航空、化工三个专业的学生都被安排在喀山，分别进入喀山大学法律系、喀山航空学院和喀山化工学院。

就这样，我被分配到喀山大学法律系。喀山位于莫斯科东部大约 1300 公里的地方。在当时的苏联来说，喀山属于一个比较小的城市。喀山在俄语里叫 Казань，但"喀山"本身是来自鞑靼语。在鞑靼语中，"喀山"一词意思是"大锅"，因其形状似一口铁锅而得名，喀山市四周环山，其名即来源于此。喀山城始建于 1005 年前后，2005 年的时候曾搞过建城千年庆典。今天的喀山，是鞑靼自治共和国的首府所在地，属于伏尔加河中游地区经济、交通、文化的中心。

鞑靼自治共和国的居民，以我们中国人常说的塔塔尔族为主。鞑靼人原来定居在现在乌克兰南部的克里米亚半岛，是 13 世纪时蒙古入侵欧洲之后留下的后裔。当年成吉思汗的后裔在克里米亚建立了汗国，信奉伊斯兰教，其间经过了几百年迁徙流转，基本上完全欧洲化了。第二次世界大战爆发后，德国军队从 1941 年开始试图占领克里米亚半岛，与苏联军队展开了拉锯战。斯大林以许多克里米亚半岛的鞑靼人与德国合作为由，把全部鞑靼居民强逼流放到中亚一带，其中大约 46% 被流放的人死于饥饿或疾病。"二战"胜利后，流放到喀山的大部分鞑靼人定居下来，成立鞑靼斯坦苏维埃社会主义自治共和国，并加入了苏维埃社会主义共和国联邦。

分到喀山有点不情愿

我们去苏联那时候，喀山的整体实力，在全苏联可能排在第七八位，甚至更靠后一点。因此到了苏联之后，我们被分到喀山的同学，都有点心不甘、情不愿。

像我们学法律的在喀山大学法律系，这是列宁学习过的地方，好赖还说得过去。喀山航空学院毕竟也还是在喀山市里，但像喀山化工学院，就在喀山的远郊区了。对于我们中国留学生来说，千里迢迢到苏联来，结果却被分派到了喀山这样偏远的地方，人生地不熟，也没人照顾，大家有好长一段时间都有情绪。

在有中国留学生的这三个学院里，喀山航空学院的学生数量最多，技术水平应该也是算很不错的。中国留学生不光学航空，也学火箭制造之类，后来在七机部的很多人，都是那时候我们在喀山时的同学，后来也跟我们一样，转到了莫斯科航空学院后毕业。

喀山化工学院也很不错。我们第一批的留苏学生里面，有一个叫彭仕禄的同学，他是彭湃烈士的儿子。彭仕禄 4 岁时，彭湃烈士就被敌人杀害，从小颠沛流离，不断改名换姓，以防敌人斩草除根，在组织的抚养下长大成人，1951 年被派往苏联留学。彭仕禄到喀山化工学院后学习化工，毕业后又开始学习核工业。彭仕禄学成回国后，成为中国第一代核潜艇的总设计师，1985 年荣获国家科学技术进步特等奖，后来还担任过核工业部副部长，当选中国工程院院士。

但无论怎么说，喀山化工学院肯定比不上莫斯科化工学院，喀山航空学院跟莫斯科航空学院比可能也还有点差距吧。

喀山大学

在苏联，喀山大学也算是最古老的大学之一。1804 年 11 月 5 日，当时沙皇亚历山大一世签署了成立喀山大学的批文。据说，喀山大学是俄国继莫斯科大学、圣彼得堡大学之后成立的第三所大学，具有非常悠久的历史。

喀山大学法律系的师资力量当然不如莫斯科大学、列宁格勒大学那么强，但毕竟也是一所较老的大学。喀山大学的综合学术实力很强，在数学、化学、医学、语言学、地质学、地理植物学等学科享有较高的学术声誉，先后有 50 多名教授被选为俄罗斯（苏联）科学院院士。建校近 200 年来，喀山大学培养出了一大批各个专业内的精英，除了列宁、高尔基、列夫·托尔斯泰等我们耳熟能详的名字，人文领域还有著名作曲家巴基列夫、画家雅克比、历史学家涅奇济纳等人；而在理工科中，各个领域的精英就更多了，如天文学家、数学家别列沃什科夫院士、数学家拉甫连季耶夫、物理学家兼医生巴林、生物学家兼医生巴耶夫等。喀山大学培养出来的著名的科学家，还有创立非欧几里德几何学的洛巴列夫斯基、发现化学元素钌的克劳斯、有机合成结构理论的创始人布特列罗夫、电子磁共振的发明人扎沃伊斯基、声学磁共振的发明人阿尔特舒勒，等等。

喀山大学发展到今天，已经成为一座颇具规模的大学城，1996年，俄罗斯总统叶利钦将喀山大学纳为俄罗斯联邦珍贵民族文化遗产保护对象。俄罗斯中央政府也于2001年将喀山大学纳入俄联邦发展计划。

喀山大学与中国的交流历史也比较长。早在19世纪上半叶，喀山大学就已经成为欧洲最大的东方学研究中心，1837年时，即成立了俄罗斯第一个汉语教研室。2007年3月28日，在俄罗斯进行国事访问的国家主席胡锦涛还专程访问喀山大学。我看新闻报道，胡锦涛还专门看了列宁读书时期留下的手稿和物品，甚至还专门坐了一下法律系第七教室列宁曾经坐过的位子。在胡锦涛访问喀山大学一个月后，国家汉语办与喀山大学合建"孔子学院"的协议正式签字生效。

列宁与喀山大学法律系

但不管怎么说，喀山不能和莫斯科比，喀山大学也和莫斯科大学有天壤之别。我想，这也说明当时中国留学生在苏联的地位并不是很高的。当然，苏联将我们安排在喀山大学，人家也是有理由的，比如说列宁就在喀山大学法律系学习过，高尔基也在喀山度过一段时间。但无论怎么说，喀山终究不像莫斯科、列宁格勒这些大城市，苏联方面不大想将中国留学生都集中在大城市里。

我们到了喀山大学，列宁在法律系第七教室曾经坐过的座位都还留着，只是燃气灯改成了电灯。列宁曾在这学习过，这成了学校引以自豪的资本。其实我们都知道，列宁当年在喀山大学是被开除掉的。

这是怎么回事呢？1887年9月，当时名为"弗拉基米尔·乌里扬诺夫"的列宁进入了喀山大学法律系，他的学生证是第197号。他进入喀山大学的历程一波三折，此前的 3 月 13 日，他的哥哥萨沙和姐姐安娜由于参加谋刺沙皇亚历山大三世而被捕，5 月 20 日他的哥哥被判处绞刑时，列宁正在参加中学毕业的考试。受他哥哥谋刺沙皇的牵连，列宁所在的中学在究竟是否向这名学习成绩优异的学生授予金质奖章时颇有点犹豫，而能否获得金质奖章并得到相关鉴定书，对于能否进入喀山大学法律系又有重要影响。还好，列宁所在中学的校长最终抵住了各种指责，授予列宁金质奖章，并写下了好评如潮的鉴定书："弗拉基米尔·乌里扬诺夫非常有天赋，一贯勤奋，品格端正。乌里扬诺夫在各年级都是出类拔萃的学生。作为在学习成绩、发展水平和操行方面最最合格的学生，他在毕业时获得了金质奖章。不论在校内还是在校外，都未发现他有过对学校领导和老师给予不佳评价的言行。"凭借这封鉴定书，列宁顺利进入喀山大学法律系。

列宁在进入喀山大学后，除了勤奋学习外，还积极投入到学生运动中。他置学校的警告于不顾，加入了萨马拉—辛比尔斯克同乡会。当时，俄国的民意党人被镇压，社会民主党尚未诞生，整个社会死气沉沉，四处弥漫着沙俄专制的空气，只有大学生群体依然站在反抗专制统治的第一线。沙俄政府为了防患于未然，下令解散大学中所有的学生组织，并设立学监试图监视和控制学生，开除学生中反专制斗争的积极分子。列宁参加了萨马拉—辛比尔斯克同乡会后，大量阅读了马克思、恩格斯、普列汉诺夫等人的进步作品，在知识和理论中开始了革命的准备。

1887 年 11 月开始，各个大学都掀起了反对沙皇政府、抵制学校学监的运动。列宁代表喀山大学的学生，向校方提出了学生的要求，要求撤销学校的学监。喀山大学的当局当然非常恼火，下令将参加集会的大学生全部开除，并将列宁等 39 人逮捕。列宁被捕后，和警察局长曾经有过这样的对话：警察局长告诉他，"小伙子，你干嘛要造反呢？要知道，你面前可是一堵墙啊"。列宁回答，"的确是一堵墙，只是这墙已经腐朽了，一推就倒"。12 月 5 日，列宁最终被喀山大学开除，在他母亲的请求下，他被流放到了距离喀山市 40 俄里的喀山省拉伊舍沃县科库什基诺村。

虽然流放到了这样偏僻的地方，列宁还是自修了法律系一至二年级的全部课程，为将来重返喀山大学法律系继续学业做准备。

列宁回到喀山大学法律系的愿望,最终没有能够实现。1888 年 5 月 9 日,列宁向当局提出有关申请被拒绝,请求去国外恢复健康和继续学习的要求亦遭拒绝。这年 9 月,列宁被获准回到了喀山市。一边苦读自学,一边加入当地的马克思主义小组。当时的喀山民粹主义盛行,马克思主义还是比较边缘的。1889 年 5 月,列宁全家移居萨马拉,后来在萨马拉大学修完了法律系的课程,开始一边做律师,一边搞革命。

当然后来列宁干革命干出名堂后,喀山大学就开始以列宁曾经学习过自豪了。不光保留了列宁当年在法律系第七教室的座位,还在喀山大学主楼前树立了列宁塑像。可以想见,我们能去这所大学是很光荣的,人们都说,那是和列宁前后同学。

每年一度的十月革命盛会,中间稍蹲的是我

初到苏联,印象最深的是战争的残酷

我到喀山大学法律系的时候,这个地方还没有中国留学生,而朝鲜留学生则有很多。当时朝鲜战争已经爆发,中国在抗美援朝,所以,中国和朝鲜留学生的关系一直比较好,我们差不多都是跟朝鲜同学一起活动。

初到苏联时,给人印象最深的就是战争的残酷。第二次世界大战结束时,我们的老师中就有一些战争致残者。据说"二战"期间,至少副教授以下的所有男性,都要上前线。教授要不要上前线就不清楚了。我记得喀山大学法律系,有一位叫瓦西里耶夫的副教授,他教我们法学理论。瓦西里耶夫老师来上课的时候,就是悬着一支空臂来的。喀山当地的男同学中,也有几位年纪稍长的参加过战争。

整个苏联,在"二战"中死亡的人口占人口总数的1/6至1/5。尤其在斯大林格勒战役中,军命是不能退后一步,谁退后谁就可能被枪毙,真是"只能战死,不能后退",大学教师同样都必须上战场。后来统计说,苏联在"二战"中死伤人数的数量,排在欧洲的第二位,波兰在"二战"中死亡人数位居第一,苏联第二,德国第三。由此可见战争残酷到了什么程度。

苏联女孩爱找中国男生

在我们看来,苏联当时社会上最触目惊心的现象,是男女比例严重失调,这引起了一系列社会问题。苏联的青壮年男性很多都在"二战"中战死疆场,这也就形成苏联的女性急于找中国的留学生的现象。当时派去苏联的中国留学生,在一段时间内成了很受苏联女性欢迎的"香饽饽"。

那时候,无论是在学习过程中,还是在其他环境里,中国男生都有很好的口碑,很努力,学习又用功,为人正派,而且是国家层层选拔公派出去的。几乎没有看到过中国女生跟苏联男性谈恋爱,放眼望去,都是苏联女性主动追求中国男生。

我们出国培训时有一条纪律,就是绝对禁止中国人跟外国人尤其是苏联人谈恋爱。而且,当时纪律还规定,中国人之间原则上也不能够谈恋爱,尤其是不能有越轨行为。

我们在苏联时,至少刚开始那两年,这两条禁令执行得很严格。其中一个撞到这个"禁令"上的是吴德峰的儿子。吴德峰早年长期搞情报工作,是武汉解放后的首任市长,后来由于"纪凯夫案件"而北上,担任过最高人民法院副院长,后来又到中国政治法律研究会,在党内有较高的地位。但他儿子和我们一道前往苏联留学时,跟一个苏联女孩谈恋爱,结果就被遣送回来了。连吴德峰这样的人的儿子都不放过,可以想象那政策执行得多严格。

另外一个撞到这个“禁令”上的是我们一道学法律的穆谟。穆谟以前是天津市人民法院的,是我们首批 12 个学法律的留苏学生之一。人很聪明,成绩也很优秀。穆谟后来就是因为和一个中国女同学谈恋爱,两个人可能有了越轨行为,结果也被遣送回国。这两条禁令刚开始执行得极其严格,直到后来几年,才稍微放宽一点。

第一个拦路虎是语言关

我们那一批留苏学生走得匆忙,不像后来的留苏预备生,都可以在国内先学一阵俄语再出去。按照派出部门的要求,我们到苏联后,先专门学一年俄语,然后再进行专业知识学习,和苏联学生一起听课、考试。苏联的普通学院是四年毕业,而大学都是五年毕业,加上语言学习的一年,那我们就成了六年了。

那么去苏联学习的第一个拦路虎,就是语言关。不掌握语言,课堂上就会“坐飞机”,完全听不懂,甚至专业知识等于零。

对于我来说,由于曾在教会中学和燕京大学学习过,有一定的英语基础,再学俄语,脑子里有个外语的概念,总有个外语规律可循。但对有些同学来说,没有其他外语基础,学俄语的困难可以想象。

我个人的情况比较特殊。因为我在体育分会的时候,为了看懂苏联的一些体育材料,所以我已经自己学了一些俄语语法,我也记了一些单词。于是,我在学完半年俄语后,就插班和苏联学生一起进入一年级第二学期。

我当时为什么要插班进入一年级呢?这是受陈汉章的影响。陈汉章是我们一同前往苏联留学的同学,他原来的俄语就非常好,在国内时就做过俄文的翻译,觉得再学一年俄语白白浪费时间。我俩私交非常好,他有这插班的想法,我也觉得俄语对我已经不成其为“拦路虎”,于是便跟他一道插班进入一年级了。

关于语言学习,这里面还有一段特殊背景。1951 年年底,时任中央人民政府秘书长的林伯渠在苏联疗养,与留苏的中国学生有一定的接触,了解由于俄语功底不足、心理准备不足等而造成的问题。他在回国后,便立即给刘少奇、周恩来写信,介绍了我们那批留苏学生的情况:

我们中央教育部此次送苏联学习工业技术的一批学生约三百余人。据大使馆反映,该次学生不懂俄文的占百分之九十五。教育部计划,是把他们分别送到各种专科学校去学习的,自然分得很零散,以致学生听讲困难,学校为之补授俄文,亦不方便。该学生等先无精神准备,一到莫斯科,既听不懂话,又吃不惯饮食,加以气候亦殊,有的就闹起情绪来。并有个别(大约不止一两个)学生程度不够格,也为收纳该次学生的学校所不满……以后若再派学生去苏联,须先在国内进行预备教育六个月或多一些时间(或于到苏联后,先集中教育一个时期)。首先教俄文拼音会话,尤其在政治上应先说明赴苏学习的必要性,加重其责任感。并须详细告诉他们到苏联以后的生活情形(如饮食、气候,这些是可以渐渐习惯的)。

于是,1951 年 12 月初国家在北京俄文专修学校之内,专门设立了留苏预备学校,由俄专校长统一领导,被称为“俄专二部”。“俄专二部”在 1952 年 2 月正式开始培训留苏学生,刚开始是借的辅仁大学的校舍,到 6 月份才搬到西城区的鲍家街 21 号,即醇亲王府所在地,正式成为留苏预备部。

我插班进入一年级之后,大学第一学期的成绩还没修。那么怎么办呢?我就在以后的几个学期中,又将第一学期缺考的五门课程陆续补考完毕,这样,最后我跟其他同学比,就提前一年毕业了。

记得毕业典礼时,我还作为莫斯科大学的优秀留学生代表做了发言。按照苏联当时的教育制度,大学毕业生每个人都有一个菱形的毕业纪念章,上面刻有苏联的国徽,很漂亮,可惜我的已经丢失。五年学习结束了,所有的课程我均获“优”,拿到的是莫斯科大学的全优毕业证书。这是我人生旅途中一次很有意义的攀登。获取的知识许多都忘了,但五年的社会经验和人生锻炼,以及综合能力的提高是令我终生受益的。

我于 1956 年提前一年完成学业回国。不料回国后不久,反“右”运动开始,我就“抢”了一顶“右派”帽子。其他同学 1957 年夏天回国,反"右"运动早已开始,谁也不会再往火坑里跳了。这真是我始料不及的,命运往往是难以预料!

军事训练课

苏联的大学里面,还有一门课程设置很有意思,那就是军事训练课。之所以开设这门课,主要还是受"二战"刚结束的大环境影响。冷战中无论是社会主义阵营还是资本主义阵营,都没有安全感,都觉得"第三次世界大战"迟早会打起来。这门课也是苏联爱国主义教育的内容之一。

我想,苏联毕竟人口少,要是像中国这么多人口,都要去服兵役的话,军营是接收不了的,而苏联则要求学生都得进行军事训练。

按照苏联的相关规定,军事训练课要持续好几年。上这门课的老师是专门配备的军事教官。作为一门课程,军事训练很认真也很严格,是真正的军事训练,不像我们对大学新生的军训,只是到操场或者军营里走走步。这门课是必修课,修完了之后,就自动取得了苏联军队预备役少尉的军衔。

我们在喀山的头一年,跟着上了这门军事训练课。当时学习的内容重点是冲锋枪,比如冲锋枪的使用、拆卸,还有反坦克手榴弹的构造、使用等。上这门课的目的,就是要让你掌握一些武器的基本使用。

后来我们自己觉得,我们中国留学生千里迢迢到苏联来留学,学习这些武器干什么呀?所以我们向使馆作了报告,希望免除我们修军事训练课的义务。经过中国驻苏联大使馆的交涉,我们在上了半年多的军事训练课后就免除了。

苏 联 农 村

对我们这些留学生来说,暑假真是黄金时期。平常的时候,大家几乎一天到晚都在忙着学习,包括礼拜日,都处于紧张的学习气氛中。但到了放假的时候,这就是彻底属于自己的时间。

苏联的学制中,寒假比较短,大概只有两三周,但它的暑假很长,差不多有两个月。而且,苏联当时国内有各种各样的度假村,他们叫

санаторий，就是疗养所、疗养院的意思。由于当时中苏关系正往好的方向发展，这些疗养机构对中国留学生很友好，基本都是免费的。

我在苏联第一年的暑假，也就是 1952 年 7 月，坐了很长时间的火车，去了一个很天然的苏联农村。那时候，很想去看看苏联的农村究竟是什么样的。当时正好有个苏联同学邀请我到他家里去。他家在伏尔加河中游的平扎州，是农村，因为在伏尔加流域，属于黑土地，土地黑黝黝的，还是很肥沃。

就我所看到的实际生活来说，在当时苏联农村还是比较好。而且苏联有个特点，当时并不是所有的土地都被作为耕地开垦，还有大量的原始森林尚未开发，森林里都是野花、野草。我们经常去森林里采草莓、摘蘑菇等。

就普通农家的生活而言，养奶牛基本上没问题。那么，每天早上基本上都有鲜牛奶喝。农民养马的也有，我们可以骑马玩。这可是 1952 年的暑假，比起当时的中国的农村来说，苏联真是富裕多了。

苏联乃至整个欧洲的地形，有个很大的特点，大部分地方都是平原，真正的一马平川。所以，德国发动“二战”时，它的坦克一下子就可以从德国开到莫斯科，一路上没有什么大山阻隔。像伏尔加河流域、乌克兰、白俄罗斯等，都是这个样子。

我们常说中国地大物博，跟中国比，苏联则是地大人少。在人口很少的情况下，尽管那时还是集体农庄，但只要管理不是很差，那还可以有丰富的粮食。所以，对当时的苏联农民来说，粮食本身问题不太大。但由于苏联的地理环境，它的蔬菜、水果都是很欠缺的。我们在苏联所吃的，老是那几样，什么胡萝卜、洋葱、土豆等，新鲜的菜很少见。肉类有是有，供应多少显得有些不足。苏联的农产品所带来的问题，当时还是没有根本解决。

1954 年暑假，我们又回到喀山。

体验伏尔加河边的野营生活是很有意思的。我们天天在伏尔加河水里面漱口，甚至直接喝伏尔加河水。

伏尔加河在俄罗斯被称为母亲河，能在这条母亲河畔长住，耳边响起雄浑的男低音歌曲《伏尔加船夫曲》，夜间倾听着伏尔加河的涛声，也可以算是在异国他乡享受到的难得的夜晚！

后来在我的诗词中，留下了这一段回忆，这就是《忆江南五首 · 忆

俄罗斯》:

绿岸好,长忆伏尔加。一捧清流朝漱口,几点星火晚浮槎。水边是我家。

风光好,千里度闲暇。欧西田野夹岸送,异国乡趣润心滑。胸思更豁达。

俄娃好,难忘娜塔莎。白桦树下双人立,明镜水中身半斜。尔我何亲狎。

天色变,大河雄姿拔。云生江口盖地卷,风来狂涛连天压。和浪独弹笳。

好梦断,何时睹清沙。晴空重飞比翼蝶,绿水再泛双白鸭。送我回天涯。

斯大林逝世

我们在喀山只待了两年,也就是从 1951 年到 1953 年。

斯大林是在 1953 年的 3 月 5 日逝世的。斯大林逝世后,苏联所有的城市和地方都设灵堂,我们外国学生跟苏联人一样,也都要去守灵。所谓守灵,就是到斯大林遗像旁边肃立。我们到苏联的时候,正是斯大林的个人威望如日中天的时候,苏联人对斯大林的个人崇拜已经到了无以复加的地步,斯大林是全苏联人民的“父亲”,人们把斯大林像神一样崇拜。人们想不通的是,神怎么会死呢?

我们当时看报纸知道,中国国内对斯大林逝世也设置了很高规格的吊唁活动。毛主席发布命令,要求全国各地在 3 月 7 日至 9 日期间降半旗致哀;而且致哀期间,全国各工矿、企业、部队、机关、学校及人民团体一律停止宴会、娱乐活动。除此之外,毛主席当时还亲自前往苏联驻中国大使馆吊唁,周恩来总理率我国党政代表团前往莫斯科参加葬礼。3 月 9 日,中国方面也在北京召开斯大林逝世追悼大会。

我们亲眼看见了斯大林逝世在苏联引起的震撼。无论是在苏联政治活动里,还是对于中国乃至世界的社会主义阵营来说,斯大林逝世都是一件大事。正因为如此隆重而热烈,后来苏共二十大时赫鲁晓夫做“秘密报告”后,人们才会茫然不知所措,这形成了一个很鲜明的对比。

转学到莫斯科大学

晚我们一年出国学法律的中国学生，都被派到莫斯科大学法律系，这使我们很羡慕。由于我们的请求，再加上 1953 年斯大林逝世后实行大赦，喀山社会秩序较前混乱，中国驻苏联大使馆将我们在喀山几所大学学习的中国学生都转到了莫斯科。

我们学法律的学生，最后进入了莫斯科大学法律系。莫斯科大学的学习条件比在喀山时好很多。莫斯科大学历史很悠久，1755 年由教育家 M. B. 罗蒙诺索夫倡议创办，所以，莫斯科大学的全名一直是"国立莫斯科罗蒙诺索夫大学"。由于莫斯科大学地处首都，毕竟是政治、经济和文化的中心，此外，莫斯科大学又有两百多年的人文积淀，跟喀山大学比，各方面条件都好很多。

五十年后重返莫斯科大学

刚到莫斯科时，我们是在莫斯科大学位于莫霍瓦街 11 号的老校区。1953 年 9 月，莫斯科大学列宁山上的新校舍建成后不久，我们就搬了进去。

莫斯科大学的新校舍修建得很气派，主楼有 33 层，加上 55 米高的尖顶以及徽标，全高近 240 米。主楼两侧是各 18 层的副楼，均装有直径达到 9 米的大钟。莫斯科大学列宁山校区的教学和住宿条件，在当时的苏联是超一流的。就住宿条件而言，学生宿舍改成两人一套宿舍，每一套宿舍有两间房子，有共同的卫生间、厨房等。这个住宿条件，在当时可以说苏联的最高样板，简直是在天堂里，当时全苏联任何一个大学，都没有莫斯科大学那么优越的条件。

1955年莫斯科大学建校两百年的时候，苏联中央政府向这所大学颁发了劳动红旗勋章。这是苏联当局对这所大学两百年办学成就最高的褒奖。两百年间，莫斯科大学培养出了很多在苏联乃至全世界历史上赫赫有名的人才，诸如教育家乌申斯基，诗人莱蒙托夫，作家屠格涅夫、赫尔岑，文学批评家别林斯基，等等，都是人类历史上闪耀着金色光芒的伟人。此外，诸如"俄罗斯航空之父"茹科夫斯基、实验物理学奠基人斯托列托夫等，也都曾在莫斯科大学执教过。

虽然莫斯科大学建在列宁山上，但法学院仍在离红场不远的老校舍，我在这里度过了三个春秋

我在莫斯科大学那三年，也曾参与过学生会的一些活动。当时戈尔巴乔夫正好也在莫斯科大学法律系，他是1955年毕业的，比我高一年级，毕业前主要做一些团委的工作。就这样，我们也还算多多少少打过交道，只是那时候，谁也没想到他后来会担任苏共中央总书记、苏联总统甚至获得诺贝尔和平奖。由此可见，莫斯科大学无论是过去还是在当时，都是一个藏龙卧虎之地。

2005年的时候，莫斯科大学适逢建校250周年校庆。当时，我还特地在离开近五十年后，专门借着校庆的机会回去过。

苏式Seminar

当时无论是在喀山大学还是后来在莫斯科大学，与苏联学生共同听课、考试都给我带来了许多困难。对于中国学生来说，看书和听课还不算太难。书本是死的，只要能看懂，哪怕速度慢，多花一些时间就可以了；听课有困难，但只要事先把老师要讲的内容预习过，听起来也大体能领会。对中国学生来说最难的有两个：一是课堂讨论，二是考试。

这是我班上最要好的苏联同学

课堂讨论就是 seminar，这是一种来自德国的教育传统。我们的一些专业课程，都有课堂讨论，课堂讨论在专业课中始终占有重要地位。课堂讨论是小班进行，二十多人，老师出的都是案例题，要学生分析案例，援引适用的法律和法规，这可难坏了我们。

当时，俄语并没有学得很纯熟，而苏联具体的法律、法规又浩如烟海，尤其是关于住房等社会问题的讨论，要清楚地引用适用苏联的法律、法规，真是难于上青天。

那时候，也不可能有现在这样方便的检索条件，但是无论如何，课堂讨论还必须认真对待，课堂讨论的成败，会影响到学科总成绩。如果被老师点名，站起来回答不上，那真的无地自容。

于是，我们想到的最好办法，就是主动出击：找成绩好的苏联同学，先把该分析的材料、观点和应援引的法律文件都准备好，大体将要说的话都准备妥，在课堂讨论会上主动举手发言。

从老师的角度看，老师也希望中国学生先发言。发言后，老师也不想再为难中国学生，便问起其他苏联学生来。这一招确实管用，屡试不爽，至少在后两三次课堂讨论中，可以大大减少老师提问的机会。

口　试

苏联大学的考试全部是口试，五年中四十多门课程百分之百是口试。口试在俄语中就是 устный экзамен。一二年级时真是紧张万分，四五年级时就已习以为常了。

在苏联入大学时，每人都给了一本记分册，每门课的考试都由一位老师主持，考完当时给分，将分数记入记分册，老师签字。考试都有考签，每个考签上 3 道题。一个班的学生近 30 人，老师准备 30 个考签，每个学生抽一个。这 30 个考签 90 道题，就把这门课的全部主要内容概括进去了。学生都知道每个考签上是什么题，但就是不知道自己抽到哪个考签。

口试对那些学习比较好的人，根本不是什么难事。但是，相当一部分苏联学生是不用功的，考试临时抱佛脚，所以，他们一到考试的时候就比较惊慌。于是，每次碰上口试，他们就把学习好的学生和中国留学生推到前面。这样每个同学考完出来，他们就赶紧问考过的内容，然后专心突击剩下为数不多的未考过的考题。他们突击一下，准备准备，还是能够通过考试的。这就是他们对付考试的方法。

有些老师特别严厉，给分很紧，学生很是害怕。有一次，一个苏联学生回答完了，老师神情严肃地在记分册上记下分数后，就把记分册扔到地上，学生捡起后吓得哭起来，出教室后，哭着说这下完蛋了，可是打开记分册一看，给的居然是 5 分。

在当时的情况下，苏联教授对中国学生还是比较照顾的。他们看你懂得基本的原理，不是完全一问三不知，基本上就不会过于为难。而当时，我们中国学生大部分学习都很用功，应付这些考试本来也不在话下。

好在抽完签后有 20 分钟准备时间，有时老师还照顾中国学生，问是否要多准备些时间，如果答得基本差不多，老师对中国学生就不再问了。很多学生就怕老师提问，一提问心里就慌，更答不出来了。

我拿到考题之后，我准备 15 分钟左右，写一个提纲，然后按照书上的基本内容回答一下。有时候，老师甚至不等你答完，就说“行了行了，走吧走吧”。

所以，在苏联的中国留学生，只要稍微认真学习，老师都会让你及格。应该说，口试是一种很独特的考试方法，它绝不可能作弊，但可能取巧，老师面对面向学生问问题，可以了解学生的真实水平，也可以锻炼学生的口才和良好的心理素质。我对这种口试是很赞赏的，它对我能力的提高很有帮助。

苏联民法和西方一样

民法课是我去苏联学习后立即产生兴趣的课程,无奈很多名词术语不懂,想找中文相对应的词语,又得不到解答。俄语词典中是没有这种法律术语的。所以,很多概念仍然只能在俄文中去理解。

例如,民法中有一个很经常出现的词叫"Сделка",词典中译为"交易",可是翻译为交易怎么也不通。过了许久之后,一个偶然机会才知道这个词就是"法律行为"。我很奇怪,这个词既无"法律"的意思,也无"行为"的意思,怎么叫"法律行为"呢?等到1956年回国到北京政法学院执教后才知道,原来苏俄民法典的体系、制度中如债权、物权、法律行为、要约、承诺等和德国民法中的基本概念是一致的。我又困惑了,学了半天的苏俄民法的基本体系、制度怎么和西方国家是一样的呀!

今天想起来,当初确实太幼稚了,以为革命的就是崭新的,就是与原来的毫无相通之处。其实革命无非就是在旧的东西基础上,取其有益,去其无益,革命怎么能否定继受性?法律怎么能否定继受性呢?!

苏联的民法仍然留下了不少意识形态的烙印,主要是两个:一个是公有制的烙印,另一个是计划经济的烙印。

前者主要表现为对国家财产的特殊保护,确立了国有财产返还请求权不受任何时效限制的制度,从而体现了所谓与私有制国家针锋相对的制度:私有制国家确立了私有财产神圣不可侵犯原则,公有制国家确立了公有财产神圣不可侵犯原则,这一基本观念至今仍在中国体现。

后者主要表现为将民法典调整范围局限为市场领域,因此,在民法典外又独立制定土地法典、劳动法典与家庭、婚姻、监护法典。土地国有化后禁止土地流通,集体化后又把国有土地交给集体农庄永久无偿使用,排除在任何范围内的市场交易之外。劳动力当然更是如此,家庭、婚姻关系也从传统的民法典中排除出去,继承法仍然保留在民法典内,因为仍然有一些私人财产可以继承。这一基本模式也被我国长期接受,婚姻法和劳动法从新中国成立后就已独立成法,土地法也长期游离于民法之外。

改革开放后，我国有关民法调整范围之争，仍是这种市场本位观点之延续。今天我们制定民法典，土地关系和亲属关系回归民法典已无任何争议，劳动关系虽然也是平等主体之间的关系，但已经独立于民法之外，也独立于1999年的《合同法》之外，确实也无必要再回归民法典之中了。

学拉丁文是莫斯科大学建校二百年以来的传统

在苏联学习法律期间，有两门必修课的设立很出乎我的意料，也是学起来很难的：一个是罗马法，另一个是拉丁语，其他如"资产阶级国家民商法"，那是选修的，而且内容都是有批判性的，而罗马法却不是批判性的，是作为历史性质的课程必须掌握的。

我们到莫斯科大学后，才开始学习拉丁语。这是很独特的，学法律的人必须学拉丁文，据说这是莫斯科大学建校二百多年来的传统，并没有因为十月革命而有所中断。

在苏联人看来，他们觉得学法律的人不学拉丁文，那就没法跟国际同行交流，因为大陆法系国家的私法，都是以罗马法为依据。无论德国人、法国人、苏联人还是意大利人，如果有拉丁文基础，把罗马法里面拉丁文词汇说出来的话，大家就有共同语言了。

俄文本来就很难学，又要学拉丁文，对外国学生也是如此，拉丁文是必修课，不能免修。俄语的语法已经够复杂，一个名词还要分阳性、阴性、中性三种，每种单数复数共16个格要变，形容词也要变格，动词还要变位。拉丁语法比俄语还麻烦。

据老师讲，有两个专业的学生必须学拉丁文：一个是医学，另一个是法学。学医的必须学拉丁文，是因为处方开药必须用拉丁文，拉丁文本身很准确，在各国又都通行，是医学界的共同语言。而学法律的，必须学拉丁文，则是因为法律名词术语的起源也都是用拉丁文，不同国家的法律体系，都有个共同的源头，那就是用拉丁文表达的罗马法。职是之故，拉丁文显然是和罗马法的课程直接有关的。

留学苏联时，我们为了应付拉丁文考试，只好像老和尚念经那样，嘴里反复背诵一个词的词尾变格的变化。老师在教拉丁文时，倒也现实，说拉丁文已经不是活的语言，而是死的语言了。学拉丁文显然不是为了口语，而是记着一些语法、词尾变化，以便阅读时可以理解它的意思。可惜就连这点东西现在也忘个精光了！

由此可见，苏联时期的法律专业，对拉丁文是何其重视。

开设了罗马法

莫斯科大学开设罗马法课也有原因。

第一个原因，是列宁向来强调社会主义不是凭空建立的。列宁说，不要忘记，我们今天的社会就是建立在欧洲文明基础之上的，而欧洲文明，则是在古代希腊和罗马奴隶社会所创建的文明基础上发展起来的。

而第二个原因，则是从历史传承来看，俄罗斯是以东罗马帝国的继受人自居的，现在俄罗斯的国徽，又恢复了以前的双头鹰图案。有人说，双头鹰意味俄罗斯地跨欧亚两大洲，一只头侧向欧洲，一只头侧向亚洲。这种解释未必正确。其实，双头鹰是东罗马帝国的标志，因为罗马帝国经历过西罗马帝国和东罗马帝国两个时期，双头是指两个帝国。

从这一点我们就可以看出来，即便是在苏联这个意识形态很强的国家，他们对待罗马法和对待沙皇时代的法律的态度，也是截然不同的。他们可以认为苏俄的民法与旧沙皇的民法不同，因为那是意识形态的不同，但他们不否认苏俄的民法是继受罗马法的，罗马法是历史渊源。沙皇和西方国家的民法既然意识形态不同，当然可以批判，但罗马法是其历史渊源，祖先是不能批判的！列宁说了，罗马法是欧洲文明的一部分，对于欧洲文明谁能去批判？！这种尊重历史、尊重罗马法的精神，给我留下了很深的印象。

法律的继承性问题

我 1951 年出国的时候，从通知到出发准备时间很短。当时，脑海里想到的第一件事情，就是去买几本中文的法律书，以便对专业有所熟悉。

谁知这一打算，立刻遇到当头一棒。当时的纪律中有一条，就是不准带任何旧法的书籍。我们去苏联是学习革命的法律，中国的旧法已经完全被废除，旧法体系也被打烂，旧法的思想更不能继承。为了免受旧法的毒害，应该是完全重新学起，不准带旧法的书籍。而当时我们自己又没有什么法律，更没有新中国自己的法律书籍。这样在我们的行囊中，仅有的书籍就是一本俄语词典和一本俄语语法，我就这样游进了茫茫的法律大海。

而之所以有此禁令，是因为我们为了表明跟过去决裂，于是在革命尚未完全胜利的时候，就旗帜鲜明地废除了国民党时代的所有法律。按理说，废除“宪法”、“戡乱法”等还可以理解，像民法、公司法这些东西，其实和政权更易没有太大的关系。但我们还是毫不犹豫地全部推倒。

这个做法和苏联的十月革命很不一样。他们没有我们革命中的“废除伪法统”，或者叫废除原政权一切法律的做法。旧俄时的民法典并没有被废除，而只是把土地私有制度废除，婚姻制度没废除，个人财产权利也没废除。恰恰相反，列宁提出了要尽快制定新的民法典，以取代旧的民法典。正是在列宁的领导下，在艰苦的内战和抵抗外国侵略的情况下，只用了五年多的时间，在1923年就颁布了《苏俄民法典》，取代旧民法。《苏俄民法典》颁布之快，在众多实行革命、改革或统一（如法国、日本、德国）的大陆法国家中是首屈一指的。

苏联的法律，也很少涉及旧俄时代的法律，几乎一切课程都是冠以“苏维埃”三字。当然这是新的法律，是从十月革命开始的法律，任何课程都要先从十月革命的两个法讲起：一是《和平法令》；二是《土地法令》，都是列宁签署的。前一个是结束了帝国主义战争，后一个是实现了土地国有化。

而反观我们，把过去的法律都叫做旧法，一概都废除，一棍子打死，那过去的法律教师和司法工作者，一下子都变成了“旧法人员”，全让靠边站。回头看这段历史，这个决策真是引发了不良的后果。有一次，华东政法大学何勤华教授就跟我提出，我们废除六法全书到底对不对？法律究竟有没有一定的继承性……这些问题很值得我们来思考。法律作为社会的规则之一，如果一个社会把原来所有的法律都废除，那等于是说，我们现在根本就没有法律，我们一切都要从头再来，这就很荒唐了。比如说婚姻，就是一个很简单的问题。以前的婚姻法所认可的合法婚姻，现在婚姻法废除了，难道这些婚姻也都变成了非法的吗？

1956年下半年，法律的继承性问题是大家讨论较多的一个问题。比如上海复旦大学的杨兆龙教授，就写过一篇文章叫“法律的阶级性与继承性”，甚至因此引发了学术界和实务界关于法律的阶级性与继承性的讨论。当然，到反“右”开始后，这篇文章也成了将杨兆龙划为“右派”的证据之一。

从这一点来说，中国对待旧法的态度，比十月革命做得有过之而无不及。中华人民共和国成立60年后的今天，我们依然没有一部统一的民法典，法律体系有一定规模，但也不是特别完善。我们强调先破后立，强调凡是旧法全部废除，完全否认了法律的可继受性。如果以今天的眼光来分析，哪一种方式更为可取呢？

苏联法庭很尊重法官的独立性

苏联的大学教育里面，我觉得比较好的一点，就是很注意理论联系实际，大学五年期间要有两次以上实习。就法学教育来说，法律系学生必须去法院、检察院或国家公断处实习，这些制度得到了非常严格的遵守。

我的第一次实习是在基层法院，那次实习获益匪浅。印象最深的是对法官独立性的尊重。比如说法院审理一起普通的民事纠纷，审理完了之后，审判员们就退庭，进入合议室进行合议。审判员进了合议室后，跟外面就没有关系了，审判员必须在合议室内确立案件的判决结果。而更让我们耳目一新的是，假如在吃饭时间，这个合议还没有结束，那么就会安排送饭去合议室，而不是让审判员出去吃饭。之所以如此，主要还是怕审判员出去后，所获得的信息会影响法官独立判案。无论是审理开始前还是结束后，审判员既不能跟当事人沟通，更不能请示上级领导，当然也不能与未参加审理的同事沟通。这些制度设计最终都指向一点，那就是法官要独立判案。就我的了解而言，那时候苏联法院系统，也没有审判委员会，判决结果都是在合议室确定的，不需要庭长、院长的批准。

而且，在我实习期间，也没看到哪一级党委对具体的案件发表过指示。至少从程序上来说，我觉得当时苏联的司法还是比较公正的。战后苏联百废俱兴，司法程序的发展也已经比较稳定，没有受那么多的政治运动冲击。

这跟我们国家的情况很不一样。苏联既没有像我们在"文革"中那样"砸烂公检法"，也没有像我们现在这样设置一些诸如审判委员会等机构，影响甚至左右判决结果。

由于我的专业方向选择的是民法，所以，第二次实习去了国家公断处。公断和仲裁是不同的译法。按照苏联当时的规定，所有国家机关跟国家机关之间、国有企业跟国有企业之间的纠纷，都需要通过公断处来解决。国有企业之间的纠纷因为都是在国家计划下产生的，所以不必到法院。同一个部门系统下的国有企业之间的合同纠纷，由这个部下面设立的公断处解决；不同部门系统下的国有企业之间的合同纠纷，由部长会议下属的国家公断处解决。这种体制很像行政仲裁。公断是一个很重要的解决纠纷的途径。

就当时我的经历来看，苏联的法院、检察院、国家公断处等机构，对外国留学生都保持了相当大的开放性。只要你是苏联各个大学的在籍学生，那你就可以申请前往实习，完全不受国籍限制。今天的中国大陆还没有能够做到这一点，别说对外国人，对中国人都不能做到完全开放，这恐怕也是值得我们学习的地方。

苏联的法学著作也是不错的

应该说，苏联的法学著作也是不错的。我经常跑书店，每个月总有几本新的法学著作出版，著作不算贵，但对于我们学生来说还是要省下吃饭钱来买。我回国时一算，至少也有四箱书带回来了，都是较为珍贵的专著，一般的教材都扔了。

这些书一直保存到"文化大革命"，总希望有一天能派上用场。"文化大革命"时彻底绝望了，把当年从牙缝里省出钱买的书，全部当废纸卖掉了！

苏联的法学著作（包括教科书在内）有两个特点：第一个特点是意

识形态控制很严。涉及国家与法的理论、国家法（即宪法学科）、行政法等学科的内容千篇一律，极少有独立观点的著作。民法的著作相对好一些，可以对某些纯学术问题发表不同观点。苏联学术批评很普遍。从好的方面看，一本著作中，往往把前面一些观点摆出来后批评一阵，随后拿出自己的一些观点，学术批评是家常便饭，不像我们这里一团和气，稍一批评便大惊小怪。从坏的方面看，学术批评中也有一些政治大帽子，甚至给读者暗示，这种批评是来自上层，使被批评者感到政治高压。书店里卖的书，也都是苏联学者自己写的，根本没有见到有西方国家法学著作的译本。个别能见到的外国民法著作，也都是东欧国家学者的作品。

第二个特点是八股现象严重、水分严重。所谓八股现象，就是套式化东西太多。每本书都必须引经据典，首先是马恩列斯，尤其是列宁和斯大林的话（1955 年批判斯大林后，斯大林的话不引了；在斯大林生前，不引斯大林的话，会被看做大逆不道），然后要引最新召开的党代会决议是怎么说的，现任最高领导人是怎么说的，然后才能表述自己的观点。一本书的开头是这样，以后每章，有时也不脱离这一格式，实在使人难以卒读。所以，我们常常把读法律教科书和书籍称为"挤水分"，学会了读一本书哪些地方可以翻过不读，哪些地方可以一目十行，哪些地方必须慢读、精读、反复读乃至背下来，这些才是以后考试要考的。

去华沙参加世界青年联欢节

在莫斯科大学的时候，还有一段经历值得一提，那就是以非正式团员身份，加入中华人民共和国代表团，代表中国青年去华沙参加世界青年联欢节。

1955 年世界青年联欢节，和智利姑娘跳舞

世界青年联欢节的全名，叫做"世界青年与学生和平友谊联欢节"。这个联欢节创立于冷战开始后，

1947 年召开第一届，1949 年在匈牙利首都布达佩斯召开第二届，1951 年在民主德国首都柏林召开第三届，1953 年在罗马尼亚首都布加勒斯特召开第四届。这个联欢节本身，象征着冷战中社会主义阵营内民主青年的大团结，在当时来说，是全世界各国青年艺术展示的重要平台。

1955 年 7 月 31 日，第五届世界青年联欢节在波兰首都华沙召开，当时率中国代表团来波兰参加人民波兰成立十周年纪念闭幕典礼的贺龙元帅，也出席了这次世界青年联欢节的开幕式。中国国内派出了有 730 人参加的庞大代表团。

1955 年世界青年联欢节，波兰青年迈着青春有力的步伐

在这个代表团之外，当时还给了在苏联的中国留学生 11 个名额。但这 11 个名额都是非正式团员。由于我当时学习成绩比较好，就有幸跻身这个代表团中了。我跟宋健认识，就是在这个代表团中。

中国青年代表团的团长是团中央书记处书记罗毅，副团长是区棠亮，秘书长是吴学谦。当时这个青年联欢节影响很大，不光苏联、东欧的社会主义国家派出了代表团，西非、朝鲜等国家也派出了代表团，甚至包括一些资本主义国家中，也有相当一部分进步青年赶来参加。据统计，参加这次世界青年联欢节的一共有 113 个国家，这个覆盖面还是相当广的。

联欢活动的很重要一部分内容是各种比赛。参赛前，贺龙元帅做动员报告，特别强调赛场上的精神，说我们“宁可输球，不可输人”。遗憾的是，由于没有获得过第一名，中华人民共和国的国歌始终没有奏响过。中国代表团的表现，整体来说还不错，获得了 2 个第二名、3 个第三名、3 个第四名、4 个第五名。现在能想起来的，像时任中央交响乐团指挥的韩中杰，就率中央交响乐团参加了该届联欢节，成为新中国首次登上国际音乐舞台的交响乐队；后来成为中国北派笛子大师的赵铁锤，就在该届世界青年联欢节之民间乐器四重奏比赛中获得二等奖、笛子独奏获三等奖。戴爱莲取材敦煌壁画并借鉴京剧中的长绸舞而创作的双人舞《飞天》也获得了奖项。雕塑家刘焕章1955年创作的《采茶姑娘》,也参加了本届联欢节美展。

1955年世界青年联欢节,和阿根廷青年举杯

我那时候很喜欢摄影,省吃俭用,买了一台苏联的ZORKI相机。于是趁着这个难得的机会,拍了好多照片。我拍过华沙街头作为战争见证保留的轰炸过的房子,也拍了体育比赛、文艺演出等许多联欢活动。那时候原料还是很便宜,买点相纸、显影液,自己做个暗房就可以冲洗了。回来后我把这些照片做了一本画册,陈汉章还给这本画册题写了名字,"华沙十五天"。

战后特意保留的华沙被毁的建筑

冻饺子是我们的最爱

我们在苏联的生活状况，大体可以分为两个阶段。刚到喀山那阵儿，以吃公共食堂为主。当然，这个公共食堂不是喀山大学的食堂，而是喀山大学对面的一个军官俱乐部。我们基本上都是上那里去吃饭。

在吃饭方面，当时选择的余地并不大，都是老几样。印象中有个什么肉丸子之类，这基本上是最便宜的，要一份肉丸子、一份汤，加起来差不多有 5 卢布，这样一整天下来，伙食费也就控制在 10 卢布左右。当时的情况就是那样，一方面，吃不起特别高级的食品；另一方面，即便吃得起，给你选择的空间也很小。

后来到了莫斯科，我们住进了莫斯科大学的学生公寓。那时候，苏联的电可能非常便宜，给学生公寓敞开供电，几乎不用付电费。这样，我们就天天用电炉子做饭，又快又省事，既经济又实惠，也比食堂的好吃多了。大概从那个时候开始，我们就开始自己做饭了。

我们做的最多的，是煮冻饺子。饺子是苏联人比较爱吃的食品之一。据说苏联人吃饺子的习惯源于西伯利亚。西伯利亚人擅长狩猎，每次出发前，都要带上一大袋子冻饺子。在冰天雪地中狩猎时，点燃篝火，一边喝伏特加享用野味，一边煮上一锅冻饺子，又方便又热乎。我们到苏联时候，饺子还常常被叫做“西伯利亚饺子”。对于我们留学生来说，冻饺子价格很便宜，一大袋子也就几个卢布，做起来也很方便，水开了放进去，锅一开就可以吃了，便宜又省事，又特别像中国的饺子，适合我们留学生的口味，所以，苏联的冻饺子基本上成为我们的最爱了。

那时候，我们差不多都用这个办法。如果你要炒菜，要买菜、洗菜、切菜、炒菜等，麻烦多了，当时学习很紧张，时间很宝贵，没有那么多的时间花在做饭和吃饭上。

第一次听音乐会

我们在苏联每个月的生活费是 500 卢布。扣掉一些费用，最后发下来也还有 480 多卢布。对我们来说，这足够用了。每个月吃饭方面，花 300 多卢布就能吃得很好，当然也不是说吃得有多高级，那时候没什么太高级的东西吃。那么每个月稍微节省点，还能剩下 200 多卢布的零花钱，就用来买书等。

那时候，苏联有个特色，就是农产品不便宜，但工业品却非常便宜。比如苏联产的照相机，你要是有 1000 卢布，就能买到像泽尼特这样的照相机。这是一个典型的工业品比较便宜，但农产品相对还是比较贵的社会。

留学期间，我们多少可以看到苏联人的家庭情况。每个家庭情况并不一样，有的人好一些，有的人差一些，有的人家还得节衣缩食，甚至节省到吃饭就是几片面包，抹点最粗糙的黄油，或者撒点盐，也就当做一顿饭。

但苏联人还是很注重文化生活，甚至可以说，苏联人的文化生活还是很丰富多彩的。那时候的苏联还是一个很注重社会福利的国家，交通费用很低，公共福利很好，去芭蕾舞场看一场芭蕾舞，或者看一场歌剧，都是很便宜的，花不了几个卢布。这样，无论是我们这些留学生还是苏联人，都还可以比较方便地获得这些高雅艺术的熏陶。

我在苏联时有个来自捷克的同学，我俩关系很好。好到什么程度？好到他回捷克时，跟他女朋友在森林里面拍了一些裸体照片，不好意思拿到照相馆去洗，最后还是请我给他洗出来，我老逗他说，“你们的秘密我全知道了”。

我最知己的捷克同学伊里亚·古林斯基

这位捷克同学很喜欢音乐。他家的经济情况很好，他父亲好像是捷克共产党里一个中上层的干部。有一次他买了两张挪威交响乐《皮尔·金特》的演出票，请我一起去看。这是我有生以来第一次听音乐会。《皮尔·金特》是挪威剧作家易卜生的诗剧，由挪威音乐家格里格于1874年完成配乐。该作品取材于挪威民间故事，据说只有格里格有能力惟妙惟肖地表现出剧作中的表情和场景。尤其是该剧第一组曲第一乐章《清晨》，完全是用音乐来展现的晨曦中挪威的森林里生机盎然的景象。听音乐会之前，我那捷克同学跟我讲了基本剧情，然后让我欣赏音乐里面所表现的田园风光等，我印象很深。

自那以后，我自己也去欣赏过几次演出，看过歌剧、芭蕾舞等。现在我觉得作为一个大学生，需要一些很好的文化修养和熏陶。我现在对音乐的这点爱好，实际上就是从苏联留学时培养的。这对我的人生，确实有很大的帮助。

18、19世纪是俄罗斯文艺的黄金时代。无论是文学还是音乐，无论是美术还是其他艺术，都在那个时代到达了一个巅峰。我记得圣彼得堡的埃尔米塔日博物馆，收藏了很多欧洲最顶级的美术作品。莫斯科的特列季亚科夫画廊也很好，收藏作品近14万件，收藏了12世纪以来几乎所有的俄国美术名作。

大约是在1955年，苏联政府要把“二战”期间从德国德累斯顿艺术博物馆掠夺的大量欧洲名画返还给东德，返还以前，在莫斯科举行了展览。当时将德累斯顿称为世界四大画廊之一（其他三个是：大英博物馆、巴黎卢浮宫、圣彼得堡的埃尔米塔日博物馆）。那次的展览给了我很大的震撼，有一幅文艺复兴时期的画，叫《西斯廷圣母像》，是世界名画，画家笔下的圣母显示了母爱的慈祥温柔，手中抱着初生的耶稣，上面两个小天使神情可爱，下边两个使者和众生的仰慕之情栩栩如生，使人望而难以离去。欧洲的古典音乐之美，古典绘画和雕刻之细腻、真实，使我受益终生。

“秘密报告”早就公开了

在苏联的时候，还有一个重要事件，即赫鲁晓夫的反斯大林报告。斯大林是1953年逝世的。在1956年召开的苏共二十大上，赫鲁晓夫做了反斯大林的秘密报告。其实,当时作为秘密报告,后来就一点也不“秘密”了,我们在莫斯科大学都能随便听。

这在当时的苏联,不啻是一枚重磅炸弹。在没有公布这个“秘密报告”以前,苏联老百姓把斯大林当做神一样来崇拜。而这个“秘密报告”出台后,斯大林实际上已经从神变成一个杀人魔王,“秘密报告”详细披露了多少比例的党代表、多少比例的中央委员、多少个比例的党的领导人都被“清洗”消灭掉了。苏联毕竟是一个封闭型社会,如果苏共中央不公开那么多事实的话,老百姓是根本不知道的。

当时我们在莫斯科看得很清楚,这件事对苏联人民刺激很深,很多人无所适从,喝醉酒后闹事。他们像父亲一样敬爱的斯大林,突然从神坛上下来,变成了杀人魔王,他们理解不了,他们也接受不了。

这个问题,在苏联引发了很大的争论。大部分苏联人士认为,这是斯大林个人品质而非社会主义体制的问题。主张这种观点的人,举出的例子就是当初列宁在 1923 年 12 月 24 日的遗嘱中提及的,“斯大林同志当了总书记,掌握了无限的权力,他能不能永远十分谨慎地使用这一权力,我没有把握”。此外还有列宁在 1924 年 1 月 3 日对前述遗嘱所做的补充:

斯大林太粗暴,这个缺点在我们中间,在我们共产党人相互交往中是完全可以容忍的,但是在总书记的职位上就成为不可容忍的了。因此,我建议同志们仔细想个办法把斯大林从这个职位上调开,任命另一个人担任这个职位,这个人在所有其他方面只要有一点强过斯大林同志,就是较为耐心、较为谦恭、较有礼貌、较能关心同志,而少任性,等等。这一点看来可能是微不足道的小事。但是我想,从防止分裂来看,从我前面所说的斯大林和托洛茨基的相互关系来看,这不是小事,或者说,这是一种可能具有决定意义的小事。

赫鲁晓夫的秘密报告,不光在苏联人的政治生活中是一个重磅炸弹,在国外尤其在东欧也引起了巨大反响。我记得当时意大利共产党总书记陶利亚蒂就说,“斯大林的个人迷信,绝对不是个人的问题,而是社会制度的问题”。

我1956年从苏联回国后，当时在国内很多人很关心这个问题，纷纷问我赫鲁晓夫反斯大林的报告是怎么回事。我就举了陶利亚蒂的话说，我同意这个分析，这不是个人的问题，而是制度的问题。那么后来反"右"，把我的这个观点，也就当做"右派"的证据之一了，说我攻击社会主义制度，认为社会主义制度本身出了问题。

今天来看这个问题，根本不成其为问题。制度的内涵非常丰富，我们可以说社会主义的根本制度属于"制度"的范畴，也可以说个人的独裁专制属于"制度"，还可以具体地说，是某个方面的制度出了问题，这都是很有可能。当时我就据理力争，我说我所理解的"制度"，以及陶利亚蒂所讲的"制度"，并不是社会主义制度的"根本制度"，而是这个根本制度中某个或者某些具体环节出了问题。

赫鲁晓夫的"秘密报告"后来也就不了了之了，也没有什么结论。毕竟不同国家的共产党当时大部分都独立于苏联或者共产国际的掌控，也都有了各自的看法。

给中、苏司法代表团当翻译

1955年夏天，还有一段重要的经历，那就是给访问苏联的中国司法代表团做翻译。这个代表团团长是史良，最高人民法院、最高人民检察院、司法部、法学会都有代表参加。史良一行到苏联后，因为我跟陈汉章是年级最高的，所以，就让我们参加代表团的一些工作，介绍苏联司法的一些状况，陪同四处访问，偶尔也做些翻译工作。

虽然苏联没有在宪法中写"依法治国"，但"社会主义法制"的提法从未间断，尽管实践中，破坏社会主义法制现象屡有发生，斯大林肃反扩大化时期更为严重。苏联的一些基本法典和法律，较早就有了。法律教育始终如一，没有间断。法院、检察院担任审判、检察业务的都必须是学法律毕业的。从这些情况来看，要比我们许多年来的情况好。

我主要是陪同法律教育组。教育组成员有中央政法干部学校副校长毛铎（当时校长是彭真）、华东政法学院教务长徐盼秋，还有《中国法学》的主编郭纶，总共有五个人。当时我陪同他们参加一些访问活动。也就是通过这段活动，跟中国司法界的高层领导建立了最早的往来。

1956 年周恩来总理接见苏联司法代表团全体成员时摄

第二年秋天，苏联法律工作者代表团应邀回访。苏联法律工作者代表团回访的时候，我跟陈汉章已经回国，当时我被分配在北京政法学院，陈汉章在中国法学会。可是我到北京政法学院屁股还没坐稳，最多也就两个月，就被中央抽调参加接待苏联法律工作者代表团的筹备工作。

1956 年董必武接见苏联司法代表团全体员时所摄，右第一人为我

中国的接待工作筹备很细，诸如分组、访问地点、时间确定等都是很琐碎，但又绝对不能出差错的事情。当时仅仅这个筹备工作，我们就搞了差不多两个月的时间。代表团的访问，动辄十多天甚至二十多天。当时中国的交通也不方便，要从北京到杭州、到上海，一路南下到广州，然后返回北京，这个时间是很长的。代表团走了之后，我们还得做汇报工作，回到北京政法学院已经比较晚了。

苏联司法代表团代表在作报告，我担任翻译

访苏成员好几个成了“右派”

历史的反讽之处在于，访问苏联的中国司法代表团成员里，有好几个都被划为“右派”。为什么把他们划成“右派”呢？当时不好明说，其实就是因为他们照搬苏联的政法理论，主张苏联的法律制度，成了变相地攻击中国法律制度。这等于是说，你学苏联学得不对是有错的。

最典型的就是苏联检察系统的一般监督。所谓一般监督，是指检察机关是苏联的最高监督机构，可以对一切违法现象进行监督。这个监督不是针对一般人的公诉，而是针对所有的党政人员的违法活动的监督。这个当然很厉害。最高人民检察院的刘惠之访苏回来后，他就四处讲一般监督，提出中国的检察机关也应该实行一般监督。结果，他的这个被作为反党言论，他最终被定为“右派”。

应该说，反右期间很多“右派”言论，恰恰都是从苏联作为好的经验、制度搬来的，但在中国却成了“右派”言论了。类似的例子，除了一般监督，还有刑法里面的无罪推定。无罪推定这完全是来自苏联的法律制度。但是，北京政法学院的宁汉林教授讲无罪推定后，也就成为“右派”言论。

首批留苏法律人

1951 年我们第一批出国的中国留学生有近 400 人。而这 400 人里面，大多数都是学理工科的，因为当时国内最迫切需要的是理工类的建设人才。所以，最终确定下来的学法律的学生只有 12 个人，而其他有经济学专业的，有新闻专业的，但大部分是理工类的。

我记得当时我们学法律的是分两批走的:第一次走了 8 个,第二次走了 4 个。据说原来准备第一批派出去学法律的是 9 名,包括中央人民政府法制委员会的陈汉章、中央人民政府人民检察署的吴建璠、内务部的魏敏、云南省选派的彝族人陆思明、公安部的谢让柏、天津市人民法院的穆谟、李延茂和北京团市委的我,此外还有来自天津市人民政府的李昂。但李昂的历史问题没有查清楚,最后没有让他去。我们这批留苏学生到喀山后,第二批又来了湖北省人民检察院的刘鉴、四川大学的王叔文、北京大学的司马念媛和佟明晖 4 人。其中来自北大的司马念媛和佟明晖都是女性。

1951 年时第一批留苏学法律的 12 名学生与朝鲜留学生合影,后排左二是我

出国前,我们这 12 人中,只有王叔文和吴建璠以前学过法律。我记得王叔文 1950 年毕业于四川大学法律系,吴建璠 1949 年毕业于北京大学法律系。而其他人基本上都是在大学期间学习非法学专业,比如陈汉章原来在中共中央法律委员会担任俄文秘书,我原来在燕京大学学新闻,穆谟(原名侯恬)曾在沈阳医学院(现在的中国医科大学)学医。只不过,我们这些人都是由于这样那样的原因,最终被选派留学苏联了。

我们 12 个同学中,后来纯粹搞法律的并不多。陈汉章回国后在国务院法制局工作,做行政工作,跟法律关系不大,后来才调到社科院法学研究所。王叔文、吴建璠、司马念媛等人回国后都在中国社会科学院法学所，基本上算是搞法律了。另外，搞法律的还有魏敏，他回国后在北大搞国际法。佟明晖回国后先去了社科院法学所、吉林大学，好像一直做法学图书资料工作，跟法律也算沾点边。

除了前面这几位，剩下的刘鉴、李延茂、陆思明、谢让柏4人，回国时间有早有晚，回来后基本都没做法律工作。谢让柏由于学习吃力，未学成就回国了，回公安部后精神有些不正常，不久便自杀。而我们的党支部书记刘鉴，也是因年纪大、学俄语困难而中途回国，去了华中工学院担任校党委书记，主要搞党务工作了。李延茂回国后先后去了法律出版社、四川省图书馆，“文革”初期被活活打死，结局很凄惨。陆思明是彝族人，从云南派出，回国后不知下落。

跨国婚姻悲剧多

刚开始到苏联的时候，禁止中国留学生跟苏联女性谈恋爱、禁止中国留学生之间有越轨行为的禁令很严格，前面已经说过像吴德峰的儿子、穆谟这样的都被遣返回来了。

穆谟回国是1954年4月。当时他是中共党员，是我们12个人的班长。但后来他与司马念媛谈恋爱。组织发现后，当然应该处分两个人，司马念媛是共青团员。但穆谟提出，虽然是司马念媛主动的，但要处分就处分他一个，让司马念媛继续留在苏联学习。最后穆谟提出调回国内工作的申请，他就这样先回来了。

这个禁令的严格执行主要是在前一段时期。到后来政策就宽松多，中国人跟苏联人谈恋爱也没关系了，甚至到后来结婚也没事了。

北京政法学院原来的科研处长洪增仁，就曾经娶了个苏联的媳妇。但这段婚姻后来也成了一段悲剧。在苏联的时候，像这样的婚姻都没问题，但一到回国的时候，问题就出来了：女方究竟愿不愿意跟你回中国？这是个很不好解决的问题。洪增仁回国的时候，女方不愿意来中国，就留在了苏联。刚开始还好点，两个人还能有邮件往来，到了后来，尤其是中苏关系恶化后，都联系不到了，人家在苏联到底怎么样你也不敢随便写信去问，一写信有人说你是里通外国。而洪增仁回国后，也还很痴情，一直没再婚，单身过了一辈子。

就我个人来说，我胆子比较小，没有敢在这方面有所尝试。我觉得，不同民族之间差异很大，无论是性格还是习俗，有时候沟通难度很大，甚至根本就没法沟通，所以，那时候尽管一些中国留学生都跃跃欲试，想娶个苏联姑娘回来，但我还是不敢去尝试。

我在高年级时，我与低我一年级的学法律的同学陈绥谈恋爱，如胶似漆，我们一起同游列宁格勒，由于在苏联不允许结婚，我们相约在她回到中国后我们马上结婚。

后来我们所看到的情况表明，所有中国留学生跟苏联人的婚姻，最后几乎都没有好结局。在我们同学所经历的跨国婚姻中，陈汉章的遭遇就很有代表性。

陈汉章早年参加新四军，革命经历很丰富。他的父亲是沙克夫，也算是二十八个半的布尔什维克之一。陈汉章跟王明的关系很好。他出国前，就是在王明手下做俄语翻译工作，后来王明去了苏联，陈汉章还去看他。

陈汉章就遭遇了这种跨国婚姻的困境。1951 年苏联法律专家苏达理克夫、贝克夫访华，同行还有一位女翻译。而中方的翻译是陈汉章。一来二去，陈汉章就跟这位女翻译相好了，最后这位女翻译怀孕。那么怎么办呢？上面就让这女翻译回苏联，陈汉章也没受什么处分。由于有这一段感情在，所以，陈汉章特别希望能够第一批派到苏联留学。他想这样的话，两个人都在苏联就比较好办，联系、见面就方便了，这段感情也不至于无果而终。

天遂人愿，陈汉章确实首批被派往苏联了。但是，我们第一批留学生没有派往莫斯科，而是去了离莫斯科有一千多公里的喀山。陈汉章和他那女朋友离得还是很远。于是，陈汉章就带头要求将我们这批留学生都调往莫斯科，大家都希望去莫斯科，陈汉章是最积极的。

1953 年夏天我们都去了莫斯科。陈汉章那女朋友也已经生下了他们在中国怀的孩子，一个很漂亮的小女孩——安娜。可是我们出国前纪律有明确要求，绝对禁止跟苏联女性恋爱，更不用说结婚。那么，这下子怎么办呢？

当时中国驻苏联大使是张闻天，张闻天就给国内打了一个特别报告，报告中将两个人的情况做了详细说明，特别指出两个人是在中国期间建立恋爱关系，而且已经有了孩子，申请特批他们结婚。中央最终也同意了这个报告，于是，陈汉章和他那女朋友在苏联补办了一个结婚仪式。

我和陈汉章都是 1956 年毕业回国。那么他那苏联爱人和孩子怎么办呢？她们一起跟着回来了。在中苏关系甚笃的时候，这也不是什么问题，陈汉章的爱人享受苏联专家待遇，在北京外国语学院教俄语，他们的孩子也上着专门给各国驻中国使馆人员的孩子办的幼儿园。他们一家住在砖塔胡同，其乐融融。

但没多久，中苏关系恶化，这下子就麻烦了，他爱人还保持着苏联国籍，经常要跑苏联大使馆，时时处处总是不大自在。而他女儿也习惯了苏联的生活，闹着要上苏联的学校。

那段时间陈汉章可真是疲于奔命。我记得他常跟我抱怨，“你说这可怎么办呢？人家天天说她是苏修特务……”最终，他的苏联爱人还是待不下去，在中苏关系降至冰点后，带着孩子回了苏联。我知道他们两口子感情非常好，他们的这种分离，完全不是感情因素的分离，而是中苏政治关系破裂造成的。而他们的遭遇，只是当时成百上千异国婚姻悲惨遭遇的缩影。

当然需要补充说明的是，中国留学生和苏联女孩谈恋爱，大部分都发生在 1958 年之前。1958 年中苏关系恶化后，两党两国已经撕破脸皮，中国的留苏学生已经成了反对苏联修正主义的斗士，恐怕政治高压下，谁也没心思和苏联女孩谈恋爱了。

中苏青年学生的真挚友谊，最后一排左一是我

我们亲历了中苏关系建交早期的全过程

要讲留学苏联的这一段经历，不能不放在中苏关系的大背景下，可以说我们亲历了中苏关系建交早期的全过程。

我们去苏联的时候，并不是中苏关系最好的时候。为什么这么说呢？因为那时候斯大林还在世，还是苏联权力最大的人，还是苏联人的“神”，苏联人民乃至其他部分社会主义国家的人民都还像崇拜神一样崇拜他。

而对中国尤其是中国共产党来说，斯大林在世时，对中国始终抱有怀疑的态度，或者说中国方面，亦对于苏联抱有一定的戒心，这使得两党两国的关系发展受到一定限制。我们都知道中华人民共和国于1949年10月1日成立。而东德，也就是德意志民主共和国，是在同一年的10月7日成立的。按理说，新成立的同样是社会主义国家，同样增大了社会主义阵营的力量，尤其是中国人口多、版图大，就人口和土地来说也算世界大国，较之东德成立，苏联即便不高度评价中华人民共和国的成立，但至少应该予以平等的评价吧。但事实不是这样，在苏联国内的报纸上，苏联对于东德的成立好评如潮，褒奖有加，而对中华人民共和国的成立，其调子则明显地低了很多。

从斯大林的角度来说，出现这种情况也有其理由：第一，斯大林认为东德是苏联解放的，多少有点“功臣”之感；而对于中国，则认为中国是靠自己的革命而获得新生的。第二，在苏联看来，东德在过去来说，其工业比较发达，工人阶级的队伍和力量都比较强大，德国向来是工人阶级斗争的堡垒；而中国革命的胜利，则只是农民主导的革命，充其量只是农民起义的胜利，而苏联向来对农民运动抱有很低的看法，认为农民是自发的小生产者。所以，我们去苏联的时候，就发现苏联的政治气氛的确有点不一样。

苏联不允许别国共产党公开活动

我们1951年8月到喀山之后，立刻就接到苏联方面的明确通知：中国共产党不得在苏联土地上公开活动。这样，我们第一批四百多人尽管也成立了党支部，但这个党支部不能公开，对外只是以学生会的名义来活动。

按理说，当时正在打朝鲜战争，中苏之间的同盟关系非常明确，无论是中国和苏联，还是中国共产党和苏联共产党之间，都有亲密而直接的往来。但既便如此，苏联依然有禁令，禁止任何国家的共产党在苏联领土内公开活动。在我们看来，实际上正是表明了苏联对中国以及中国共产党的戒心。

1949 年 6 月，刘少奇奉命秘密访苏，向斯大林通报情况，同时为毛泽东访苏做准备工作。斯大林在与刘少奇的会谈中做了自我批评，指出苏联在对待中国共产党的问题上，由于不了解情况，而发出的各种指令，可能成为对中国共产党决策系统的误导或干扰。这一信息在中方看来，显然理解成斯大林在共产国际问题上向中国承认错误和检讨。但实际上，我想斯大林对中国共产党是不是真正的马克思主义政党还持怀疑态度，对于中国共产党在将来会不会挑战苏联共产党在社会主义阵营中的领导权威，亦不无怀疑。

斯大林的担心绝非空穴来风。南斯拉夫事件引起了苏联很大的警觉。在整个社会主义阵营，斯大林最为担心的问题就是中国会不会成为第二个南斯拉夫。在苏方看来，中国共产党毕竟不像东德的社会民主党，东德的社会民主党是在苏联共产党的直接指挥下诞生并成长的，东德体制也是苏联体制的翻版。而就中国的情况来说，毛泽东的一些做法和共产国际的指导方针并不是一致的，中国革命也是靠自己的斗争而胜利的。这样，斯大林就有点担心中国以及中国共产党怀有不忠之心了。

斯大林死了以后，赫鲁晓夫上台。应该说这个时候，才是中苏关系渐入佳境的时候，苏联对中国的政治态度真正走向平等，两国开始走向真正的合作。至少很明显的，赫鲁晓夫上台后两党关系明确了，中国共产党可以公开在苏联活动，而不用像以前那样打着学生会的名义。现在我们可以看得很清楚，中苏关系最好的时候应该说是从 1954 年到 1957 年，这时候派来的苏联专家也好，这些中国留学生在其他国家留苏学生中的地位，各方面都很融洽。后来两国之间又出现了裂痕，直至最终破裂，我们亲身见证了这一过程。

至于中苏之间的论战——“九评”，乃至双方发展到使用武力——“珍宝岛武装冲突”，更是我们极不愿见到的。我第一次开始认识到，政治家的思考与老百姓的思考差距有多大。政治家的思考可以翻手是云、覆手为雨，今天称你是“老大哥”，“无私的援助”，明天称你是“继承沙俄的侵略衣钵”，“连抗美援朝时一枪一炮的钱都要”。老百姓的感受仍然是邻居就是邻居，朋友就是朋友，邻居和朋友总是有优点、有缺点。对于我们这些留苏五年的学生，我们心里留下的是一生最美好的回忆，我从心里把俄罗斯看成我第二个祖国，所以在中苏关系最紧张的时候，心中充满着忧虑和悲伤。

后来，当我们在林彪第一号战备疏散令去延庆时，我写下了两首七律：

七律·战备疏散去延庆途中作

纱笼夕阳烟笼山，缥缈上下乱峰间。
枯草应知朔风冷，碎石难禁塞北寒。
兵车辚辚燕门道，残堡垒垒秦时关。
自古边北多战事，几时才见息烽烟？

七律·登长城

指点形胜话沧桑，评功论罪谈始皇。
定边不惜千堆骨，筑城何须万里长。
无垠沃土铁与血，不尽关山死和伤。
茫茫未见飞尘土，依依却闻啼孟姜。

后来在延庆工作时，去官厅水库，感时伤怀，即兴写了一首《水调歌头·官厅水库怀古伤今》，表示了我对中苏两国关系的期盼：

吸尽桑干水，吐出无定河，浪卷春闺残梦，犹似水中涡。千年兵家争地，十里战场成湖，滟滟泛清波，空有白骨肥，不见青鱼多。

倚狼山，对关垒，窥京国。相思相望，南北东西青山遮。低眉层层往事，举目缕缕烽烟，是非凭谁说。何日平湖上，飞起双白鸽。

“低眉层层往事，举目缕缕烽烟，是非凭谁说”就是我对中苏关系紧张的态度。“何日平湖上，飞起双白鸽”就是我对中苏关系发展的良好愿景。

当然，中国在此后打破了外交政策的一边倒，开始和西方国家建立了多边关系，这是我一直希望能同时看到的。后来在与西方国家的许多学者交往中，我同样感受到和平和友谊的珍贵。

第二卷

廿载逆境

六、从天堂到地狱

一生最难忘的是划为“右派”

在苏联学习的时候,我们就听过这样一个故事:1953 年斯大林去世后苏联宣布大赦,开始允许三十多年来流亡海外的白俄分子(当初反苏维埃政权的人及其后代)回国。其中有一个人下了车后激动不已,第一件事就是跪下亲吻俄罗斯大地,高喊“啊,祖国,我回来了!”可是当他起身去拿行李时,行李被人偷走了!

我在苏联五年的学习期间是不可能回国的,公派出国的纪律就是如此。五年思念故土和亲人之情可以想象。为了能早一年回国,我还把原计划六年完成的学业五年内完成,回国前几天真是夜不能寐,心情激动地喊道:“啊,祖国,我回来了!”没想到等待我的是不到一年以后一顶冷冰冰、沉甸甸的“右派”帽子!

多年后有人问我,一生最难忘的经历是什么?我几乎不假思索地回答:“一生最刻骨铭心的是划‘右派’的经历!”当火车压断小腿的时候,那个血淋淋的极限伤痛,终究是一时的,而划“右派”后“撕心裂肺”的那种极限的精神伤痛,却是前后折磨了二十二年!

派去苏联留学之前就告诉我们,我们是要作“母机”培养的,我们也有了心理准备,回国后要去作“母机”用的。要作“母机”当然是去高等学校。毕业前使馆教育处也征求本人的意见,我也表示愿意去高等学校,这样,我就被分配到了中国政法大学的前身——北京政法学院。

我在 1956 年年底带着桂冠回到学校,自以为步入了“天堂之门”,从此可以步步高升万事如意了,没想到 1957 年给我开启的是“地狱之门”,我一下子从天堂跌入地狱!

“北大派”与“革大派”

我到北京政法学院报到后不久,就被抽调接待苏联司法代表团,真正到学校，已经是 1957 年年初了。

坐落在北京海淀区的八所高等学府当时被称为“八大学院”，都是很简陋的。北京政法学院连个像样的大门都没有，所谓的街道仍然是土路，但它确实是培养政法专门人才的高等学府。

那么从北京政法学院来说，根据《中国政法大学校史》统计的数据，总共有包括钱端升在内的 177 名师生被划为“右派分子”。现在回过头来看，尽管被划为“右派”对每个人的人生都造成了极大的摧残，但实际上，我觉得像我这样的右派，在当时反右的形势下简直都是小喽啰。我们现在可以看得很清楚，整个北京政法学院反右运动的矛头，主要还是针对钱端升。

我来北京政法学院时，院长虽然是钱端升教授，但他却没有实权，副院长兼党委书记是刘镜西，掌握着实权。学院的领导和各级中层干部（人事处长，教务处长，各教研室主任等），大多数由华北解放区和华北革命大学的人员担任，当时泛称“革大派”。

而教学骨干力量，则是由原来来自北大、清华、燕京、辅仁等校的中青年教师为主，其中还有一些原来是北大地下党的，如余叔通、欧阳本先等，当时泛称为“北大派”。

余叔通在北京政法学院党委中担任委员，颇有影响力，不仅专业（尤其是刑法）精通，外语能力也很强，在英文基础上自学了俄语。后来又精通法语，划为“右派”后，曾翻译过极难翻译的世界名著《伊加利亚游记》，平反后担任过中国政法大学副校长和司法部教育司司长。余叔通担任过苏联专家楚贡诺夫的翻译，他是一位颇有才华的学者，当时也很得志，锋芒毕露，好发表意见。

钱院长和一些老知识分子当然欢迎我，认为我还是在燕京大学读过书，在苏联真正“留过洋”的知识分子，是吃“知识饭”的，不是吃“政治饭”的。我记得我刚报到时，钱端升还专门接见过我。但我跟钱端升院长之间，交往非常有限，基本上谈不上什么个人交往。毕竟那时候钱端升是北京政法学院的院长，更为重要的是他在校外有很多兼职，诸如全国人大代表、民盟中央常委、中国人民外交协会副会长等，在学校里面别说交往，就是打照面都是非常有限的。

但有一个说法，不知道是不是确实的。当时有人跟我讲，在好几个场合，钱端升院长都跟人讲，“我们政法学院有二才子，一个是刑法的余叔通，一个是民法的江平”。不知道这是不是真的。其实这种说法已经把我推到风口浪尖，只不过是自己并不知道而已。对于这种夸奖，我既沾沾自喜，又惴惴不安。后来有人揭发钱端升，说他最欣赏的两个人都是“右派”。

老干部们当然也欢迎我，认为我是国家派出留学的，是经过严格政治审查的，是属于“红色”的小知识分子，和那些“老知识分子”不同，是政治上“可信任”的。

当时，两边可能都对我寄予很大希望，我是新来的，我和谁都没有矛盾。我来到北京政法学院，自以为和谁都没有利益冲突，自以为学校当权的“革大派”也把我当成“自己人”，毕竟我是国家派出的第一批留学生，是“宝贝疙瘩”。但从我的思想感情来说，我和他们当然不是一路人。苏联女教授克依里洛娃是民法学者（翻译是吴焕宁），我当然可以随时毫无拘束、毫无障碍地交谈，对于北大、清华、燕京来的中青年者，我有着很天然的感情——我是燕京的学生，而我两个姐姐又是清华、北大毕业的，如果是在两军对垒时，我站在哪一边可以说不问自明。在这个意义上，在后来的反右运动中，我几乎也可以被领导认为是“异已”的力量。

北京政法学院的反右主要针对钱端升

照我自己看，钱端升在整个反右运动期间，都没有什么太多的“右派”言论。钱端升在1948年时放着哈佛大学客座教授不做，回到中国来参加中国共产党领导的革命，在思想改造中甚至也是知识分子思想改造成功的样板……这个样子的钱端升，他能有什么特别大的“右派”言论？他并没有太多“右派”言论。

而且钱端升在“右派”帽子摘除之后，非常强烈地要求入党，那个积极的劲儿，足以说明他是一个真正亲共产党的知识分子，尽管他的思想、观点还有老旧一套的残余。但即便这样，非常明确的是，就北京政法学院来说，钱端升是被作为一个重点的打击对象了。

北京政法学院的苏联顾问

北京政法学院当时和全国一样，也有“苏联顾问”。全国苏联的经济援助有“苏联总顾问”，在中央政法委也有两名苏联的顾问：一位叫苏达里科夫，是中国通，后来中苏关系恶化时，任苏联驻华使馆参赞，对中国情况非常熟悉、了解；另一位叫贝科夫。北京政法学院的两名苏联专家，一位叫楚贡诺夫，刑法学教授；另一位是女性叫克依里洛娃，民法学副教授。

在政法领域内的苏联顾问，与经济领域内的苏联顾问显然有很大不同。经济领域内，150 多项苏联援建项目，都是中国从来没有的，是人家出钱援建，又是人家懂得技术和管理，那自然是有很大拍板决定权。而政法领域则不同了，政法领域（包括当时作为绝密专业的政法教育）是共产党拥有绝对领导权的领域，苏联顾问的作用顶多是个建议权。政法领域内各级领导人与苏联专家之间的矛盾，也就不可避免了，北京政法学院也是如此。

这样的情况下，掌管学院的老干部们，一方面实在看不起这两个在苏联不著名的大学里的不著名学者；而另一方面又不得不在表面作出非常尊重苏联专家的样子，这确实很难受。

两个苏联专家中，克依里洛娃女士比较谦虚收敛，不太爱指手画脚；而另一位专家楚贡诺夫是首席专家，常爱就办学方针提意见，无非是要院领导按苏联法学高等院校模式来办，这也带来了矛盾和冲突。

整风运动

1957 年的春天，党开展了“整风运动”。

整风运动的宗旨，是帮助党整风。所谓整风，当然是指去掉不良作风，去掉存在于共产党内的坏作风。整风运动一开始就是“揭露问题”，号召大家“向党提意见”，尤其是针对官僚主义、宗派主义提意见。官僚主义是指共产党掌握政权以后，有些人脱离群众，养成官僚习气，做官当老爷；宗派主义，是指共产党掌握政权以后，有些人不能和非党人士平等相待，以老干部自居，以功臣自居。当时的整风运动，主要是要人民对这种现象揭露批评。

当时听说在延安也搞过整风运动，读了毛泽东的整风运动报告和一些文件，也只是强调“惩前毖后，治病救人”、“言者无罪，闻者足戒”。最初，人们都认为，这不过是共产党内部的思想教育运动，没有看做是一场政治运动，更没有想到会是一场疾风暴雨式的政治运动。后来才从一些资料文献和回忆录中看到，延安的整风运动其实是一场政治运动，是一场区分敌我政治界限的运动。

由于我1951年就出国，对国内政治斗争情况一无所知，其间发生的“镇反”、“肃反”、“三反”、“五反”这些政治运动，与我毫无关系，所以，我对即将来到的这场政治运动，既无经验可言，也无任何思想、心理准备。

整风运动开始时，是很和风细雨的，主要是通过座谈会形式，听取教职员工对党委的意见。当然大家都很谨慎，给党委提意见，更多还是提希望。

有人要我谈斯大林

我因为刚到北京政法学院，什么情况也不了解，当然没有什么意见可提。但是，大家对苏联发生的事情，却非常感兴趣，尤其是刚发生不久的赫鲁晓夫反对斯大林个人迷信的秘密报告。在座谈会上，有人希望我谈谈这方面的情况和看法。

斯大林杀害和镇压大批反对派人士的事实揭露后，欧洲国家的共产党受到很大震动，一个时期内在群众中影响也降低不少，不少国家的共产党员纷纷退党。

西欧国家共产党中，最有影响力的是意大利共产党。意大利共产党总书记陶里亚蒂知名度也非常高。他在斯大林事件发生后曾说过，斯大林问题的根源不是个人品质问题，而是制度的问题。当时赫鲁晓夫和陶里亚蒂的分歧，就在于赫鲁晓认为这是个人的缺陷造成的，而陶里亚蒂则认为这是制度的缺陷造成的。

当然，我是同意陶里亚蒂的观点。我在苏联学习时，从自己的五年经历也感到，这么大的问题，仅用个人品质是无法解释的。我所经历的苏联制度层面的缺陷，正是现在我们党整风时，需要警惕并克服的。

于是，我就在座谈会上谈了上述想法。后来在揭露我的“反党”言论中，这也就成为一项内容了，尽管这不是我的主要“右派罪状”。批判时，有人以此说我攻击“社会主义制度”，说我认为“社会主义制度有缺陷”，这当然令我甚感冤枉——帮助党整风也就是要解决制度中的缺陷，为什么一提制度缺陷，就成为“社会主义制度的缺陷”了呢?!

要知道，那时候一讲社会主义，其前提必定是“社会主义好”、“社会主义优于资本主义”、“社会主义战胜资本主义”，说社会主义制度缺陷是大逆不道的!

“大鸣大放”开始了

整风运动座谈会方式冷冷清清，发言不痛不痒，于是没过多久，就开始轰轰烈烈的“大鸣大放”阶段了。

所谓“大鸣大放”，就是以大字报的形式，用“大鸣大放”形式提意见。这应当属于“非常规出牌”的方式。用大字报形式提意见，那不是明摆着在激化矛盾嘛! 但当时，大家都还认为这是党的号召，希望更“深入”地展开整风运动，说明党“决心”向自己肌体上的“毒瘤”开战、开刀!

由于我长时期在国外，对于用大字报形式的轰轰烈烈运动，是很惊讶的，红红绿绿的纸到处张贴，小小校园内仅有的墙壁不够贴了，还专门用席子搭起了大字报棚。大字报的内容也越来越激烈了，从“不点名”也改变为“点名”了。

大字报的内容，涉及学校的一切方面，但主要点似乎集中在两方面:一方面，是老教授们有职无权，钱端升教授等北大、清华、燕京、辅仁来的一些老教师受到排挤;另一方面，则是老干部们享有特权。

我的一张大字报

随着大字报的大鸣大放，“自由论坛”也出现了，任何人都可以在上面发表议论。当然，在“自由论坛”上发言的，大多数都是学生，教职员中只有少数人在上面发言。

奇怪的是，出现了这么多出格的东西，却没有见到学校领导的有力制止，哪怕是一点点的内部表态。相反，上面还是希望我们继续大鸣大放。甚至也有学校领导对我表示，希望我也积极投入这场整风运动，帮助党改正缺点。

后来学校里大字报越来越多，言论也越来越尖锐，有人甚至说学校整风没有整起来，打出了“党棍滚出去”的口号。在那种形势下，大家都天天搞整风，每个人都争先恐后参与其中，生怕被形势抛下。

当时我也很积极，于是也就开始琢磨写个大字报。根据大家反映，由于1949年中华人民共和国成立后，高校的职称评定工作是停止的，以前是什么职称，现在快十年了，就还是什么职称。具体到北京政法学院，就有差不多20个人，还是1949年之前评定的讲师、助教，连副教授都够不上。于是，1957年5月31日晚饭后，我们住在二号楼、三号楼的一些青年教师聚在一起议论，大家纷纷表示也要写张大字报，表达我们青年教师的意见。讨论到最后，提出了五条意见，大家推举我起草大字报。大字报共有五个方面的内容：

第一，认为学校整风不力，应当在党委领导下成立“整风促进委员会”，帮助党整风；

第二，认为学校的问题揭得还不够，中层干部都不出来揭发，要求中层干部带头帮党整风；

第三，认为群众反映了一些问题，但真相究竟如何，没有下落，应当就一些重大问题成立专门的调查小组，弄清真相，公之于众；

第四，老教师中有一些在肃反中，由于肃反扩大化背了黑锅，应当予以澄清、道歉；

第五，现今的工会选举不民主，是自上而下的指定，应当实现工会自下而上的民主选举。

写完大字报后，我们就开始征集另外一些青年教师签名。许多人都毫无保留地签了名，共有20位。我是第一个签名的，当然最后也就成了这张大字报的主谋。

第二天清晨，我们将大字报贴在了三号楼门前。因为这是青年教师的第一张大字报，又有20人签名，所以这张大字报非常引人注目，引来了很多人观看。

北京政法学院院党委书记刘镜西，也专程来看了我们的大字报。看完后还夸奖我们，说大字报写得不错。

向院党委反映意见

这张大字报的签名者，以民法教研室的青年教师为主。紧接着，我们还把这张大字报的内容以反映意见的方式正式向院党委做了反映。

我们一共去了3个人。党员代表是林炳煌，反右中受到了党内处分，他后来去了香港，改名林文，担任香港《镜报》主编；团员代表是我；群众代表是姚兆辉。姚兆辉和林炳煌均为归国华侨，姚兆辉因系群众，未受处分，但也被牵连。

我们三人向院党委反映了青年教职工的意见之后，当时还受到了院党委领导同志的表扬，说你们的精神很好，院党委会考虑你们反映的这些问题。

反右开始了

6月中下旬，整风运动进入反右阶段后，学校也就停课了，大字报更是铺天盖地，全校上上下下都转入了对“右派”的揭露和批判，师生员工之间的关系就骤然紧张起来。

整风阶段，当时的矛盾主要对着院领导、中层干部和师生员工之间的矛盾。现在反过来，领导很明显地把批判的矛头，对准那些曾向领导提过意见的人。

“右派”当然是领导定的，人人都有被划为“右派”的危险。很多人为了避免自己被划为“右派”，主动或被动地积极表现，跟可能被划为“右派”的同事、同学划清界限。

当时，每个教研室内，都有一些领导比较中意的积极分子，这些人就是“打手”，是政治“晴雨表”。如果他们和你有说有笑，表明你政治风险还可能不大；但如果他们和你疏而远之，你的政治风险就很可怕了。

政治批判四步走

七月的某一天，早晨起来，看到校园内贴出了一张大字报，开始揭发我的“右派”面目和罪行。这张大字报上面，最集中批判的当然就是那张20人签名的大字报。不久前还被交口称赞的大字报，如今却成为“反党”的大字报，翻云覆雨两重天！

当时中国的政治批判，一般说来是分四步走：揭露、批判、斗争、认罪。

首先是揭露。要揭露得彻底，你说的每一名话、写的每一个字都要查，你的档案、你的日记、你向组织写的汇报、交心材料都要查，你的历史、你的家庭出身也都要联系起来，揭露的最终目标是通过上述各种资料中的蛛丝马迹，来证明你本来就不是一个好人，一直要揭露到你“原形毕露”。

这一点，对我来说相对好一些，毕竟我到北京政法学院不到一年，能抓到把柄的东西不多，而且我历史上也没问题，在苏联留学五年也查不出什么，顶多把家庭出身和教会学校教育笼统地联系起来，但这毕竟还是无关紧要的。

其次是批判。要批判得体无完肤，上纲上线。你说斯大林问题有制度缺陷，那就是攻击社会主义制度；你说在党委领导下成立整风委员会，那就是不要党的领导；你说工会要民主选举，那就是否认党的领导；你说要对党提意见，也成了对党的领导的不满和攻击……在那个时候，对具体一个党组织的不同意见，就可以上纲为攻击党的领导、否定党的领导。

当时的批判大会，根据级别的不同，层次、范围都不一样。小一点的“右派”，都在本教研室、本单位开会批判，或者这个范围稍微再扩大一点。我就属于这种情况，对我的批判主要是在民法教研室内部。

当时，来自中国人民大学的段世芝以及其他个别积极分子，批判我时就很积极，作为主要的炮手来批判我。我想她这么批判我，也是有原因的。在我回国之前，民法课都是她来讲授；我从苏联回来后，我也讲一部分民法，而且讲得也不错，也比较受学生欢迎。我想，这可能也就是划为“右派”的原因之一，尽管我自己觉得跟学校任何人没有矛盾，但必然会对某一些人产生威胁。我知道当时教研室里面有一些非常积极的人，巴不得把你打成“右派”，因为这样一来，至少你留学生的光环没有了，人家就可以排除一个在学术上的竞争对手，这个是隐隐约约可以看到的。

当然在教研室里面也有一些中间分子，比较同情我，不怎么发言，或者即便领导点名要求发言，炮火也是很轻的，就只是轻描淡写说两句。

而像钱端升、杜汝楫这种所谓的大右派分子，批判的层次就提高到全北京政法学院了，搞全院的批判大会。整体上北京政法学院就这两个层次：一个是教研室级，另一个是全院级的。在个别情况下，也有比教研室再高一级的，比如理论教学部，就有可能四个理论教研室合在一起开批判会。

再者就是斗争。面对面的斗争会，斗争会是“刺刀见红的”，任何人在斗争会上，都要亮出自己的“立场”，能不能划清政治立场，这是组织是否信任你的关键。无论先前是师生关系、朋友关系、夫妻关系、亲属关系等，都要在“立场”的“大是大非”上划清界限。中国历次政治运动中涌现出的积极分子，就是这样一些人物，有的是情势所迫，有的则是出卖灵魂！但终究来说，反右斗争中的斗争，终究还是属于精神上的折磨，不像后来“文化大革命”时的那种精神上和肉体上双重折磨的痛苦。

最后当然是认罪，把别人骂你的东西，用自己的话再骂上自己一遍，这就是低头认罪，这就是态度好。如果你敢于反驳的话，那斗争会不仅要升级，而且要无期限地延续下去，直至你哑口无言、“低头认罪”时为止！

所有“右派”都是领导决定的

当时所有被划为“右派”的，都是经院党委研究确定的。领导决定了划谁为“右派”，那下面的积极分子就按照这个目标去揭发、批判。所以，每个教研室都有一些积极分子。

这些积极分子，他们最典型的特点，就是领导指到哪里，他就打到哪里。比如你要说我是“右派”，那这些积极分子就看我在整风鸣放期间有没有什么言论或行动；如果没有的话，那么看我历史上是不是有什么问题；如果历史上没什么问题，那再看我出身是不是好……总之，他们的使命，是向领导证明我是个不折不扣的右派，证明领导的眼睛是雪亮的，领导的决策是正确的。

证明这一点还不算，他们还有批判的重任。他们最后看了我领衔20人签名的大字报，说这就是右派言行，那他们就都开始批判这个大字报，最后再从这张大字报的字里行间，挖出我的动机。

当时，这样的运动模式是很普遍的，可以说都是这么做的，即右派分子必须是由上面先来定，而不是下面人来定的。下面的人在领导决策前可以揭发，但最终是不是右派，必须由领导来定，这是很厉害的。没有领导批准，是不可能成为右派的。

我很快就缴械投降了

有没有对我搞过全校性的批判大会，我记不清了，好像没有。在北京政法学院的反右运动中，我是最好解决的一个右派分子，因为我很快就缴械投降了！最后，大家觉得我态度还不错，自己都认罪了，也没什么特别好再批判的了。

终究说来，我的右派问题并不复杂，而且也不属于院一级的重点人物。我前面已经说了，反右斗争矛盾的集中点，主要是在有影响的老知识分子，此外还有就是高等学校的有影响的知识分子。而我那时还属于小知识分子，又是团员，只不过是个反右中顺带进去的边缘人物。

反右斗争深入以后，都要追查右派分子的反党"动机"。一般说来，反党动机是好"查"出来的：有的人是历史上的"反党"；有的人是因为待遇不满"反党"；有的人是因严重的个人主义而"反党"；有人是对党的教育方针不满"反党"；有的人是学术思想"反党"；等等。

那么，我的"反党"的"动机"又是什么根源呢？上面一些原因，似乎都不能加以归纳。

后来反右补课时，学校又召集会议，在全校礼堂进行辩论，讨论我成为右派的思想根源，以解决师生中的一些糊涂思想，解决对右派"恨不起来"的错误观念。

我当然没有资格参加涉及我的辩论，也不能得知这方面的消息，后来才晓得争辩的结果：我之所以沦为“右派”，主要思想根源是“资产阶级民主自由”思想，是受资产阶级民主自由思想毒害太深，再加上剥削阶级家庭出身，不好好进行思想改造。

而这一结论，对于当时广大的青年知识分子来说，无疑是一个“紧箍咒”：你们有几个人是工农家庭出身？有几个不是受资产阶级教育？你们不注意改造，不老老实实听话，都随时可以成为“右派”。

从此，我的正式结论也就有了，“严重的资产阶级民主自由思想”成了我右派帽子里的内容了。后来许多年里，我对这个结论是又服又不服。说服，我的脑子里确实有较深的民主自由思想，从参加学生运动，报考新闻专业都是有强烈的争民主、争自由的理念；说不服，我总是想不通，为什么社会主义就不要提民主、自由呢？为什么一说民主自由就是资产阶级性质的呢？争民主、争自由为什么就不好呢？这个问题我带着它一直走到今天，最后走完我的人生！

处　理

批判完了之后，组织上就根据右派分子本人的认罪态度进行处理。处理总的原则是“批判从严，处理从宽”，这个原则总的来说还是贯彻了，只有极个别人处理相当重。

那么，像我这样的青年知识分子，过去参加过地下活动，参加过外围组织，算是有革命经历了。而且像我又是留苏的，回来后工作也很认真。更重要的是，因为我早早就缴械投降了，领导上认为我的态度还是比较好的。不久右派分子的处理决定也下来了，对我的处分算是比较轻的。

所有右派分子的处分分为六类：一、二、三类的处分最重，被称为“极右”分子，组织关系仍在学校，但要离开学校去改造，其中一类最厉害，开除公职实行劳动教养，二类、三类只发给生活费到外地实行监督劳动，劳动改造好还可以回来，但后来又遇上饥荒年代，有些人就再也没有回来。四、五、六类被称为“右派”分子，留在学校就地改造，工资降级，其中四类处分工资降二级，五类处分工资降一级，六类处分最轻，免予处分。我算是五类处分，开除团籍，撤销助教职称，工资降一级，由回国时定的78元降为69元。全校教职工中，只有两人是六类处分：一个是吴焕宁，另一个是回石亮（搞电教的职员），他们真是更冤！

其实，除了正式划为右派的以外，还有一大批人称为“中右”，中右是不戴帽子，但帽子“拿在手中”，如果表现不好随时可以戴上，有的由于定为“中右”，记载在档案中，一辈子受到影响，有的被定为“中右”就调离了学校。

拿严端教授为例，被戴上右派的帽子后，其爱人徐杰，与其恩爱如故，不“划清界限”，就定为“中右”调离学校去工厂工作。我当时听了，不胜唏嘘，如果我们在反右运动中划为右派的55万人中，再加上这么一大批“中右”分子，其数字更为“可观”了！

“要夹着尾巴做人！”

组织上作了处理之后，组织上对我的讲话永远印在我的脑海中，那就是“要夹着尾巴做人”！

随后的20多年里，我都在学着“夹尾巴”做人，稍有不慎就被批评为“翘尾巴”。那时候对知识分子最习惯的用语是“翘尾巴”和“夹尾巴”，有些知识分子还有“翘尾巴”的本钱，右派知识分子“翘尾巴”的本钱全都输光了，只剩下“夹尾巴”了！

作了组织处理之后，我真的就在一年多的时间内从天堂之门跌入了地狱之门！政治上成了人民的敌人，家庭上刚刚从苏联等待回国结婚还不满一个月的妻子立即提出离婚，家庭破裂，再加上之后不久在西山劳动时被火车轧断一条腿，可以说人生所能承受的一切打击和痛苦，全都压在了我的头上，但我要坚强地活下去！我对自己的要求是：“要坚强地活下去！”我给自己写的座右铭是：“困难只对怯懦者存在。”我想起了一句名言：“真正的强者，不是没有眼泪的人，而是含着眼泪奔跑的人！”

七、五十年后谈反右

反右运动主要针对知识分子

反右斗争实际上是针对知识分子。应该说,在知识分子中,高等学校的知识分子又是重点关注的对象。在高等学校里,文科的知识分子又是重点中尤为重要者。而在文科里面来看,放眼全国,政法界的知识分子又成为了最大的"受灾区"——从全国范围来看,应该说政法战线上的"右派"还是比较多,无论是最高法还是最高检,甚或一些基层的法院、检察院、司法局等,都成为了"右派"的"大户"。

我们在苏联的时候,看过小托尔斯泰写的小说《苦难的历程》。这部《苦难的历程》,主要就是讲苏联知识分子的经历。那么,从知识分子的经历来看,苏联人特别注意阶级基础,因为苏联从十月革命开始到后来,一直都强调革命中工人阶级的作用。这样,苏联的知识分子在苏维埃政权里面,就不得不经历一个"苦难的历程"。在苏联,像高尔基这样没有经历大的冲击的作家或者学者,那是非常罕见的。一般来说,无论是作家还是学者,几乎所有的知识分子在苏联革命的过程中,都经历了长期改造的"苦难的历程"。

当时我就觉得,这一点跟中国尤其是中国共产党的情况不太一样。因为中国共产党的领导人,几乎都是知识分子出身,比如毛泽东、陈独秀,等等。而且巧合的是,那些被认为工人阶级出身的领导人,最后都是有问题的。好像真正革命坚定的,还是那些参加革命的大知识分子,这些人在革命之前,更是以知识分子的面目出现在世人面前,他们的家庭出身也都是比较好,能够受到良好的教育。

可是中国的革命胜利之后,我们越来越感觉到,中国知识分子的地位和作用,并不像原来所想象的那样。1949 年中华人民共和国成立后,第一个针对知识分子的政策就是思想改造,紧接着就是院系调整。那时候对知识分子的地位的描述,并不像后来所说的那样已经成为工人阶级的一部分。

对于知识分子的定位,一直面临着它依附在什么阶级身上的问题。讲到知识分子，首先就讲他们到底依附在谁身上。最开始，政策制定者认为知识分子可能是依附在资产阶级身上，无论是物质上还是精神上都是资产阶级化的，知识分子是资产阶级队伍的一部分，属于小资产阶级。所以，在无产阶级专政建立起来后，知识分子的世界观或者思想体系都还是资产阶级化的，或者说是旧的，就需要对敌对阵营的资产阶级知识分子进行改造，这几乎是思想改造的"法理基础"。

所有这些，在一定程度上造成了知识分子的困惑：一方面，每天都在宣讲革命不分先后，随时欢迎知识分子参加，而且越来越多的知识分子参加革命后，确实对革命的成功起到了很关键的作用；可是另一方面，无论是报纸还是意识形态，都强调对知识分子的改造，要改造知识分子的世界观和立场，要使贴有资产阶级乃至小资产阶级"标签"的知识分子，朝着无产阶级的方向，进行自我改造。当然改造究竟怎么进行，究竟是不是改造好了，或者改造好了还是不是无产阶级了，那不由知识分子说了算。

从大的方面说，这是 1949 年之后中国知识分子的整体困境。

国共政争主要争取民盟

或者再换个角度，当时从全国的形势来看，反右运动主要针对的是中国民主同盟。也正是因为如此，所以，右派的划分、打击的对象，民盟都是最多的。

我有时也在想，为什么主要打击对象是章伯钧、罗隆基这样一些核心人物呢？从我们 1949 年前后成立中华人民共和国的经历看，国共两党政治斗争白热化的阶段，应该说双方主要都是争取民盟加入本方阵营的。

在我的印象中，如果真正从在中国历史进程中的政治地位和作用来看的话，民盟在 1949 年前后确实起了很重要的作用。这里面最主要的原因，就是因为当时其他党派人数不多，影响力也不大，并不是至关重要的。即便像民革这样的组织，从人数上来说是个比较大的政党，但是，民革毕竟主要由从国民党里面分化出来的一些人组成，在国共两党的政治斗争中，共产党可能会去争取民革。而民盟在旧政协的时候，是当时国共两党最主要的争取对象。后来的结果大家都知道了，国民党没有争取到民盟。于是，不能用之便杀之，国民党强令解散民盟。

后来我们才逐渐了解到，民盟在解散前后，其内部斗争也很激烈，并不是铁板一块。当然，随着中国共产党的不断胜利，民盟也逐渐地站到中国共产党这一边；而民盟中原来中间偏右的一些人，也就被革命的洪流逐渐分化掉了。所以，这给外界这么一个印象：民盟在中国的政治舞台上态度一直很明确，一直很坚决地跟中国共产党走，这应该是没有什么争议的问题。可是实际上看起来，民盟也是中国政治舞台上一个有独立见解的政党。

以前我聊起过林达的《西班牙旅行笔记》。林达夫妇在这本书中，特别讲到了 1935～1939 年内战期间西班牙的政治格局，当时要么是左派，要么是右派，没有任何中间道路可以走。现在很多欧洲国家呈现出“中间大、两头小”的情况，可是在当时的西班牙，政治格局恰恰相反，“两头大、中间小”，甚至实际情况比这更极端，只有两头，没有中间。

1949 年前后的中国，与西班牙的情形很相似。就是这么个情况，已经没有任何中间道路可走了。当时最有可能走中间道路的，就是以民盟为代表的几个民主党派。民盟是最可能走的，而且民盟的力量最强，最有可能走中间路线。所以，1949 年革命胜利前夕，毛泽东写了以《别了，司徒雷登》为代表的一系列文章，警告那些有美国民主思想的想走中间派道路的人，中国已经一边倒了，别再有什么幻想。

但说实在的，包括钱端升在内的绝大部分民盟盟员，这些人在 1949 年以后的言论也好、行动也好，都是非常明显地倾向于中国共产党的。可是现在看起来，毛泽东当时最担心的，恰恰也就是这些人。因为这些人，有自己的政治组织民盟，而民盟在知识分子中间一直很有号召力；另外，这些人大都是留学英美的大知识分子，无论是在高校还是在整个社会层面都很有影响力；更重要的是，这些人尽管在 1949 年后都经历了思想改造运动的洗礼，但是，至少在一些人看来，他们脑海中美国式的思想观念始终都存在，他们仍然希望中国能够走亲美的道路。

所以现在看起来，当时的领导人都把民盟作为一个重要的政治力量来看待，无论政策是有利还是不利于民盟，民盟在民主党派中都是首当其冲的。

反右是“阳谋”

整风反右这一事件的客观背景究竟如何，从陆续披露的文件来看，就是所谓“阴谋”和“阳谋”之争。

毛泽东公开说过，反右不是“阴谋”，是“阳谋”。从整风转到反右究竟是什么时候开始的，我们当时作为青年教师当然无从知晓，但毛泽东在5月15日写出了“事情正在起变化”一文中正式提出了“右派分子”猖狂进攻，在给党内高干阅过的这封信中指出：最近这个时期，在民主党派和高等学校中，右派表现得最坚决最猖狂。现在右派的进攻还没有达到顶点，他们正在兴高采烈。我们还要让他们猖狂一个时期，让他们走到顶点。他们越猖狂，对我们越有利益，诱敌深入，聚而歼之。

5月16日，开始了以鸣放为标志的大字报和自由讲坛，各大学首先乱起来，这是整风反右的一个特殊时期，只有党内很高层的人才掌握的所谓“引蛇出洞”。

什么时候“反右”正式开始呢？那是1957年6月8日，中共中央发出指示《组织力量反击右派分子的猖狂进攻》。同日，人民日报发表了“这是为什么？”的社论。今天可以看得很清楚，5月15日到6月8日这24天，真正就是“引蛇出洞”以待“聚歼”的时间，把高等学校作为聚歼的主战场，一下子就围歼了五十五万人，我只不过是五十五万分之一！

关于反右运动，现在有两种说法：

一种说法是，之所以反右派，是形势最后发展到那一步，中共中央是迫不得已才反击右派。也就是说，刚开始让知识分子大鸣大放，帮中国共产党来整风，本来不涉及反右的计划；只是整风整到最后，出现了很多对中国共产党批评很尖锐的言论，而且这种言论越来越厉害，所以必须反击右派，形势的变化推动了最后搞反右斗争。

而另一种看法则认为，反右运动自始至终是有计划的。那也就是说，本来就是希望通过反右运动，给不能百分之百跟中国共产党同心同德的知识分子敲一下警钟。

我始终认为反右运动是一场“阳谋”。这里面很重要的一个证据，就是毛泽东1957年3月在最高国务会议上的发言。这个发言在当时比较大范围地做了口头传达。从当时传达的情况看，毛泽东自始至终没有提到区别右派与非右派的六条标准。但是，在最后正式发表他的讲话的时候，关于右派的六条标准就在里面了：

百花齐放、百家争鸣这两个口号，就字面看，是没有阶级性的，无产阶级可以利用它们，资产阶级也可以利用它们，其他的人们也可以利用它们。所谓香花和毒草，各个阶级、阶层和社会集团也有各自的看法。那么，从广大人民群众的观点看来，究竟什么是我们今天辨别香花和毒草的标准呢？在我国人民的政治生活中，应当怎样来判断我们的言论和行动的是非呢？我们以为，根据我国的宪法的原则，根据我国最大多数人民的意志和我国各党派历次宣布的共同的政治主张，这种标准可以大致规定如下：（一）有利于团结全国各族人民，而不是分裂人民；（二）有利于社会主义改造和社会主义建设，而不是不利于社会主义改造和社会主义建设；（三）有利于巩固人民民主专政，而不是破坏或者削弱这个专政；（四）有利于巩固民主集中制，而不是破坏或者削弱这个制度；（五）有利于巩固共产党的领导，而不是摆脱或者削弱这种领导；（六）有利于社会主义的国际团结和全世界爱好和平人民的国际团结，而不是有损于这些团结。这六条标准中，最重要的是社会主义道路和党的领导两条。提出这些标准，是为了帮助人民发展对于各种问题的自由讨论，而不是为了妨碍这种讨论。不赞成这些标准的人们仍然可以提出自己的意见来辩论。但是大多数人有了明确的标准，就可以使批评和自我批评沿着正确的轨道前进，就可以用这些标准去鉴别人们的言论行动是否正确，究竟是香花还是毒草。这是一些政治标准。为了鉴别科学论点的正确或者错误，艺术作品的艺术水准如何，当然还需要一些各自的标准。但是这六条政治标准对于任何科学艺术的活动也都是适用的。在我国这样的社会主义国家里，难道有什么有益的科学艺术活动会违反这几条政治标准的吗？

还好，“文革”时期各地印刷了很多类似《毛泽东思想万岁》的小册子，有的选本中就发表了毛泽东在最高国务会议上讲话的原稿，这样我们才有可能对照着看看这两种文本。

但无论如何，原来讲话中没有而后来又给加进去，决策者的主观意图可能是想让反右运动师出有名，但实际效果，却使得这场运动变成了不折不扣的“阳谋”。

反右运动的国际国内背景

反右运动中把高校作为重点，高校被称为“重灾区”。现在人们都知道，划右派是有指标的，当时的指标是百分之五，后来又有追补，即漏网右派的补划。但高等学校大大突破了这个指标。

五十多年后，我们几位幸存者回忆当初划右派的比例时，一位掰着手指数当时四个马列主义理论教研室（哲学、政治经济学、党史、国际共运）共三十多人中，被划为右派的共有10人。

也有人说，整风运动开始时对我们说的是16字方针：“知无不言，言无不尽、言者无罪、闻者足戒”，也是延安整风的方针。延安整风我不知道，后来听说也有些过火，已经变成了政治斗争和抓特务“抢救失足者”了。反右运动结束后真是一片肃杀的气氛，可以说是：“知不敢言、言不敢尽、言者有罪、闻者动怒！”

反右20年后，虽然早已摘掉右派帽子，但政治待遇依然属“摘帽右派”。悲情难禁，曾在1977年6月写下一首《反右20年感怀》：

莫道系铃已解铃，风吹时闻旧时腥。
长握笔管悲难禁，强闭喉舌心欲鸣。
……

“强闭喉舌”和“欲诉无门”就是20年心情的写照。好在两年后，终于圣朝出现并给予了彻底平反。

1957年的国际背景，首先是在1956年刚刚发生过的波匈事件，尤其是匈牙利事件，给许多社会主义国家罩上了阴影。当时我们这些从苏联学习过的留学生，都认为中国不会受到匈牙利事件的影响，中国完全是靠自己武装斗争夺取政权，而不像东欧是靠苏联红军解放而获取的政权，中国的知识分子也不像东欧那样，他们绝大多数是拥护共产党的,而不是反对共产党的。匈牙利事件是知识分子闹起来的,有名的“裴多菲俱乐部”,就是知识分子议论国家大事的场所。反右时期一提“裴多菲俱乐部”,就指脑有反骨的知识分子。

从国内情况来看,中国共产党夺取政权依靠的是工农群众,但中共的真正领导人物向来都是知识分子,有的是大知识分子,有些是小知识分子,他们更懂得知识分子的作用和危险。三年解放战争发展那么迅速,除了战场上的摧枯拉朽外,就是知识分子态度的转变,从拥蒋到反蒋。但知识分子是善于思考的,也是善于转变的,今天拥护共产党是真正的吗,还是“大势所趋”呢?怎么能够鉴别他们的脑后是否有“反骨”呢?用“反右”的办法就可以“分清”,可以保持政权在相当一段时间的稳定。

反右斗争是一场集中对待知识分子的政治斗争,其目的就是让知识分子从此“听话”,不要有“反骨”,起到这个震慑作用就可以,所以,在处理方式上采取“敌我性质的矛盾用人民内部解决的方式”,即和“地、富、反、坏”不同的处理方式,让他们继续工作,不断地改造他们,敲打他们,为政权服务!

法学家的忏悔问题

我记得2006年4月的时候,社科院的刘仁文教授写过一篇文章“法学家为什么没有忏悔”。

他在这篇文章中说:去年巴金去世时,人们提得最多的是他晚年的代表作《随想录》。这部“文革”结束十年后推出的当代“忏悔录”,对于“文革”和历次政治运动造成的伤害做了深入的反思,切中了极“左”时代中国知识分子心灵深处的痛,因而赢得热烈的回响。重温此书,却使我想起了一个多年来郁积在心中的疑问:为什么“文革”结束三十年来,我们法学界始终没有出现过这样的忏悔、这样的讲真话?

他说:

我手头有一本法律出版社1957年出版的《政法界右派分子谬论汇集》,这本当时的反面教材现在看来是多么的珍贵啊。有的人,本来是一个战壕里的战友,一遇政治运动,就马上说“我被右派分子‘利用’了”,而被他揭发的人,又反过来揭发说“到底是谁‘利用’了谁”,要求他交代清楚与某某右派分子的关系，这使我想起有位法学界前辈对我说起他当时在这所大学上学时的感觉：今天台上这位老师还在批昨天被打成右派的某某老师，明天他又被打成右派了。

他接着说：

同样在这本书里，我找到了我曾经的法学所同事谢怀栻老先生被打成右派的罪证：在一次法学界的座谈会上，他指出不能以政策代替法律，认为高级领导同志不重视立法工作是错误的。就因为他说出了这样一些在今天看来属于常识性的东西，就被打成右派，发配新疆劳动教养，一去就是二十一年。2003年，谢先生去世时，由于他的学问和人品，得到了法学界少有的一致追悼。梁慧星先生甚至尖锐地指出：在谢老面前，许多学人包括某些著名学人，都会感觉心里有愧。遗憾的是，我未曾听说过那些当年参与"整"谢老的人在谢老去世前或去世后有过丝毫的公开忏悔。

最后他说："我并不是要法学家们去掀起过去的伤疤，人人都以受害人的身份去控诉，那太肤浅。我要说的是，法学家们作为一个研究国家上层建筑、代表社会良知和正义的群体，如果不对'文革'和它以前历次运动中的人性扭曲及其暴露进行很好的清理，就等于失去一个社会发展的活化石，就不能有效地为他以后的思考指明航向。一转眼，从1976年到2006年，三十年过去了，当年经历过历次运动的法学家们如今大都已迈入古稀之年，作为后来者，我不希望这一段历史在法学界断裂，因而特别想恳请尊敬的老一辈法学家们告诉我及我的同辈人：你们，这一代命运坎坷的新中国法学家们，在那一个接一个的运动中，是如何想、如何做的呢？有没有过像巴金那种内心的隐痛觉得不说出来良心就不安呢？倘若这样做了，那真是化灾难为福音，不光是我法学界之幸，更乃我中华民族之幸。"

我之所以在这里大段地引用刘仁文教授的文章，无非想说明知识分子内在的软弱性、动摇性。反右政治运动能波及这么多人，就是充分利用了知识分子这个与生俱来的弱点，我也不例外！

八、苦难的历程

婚　　变

划为右派，对我的确是很大的打击。可谓是“福无双至，祸不单行”，打成右派之后，更大的打击就接踵而来：我感情甚笃的新婚妻子，就因为政治原因跟我离婚。

我的妻子叫陈绥，在 1949 年之前，她也算是高干子弟了。她父亲做过国民党的高级官员，当然也不是很高，大概是省一级的吧。这种情况在中华人民共和国成立之后，就成为出身不好的依据了，政治上时时处处总会别扭。著名国际法学家陈体强是她的亲叔叔。

我跟陈绥是在留学苏联时认识并恋爱的。我比她高一个年级。我们在苏联的时候，谈了差不多有小两年，感情非常非常好，恋爱关系已经明确了。我以前说过，中国留学生在苏联留学期间都不允许公开谈恋爱，后来放宽了，谈恋爱是允许了，但结婚仍受限制。所以，我们在苏联时就约定，一等她回国，马上就结婚。

1957 年 6 月她回国，也被分配在北京政法学院刑事诉讼法教研室，在张子培的手下。我们结婚的时候，整风运动正在进行，反右运动还没有开始。

我们就是在北京政法学院里结的婚，洞房就在三号楼里。当时一些朋友来祝贺，场面很热闹很温馨，大家都说，两个苏联回来的在这结婚了，多少有点新奇，这样的情况至少在北京政法学院不多见。

结婚之后不久，大概也就一个多礼拜吧，组织上宣告我是右派分子。这个问题当然就比较严峻了，反右刚开始的时候，批判还好一点，算做人民内部矛盾；可是后来，就越来越上纲上线，虽然只是在内部处理，但完全是敌我矛盾。

对于她来说，这种情况下比较麻烦。组织上当时明确说，家里有划右派的，原则上不鼓励夫妻之间离婚；但如果你真要离婚，组织上当然也不拒绝。但这个不鼓励离婚的原则，在实际生活中根本很难执行，你又不鼓励夫妻离婚，又要求夫妻之间划清界限，那怎么可能做得到呢?

组织上当时就找陈绥谈话,说虽然组织上不鼓励离婚,但你现在是预备党员,这个预备党员能不能转正,就要看你的政治态度。

这个谈话,给了陈绥很大的政治压力。以前她就因为出身问题,在政治上多少有点自卑,一直背着沉重的思想包袱。那领导现在要求她表明立场,她能怎么办呢?她所处的压力是可以想见的——又是预备党员,又要转正,当时政治空气又这样。

所以,在我们结婚之后才一个多月,她就提出离婚。那个时候,我作为右派分子,当然就没有办法,人家离婚是为了政治进步,阻拦的话你怎么说?最后只好同意离婚。于是,我们到离婚登记处很快解决了这个问题。

这对我来说,这是一件非常痛苦的事情,因为我们不是因为感情原因离婚,真正是因为政治原因才迫不得已离婚的。

现在想起来那段时间,还是心有伤痛:结婚刚刚一个礼拜,就被划为右派分子;划为右派分子不久,新婚才一个月,又匆匆忙忙离婚,世间的悲惨最多也就这样了吧!

令人很难想到的是,这里刚刚离婚,没多少天居然她又结婚了。这个对我来说又是一个打击。我仍然被过去的恩爱无情折磨,她却表现得如此无情无义。十多年后我写的《如梦令》:

“如梦如雾似非,半依半恨还悲,风流曾无限,朦胧眼底成灰。成灰,成灰,伤心往事莫追。”

在《浣溪沙》一词中,叙述了在战略疏散至延庆又遇到她的感情:

“又是人面映桃红,徐娘犹是旧音容,十年烟云太匆匆。此情已自称成忆,何须惆怅怨东风,半老此身各不同。”

十余年后,梦中仍然回忆旧时情,于是写下了《鹧鸪天》一首:

“已是死水寄此生,何事昨夜又双逢。春柳拂地疏狂态,秋瞳剪水旧时情。音难辨,影分明,从来三万六千梦,唯有此梦忆得清。”

二十年后，在《忆秦娥》二首中，仍然难以释怀：

“心儿醉，桂花枝头桃花媚。桃花媚，秋波何坚，灵台何碎。雀儿山上尽皆美，少年梦中浑是味。浑是味，而今忆起，情思难退。心儿碎，覆巢之下尽成罪。尽成罪，欲哭无泪，欲哭无泪。沧海已逝空剩水，巫山不见彩云坠。彩云坠，破镜难补，破心难熨。”

雀儿山即是莫斯科大学所在的列宁山，现名麻雀山。

我的第一次婚姻给我带来的创痛之深，可以由这些词句表现出来。

大跃进中的北京政法学院

1958 年年初，全国开始进入轰轰烈烈的大跃进运动时期。就北京政法学院而言，大跃进首先带来的后果就是教学计划和课程设置的调整，在课程中加进去了大量的劳动内容。

那段时间，大家就常常奔波在不同的地方参加义务劳动。1958 年 4 月 6 日到 16 日，北京政法学院师生 1073 人，分为五个中队、26 个小队参加了修建十三陵水库的义务劳动。我们尽管是右派分子，但也都参加了。

对于政法教育应不应该和劳动相结合、能不能够和劳动相结合，大家的认识不尽统一。像理工科的院校，和劳动结合可能很容易，把研究的技术用于实践中即可，那么像北京政法学院这样的地方，究竟怎么个劳动法呢？1958 年 10 月 11 日、15 ~ 17 日，北京政法学院校内连续举行了几次辩论会，先后有 15 名师生在辩论会上发言，讨论政法教育应不应该以及能不能够同劳动相结合的问题。不过说实在的，经历了反右运动之后，也没有谁再天真地全讲心里话，都是顺着中央的调子

与贫下中农在一起

往下说，这种辩论的结果，必然是政法教育应该而且能够和劳动相结合。

大概是1958年8月31日，为了便于理论联系实际，生产劳动和工作、实习相结合，北京政法学院与学校附近的东升公社合作，建立了教学、科研、生产劳动和工作“四结合”的基地。当时北京政法学院还专门召开了庆祝大会，北京政法学院院党委书记刘镜西兼任了东升公社的党委书记，全院师生员工都成为东升公社的社员。此后很长一段时间，全院师生都多次下公社进行劳动锻炼。

当然右派改造和学校一般师生的劳动锻炼有所区别。作为右派的劳动改造，有专门的地点。

我们先是到了立水桥，在贫下中农的监督下劳动。在我的印象中，贫下中农对我们态度不错，丝毫没有被监督的感觉，然后到后八家劳动一段时间。

除了去公社锻炼之外，那段时间北京政法学院自己也搞了很多小工厂，几乎一夜之间，校园里就冒出了很多工厂，有烧砖的，有造纸的，大大小小有二十来个。除此之外，学校也在西山一带找地方，进行农业生产，并展开劳动竞赛。

超强度劳动

我差不多是在1957年下半年划的右派，到1958年年初才处理完毕。处理的情况前面已经讲过。处理完毕后，虽然人的编制、工作都还留在学校，但已经不能上讲台讲课，而是去劳动。

当时我们在北京西山一带劳动，具体位置是在门头沟的大台煤矿矿区附近。那里有我们北京政法学院的一些梯田。当时几乎所有的大学，都在京西或者别的地方，有自己的农业基地，比如北大就在门头沟斋堂那一带；只是北大在斋堂的农业基地没有铁路，而我们还有铁路，交通比较方便。

北京政法学院的那块梯田面积不大，我们在田里种些庄稼。说实在的，那时候种的庄稼，也就是做做样子，最后被糟蹋的绝对比产出的多，那么多人在那累死累活地干，产出的劳动果实根本不够干活的人吃。

为什么会糟蹋呢？这就得完全归咎于大跃进中的“深挖土”了。当时上面说，挖得越深，产量越高。于是就派我们连夜到农村去，搞什么“深耕密植”。后来事实证明“深耕密植”根本是错误的。因为挖到两锹深后，再把下面的生土翻上来，这样的话，地表的熟土反而被盖住了。这样一来土地完全没有肥力了，怎么可能增产？这个“密植”也是完全错误的，株距、行距是多少，一亩地植多少颗种子，都给你规定好了，必须完成。到最后，土地又没肥力，密密麻麻长出来的庄稼都倒伏了。这纯粹是一种劳民伤财的东西。

后来，这一片梯田由于种粮食实在不划算，就改成林业基地了。当然那个时候不算这笔账，主要得让我们这些右派分子有事情做，接受改造。

我们的劳动任务主要是背粪

我们的劳动任务主要是背粪。粪土在山下，我们得一筐一筐地把那些粪土从山下背到山上田地里。其实所谓的粪土，也就是比山上稍微好点的土，随便添加点乱七八糟的东西，还美其名曰“化肥”。

但对我们来说，不管筐里装的是什么，总得拼命地背。那种劳动强度可真够大，非常艰苦。那筐子也不算小，每个人背的时候，为了表示自己诚心改造，有时候筐子要装得冒尖儿才肯走，一筐子粪土怎么着也有六七十斤吧。每个人都在那超负荷地干活，特别特别累。当时上面似乎也认为，只有繁重的体力劳动，才能涤荡干净我们这些资产阶级右派分子丑恶的灵魂。

1958 年这一年，在右派改造期间总是不断地出一些意外事故。我想这里面很重要的一个原因，就是劳动强度太大，每个人都太累，过于累了注意力肯定不集中，难免发生意外。

我们那时候的劳动，简直是不分白天黑夜拼命干。拼命干到了什么程度呢？就是“白天劳动、晚上护场”。所谓“白天劳动”，就是永无休止地从山下往山上，给梯田里背粪土；而所谓“晚上护场”，就是到了七八月份的时候，梯田里的庄稼快熟了，而这段时间也是山上的獾很活跃的时候，一不留神獾就把庄稼毁了。所以，结束了白天的劳动后，还不能休息，还得参加晚上的“护场活动”。

这个场是个很广阔的山坡，怎么护呢？领导总是有办法，安排我们这些右派分子，每个人都选一块梯田，晚上站在梯田边上值班。怎么值班呢？就是你每过一定的时间，就要敲一下手中的锣或者其他器具，总之得发出声音，这漫山遍野的声音一响起来，那獾就给吓跑了。

一到特定的时辰，领导都在听每个山头有没有锣响。领导的眼睛都是雪亮的，如果哪块地边上的锣没声音，那肯定说明你资产阶级右派分子不爱惜社会主义的公有财产，不老老实实改造，而躲在地边偷懒、睡大觉了。这样一来，领导也会随时留心，一起改造的右派们当然也会互相检举。为了不被检举，那你只好一晚上都不要好好睡觉，时时留意着敲锣护场。累得实在支不住了，打个盹儿，别人的锣一响，那你也得赶紧敲起来。就这样反反复复总算坚持到天亮。可是天亮了，并不是说你就能够休息了，你得继续开始一天的背粪或者其他重体力劳动。

我们知道1958年正是全国上下“大跃进”的时候，应该说是疯狂的年代吧。“大跃进”的时候，每个人都失去了自己的常识和理智，没日没夜地劳动，永无休止地劳动，为了能够保护庄稼，为了生产粮食，只好不顾一切地劳作了。

现在想来，要是真背好点的粪土或者化肥也就罢了，把那些比山上好不了多少的土累死累活地背上去，能干什么用啊……

余叔通摔死了一头驴

前面我提过，钱端升说政法学院有两才子：一个是刑法教研室的余叔通；另一个是民法教研室的我。在反右运动中，我们两个都被划成了右派分子，也一道来在大台劳动改造。

1958年意外事情多，余叔通摔死了一头驴，在当时也算是轰动性的事件。具体怎么回事呢？当时农场里正好有一头驴，但这头驴也一直闲在那，去劳动的基本上是知识分子，多多少少都念过一些书。现在可以想象，对于一个知识分子来说，他也许能够撬动地球，但是要使唤好一头驴，可以说难于上青天。

在劳动过程中，余叔通为了更多更快地往山上梯田里运肥，就吆喝上了这头驴，每次左边右边挂两筐粪土往上驮运。也该他倒霉吧，往山上走的时候,也不知道是他没吆喝好,还是这头驴太笨,抑或是因为驴子也不堪重负而出错,总之一不小心,驴子就失足从山上滚下去摔死了。

在当时,这当然算是一个非常大的事件。你资产阶级右派分子不好好改造,还故意破坏社会主义国家的公有财产,这可是了不得的大事。最后给余叔通很重的处罚,原来被划成右派分子时他是降两级工资的处分,那么现在摔死一头驴,又给他追加了降三级工资处分,加在一起等于是降五级工资的处分,那已经快接近开除。

追加处分之后,余叔通的工资就非常非常低了,他原来工资还是比较高的。

现在看来,这纯粹是一个意外事件,纯粹是不该发生的事情。毕竟隔行如隔山,知识分子也不太会赶驴嘛。所以碰到这种情况,把驴赶死了,人家说他故意破坏公有财产,对社会主义不满,余叔通也就百口莫辩了。

身 残

1960 年的秋天,发生在我身上的一起意外事故,弄残了我的一条腿,更是将我从地狱抛入了它的最底层,给了我人生途中命运的又一个重大打击。

去过大台的人都知道,大台煤矿那有一条铁路经过,这条铁路连着板桥古村和门头沟。这条铁路在经过大台的时候,有一座铁路桥。而这条铁路桥在原来修建的时候,是弯着的。这样,火车行走当然很不安全。于是,铁路部门决定把这座桥拆毁重建,取直铁路线。这也正是 1960 年的事情,工地离我们不远,工地上散放着一些钢丝之类。我的受伤就跟这些钢丝有关系。

有一天,领队王寿山说,我们场园要用碾子。可是这个碾子是石头做的,又大又沉,不是像粪土可以分成几筐背上去。那么这个碾子怎么样从梯田上层弄到下面梯田里去呢? 光有麻绳肯定不够,万一麻绳断了,这碾子再掉下去是很危险的,必须有钢丝护着点儿。

所以,当时王寿山就安排我和刘圣恩两人去工地上去偷点儿钢丝。既然说“偷”嘛,那意思就是说不用得到人家的同意,拿了就用;否则万一人家不同意，反而没什么好拿的了。

我和刘圣恩很快从山上下来，就跑到铁路桥工地偷钢丝。那工地那时候也没有人看管，钢丝就在工地上乱放着，我觉得拿点也没什么关系。拿了一些之后，我觉得不太够，我就跟刘圣恩说，你先走吧，刚才拿的这点儿钢丝似乎不够，我再拿点去。

就在我回头拿了钢丝往回走的一瞬间，意外发生了。我被桥上下来的火车卷入了车底下。为什么我会被火车压着呢？因为当时大台铁路桥弯度比较大，跨度也比较高，跨度高又有些弯度，所以所有从上面下来的火车，都在下来之前先停下，拉响汽笛之后，悄无声息地滑行下来。

那么我再次拿了钢丝转身走的时候，正好是火车从上面滑下来的那一刻。当时我可能下意识地躲避，但躲避不及，还是被火车的惯性带到了火车头底下。后来我说，我背对着火车下来的方向，没听见声音。当时确实没听见声音，因为它是滑行下来的。也正是因为火车是滑行下来的，它毕竟还有个往下的惯性，坡度还比较大，它不可能马上停。火车司机看到前面有人，赶快拉闸，可是还是来不及了。

当时我马上就不省人事。我醒过来之后，有人告诉我，说我被火车头拖在地上 25 米后，火车才刹住车。火车头下面还有些各种管子之类，我倒地后，又被这些管子挂着了衣服，一直拖行了二十多米。

火车停下来之后，司机发现有人在火车头底下，赶快把我拉出来。据现场的人后来跟我说，当时现场血肉模糊，在被火车拖行的过程中，我的小腿还没有完全跟身体脱离，但确实已经压断了。当时身上其他也是伤痕累累。据大夫后来讲，共有十多处伤痕。还好，现在都没留下疤痕。

当时是我们两个人一起去的。刘圣恩看到这个意外情况，马上就回来，一道跟铁路职工们把我送往门头沟医院。当时也没有其他更快的交通工具，他们把我平放在火车头上的车厢里，不紧不慢地赶往医院抢救。毕竟当时火车只能以正常的速度开，不可能太快。

送往医院的过程中，我还多少有一点意识。受了这么大伤，流了这么多血，整个人已经昏昏沉沉、迷迷蒙蒙的。有一段时间，我甚至能听见他们说话，隐隐约约听见他们互相讨论：怎么样？还有没有救啊？

还有没有希望啊？……

当时血流得确实太多了，整个小腿断了。小腿断了，止血带怎么绑就很关键，止血带要是勒得太厉害的话，一方面会造成止血，另一方面又造成了血管堵塞；止血带如果太松，那根本不能止血，失血过多也会有生命危险。所以后来他们大概是止一阵血，又放开一阵，这样交替轮换，总算活着挨到医院。

从大台到门头沟医院，火车大概走了近两个钟头。现在看起来，当时门头沟医院的急救技术还是可以的，它尽管是个矿区医院，整个手术应该说还是不错，到现在我还是很感激门头沟医院。

经历这么大的事故之后，我总是暗自庆幸，我常常开玩笑说，我这条命是从火车轮子底下捡回来的。

九 死 一 生

当时把我送到医院急救之后，学校人事处长等也都赶过来了。他们最关心的问题，当然就是事故发生的原因。有的人怀疑我是不是自杀，或者是别的什么原因导致了意外事故。

但最终学校认定我不属于自杀。他们觉得我的遭遇，完全是偶然事故，毕竟急急忙忙去偷人家东西，又怕人家发现，而且钢丝也很沉重，上面的火车又是无声无息滑行下来的……这么多因素交织在一起，谁也不可能顾全。所以这个问题，最后总算下了结论，认定只是意外的工伤事故，因为是在正常劳动中发生的，因此属于因公致残。

我想这一点，他们从我在医院中的表现也可以看出来。我在医院里尽管受了很严重的伤，但他们发现我情绪还不错。我记得当时同病房有个小孩，得了癌症还是其他什么绝症，我还经常鼓励他要坚强。而对我来说，这个腿断了，也没什么，反正还可以安装假肢，生活还可以继续嘛。所以就这件事情来说，学校刚开始怀疑我是不是有自杀倾向，后来把这个问题搞清楚了。

但是不论怎么说，对于一个不到三十岁的青年，政治上划了右派，新婚妻子又离婚，现在又碰上这么一个车祸，这三个打击实在是太重了。这三个打击几乎是在同一时间，划右派稍微早一点，后来就是离婚、车祸。应该说，在人生中碰到这样的事情，确实是很痛苦的。我在那时候给自己写的一句格言，就是“困难只对怯懦者存在”，鼓励自己必须坚强。我想我后来之所以能够经受一些东西，宠辱不惊，泰然处之，跟这三大打击有很大的关系——因为人生最痛苦的事都已经经历过了，其他的算什么呀。

当时伤口换药的时候，那个疼真是钻心刺骨。因为伤口刚开始也不能全缝死，留一些口子，让脓水能够流出来，另外伤口面也需要消炎。所以每次换药的时候，都是扎心的疼，换药的时候就没有麻药了，大夫从伤口中抽出棉花，再把药放进去。这一出一进，跟割肉一样的疼。人生肉体上和精神上最痛苦的事情，可能也就这样了吧？

差点煤烟中毒

我常常跟人说，我是死过好多次的人。在大台火车轮底下失去一条腿，这已是第二次。以前在后八家劳动的时候，也曾经死里逃生过。

当时的后八家那一块，房子都是小土房，取暖都用小煤球炉子，没有烟囱，冬天又非常非常冷。那么我们住在里面怎么办呢？我们同宿舍的几个人最后商定，最后一个睡觉的人，在睡觉之前负责把炉子拿出去；煤球炉子绝对不能在屋里放一晚上，否则会煤气中毒。

我记得有一天，是我先回到屋里的。回来后，屋里很冷，我就先生着了炉子，然后就躺床上，想稍微歇一阵儿。谁知道这一躺下来，差点就永远起不来了。我当时心里明明想着在睡觉之前把煤球炉子搬出去。可能是因为实在太累了，我躺在床上慢慢就睡着了，没把这个炉子拿出去。

忽然间我自己惊醒了，一下子坐了起来。心里还有点意识，暗想煤球炉子要不拿出去，太危险了，我赶紧坐起来搬煤球炉子。当时还没搬动煤球炉子，自己突然间天旋地转，晕倒了，一头就栽在了煤球炉子上，把炉子也弄翻在地。

还好这一惊、一摔，紧张加上疼痛，不知道怎么着，立马又醒过来，赶快就跑出来了。当时棉衣已经被火星烧着，还好房子没有着火。这一次也是差一点命丧黄泉，一念之间逃出了大难，倘若我当时要是睡得再沉一点而不醒来的话，那肯定得熏死在里头了。

大难不死，必有后福

还有一次在劳动中，我们在场院里码麦垛。那麦垛是很高的。我站在麦垛上面，下面的人扔一个麦捆上来，我接住后把它整整齐齐码起来，就这样扔一个、接一个，接一个、码一个，这活本身需要一点技巧，但干熟了一点都不难。

但即便这样，意外还是发生了。我在接麦垛的时候，一不小心脚下踩空，结果重心不稳，一下子就从很高的麦垛上摔下来。摔下来之后，也是天旋地转、眼冒金星，着着实实歇了一段时间。

那几年，大概是倒霉到家了，总会摊上这样的事情。也可能是“大难不死，必有后福”，人生经历了这么多磨难，居然到最后还捡了一条命回来。

人生最痛苦不过划右派，那我是经历了；人生最痛苦不过因为政治上的原因离婚，这我也经历了；人生最痛苦不过身体残废，这我也经历了。人生再痛苦，还有什么呢？

在外语教研室教俄语

大概到了 1961 年年初的时候，我的伤口已经恢复得差不多了，安装了假肢，这样就能够离开双拐行走。接着“右派”的帽子也算摘掉了。摘掉“右派”帽子后，带来了短时间的欣喜。原以为摘掉帽子后，可以恢复原来的政治地位和待遇，没想到摘掉帽子后，我只不过是从“右派分子”晋升为“摘帽右派”。而“摘帽右派”，则永远没有再改正的机会，它永远留在你的档案里，白纸黑字永远抹不掉的。后来在北京政法学院解散后的日子里，我真正尝到了它的“紧箍咒”式的威力。

摘帽之后，中国的政治气候也稍趋理性，我的命运也出现了一定程度的转机，学校安排我到外语教研室教俄语。从 1960 年到 1966 年，这六年我就都在外语教研室度过。

那时候我想，能够再上教学岗位，而且教我还比较熟悉的俄语，从我本人来说这也是个很大的安慰，毕竟有固定的工作岗位，即便不能够教法律，教外语也是很好的嘛！

那段时间，我跟北京政法学院的学生关系非常好。我主要上课对象是61级和63级，因为外语要上两年。外语课每周都要去上，而且当时外语课排得也不少，那时候毕竟还是单身，年纪又不大，跟学生接触也比较多，关系相当不错。尤其是跟政教系61级的三个班，跟他们来往很多，那些学生才不在乎你是不是右派，大家年纪相差不大，也能聊在一块。那时候的有些学生现在跟我还有来往。

但这也只是在政治宽松的条件下，师生关系比较融洽，打成一片，一旦到政治条件紧张的情况，重新提出"千万不要忘记阶级斗争"时，就又是另外一个样子了。

为"文革"埋下祸根

令人想不到的是，后来"文革"时期出的问题，根源也就在这个时候跟学生的来往。1965年学校搞社会主义教育运动，也就是所谓"小社教"，在学生中开始阶级教育。那么，在这个过程中就有人开始揭发我，使我大吃一惊。这是我人生中很大的痛苦。

从大字报中揭发出来的一些材料来看，当时校党委是决定把我清除出校的。为什么要把我清除出校呢？我有哪些罪状呢？有许多的原因，其中很重要的一个原因，就是没有改造好，拉拢腐蚀学生。

这就有点荒唐了。我到外语教研室之后，我的性格一直没有变，就是对学生的要求有求必应。政法系61级有个学生叫朱遂斌，很喜欢外语，也经常到我宿舍来。他来自农村，家境困难，困难到连回家的路费都成问题。

有一次，他来跟我说，连回家的路费都没有了，想要向学校申请助学金。我就说，这点钱还跟学校要什么啊，我给你吧，别跟别人说就是啦。

但后来揭露出来，说我这种做法就是拉拢腐蚀同学，批判者质问我：为什么学生要到学校申请助学金，你不让他申请反而自己给他？这不是拉拢腐蚀是什么……我还真哑口无言，好人真是难做啊。

还有一件事情也很荒唐。政教系三个班我都很熟，班上的学生也经常来我宿舍玩。有一次，有学生善意地问我：江老师你还能跳舞吗？我说，啊呀，我这是假肢，跳不了啦。这学生就说了，那苏联还不是有个"无脚飞将军"嘛,这"无脚飞将军"人家两条腿断了,还不是照样能跳舞嘛,江老师你跳跳看。于是推辞不过,我就在宿舍里面放了个唱片,试跳了一两下。学生当然很开心了。可是这事儿也被揭发出来,还是一句话:在家中开舞会,拉拢腐蚀同学。

更荒唐的事情是,有一次学生搞点小演出,没有西服穿,就过来跟我借西服。那时候,正好是1961年到1964年这期间,可以说国民经济刚度过了最艰难的时候,人们的思想也比较缓和,学生开始有兴趣搞点文艺演出活动。有学生跟我借西服,我正好柜子里还有两件在苏联时穿过的西服,就借给学生了。这事也被揭露出来,说我用西方资产阶级的生活方式拉拢腐蚀同学。

可以说,到最后我跟学生的任何接触,都可能成为我的罪状。比如什么朗诵诗歌啦,看苏联时拍的照片啦,听听苏联的唱片啦,如此等等。

后来我被揭发出这些问题时,心里确实不舒服。我心里想,这个领导班子为了能够摆脱自己的困境,就时不时拿右派分子开刀了,管你是不是摘帽右派。

北京政法学院第一把手刘镜西的儿子刘冠军,当时正上中学,外语不太好,一把手就点名让我来帮助他儿子补习外语,也不在乎我是不是右派,也不担心我拉拢腐蚀青年学生。可是运动一来,拉拢腐蚀青年学生的罪名就安到我头上了,院党委决定把我清除出学校,请我给刘镜西儿子补习外语的事情再也不提了。

这事也可以说明,当时我们这些摘帽右派的地位,是很脆弱的。只要碰到阶级斗争或者什么运动,需要做炮灰的时候,你肯定是在劫难逃了。

1960年大家都浮肿

所谓的"三年自然灾害"时期,因为那段时间我们都在学校,而学校毕竟是在北京,饥荒无论怎么说,也没有外地严重。而我们真正去农村里面搞"四清",那已经是1965年的事情,而且也是在河北省的香河县,离北京不远的农村,那时候国民经济已经慢慢复苏。所以,我们对所谓"三年自然灾害",并没有太直观的感受。

从我们教师的角度来看,我们在教学岗位上最大的感受,就是各方面的供应指标都大大降低了。我记得1960年那阵子,只有每人每月25斤的粮食没有动,其他的供给都显著减少。那时候买糕点有糕点票,买糖果有糖果票,供应都明显减少。实在饿极了,就去买一些高价的点心,那确实很贵,但一个人单身汉没有其他开销,“民以食为天”嘛!

在这种情况下,学校只能采取各种办法解决。学校还好,一阵子搞什么“粗粮细作”,一阵子搞什么“双蒸饭”,甚至还把枣之类的东西加工成所谓的“人造肉”,来给学校里的教职工补充营养。跟社会上比,学校毕竟还有点这样的基础。

那时候印象最深的,就是很多同事、学生都普遍地浮肿,浮肿确实是一个很普遍的现象。大家见面寒暄,第一句话就问你肿了没有。但毕竟学校在北京,生活条件差点,大家粮食不够,营养不足,却还能够生活,至少没有饿死人。

那时候,我自己也有点轻微浮肿。因为当时已经在外语教研室了,不再干什么体力劳动。觉得粮食少点,也就凑合吃点。每天都早点睡觉,睡着了,饥饿的感觉就不那么强烈了。

四清运动

从1964年开始,各个高校、机关都开始轰轰烈烈地搞“四清”了。北京政法学院第一批的“四清”工作队去的是四川的乐山、温江和广西,我那时候也申请了,但没批准,说我还有教学任务在身。所以那时候,还是以很羡慕的心情,送别北京政法学院的“四清”工作队。一年后他们就回来了。

到了1965年的时候,北京政法学院开始组建第二批四清工作队,这一批是去香河,就是现在国家足球队训练的香河基地那一块。我参加了这次的“四清”,为期也是一年。出发前,我写过一首七绝:

“风发意气风满楼,扫却小我枕上愁。焉得此生长相乐,浊水一滴荒海流。”

我是带着全心全意去锻炼的心情参加“四清”的。

“四清”运动怎么搞呢？1965 年 9 月 14 日，北京政法学院师生 530 人，在院党委副书记、副院长李进宝的带领下前往河北香河县农村。我们一行 8 个人，去的是香河县的小青庄务，很小的一个地方。在小青庄务的生活非常艰苦，我们下去之后要跟贫下中农“三同”，也就是“同吃、同住、同劳动”。同吃、同住倒问题不大，在那个年代也吃过苦，这个倒不成为问题。最艰难的是劳动，当时劳动很麻烦，尤其是夏天的时候，大家辛辛苦苦在地里铲杂草，一晒一身汗。

对我来说，更为麻烦的是假肢。假肢毕竟不能像人本身的四肢那样自然，虽然可以弯下去，但弯度毕竟有限。这给我造成了很大的困难，无论是上厕所还是劳动，都带来了诸多的不便。但在那种情况下，有困难也就只能咬牙克服，我最终也坚持搞完“四清”。

劳动之外，就是真正搞“四清”。所谓“四清”，就是“清工分、清账目、清仓库、清财物”。上面制定出这个“四清”的目标，主要是基于一种假定，即阶级斗争长期存在，反动阶级可能复辟，要教育干部、教育人民对形势有清醒的认识。但这种宏大的目标到了下面贯彻执行的时候，就完全把运动的矛头对准了村干部，几乎把村干部都当成敌人来对待，这是当时最大的问题。

客观说来，当时很多村干部的确存在不少问题。我记得我们在小青庄务搞“四清”，最早的工作突破，就是揪出来一个小队的会计，农民发现他账目有问题，他自己也承认确实贪污了一些钱。应该说，这在当时来说，还算我们工作中一个不错的成绩。

政治气氛变了

我们大概是 1966 年 5 月从香河归队回北京政法学院的。回来的路上，我们还兴高采烈，总觉得像回家一样。你想，一年前我们离开了北京，现在好不容易又回到北京了。

可是一进北京政法学院的校门，我们马上发现气氛变了。所有教研室的同事、所有的学生，见了我们这些工作队的成员，都非常冷漠。后来我们才知道，学校里面已经贴了很多大字报，抓这个抓那个的，基本上人人自危。那时候“文化大革命”已经开始，学校里面已经开始揪工作组了。

九、"文革"十年

"文革"始于高校

"文化大革命"首先是从高等学校爆发，并逐渐蔓延出去的。我的印象是，我们从香河回来以后没多久，高等学校就开始乱了，高校学生普遍地发起了对学校领导层的极端冲击。而极端冲击的后果，就是高等学校几乎都没有秩序。

我们都知道，1966 年 5 月 4 日 ~26 日，中共中央政治局扩大会议在北京召开。在这次会议上，通过了《中国共产党中央委员会通知》，这也就是我们常常说的"五・一六通知"。这个"五・一六通知"，正是文化大革命正式发起的标志。当然，这份"通知"是在一年以后，也就是 1967 年 5 月 17 日，才由新华社播发全国的。

1966 年 5 月 25 日，在江青、康生等人的授意下，聂元梓等人在北大贴出了题为《宋硕、陆平、彭佩云在文化革命中究竟干些什么？》的大字报。宋硕当时是中共北京市委大学部副部长，陆平时任北京大学党委书记、校长，彭佩云当时是北京大学党委副书记。这场大字报，显然把矛头对准了北大党委乃至北京市委。光从这张大字报来说，可能也没那么大的能量。但是很快，毛泽东就公开"全国第一张马列主义的大字报"，6 月 1 日，毛泽东向陈伯达和康生作出批示："康生、伯达同志：此文可以由新华社全文广播，在全国各报刊发表，十分必要。北京大学这个反动堡垒，从此可以开始打破。请酌办。"很快，这张大字报就被安排向全国做了广播。这张大字报以及聂元梓等人，也就因此而青史留名了。

聂元梓等人的大字报贴出来之后，各个高校的秩序开始大乱。大乱的主要表现，就是学校领导机构在造反派的冲击下瘫痪。原来的党委、行政以及学工系统，全部陷入了瘫痪状态。各个高校的党委书记、院长等，都作为黑帮分子靠边站；学工系统中很关键的各个年级辅导员，也被学生造了反。这样一来，高等学校完全陷入了失序的状态。

为什么各个高校的领导机构都首当其冲地受到冲击呢？那是因

为“文化大革命”从一开始就将矛头对准了“走资本主义道路的当权派”，简称“走资派”。这个“走资派”并没有明确的外延，只要你是当权派，那么你走的肯定就是资本主义道路，那么你就必须接受“文革”小将的造反，并老老实实地接受批斗。说实在的，这个“走资本主义道路的当权派”当时被无限扩大，几乎所有的当权派都被认为在走资本主义的道路。

这一点在北京尤其突出。这里的主要原因就是，北京是彭真领导的。而彭真，在此前不久被打倒了，成了“彭罗陆杨反革命集团”的成员。也正是因为彭真的关系，上面就把北京的高等学校看做是北京市委控制下走资本主义道路的典型。

今天的读者可能会问：很多大学不都是教育部或其他中央部委管的吗？怎么跟北京市委有关系了？这跟教育体制有关系。按照当时的教育体制，不论高校本身是中央领导的、各部委领导的、教育部领导的还是北京市领导的，有一条原则就是高校党组织的领导，都是由地方来管。这样的话，在京高校的党组织系统，当然就属于北京市委来管了。当时北京市委设有大学工作部，专门管高校的工作。

“文革”一开始，以彭真为首的北京市委就成为被冲击对象，旧的北京市委的成员，都成为所谓的“彭真的爪牙”，或者称做是“黑帮分子”。“文化大革命”有个很重要的特征，就是北京市委首当其冲。以毛泽东为代表的中央，对于北京市委普遍地不信任、不满意。1966 年 5 月 23 日，原来担任中共中央华北局第一书记的李雪峰，被任命为中共北京市委第一书记。虽然李雪峰来了，看起来也没有建立多大的威信。

保皇派与造反派

“文化大革命”从一开始，就明显地分化成了“造反派”与“保皇派”的对峙。前者一般是少数派，后者一般是多数派，两者之间有很激烈的斗争。

从北京政法学院来看，最早表现出来的矛盾，就是“保皇派”和“造反派”之间的矛盾，这个是当时可以看得很清楚的。所谓“保皇派”，就是保当时学校的领导，认为学校的领导不是黑帮，学校领导仍然执行革命路线。

这一部分人的数量相当多。因为北京政法学院当时大部分教职工都是当年毕业留校的本校学生，都是我们常常说的又红又专的人才里面很“红”的这一部分人。因为只有很“红”，才会得到当时领导的信任，才可能留下来做党务、行政或者学生工作。那么这一些人，从本质上说来肯定属于“保皇派”，他们希望这些领导不被打倒。

而所谓的“造反派”，主要就是指当时站出来造反的学生。当时的政治环境，他们被鼓励站出来造当权派的反、造旧秩序的反。“保皇派”和“造反派”之间的斗争，应该算是北京政法学院“文化大革命”的第一阶段。

北京政法学院的第一张大字报

1966 年 6 月 1 日晚，最高人民法院司法行政厅副厅长沈兰村来到学校，了解全国第一张大字报播发后北京政法学院的反映。到了 6 月 5 日，召开全院大会，沈兰村在会上宣布，成立以沈兰村、黄态、孟庆俊、张善四人组成的工作组，接管北京政法学院党政一切权力。在该会上，沈兰村号召全院师生员工起来造反，大胆揭发“当权派”的问题。

6 月 6 日，业务教研室的张子培贴出了针对当权派的第一张大字报，即《刘镜西是赫鲁晓夫式的危险人物》。这是“文化大革命”中北京政法学院出现的第一张大字报。

政法公社与政法兵团

后来到了第二个阶段，就是中央领导肯定了造反派的功绩和地位了之后，“造反派”内部出现了再一次的分化。政法学院当时的“造反派”分化成两个：一个是政法公社，另一个是政法兵团。

在“文革”刚开始的时候，政法公社的力量占据优势，也受到了中央文革小组以及上级领导的支持。1966 年 12 月 31 日，谢富治指示“政法公社”接管北京市公安局西城分局。这件事当时据说受到了周恩来的批评，周恩来告诉谢富治，“这是你说的，我不能同意。这事你决定不了，我也决定不了，这样大的事，要经过政治局常委讨论，还要请示主席批准才行。”但不管怎么样吧，政法公社力量一下子强了很多，突然变得很重要，地位很高，因为他把北京市公安部门的权都夺了嘛！

当时北京政法学院一年级的学生陈荣金成了政法公社的头头，徐贵春则当上了北京市公安局的司令。他们夺了权之后，上面的中央文革领导小组是赞成的，说革命小将夺了公安局的权力，这是好事啊。所以，就北京政法学院来说，从开始中央文革对“造反派”的支持，主要也是支持政法公社。也可能是因为这种导向，北京政法学院大概有四分之三的师生员工，都加入了政法公社。

后来在造反派里面，又分化出来了一部分，他们成立了另一个“造反派”组织，叫做政法兵团。政法兵团参加的人数是比较少的，也不掌权，始终处于被压抑的地位。

再　婚

这里插入说说我的婚姻。前面讲过，我在 1957 年被划为右派后不久，就跟我的第一个爱人离婚了。此后，由于长期劳动和改造，再加上事故中一条腿也废了，有差不多十年的时间，都是自己一个人过。

1967 年的时候，我跟现在的爱人崔琦结婚。那时候，我的生活还没碰到太大的冲击，相对来说比较安静一点。我真正受到冲击是在 1968、1969 年，如关牛棚啊、被隔离等，都是后来的事情。

那么跟现在这个爱人崔琦，我们是怎么在一起的呢？她原来是北京市东城区房管所的干部，也是在 1957 年的反右运动中划为右派。我们先前并不认识。后来我们之所以认识，是由于北京政法学院民法教研室同事姚兆辉的介绍。姚兆辉当时在宣武门那块儿认识一对马来西亚回来的侨胞，女士在协和医院神经科做大夫，先生是乐团大提琴手，两口子有个女儿。崔琦家正好就是这对侨胞家的邻居，和侨胞家是好朋友。我跟姚兆辉去那几次之后，逐渐也就和崔琦认识了。真可谓“同是天涯沦落人，相逢何必曾相识？”

我们认识后不久，也就慢慢熟悉了。当时我们岁数都已经不小，我已经 36 岁了，而崔琦也 32 岁了，又都是戴着右派的帽子整整十年了，长期这么下去也不是个办法。于是就商量，我们两个人一起组成个家庭吧。我们就是这么在一起的。

回想起来,我们在“文化大革命”之初结婚,多少有些“反潮流”的意味。两个右派在那么敏感的历史时刻结婚,也算有些“大无畏”的精神。

当时我们的婚礼非常简单,没怎么请客,就两个人去照相馆照了一张相,就算结婚。现在看来,当时结婚照我是系上领带的,有人说,在那时候真是有和“破四旧”相逆反的勇气。

改革开放三十年来,我之所以没有“后顾之忧”,全靠崔琦和崔家人的大力帮助。所以,我的事业如果说有所成就的话,一个重要的原因就是有个贤内助。

我们这些人的尴尬

那么,北京政法学院“文化大革命”的历史,主要就是政法兵团跟政法公社斗争的历史。

当时我们这些“摘帽右派”是没有资格来参加“文化大革命”的。“文革”一开始,我们就都靠边站,只能充当陪斗的角色。也就是说,人家仍然是把我们当做敌我矛盾来看,只是在“文化大革命”中,我们已不是批斗的主角,因为主角是“走资本主义道路的当权派”。当时在斗“走资派”的时候,有时候还把我们这些右派分子(虽然已经摘帽)拉上去陪斗。所以,我们在“文革”中的地位很有意思,我们既不是主要的革命对象,但我们肯定也不是主要的革命力量,我们仍然是被人家监督改造的。

学校早已停课闹革命。我们这些人也总要有个“归属”吧!那时候,老师们都纷纷成立了“战斗队”,从毛主席语录、诗词中找个名字,就成立一个战斗队。当然“战斗队”是按“志同道合”组成的,我们也就按“志同道合”的原则去归属。我们说是“归属”某个“战斗队”,说好听点,就是参加一个战斗队的活动,但并不是它的成员。

“文化大革命”一开始就是残忍的,从对被批斗者的残忍对待到后来的两派之间的武斗,都是非常残忍。我在“文化大革命”中,也曾留下了一些诗词:

十六字令四首·叹人

(一)人,朝似明神暮成瘟,功与罪,千秋谁解分。
(二)人,岐路设井百丈深,偶失足,永是戴罪身。
(三)人,来生宁做猪化身,千万莫,再投者家门。
(四)人,衣带血肉鞭带痕,何处诉,死是游离魂。

我们学校有个划右派的学生,叫陆绍祈,不断地为右派问题申诉。他是广西人,后来回到广西,听说"文革"中被打死了。我为他也写了一首诗:

弱蝉吟

小小一只蝉,嘶鸣桑树巅;
岂知韶光尽,不解浮生艰;
孤枝秋露重,摇木夜风寒;
众鸟自顾巢,谁肯仗义言;
何若随世态,长作闲冬眠;
莫待啼声咽,魂体两不全。

引火烧身

由于我是参加政法兵团活动的摘帽右派,又是绝无仅有的一个,那么在两派斗争最尖锐的时候,我这个"摘帽右派"在这里面,显然就很容易引火烧身。对方要想找政法兵团的毛病,那很好的一个攻击的目标,就是从构成人员的成分上找突破口。政法公社的人可能就会说,你们政法兵团里面都有右派参加,革命队伍不纯正,等等。

更重要的是,如果能从这些"右派"或者"摘帽右派"的问题来着手的话,那很容易打击对方阵营的气焰。因为那时候很强调出身,出身好的人根正苗红,揪不到什么把柄;但是如果你历史上有问题,你又被划过右派,那这个小辫子是很容易被人家抓到的。我就属于这样的情况。

果然,政法公社很快就找我的问题。对方找了一个借口,这个借口是什么呢?是涉及当时一个具体的案子,现在已记不清具体情况了，大概跟精神病鉴定有关系。围绕这个案子，两派之间发生了激烈的争论。我当时住在南城，离学校比较远。正好我的一个邻居是协和医院精神科的大夫，于是我回家的时候，顺便就这个问题征求了他的意见。他从专业的角度，对这个问题做了解释并定性。这个消息也不知道怎么着，很快就传出去了。传出了之后，政法公社就以这个事件为借口，发动了一个政治上的攻势，他们很快派人把我抓起来，开始了隔离、审查、批斗。这大概是1968年左右的事情。

我当然不是“文革”的主要目标。但是，就这起事件来说，毕竟也是两派斗争的一个手段，但对我个人而言，一下子就被隔离起来。那时候我确实没想到会被隔离。当时我只是估计会有一些问题，但是没有估计到会有那么严重，严重到关牛棚的程度。

这个牛棚是在哪儿呢？就是现在的旧二号楼。但我被政法公社关了半个月的牛棚之后，还是发现没有什么大问题，最后又是被勒令回去，自己接受对方的监督吧。这算是我在“文化大革命”期间碰到的最严重问题。

诗书丛里觅快活

从发生引火烧身的事件开始，我更清楚了自己的地位和处境。从此，我将大好时光用在刻苦读一些古文，尤其在诗词上。我买了许多前朝的“诗话”、“词话”，系统阅读了历代著名的诗词，我甚至把许多我认为的佳作、佳句都抄录在本子中。一时间我完全沉湎在诗词中，我在一首诗中，用“还将旧时殷勤意，诗书丛里觅快活”来表达这种感受。

我还在《西江月·中秋即兴》中写道：

别来人间欢热，换来仲秋清凉，骚客何以慰蟾光，三咏千古绝唱。
一阙东坡下肚，几句太白入肠。秃笔破砚佐诗狂，缪神为我一降。

这里用希腊主音乐诗歌的女神缪斯来陪伴我的诗兴。

有时候，为了寻求新句，真的到了难以成眠的地步。在《七律·骚兴》中我写道：

诗魔魔我不得闲，竟日苦苦觅新篇。
搜尽枯肠总有句，思破睡乡难成眠。
风花雪月吟无味，陈词滥调嚼不甜。
不做贾岛酸诗客，要学杜老语惊天。

我在《五律·梦李白》中对自己命运的悲歌：

昨夜诗情来，梦中遇李白。
长啸辞故土，悲歌登高台。
江南无花木，塞北多尘埃。
狂笑问天帝，何用生我才。

对于人生的遭遇，回想起来有时确实愤愤不平。我在《临江仙·悲歌》中充分发泄出这种情绪：

千语万言满胸臆，欲诉欲泣无从。长吁三声问天公，为何射日手，不许弯大弓。

翻云覆雨人间事，过耳过目无穷。谁主沉浮与枯荣？欲平心中愤，唯唱大江东。

我读《古文观止》时有很大触动。李陵与司马迁是同时代人，李陵领导五千兵征战匈奴，深入匈奴境内，连续作战十余天，杀掉的敌兵超过自己兵士的数量。匈奴倾全国兵力围攻李陵，李陵弹尽粮绝，被迫投降匈奴。汉武帝闻听大怒，将李陵母亲、妻子问斩。司马迁替李陵辩解，也被处宫刑。这段历史与经历，在李陵的《答苏武书》和司马迁的《报任安书》中均有感情真挚的叙述。司马迁是个身受残疾、蒙受冤屈之人，李陵身上蒙受屈节投降之辱和我自己的遭遇有相似之处。所以，我在《七律·读〈古文观止〉有感》中写道：

厉风疾雨催草枯，斑痕点点犹有污。
一朝啼眼含带血，百番看花难成朱。
身残更感史公信，暮晚爱读李陵书。
求贤诏文何日下，萧萧短发不胜梳。

汉高帝的求贤诏词恳切谦恭，说明创业需要人才。我仍然热热切切地希望看到“求贤诏文”，能为国家效力啊！

2005 年 1 月，我的诗词选《信是明年春自来》由中国政法大学出版社出版了。出版前的 2004 年 12 月，我曾写下一篇短序，这篇序言基本上囊括了我写诗词的缘起，以及我对于自己诗词作品的心态：

最内心世界的东西，现在曝光了！

我本以为这本诗集将永远埋藏在我内心世界，经过反复掂量，还是决定出版，将她献给一切关爱和关心我的人。

这是我逆境中二十年的真实的思想抒发和感情宣泄。诗肯定是感情抒发和宣泄的最好形式。

我本来就喜爱古典诗词 。逆境中又有充分时间，所以才有我诗中“诗魔魔我不得闲，竟日苦苦寻新篇，搜尽枯肠总有句，思破睡乡难成眠”那种着了诗魔的感觉。一汪痛苦的情怀冀图在诗词中得到解脱。

好的诗词总是来自逆境。今天更能理解杜甫的名句“魍魉喜人过，文章憎命达”。“文章憎命达”是千古真理。顺境出不了好文章，逆境才能出好诗词。我在逆境中用诗词宣泄的最高音的呼喊就是：“千语万言满胸臆，欲诉欲泣无从。长吁三声问天公：为何射日手，不许弯大弓”。今天让我可以充分弯大弓的时候，我再写不出这样激愤的东西了！

诗词最能表现一个人的七情六欲、喜怒哀乐。在诗中可以抒发自己的政治见解，可以抨击时弊，可以怀古讽今，可以嬉笑怒骂。幸好，以今日之政治环境来衡量，这些抨击嘲骂的内容还不是禁止的。所以，这本诗集能得以出版确实是我意外的收获。

我不是一个诗人，只是一个业余的诗词爱好者，这只是习作而已，诗词中的平仄要求太严格，总掌握不好。我总认为，既然诗词是宣泄感情的，那就不要让平仄太限制它吧！总体像个诗词就可以了。

诗集出版之际，又凑得《忆秦娥》一首以志心怀：

难割爱，黄斑旧纸吐磊块。
吐磊块，时光已非，鸿爪犹在。

人生未必尽华盖，坦途仍需多豪迈，
多豪迈，岁月已老，诗情难再！

选入我的诗词选中的作品，最早的写于1963年，最晚的写于1990年前后，但比较成熟些的东西，都是1967~1977年期间写就的。那时候写诗词，主要是为了抒发自己在当时特殊情境下的心情。在那之前，我并没有写过任何诗词，而且没有受过这方面的教育或者训练。能够在十多年时间中写出大量的诗词作品，主要我想还是当时的特殊环境造成的。

这个特殊环境到底特殊在哪儿？一方面，是因为有大量的时间。那段时间很迷恋诗词，确实把很多心思都用在写诗词上了，当然也看很多诗词。即便后来到延庆后需要上课，但上课教的内容毕竟也就那么些东西，并不需要太花费时间去准备。所以，我就很有时间来读诗词、学诗词，也能够在这方面力求写出好一点的诗词。我在上面提到的"诗魔魔我不得闲"，就出自这首诗，也比较传神地描绘了我当时的心理状态。

那么，第二个原因就是心情。因为在"文化大革命"期间，尤其到延庆中学这一段时间，不仅时间比较富裕，而且我的心情也处于一种悲愤的状态。人大多在悲愤的时候，能够写出比较悲愤的诗词吧，或者挨批斗啊，或者是不得志啊等，这样一些逆境的时候，往往有一些写诗词的冲动。而最终通过这种写作，完成自己对自己的抚慰，多少实现一种内心的平静。

我在1968年写的《七律・题陆游诗集》：

乱世山川乱世空，乱世诗人出江东。
梦中不忘轮台戍，死前犹吊沈园踪。
无主红梅寂寂放，多情白发树树同。
亘古男儿失颜色，平生最爱是放翁。

陆游是浙东绍兴人，我三次去绍兴，每次都必去沈园怀古。这位既爱国又多情的浙江诗人和我有些遭遇相同。

我的《沁园春・元夜咏雪》中写道：

九冬已过,春娘犹睡,雪兴方浓。似劈山剑裂,横溢昆仑。擎天柱倒,直泻玉龙。千年古都,十里大道,梨花万朵胜桃红。三五夜,恰银灯舒眼,秦娥离宫。冰涂玉抹天工,羞人间丹青尽失容。

望塔影湖光,千态寂寂。枯木寒天,一色溶溶。变幻烟云,夺眼浮日,何如明月遨霜空。浴清辉,披皑皑冰甲,乐也无穷。

这首词是当时骑车漫游北京时大致形成的。词中对当时的"红太阳热"给以暗讽。一年以后,又逢元夜下雪,我以《清平乐·元夜逢雪》记之:

去年此夜,浑似此境界。想是雪娘情真切,难忘元宵清月。
满目冰海银波,盖住人间污浊。明日风和日暖,一汪泥水成河。

后四句是对我们常见的政治社会现象的一种讽刺。

我在《七律·四十感怀》中写道:

人生四十叹头颅,牛首鸡尾何相殊。
要知今日老村塞,悔不当初下荆吴。
域外空行万里路,灯下枉读千卷书。
老马无须心惆怅,伏枥终日是识途。

这首诗将四十年报效祖国无门的心情写得淋漓尽致。

我在《七律·杨花》中以杨花自喻,我写道:

千情万事俱成灰,高枝三月不复回。
半空飘落已无主,一绪才思付阿谁。
免随风尘逐上下,莫以流俗判高卑。
青霄碧落无限路,只傍幽径低处飞。

"莫以流俗判高卑",心中仍有悲愤难言之痛。

我在《朝中措》一词中说:

少年随分西赴欧，得意桂花秋。而今折翼边外，梦和泪到家楼。
昨日沧海，今朝池水，明日沟头。勉力尚且如此，此身此世何求。

自以为一生勉力的我，换来的是从沧海到池水、到沟头，人生究竟应该如何呢？

我在《七律·再读红楼梦》中写道：

五阅红楼字字吞，掩卷沉思谢曹君。
漫道尽是前朝事，唏嘘感我后来人。
不许牛鼻任牵锁，莫以蝇眼看升沉。
蓬门若无食粥日，那得句句动人深。

我用“不许牛鼻任牵锁，莫以蝇眼看升沉”喊出了心底里蕴藏多年的最强音。

1978 年以后，我开始全身心地投入工作状态，几乎没有写过像样的诗词。这么多年来唯一有点意思的，可能就是 1990 年校长被免职后写的一首《七律·六十抒怀》吧：

残肢逆遇未曾摧，乌纱抛却田园归。
宠辱应似花开落，忧国何分位尊卑。
世事沧桑心事定，胸中峰壑梦中飞。
长夜寒冬无声处，信有大地响惊雷。

可以说，这应该说是我的人生经历中很少有的一个阶段。现在你给我再多的时间，我也写不出这种诗词来。这跟人的经历有很大关系。

我的毛笔字是写大字报练出来的

文化大革命期间，我们在学校里面，基本上属于逍遥自在的那一部分人。因为学校完全停课了，作为教师不需要来上课，自然也就闲下来。而且我们尽管是“摘帽”的右派，但毕竟还是有右派的前科，在各种打着革命旗号的活动中，我们还是属于政治贱民，是没有资格另立山头组织战斗队之类的,不可能挑头去搞什么活动。

所以,当时在校园里就有一部分人对"文革"完全不参与,自己看点书,过得非常逍遥自在。在这种情况下,我们愿意完全逍遥自在也是可以的。但这样做,毕竟不符合我的性格,我从来都不是逍遥派。

在这种情况下,对于我来说,帮助我所在的战斗队来写大字报,成为最主要的一个任务。那时候,有段时间几乎天天都在写大字报,工作量非常大,几乎一天到晚都得写,而且还得写工整。我现在常常开玩笑说,我这个毛笔字,就是"文革"期间天天写大字报练出来的。

"斗、批、散"

在此之前的1966年,北京政法学院即停止了招生。就是在这么一个前提下,1970年12月,北京市革委会决定撤销北京政法学院,全体教师下放到安徽办五七干校。

这个消息对我们来说是个很大的打击。我们很多人从事法学教育这么多年,突然一下子法学教育这个职业就消失了,北京政法学院也被宣告终止、解散。这对我们来说,是个很出乎意料的决定。

五七干校是个什么东西呢?五七干校是"文革"期间根据毛泽东1966年5月7日给林彪的信中所做的指示,对中国党政干部、知识分子等进行思想改造的地方。1968年10月5日,《人民日报》整版报道了《柳河"五七干校"为机关革命化提供了新经验》,并配发了编者按,传达毛泽东的"最新最高指示":"广大干部下放劳动,这对干部是一种重新学习的极好机会,除老弱病残者外都应该这样做。"于是,中央国家机关和教科文单位都掀起了办五七干校的热潮。

当时,几乎所有的国家部委和教科文单位,都有自己的五七干校。五七干校一般都会在外地,那时候强调越是偏远的地方越要去,所以都会是在外地极其偏远的地方。

那么,到五七干校干什么呢?主要还是劳动和改造。在干校里,所有人都被称为学员,实行军事化管理,任何事情都要"学员"自食其力,包括种田、养猪、盖房、打井等体力劳动。除此之外,五七干校也成了"牛棚"的延伸,只是跟"牛棚"比起来,被批判对象享有相对多的人身自由。

在五七干校,几乎去那的所有学员都要经历斗、批、改三个阶段,即要跟阶级敌人斗，批判腐朽的思想，然后改进工作。那么，当时北京市革委会给北京政法学院的目标呢，是斗、批、散，斗争、批判完了之后就解散，所有学员在当地就地分配。

1971 年 2 月，我们就随北京政法学院的大部队，到安徽宿县的五铺公社去办五七干校。

在五七干校当食堂会计

从生活上来说，五铺应该说是一个还不错的地方。那儿的生活条件当然还是很艰苦，但是在五铺，毕竟没有太多的劳动。所谓劳动，都是象征性地干一阵，更多的时间都是用来开批判会，讨论一下所谓“斗、批、散”问题等。

从“文革”开始，学校就改成军事编制了。我们被编在了二连，当时像语文教研室、体育教研室、外语教研室等都是编在二连。在五铺公社，这种军事编制也继续沿袭下来。

在五铺公社，我参与的工作之一就是担任食堂的会计，主要负责食堂的采购，尽力把伙食搞好。那时候，凡是北京政法学院的老师，每个人都会多多少少地参与食堂的工作，烧火、主食、副食都是老师自己动手，没有一个是外面雇来的。

那么，当时食堂的负责人是语文教研室一个老师张泽膏，人非常聪明，后来担任首都师范大学的副校长。于是，五铺公社的炊事就是我们两个人合作，他负责管理，我负责账目。其实说实在的，账目我也不怎么懂。但这毕竟只是一个小食堂，哪有那么复杂的会计事务啊？所以还是很轻松地应付下来了。那段期间，应该说伙食还是很不错的，大家还是比较满意。

林彪事件震动很大

在五铺的时候，最大的事件就是“九・一三”事件。1971 年 9 月 13 日，党和国家的“二号人物”林彪偕同妻子叶群、儿子林立果，在山海关机场登上三叉戟飞机仓皇出逃，最终在蒙古共和国境内坠毁，这就是所谓的“九・一三”事件。

“九·一三”事件刚开始还是处于高度保密状态。1971 年 9 月 18 日,中共中央向全国省部级以上干部发出了《关于林彪叛国出逃的通知》,对“九·一三”事件做了通报。接下来就是对林彪余党的调查、搜捕工作,并成立了负责彻底审查林彪集团问题的中央专案组。直到 10 月 24 日,中共中央才向全国普遍传达了林彪叛党叛国事件。

“九·一三”事件对我们震动非常大。在我们的印象中,林彪一直是对毛泽东忠心耿耿的“二号人物”,而且两年前的中共九大还把他列为毛主席的接班人。他怎么一下子就成为了叛党叛国的大叛徒呢?从 12 月起,中央陆续发布了《关于粉碎林彪集团反革命政变斗争》的三批材料,官方对此事件的说法才逐渐清晰起来。我们又忙于学习中央有关批林的材料。

摘帽右派的身份影响分配

那么一年以后呢,也就是 1972 年 4 月,上面决定撤销北京政法学院五七干校,绝大部分教师和干部都在安徽就地分配。五七干校解散之后,大家都非常关心自己未来的去向。当时上面规定的原则,是所有的人都在安徽省内分配。

最后分配的结果公布,我被分配到了宿县师范学校。

我过去读过许多“诗话”,讲的是有些人写的诗,在诗中就应验了以后的结果,这叫做“诗谶”。我在等待分配、焦急的日子里也写了一首词《卜算子·安徽五七干校待分配》:

“把卷兴还来,提笔情无绪。欲将心思理成诗,肠枯难成句。留也终须留,去更何处去。毫发一减又一程,哪程是归宿?”

哪程是归宿?最后分配的就在“宿县”,也可以说是诗词中的问题已经给了解答。

可是在“文化大革命”期间,知识分子的地位很低、名誉很臭,是“臭老九”,尤其是我们这些摘帽右派,更是自惭形秽。所以,我最终也没有去宿县师范学校报到。当时找了其他人去问,像我们这样的到底要不要去报到,当地回答说,你们爱去哪去哪儿吧,我们根本不想要你们这些人。

当时的情况确实如此，除了一些人政治上很红，人家极力希望留下外，像我这样的摘帽右派，人家根本就无所谓你来或者不来，甚至巴不得你不来报到。人家嘴上没说，但确确实实表达出了这样的意思：你只要能找到工作，我们就给你开介绍信，你爱去哪儿去哪儿，你不到我们这报到更好，我们少了一个“包袱”。

当时我就是这样的情况了。虽然自己认为是国家培养了五年的留学生，懂法律专业，还有外语的优势，可是在人家接收单位看起来，这些都是没用的。

回北京找工作

在这种情况下，由于我的户口还在北京，我当然希望回北京了。当时对我来说，北京户口是最宝贵的，因为只要户口不动的话，我还是可以随时回北京的；倘若户口迁出了北京，那就彻底完了，这辈子估计想回也回不去了。当时的情况下，我对这一点的认识，应该说是非常明确的。

北京政法学院五七干校解散的消息传开后，出现了很有意思的一个现象：个别教职工出身比较好，关系比较灵，他们到最后手中就拿到了四五个调令，四处炫耀说：“这个单位要我，那个单位要我，我现在到底去哪儿？”而像我这样的一些政治上比较差的教职工，就只能自己辛辛苦苦找工作了。

当时找工作费了很大劲，花了很多工夫。因为当时找工作，都要登门去求人，而去求人的话，右派身份一说出来，立马就矮了三分，右派身份成了我找工作中最大的障碍。

这辈子还从来没有为找工作犯过愁，现在轮到自己去求人找工作了。我写了《生查子·为回北京踏门求职有感》：

人生一百年，腹中书为贵。
扣门与随尘，此生何曾会。
啼笑失穷途，心力更交瘁。
非是过来人，谁解其中味。

杜甫诗中也曾有“朝扣富儿门,暮随肥马尘。”诗句这扣门与随尘,充分表明了知识分子穷途末路的心态。没有想到,我也沦落到了这步田地。

我心想,我这个人没别的特长,既然我现在是北京政法学院的俄语教师,虽然当时中苏关系差了,但是,俄语毕竟还是当时主要的外语,因为1949年中华人民共和国成立后,外语教育的历史传统中俄语占了绝对优势地位,当时正好有个熟人在那,于是,我去了位于通州定福庄的北京第二外国语学院。我眼巴巴地问人家,能不能让我来这教书啊?结果给我的答复很简单:你这“摘帽右派”的身份,不好说。

这给了我非常非常大的打击。到最后,我已经到了真的要自谋职业的程度。当时的大环境,尽管口头上提“又红又专”,实际上主要还是看你“红”的程度。我知道当时有几个老师俄语很差,但最后还是去了北京第二外国语学院。但像我这样留苏的,因为有右派的前科,人家根本不考虑。我当时就深深感觉到,在当时“红”和“专”的地位中,“红”是绝对第一位的,“专”再好,也没有什么用处。

最后怎么办呢?正在四处碰壁、心灰意冷的时候,碰到北京政法学院汉语教研室的宁致远老师。宁致远尽管也是华北革大来的,但骨子里毕竟还属于知识分子,从来不摆老干部的架子,平时跟我还能聊得来。他告诉我,说他通过在北京市延庆县教育局工作的学生,在延庆找着了工作。当时交通远没有今天发达,延庆离市里有80公里呢,非常偏远。但当时的情况容不得你挑三拣四,最后没办法,我也是通过宁致远的这个学生,才被延庆县教育局接收。这是1972年的事情。

在延庆教英语

应该说,至少“文革”期间的延庆县,教育是不那么发达的,中学教学也是比较落后的。我到延庆教育局报到后,延庆县教育局也在考虑,如何最大限度地发挥我们这些人的力量。我对这一点是很满意的,好赖人家不再紧紧抓着你的右派身份不放,而看重你的专业能力。

到延庆之后,分给我的第一个具体的工作,是给他们培养英语师资。延庆的中等教育特别缺能够教英语的师资,他们以前也曾选派人员到北京市里学习过,可是学完之后,这些人就不愿意回延庆,毕竟延庆太偏僻了。所以,我到延庆报到之后,教育局决定让我在延庆给他们培养英语老师。

教育局领导问我:你的英语水平怎么样?可以不可以培养中学老师?我说,以前我高中上的是教会中学,大学也是燕京大学,中学和大学阶段对英语都抓得比较紧,教普通的英语应该没问题吧。他们决定先让我搞这个英语的师资培训班。

这个英语师资培训班设在康庄。学员数量不多,大概十来个女同学。在那个地方呢,我的任务就是一天到晚陪这十来个女生学英语。就方法而言,我觉得当时还是比较先进的,我特别注重对学员口语的训练,大部分时间都花在口语上。这个英语师资班挂在延庆师范学校下面但相对独立,无论是教学计划还是教材的内容,都是我自己来安排。我以前从来没搞过英语教学,对我来说,教英语也算是个前所未有的创举。

我在康庄搞了整整一年的英语培训。一年之后,教育局的领导可能觉得这种方式并不怎么太成功,自己关门培养,学员的外语水平也没见太明显的提高,毕竟她们的起点非常低。所以,从我到延庆的第二年开始,就把我转到延庆二中。

让我教政治有点受宠若惊

尽管名字叫延庆二中,实际上就是延庆县最高的学府,现在叫延庆中学。延庆县原来属于河北,1952 年时在延庆县城火神庙创办了河北延庆初级中学;1954 年迁至康庄,称康庄中学;1957 年 7 月改成了河北延庆第二初级中学;1958 年 10 月延庆划归北京市管,康庄中学即更名为北京市延庆第二中学;直到 1960 年,延庆二中又更名为康庄中学。这样的话,延庆二中一直是延庆最高的高中了。

我到延庆中学报到后,学校领导把我划到了政治教研组,让我教政治课,而且还担任政治教研组的组长。这在当时对我来说,真的有点受宠若惊——让我教政治课,而且还是政治教研组组长,在当时摘帽右派身份的情况下,应该说延庆方面还是对我有足够的信任的。

当时,政治课都要紧密结合政治运动的形势,紧密配合热点来安排教学内容。政治课上本身的教学内容,并不是我们自行讲的,而必须跟"文革"期间的政治结合起来,所以我讲的政治,确切点说应该叫结合文化大革命的政治吧。后来高考制度恢复,政治也是必考科目之一，这几年的教学，对于部分学生来说还是有点用的。

1976年是很重要的一年

1976年是很重要的一个年份。我在整个“文革”期间，印象最深的就是1976年了。

先是1月8日周恩来总理逝世。我记得当时学校专门组织了周恩来事迹的报告会，让我专门给大家讲周总理的事迹。事后，曾写《七律·周总理去世》一首以悼之：

君是亘古一伟男，伴君伴虎四十年。
功高常戒身压主，权重尤忌心贪婪。
总为苍生忧思重，何曾片时枕梦甜。
昆仑山下红旗乱，黄土垅中能安眠？

7月6日，朱德逝世。此后不久，即7月28日发生的唐山大地震。毕竟唐山离北京不远，大地震发生后，北京到延庆的交通全断了。学校也通知大家，任何人都不能回家，都必须坚守自己的工作岗位。是年8月份，有《水调歌头·唐山大地震》记之：

太平几时有，无情最是天。夜半山崩地陷，飞祸临幽燕。可怜苍生十万，辛苦财产百亿，飞灰顷刻间。无边血和泪，亲人残不全。

抚古今，追往事，思万千。谈虚说妄，鬼神却比庶民先。疾苦心心相通，灾祸时时与共，谁似总理贤。强压忧国泪，拭目看来年。

紧接着，9月9日毛泽东又逝世了。我们不得不理性思考毛泽东的“功”和“过”。在个人崇拜达到巅峰时，当任何人对领袖的英明怀疑都可以“人人诛杀之”的时候，中国的知识分子发出了不同的声音。我在《七律·感时再发感慨》中写道：

青衿赤子吞声哭，掩泪涕鼻动苍梧。
不言志士皆流血，但云天下应姓朱。
死生纵是英雄有，错误除却神仙无。

盖棺犹自难论定，还记当年约瑟夫！？

约瑟夫是斯大林的名。斯大林死后不到三年，就被从神的宝座上掀翻在地。盖棺向来是难以认定一个人的"功"与"过"，只有当全部真相都为人民所了解后，人民才能给他一个真正的历史定论。我还曾有《七绝·痛感》记述当时的心情：

昨日群氓百万死，今朝英雄一身亡；
卑贱尊贵原如此，无怪后事两样忙。

另外还有一件大事，就是10月6日中央粉碎"四人帮"反党集团。10月14日中央公布了粉碎"四人帮"的消息，我们对此当然非常高兴，总觉得这下中国能回到发展的正规轨道上去了。

初为人父

1969年，已经是39岁的我，初为人父。我想只要当过父亲的人，对那种初为人父的感觉，都会心有灵犀一点通。只不过在当时那种情境下，我们自身的命运尚且在时代的长河中颠簸起伏，对于下一代，又想让他健康、茁壮成长，但对于当时的环境，又有一种无可奈何的感觉。江波出世时，我曾写下一首七律《七律·纪念波儿出世》作为纪念：

谁遣此儿下尘河，未落人间已颠坷；
抱婴床前沉百感，握笔案头发九歌；
犀无梳处方知老，欢未成时几经折；
江海行舟多险阻，愿汝长能耐风波。

我曾经谈过，我们江家取名的传统是"永怀伟业"四个字排辈，我是"伟"字辈，那么我的子女应该是"业"字辈，应该按照这个来取名。但在当时的情境下，并没有按照祖传的方式，而只是给儿子取单名"波"，也就是像这首诗最后这句所表达的，"江海行舟多险阻，愿汝长能耐风波。"表达了作为父亲对后代的一种期望吧。

我对出生两年后的女儿江帆，也有一首《七律·帆儿二周岁感怀》：

人生何时长团圆，塞南江北几度寒。
寂寞此情思儿女，坎坷残慰寄娇憨。
莫怪壮骥多惭愧，且盼长路少阑干。
拼得一身心骨瘦，为看明珠江满帆。

“且盼长路少阑干”，表达了一个知识分子最大的心愿。

延庆生活不容易

我前前后后在延庆一共待了六年半。整体的感觉是工作环境很不错，人跟人之间没有什么政治上的歧视。毕竟是在基层，人跟人之间的关系都很淳朴、简单，我跟同事、学生的关系也都很不错。而且在延庆，还有一些来自市内的老师，感觉就像有了老乡一样，大家相处得都很好。

我觉得真正在高校里，越往上面，这个政治待遇差别就越大，在领导人眼中这是一个政治原则的问题，右派和非右派那就有一个明确的分水岭。而在基层，至少我没碰到这样的问题，没感觉到有什么歧视。

但现在回过头来，我在延庆那段时间，生活上可真是十分艰难。我爱人只工作了很短的一段时间，后来有了孩子，就没有再上班。这样的话，我们一家四口人每月的生活，只能指望我那69元钱的工资。

艰难到什么程度？说实在的，那时候我从延庆回市里，或者从市里去延庆，每坐一次公交车，都要掂量掂量。北京距离延庆正好160里，坐一趟车的话正好是1.6元，而要坐个来回，就得3.2元，如果再加上孩子的车费，那可能还得更多点。这样一来二去，那点工资就剩不下多少了，所以那时候，我都是骑着自行车往返于县城和各公社之间是常有的事，有一次还冒很大的风险，居然骑车从延庆县城回北京。那时候的生活，确实是把人的欲望压缩到最低限度，或者说根本没什么的欲望。

我记得在我的诗词中，有好几处都提到我骑着自行车回延庆的经历。比如这一首1973年夏天写于康庄的《江城子·自延庆归遇风》词：

四围青山浴清辉，烟雾垂，孤云随。徐徐微风，轻骑跨乌骓。恰似当年千里路，桃花客，上天闹。

军都山前云渐黑，起沉雷，高标危。命运何舛，恰逢此时归。十六年前伤心事，泪和梦，是耶非。

在这首词中，表明了当年两种截然不同的心情。前半阙讲当年留学时顺风得意的心情，后半阙讲逆境时的伤心往事。

1975 年初春，还写过一阙《水调歌头·骑车自延庆回北京》词：

天险不足惧，跋涉有何难。任凭风雪欺我，偏要轻车还。横上军都百丈，直下关沟九曲，乐自在其间。低吟还未定，已过居庸关。

衣也透，腿也软，腰也酸。老骥伏枥，虽有壮志难似前。不靠天上风助，却要世间人牵，令我心悄悄。劝君应服老，莫学莽少年。

当时对于我一个安装假肢的人来说，年纪也已四十多岁，骑车走 160 里并不是一件很轻松的事情。这也说明我的性格。在我的性格中，确实有一种喜欢冒险的气息，“劝君应服老，莫学莽少年”是我自己对自己的劝诫。

我在 1977 年快要离开延庆时，曾有一次大雾中骑车的经历。我为此写了首《蝶恋花·霜雾行车有感》：

盖天垂地起银幕，圣诞前夕，星挂玻璃树。虚无缥缈登云雾，应在蓬莱第几处？

天公劝我慎择路，仙阙迷宫，得意莫快步。沉舟不在黑水渡，坦途偏有车翻覆。

最后两句是对我人生的告诫。

后来，到 1975 年的时候，儿子已经六岁了，到了该上学的年纪，两个孩子完全由妻子带，也很吃力，我便把儿子带到延庆，一边给学生上课，一边还得接送孩子等，忙得不可开交。

不过，身边也因此多了些温暖和安慰。晚上父子同挤在一张小床上，增加了父子之间的情感。每月只能回家一次，平时星期日还要给儿子改善一下伙食，最好的办法就是通过一个当地老师“走后门”买一个猪头。收拾猪头很费事儿,但做出的猪头肉却很香,成本又不高,还能吃好多天,这也是苦中寻乐的办法。

调到外国语学校

长期在延庆待着,终究不是个办法。我们这些家在北京城里面的教职工,还是希望能够早点调回城里去。

对我来说,当时唯一可能使我调离的就是教英语了。那时候中苏关系早已恶化,很多地方都不再教学俄语,而开始以英语作为基本的外语。正好那时候,我的几个好朋友,包括李荣甫、姚兆辉等,他们都在白堆子那边首都师范大学下属的北京外国语学校教书,当然他们非常欢迎我去跟他们一起教书。

那么,我要想去外国语学校的话,第一关就是必须要通过他们的考试。毕竟我不是专门学英语而是学俄语的,我能不能适应他们的要求?我自己心里也在打鼓。所以,为了能够通过外国语学校的途径回北京,我花了很大的力气,来补英语的不足。后来回到北京政法学院,有人就问我:你也不是学英语的,怎么看你跟外国人在一起,英语讲得还挺好?我想这里面很重要的原因,就是我当年为了进外国语学校,花了很大的力气提高英语水平。虽然原来就在崇德中学、燕京大学学过英语,有一定的基础,但毕竟荒废了很多年,又花了很大的力气,才算有所巩固和提高。

最后,通过北京市外国语学校的考试之后,人家同意接收我。那这就面临着可能更艰难的下一个问题:获得延庆县教育局允许调离的批准。

这就很难了。不论怎么说,延庆教育局当初是在我走投无路的情况下,不在乎我的摘帽右派身份而同意接收的,还是特别希望我能够在延庆多服务一段时间。但对我个人而言,家里头的困难也确实比较大。两害相权取其轻,最后我只好找延庆县教育局局长,经过三番五次的软磨硬泡,他总算同意放我回北京。

这是 1978 年 3 月的事情。在外国语学校待了半年,还没来得及上课,传来北京政法学院复校的消息,我又回到北京政法学院这块备尝酸甜苦辣的土地。

第三卷

我的教与学

十、归队

北京政法学院复办

前面已经说过，大概是1978年年初的时候，我就调到了白堆子那边的外国语学校，担任英语老师。在这待了半年之后，文化大革命的形势就发生很大变化，北京政法学院复办的消息也不胫而走。对我们来说，这个消息是非常让人振奋的。

北京政法学院的复办也经历了一个过程。根据学校校史的说法，早在1978年年初，中共中央在批转《第八次全国人民司法工作会议纪要》时即决定"恢复政法院系，培养司法人才"。根据这一精神，1978年7月，最高人民法院、最高人民检察院、公安部、教育部联合向国务院提出了恢复北京政法学院的请示。国务院批准了这一请示报告。8月5日，上述部委联合下发了《关于国务院批准恢复北京、西北政法学院的通知》（[78]法司字第82号），就有关北京政法学院复办事宜向北京市革委会做了安排。根据此批件，北京政法学院恢复后，仍使用原校舍，学制四年，在校生规模1700人，1979年开始面向全国招生。

就原有的几所政法院校来说，北京政法学院的复办算是比较晚的了。我记得在"文革"后最早复办的应该是西南政法学院，他们在1977年就着手，1978年就开始招生了。在这个时候，西南政法学院就被国务院批准为全国重点大学，而且也成为司法部部属政法院校中唯一的全国重点大学。

北京政法学院要复办，我作为北京政法学院原来的教师，当然就回来了。

差点去了法学所

在北京政法学院复办的消息传开之前，中央各个方面已经有了一些松动的迹象。1978年年初，我还在延庆中学的时候，社科院法学研究所的王家福就曾经打电话给我,他想让我去法学研究所,我想这是宣告春天将要到来的一个很重要的信号。因为那时候我们在延庆,比较偏僻,又处于基层,对于国家的大形势是不太了解的。但对于法学研究所来说,我想他们对这一点是有信息的。王家福要我归队来搞法律,到法学研究所去共事,这说明政治上已经是相当松动的了,中央也非常重视法律了,王家福希望我能够为法制建设服务。

我接到这个邀请,当然很高兴,立刻表示非常愿意去,至今也非常感激王家福。王家福也是留苏的,但比我去的晚点,我们还不是在同一个学校,他是列宁格勒大学,而我是莫斯科大学,之前我们互相知道,但没有多深入的交往。他当时邀请我去法学所,可能因为还记得我当年在莫斯科大学的成绩、学业还不错吧。王家福可能觉得我这个人还是个人才,他也希望人才不要被埋没。

那么后来为什么没去法学所呢?原因就在于后来恢复北京政法学院,号召以前的教职员工归队,也有人专门跟我明确表示,希望我能归队。

我当时衡量了一下,到底去哪儿呢?一个是北京政法学院,一个是法学研究所。当时,终究还是对北京政法学院有一些感情吧,一辈子都在这,而且北京政法学院还有学生需要来教,我一直还是很迷恋于有学生的单位,喜欢跟学生交流,所以,最后辞掉社科院法学所,最后又回到北京政法学院。

我在外国语学校只待了很短的一段时间,大概半年左右。刚去的时候还辛辛苦苦地备课,但备课之后也没开始上课,1978 年 11 月,我就又辞别外国语学校,回到刚刚复办的北京政法学院。

为右派平反

我想回到北京政法学院之后,经历的最重要的事件就是为右派平反。我刚到北京政法学院报到,当时就接到了针对所有右派进行甄别的通知。那么到后来,我们学校的对右派甄别的结果,是把所有右派都改正了,没有任何保留。

最终的甄别,解决了反右时错划为右派的问题,也纠正了错误的处分问题,而且按照中央的精神,把所有与右派有关的档案都退还本人。至于退还回你本人后,你愿意怎么处理就怎么处理,你销毁也可以,你保留也可以。重要的就是你的人事档案里面没有任何有关右派的记录了,你的个人历史上不做这个记载,也就不会留下任何“污点”,这对我来说震动非常大。

1978 年 12 月底,我接到了对我的右派问题的“改正结论”。接到这个改正结论后,我的第一个表示,就是申请入党。

我过去在苏联留学期间,曾经申请过入党。但在苏联留学期间,中国共产党的党支部既不能够公开活动,更不能公开发展党员。而 1956 年回国之后,还没在北京政法学院待多久,就被划为右派,更没有资格申请入党。

归队之后,我没有去外语教研室,而是回到了 1957 年划右派时我所在的民法教研室。当时总的指导思想是,原则上当事人归队后还是回到自己原来的编制中。右派甄别后,当年撤销了的团员资格、助教资格又都恢复了。

那时候我已经 48 岁,作为团员,早该超龄了吧!而这个助教资格,应该说也是很奇怪的,因为我们北京政法学院在 1971 年解散以前,长达二十年的时间里没评过职称。也就是说,在 20 世纪 50 年代,讲师几乎就是最高的职称,只有原来四大学来的才有教授,北京政法学院成立后,一次也没评过教授。所以,反右时就出现了所谓的“六讲师事件”。当时讲师已经是很高的学术职称,影响已经非常大。哪像现在,教授、副教授都满地走了。在这种背景下,当时只是恢复了我的助教资格。

我在 2000 年过 70 岁生日的时候,曾经为我的文集写过一篇《自序》,我在这个序言中提到,“上苍待我总算‘公平’的。1957 年以后,给了我整整二十二年的逆境,又给了二十二年的顺境。逆境给了我磨难和考验,使我能以平常心看待一切,我喜爱的一句格言就是:‘生于忧患,死于安乐’,国家民族如此,个人也如此。逆境给了我沉思与回顾,使我更能以正常心看待一切,已经没有什么可迷信的了,我喜爱的另一句格言就是:‘只向真理低头’。”如今右派帽子一风吹去,由此而起的二十二年逆境戛然而止,国家百废待兴,个人亦心旷神怡,正所谓“春风得意马蹄疾,一日看尽长安花。”

申　诉

但对我来说,平反右派只是掀去了压在头上的政治帽子,但由此而引发的一些个人问题,还远远没有解决。这些历史遗留问题中,很重要的一个就是我的假肢医疗费问题。

1979年4月20日,我向北京政法学院落实政策办公室以及当时北京政法学院领导小组写了一封信,把这个情况详细地说了一下。我说,“我的腿是在1960年在我校西山劳动基地劳动时,不慎被火车轧断。当时的情况是这样的:每天劳动很紧张,晚上每天要到九道堰上看守庄稼地,白天干活,晚上睡眠很少。有一天领导(王寿山同志)叫我和刘圣恩同志去到火车线旁的工地去取钢丝缆绳,一边把压场的磙子从梯田上往下运。我们二人取完钢丝绳后往回走时,感到拿的数量不够,我又匆匆往回跑,在拿完钢丝绳转身时,匆忙不慎被火车碰倒,左腿被压断。在住院期间,学校领导杨瑞亭等同志来探望,并对我当时劳动负伤情况和劳动表现、住院期间表现作了了解。由于当时我还没有摘帽子,又是属于自己不慎,一直不敢向组织上提出我的腿是因公负伤残废而要求享受一切劳保待遇的要求,也没有提出要求发给残废证。只是在我院将解散之际,怕到新单位后没有证明材料,才要求我院给我开了一个‘因公负伤致残并享受一切劳保待遇’之证明。此证明现仍在我手中。当时有同志建议我领取正式残废证,因为考虑到我虽然失去体力劳动的能力,但我从事的是脑力劳动,并未失去脑力劳动的能力,所以也未提出。”我向上级提出,“现在我的问题得到改正后,希望领导研究以什么方法给我因公致残的问题给予一定形式的证明,以免以后时过境迁人员变动时得不到证明。”同时我要求,学校能够报销我安装假肢所产生的费用,并不时报销假肢更新所涉及的开销。

这个问题的申诉,最终也算有结果了。我的要求毕竟也不高,而且确实是实际情况,所以基本上都得到了满足。

调整工资

右派的问题、团员的问题属于政治问题。这两个问题解决之后，也向学校申请解决了因公致残以及假肢费用的问题。这个问题算是生活问题吧。生活方面的问题，还有一个就是落实政策后调整工资，而这一调整又产生了新的问题。

1956 年我刚到北京政法学院工作时，定的级别是高教 10 级，每月工资 78 元。1958 年划为右派之后，处分还算比较轻，降一级工资，即变成了高教 11 级，每月工资是 69 元。此后一直拿这个级别的工资近二十年，后来到 1977 年还在延庆中学时调工资，根据我在工作中的表现，给我升了一级工资，当时一级工资是 7 元，于是我的月工资变成为 76 元。而右派甄别平反后，恢复了 1957 年划右派前原有的待遇，即高教 10 级、月工资 78 元。这样一来呢，等于就把我在延庆中学涨一级工资的事实忽略不计了。

尽管现在看来，每月也就差不到十块钱，但这毕竟不太公平，而且那时候十块钱也有很大的购买力，家里经济又困难，因此，我还是请求学校解决这事。1981 年 7 月 3 日，我向北京政法学院党委办公室提出了一份情况说明。

当时在北京政法学院，类似我这样的情况的还有好几个人，比如当时经济法教研室的负责人陶和谦、图书馆编目组负责人郭锡龙以及刑诉教研室讲师严端。其中，我和陶和谦、郭锡龙在"文革"中只提过一级工资，而严端已提了两级。两级工资相差近 20 元钱，在当时的确不是个小数目。

我的申请交上去之后没多久，时任中共北京政法学院领导小组组长的曹海波，则于 1981 年 8 月 12 日专门向中共北京市委教育工作部提出了《关于继续落实个别同志有关政策的请示报告》，向上级请示，"时至今日，我院是否也可工资不予补发，但也予以适当的给其调整一下级别，即：在现有级别基础上，将曾调升的级别予以计算在内呢？"

最后，这个问题也算是解决了，就是在恢复我们原有工资待遇的基础上，把我们在"文革"中提的一级工资也计算在内了。

担任民法教研室负责人

像我这样的前右派分子，还算有一定的专业知识。那么，政治问题解决之后，首当其冲面临的问题就是如何使用、发挥我的长处。很快，当时北京政法学院的领导就确定，由我和陈嘉樑担任北京政法学院民法教研室的负责人。

在当时，教研室的头头就叫负责人，也不叫主任，也无所谓正副。陈嘉樑也是以前留校的，又是中共党员，很好的一个人。那么按照我的理解，让陈嘉樑担任民法教研室负责人，主要是起政治领导的作用，相当于党支部书记的角色；而我呢，领导上可能主要是想让我发挥业务方面的专业优势，主要抓教研室的业务工作。

我心里想，让我担任民法教研室负责人，这应该表示领导对我政治上的一种信任。所以，从 1979 年恢复高考到 1983 年司法部来北京政法学院考察新领导班子之前，这段时间我主要的工作，就是负责抓民法教研室的业务。

首开罗马法、西方国家民商法

民法教研室的业务工作并不复杂。其中当时最紧迫的任务是课程设置。作为专业的民法教育，究竟课程应该怎么设置呢？

在过去来说，民法的课程设置比较简单，都是一些民事政策之类，跟形势、政策结合得比较紧密。那么现在呢，课程设置要符合改革开放的精神。

按照当时的宣传和我的理解，改革开放主要的意义，就是可以大胆地向西方学习，借鉴西方先进的东西。过去我们也开设过跟西方国家有关的课程，但那时候开设的跟西方国家有关的课程，大体上都是以批判为主，而在 1979 年开始思想大解放的背景下，我们肯定不能再老调重弹。

所以，在民法教研室的课程设置中，我大胆提出开设两门课：一门是“罗马法”，主要介绍古罗马的私法；另一个就是“西方国家民商法概要”，主要介绍西方国家尤其是大陆法系国家的民商法制度。这两门课程，一门侧重于古代民法，一门侧重于现代民法，等于说是通过这两门课，完整地向学生介绍了民法的学术源流。

教师、教材奇缺

无论是“罗马法”、“西方国家民商法”，还是民法专业的其他课程，甚至当时北京政法学院的其他各专业，面临的最大问题是一样的，都是教师奇缺、教材奇缺。

教师再奇缺，但终究还有一些。原来北京政法学院民法教研室，本身就有一些教师，他们归队之后，师资力量方面的问题，尽管没有完全解决，但终究还是有米之炊，总算有人可用。

但是当时教材奇缺的问题，一时三刻还真找不到好的解决办法。当时既没有全校统一的教材，更没有全国统一的教材。学生上课时，觉得很欠缺，当时几乎没有任何参考书。你想想看，1979 年我们走上讲台时，哪有国内自己出版的民法专著或教材？而且，那时候毕竟国门还未完全敞开，外国的学术专著固然很多，但也没有进来。所以，当时教材奇缺的问题，成为复校后教学工作中最令各教研室头疼的问题。

最终，解决教材的问题，只能靠我们自己编撰来解决。当时就是这么个情况，捡到篮子里就是菜，有教材总比没有教材好，无论编得是好是坏，好赖让学生、让教师都有一个参照物。所以在当时，编撰教材成了各个教研室的主要任务，后来各个教研室都出了一些自编的教材。

民法的专业课，一般都在二年级以后开设。所以当时，我们民法教研室的同事们，还有一年左右的时间，专门用来编写教材、准备教案。

至于我上的课，“罗马法”和“西方国家民商法”，那就更晚了，都是到三年级下学期、四年级上学期才开设的课，我真正上讲台已经到了 1982 年、1983 年。当时我也编写了两本讲义，一本是《罗马法基础》，另一本是《西方国家民商法讲义》。

那么，经过这两三年的努力，应该说民法教研室取得了不小的成绩，人员的回归、教材的编写等事项，都步入了一个比较有序的阶段。

北京政法学院被“五马分尸”

前面提到，1978年8月5日，最高人民法院、最高人民检察院、公安部、教育部下发了《关于国务院批准恢复北京、西北政法学院的通知》，正式确定了北京政法学院的复办。

北京政法学院复办是复办了，可是复办后还得解决历史上的遗留问题。1972年北京政法学院被撤销后，校内先后迁来了北京市第174中学、北京市戏曲学校、北京市歌舞团、北京市曲艺团、北京市文化局等单位，就连操场也被上述单位盖了楼房。昔日景色优美的北京政法学院，已经是人去楼空，面目全非，简直可以说是被“五马分尸”。那么，如何让这些单位再迁出去，就成了北京政法学院从筹备复办到整个80年代的一件大事。

北京政法学院筹备小组经过与北京市政府以及上述单位的艰苦谈判，得到了北京市政府支持北京政法学院复办的承诺，也将上述单位占用的部分校舍索还。

根据《中国政法大学校史》所载，到1979年北京政法学院开始招生时，原北京政法学院3.4万平方米的校舍中，能够为北京政法学院使用的还不到1.5万平方米，连一半都算不上，学生食堂、礼堂等仍然被北京市歌舞团、曲艺团占用。

毕竟79级学生数量不多，用不了太多的校舍，人家赖着不走，也还没有造成太大的困难。但这也给学生的学习造成了很大的不便，就像有些学生后来所回忆的，北京政法学院复办当初，常常是这边在上课，而一墙之隔的地方则敲锣打鼓吊嗓子。

艰难的“复校”

所以，当初我们很重要的一个工作，便是与各个方面谈判、交涉。1979年11月、1980年3月、4月，学校曾先后三次给北京市革委会和北京市人民政府打报告，亦给主管文教工作的副市长白介夫写过多次报告。当时主管北京政法学院的司法部，还特地于1980年8月20日函请解决北京政法学院新生用房问题。就北京政法学院来说，姜达生、徐步楼等领导，更是不下数十次去找白介夫副市长和有关单位。

1980 年 4 月下旬，白介夫副市长曾专门来北京政法学院考察，当时责令北京市文化局负责人做好下属的工作，争取如期归还北京政法学院的校舍，以解决 1980 年新生入学的住宿问题。但北京市文化局下属的“戏校”等单位，竭力抵制有关指示，拒绝退还北京政法学院房舍。6 月 18 日，北京政法学院专门就此问题致函白介夫：

北京市人民政府、白副市长：

您好！市文化局归还我院部分校舍，以解决我院今年招生之急需的问题，您曾亲自前来视察，并曾面对面地给予市文化局以指示，市文化局负责同志，也为之做了一些工作。但时至今日，戏校、曲艺团、歌舞团等单位一直都没有任何反响。当然，这些单位也有他们的困难；但您也完全清楚，他们的条件与我们相比，确实要好上好几倍，即挤出一部分房子也是完全马上能够办到的。

现在离新生入学时间只有两个来月，我院今年除已明确招生名额为 463 名以外，初步决定还将扩大招生，而这些招生计划早已下达到各省、市了。因此，如何迅速解决新生入学的校舍问题，已经成为我院当前最急迫的问题。久拖不决之，不仅会给工作造成极大的被动，待新生到校竟而没有宿舍，那个局面实将不堪设想。为此，我们特此再为恳求市人民政府和您个人，务请速即督促市文化局及其所属有关单位，尽早尽快地挤出一部分房子，以解决我院今年招生之急需！

专此再再恳告，切盼早赐示音。

此致

敬礼！

北京政法学院

1980 年 6 月 18 日

但这份报告发出后，并没有起到太大的作用。9 月 13 日，万般无奈的北京政法学院，只好又向时任北京市市长的林乎加打了报告。此时，原定的新生报到时间早已过了，北京政法学院迟迟不能通知 80 级新生推迟后的具体入学时间。

当时，有不少 80 级新生曾向《中国法制报》去信反映此问题，不少新生家长亦来电甚至亲自来北京政法学院询问。《中国法制报》专门派记者前来北京政法学院采访，当时有关负责人不得不据实披露事实，指出无法通知开学的原因在于戏校等单位不退还房舍，导致 80 级新生无法住宿，并承诺一定会在 10 月 16 日按时开学，如果届时住宿问题仍不能解决，只好安排新生暂时住宿在大餐厅和走廊等地方。

10 月 3 日，北京政法学院 1980 级新生入学在即，白介夫副市长才亲自召集有关单位负责人开会解决该问题。在这个会上，北京政法学院提出，至少归还北京政法学院 60 ~ 70 间房屋，作为学生宿舍和礼堂用的最低要求。

但是，“戏校”等单位的领导仍然不予理睬，“戏校”领导人袁声还说，“除非把我们戏校撤销，否则就还得再招新生和外省市的代培生。不如此，我们的奖金问题也就解决不了”。除此之外，他还强调他们是艺术院校和艺术团体，情况特殊，无法腾房。

最后，白介夫也没办法，各打五十大板，北京政法学院动员一部分北京市的新生走读；“戏校”等单位尽量压缩教职员办公、休息、仓库等用房，用来归还或作为临时支援北京政法学院 40 ~ 45 间房舍，先解决新生入学的住宿问题。同时，白介夫还责成市文教办、高教局、文化局等单位组成一个专门小组负责落实会议决议。

80 级新生学习条件奇差无比

到了 80 级新生入学的时候，教学资源紧张的情况就非常突出了。

由于北京市文化局下属的戏校等单位，未能归还当年新生入学的用房，导致部分新生只能住在教学楼底层的图书馆内。我记得当年招收了 470 名学生，由于资源紧张，经过学校动员，北京本地的学生大约 75 名全部都走读，不住在校内。而剩下二号楼内 4 间宿舍住了 31 人、三号楼内 6 间宿舍住了 46 人、六号楼内 14 间房子住了 110 人。这些房子中，除了二号楼、三号楼共十间房是八人一间安排外，六号楼的房间只有 15.6 平方米，可也住了 8 个人，别说大的家具，连放一张小桌子的地方都没有。更为严重的是，在教学楼底层图书馆用房住宿的情况更差，一间 180 平方米的大教室住了 80 个人；其他 40 平方米大小的小教室内，也住进去了 20 个人。

这种情况引发的突出问题首先是生活不便。当时六号楼和教学楼都不是按学生宿舍设计的,一下子住进这么多人,上厕所、盥洗都十分困难,空间极为紧张。六号楼五层住的50名学生,连厕所和洗脸间都没有,更是不方便至极致。原定的图书馆用房改为学生宿舍后,图书馆的书籍就没地方摆放了,新来的学生别说阅览室,连借书都没办法借。就餐时,当时有900多名学生,但整个餐厅只有400平方米,大家就餐时连站都站不下。

这,实在是中国政法大学校史上最悲壮的一页。

索还图书

当年北京政法学院撤销时,所有的图书共计23万多册以及部分大件家具都移交给了首都图书馆。国务院1978年8月批复北京政法学院复办时,特意提及"移交给首都图书馆的图书、家具要全部收回"。

北京政法学院复办后,在收复失地的同时,在收复图书方面也做了大量工作。首先是专门给市委打报告,并取得市委文化出版部的支持,获得了北京市文物局局长刘子章的批示:要"将首都图书馆接收政法学院的图书家具如数退还给政法学院……"

尽管跟房舍相比,首都图书馆退还图书方面无论是态度还是效率都好很多,但依然未能"如数退还"。截止到1981年12月23日,经过北京政法学院相关负责人与首都图书馆的多次协商催讨,已经退还图书13万册,但还是有6.5万册未移交。这是为什么呢?因为这6.5万册中,包括大量珍本、善本的古旧书共计1141函,还有一些重要的工具书和外文书。

自编教材出了问题

就整个北京政法学院来说,复办初期自编教材的繁荣,一方面解决了教材奇缺的窘境,但最终也出了很大的问题。

当时恢复的法律院校虽然不太多,但法学毕竟是正在兴起中的一门学科,社会上包括很多自学的学员在内,也都想看看北京政法学院的自编教材。所以,当时北京政法学院的自编教材、辅导材料甚至包括案例选等,数目繁多,校内外需求很大,各方面管理极其混乱。

怎么个混乱法呢? 乱象之一就是定价乱、销售乱。这个自编教材价格怎么定呢? 它不是公开出版的书,而是内部出版的教材,那么内部出版的教材,有没有什么统一的价格? 有没有什么统一的销售渠道? 当时定价和销售问题上,学校内出现了各自为阵的情况,有的是通过学校的教材科来定价、销售,有的是通过教研室自己来定价、销售。而且有的自编教材销售之后,书价款账目也极其混乱,出现了这样那样的问题。

问题积聚越来越多,最终惊动了税务部门。1982 年 9 月 26 日,北京市委组织了专门的调查团,来北京政法学院调查编印教材和出版发行问题。税务部门问,你们北京政法学院怎么搞了那么多教材? 这些教材怎么定价的? 它是按照什么渠道来发行的? 带着这些问题,税务部门在北京政法学院展开了旷日持久的调查。

调查的结果,可以说有好有坏。我们民法教研室和其他个别单位,在教材编写和销售的渠道上比较正规,查来查去,也没查出多大问题,各个环节基本上是符合国家有关规定的。但也有一些教研室,被查出了很大的问题,比如刑事侦查教研室,他们编撰了一些刑侦案例选。这些案例肯定会讲到破案的线索、技巧各个方面的东西,有些属于公安机关内部掌握的机密。但刑侦教研室编的这些案例选,在社会上公开买卖、传播。

除了内容方面的问题,税务部门最后还查出这些自编教材,有一部分存在偷税漏税行为。

调查开始后,学院也在各个层面展开努力,竭力将此事的不良影响降到最低。1983 年 1 月 22 日,新组建的北京政法学院党委办公室和院长办公室联合发出通知,决定除教材科之外的各个单位编印出售的教材资料立即停止发行,余书封存;有关账目立即交院"纪检"筹备小组;凡单位和个人存放的书款,立即如数交财务科保存。财务科将各单位书款暂时冻结。

这也算是北京政法学院在复校过程中,新出现的系列问题中的其中之一吧。出版管理单位的处罚,并不算是最严重。当时使大家有点措手不及的是税务部门的高额罚单。1983 年 6 月 5 日,北京市海淀区税务局向北京政法学院发来(83)海税字第 63 号文,即《关于经济法教研室等单位违章处理的通知》,要求缴纳数十万元的罚款。

在当时来说,这个数十万元的罚金数量颇大。那怎么办呢?这个罚金到底该缴还是不该缴?如果不该缴纳的话又有什么样的法律依据呢?当时的实际情况是,税务部门的行政处罚数量太大,我们靠销售自编教材取得的收入全部上缴也不够。

于是我就跟学校领导说,我们北京政法学院属于公益事业单位,我们的经费来源基本上是靠国家财政拨款,无论如何,这一部分经费是不能动的。这部分经费一旦缴纳了罚金,不光会影响学校周转,也会影响招生。我向学校提出建议,这笔罚金只能用预算外的钱来缴纳,能缴多少是多少。

最终这个罚款事件的解决,已经是中国政法大学成立之后。在学校向税务部门缴纳了一部分销售书款后,圆满地解决了。

这也算是北京政法学院复办过程中,自己带头违法的一件重大事件,也给我们后来领导人一个警钟:一个专门从事法律教学与研究的大学,必须处处、事事都以遵守法律为生命线,否则你就不够一个作为政法大学领导的资格!

担任北京政法学院副院长

北京政法学院 1978 年复校的时候,院长是曹海波。大概到了 1982 年底前后,司法部开始组织了一个考察组,来北京政法学院考察新领导班子,准备对领导班子做大的调整。

为什么调整呢?因为北京政法学院复办的时候,"文革"刚刚结束,但"文革"中形成的人际关系还在继续,学校里面的派系矛盾还很严重。我前面讲了,就全校教职工来说,有三分之二以上都是政法公社的人,北京政法学院的一把手刘镜西,也出自政法公社。所以,长期以来,刘镜西的一派居于领导地位,北京政法学院都是政法公社的人在各个重要领导岗位上占优势。那么北京政法学院复校以后,刘镜西没有回来,但刘镜西原来手下的一些人几乎都是政法公社的,而这些人呢,就有一个共同的派性的要求,以政法公社为核心的思想不光存在,而且比较严重。

而北京政法学院复办之后,新来的曹海波担任了院长。作为新来的领导，曹海波肯定想摆脱政法公社原有各种势力的束缚。这种想法我想可以理解，对他来说可能也是必须的，否则就完全被孤立了。所以曹海波施政时，往往更偏重原来政法兵团的力量，他重用的秘书等，都是政法兵团的人多一些。

而这样一来，曹海波主政北京政法学院期间，政法公社和政法兵团两派之间的冲突，不光没有因为“文革”的结束而减少，两派的矛盾有时候反而有所增加。而且，两派之间的矛盾和冲突，也经常在院里各种问题上表现出来。

于是，政法公社的人就向司法部打小报告，说曹海波用人有派系倾向，用的都是政法兵团的人，导致北京政法学院矛盾不断云云。

当时的司法部部长是刘复之。1982 年 9 月 6 日，刚刚从西藏自治区公安厅调任回司法部的副部级领导陈卓，就奉司法部之命，组织了一个六人的考察组，进驻北京政法学院考察领导班子问题。

当然，这是实际内容。表面上，这个考察组是以调查北京政法学院贯彻落实中央政法工作会议精神和以教学为中心的各项工作的情况进驻北京政法学院的。

陈卓率组来北京政法学院考察的时间很长，主要调查方法是广泛地听取群众意见，差不多有两三个月时间。应该说，这次上级来就领导班子问题，广泛征求各方面的意见，做得还是非常认真的。

考察完毕后，陈卓拿出了一个新的北京政法学院领导班子方案。1982 年 12 月 5 日，司法部对北京政法学院的领导班子进行了彻底的调整。1983 年 1 月 3 日，北京政法学院新旧两届党委班子做了工作交接，次日召开处、室负责人大会，宣布了新领导班子的任免决定。而真正向全院教职工传达这一决定，则到 1 月 11 日了。

根据这个新方案，由云光担任中共北京政法学院党委书记，欧阳本先任副书记，张杰任第一副院长，我和田辉任副院长。按照当时的分工，我主要分管教学工作。我们五个人的共同点，基本上都是派系表现较弱，能够为两个阵营都能接受。

那么这里面为什么要提拔我呢？我想可能有这么几个方面的原因：其一，从我担任民法教研室负责人的角度看，考察小组可能觉得我在这段期间内，工作还算勤恳、努力，业务上也不错；其二，通过自编教材的处罚事件，我想上上下下都发现民法教研室在这方面做得还不错，没什么违规的行为，比较遵守法律，各方面都还可以；其三，再加上我又是留苏的，毕竟那时候“海龟”不多，回来了之后，也没发挥专业优势就划成右派，延宕了二十多年；其四，我想还有一个很重要的原因，就是我个人尽管在“文革”中参加过政法兵团的活动，但一直没有特别重大的派别倾向，就整个文化大革命来说，我一直是个边缘人物，外在于“革命”的核心之中。

就这样，我第一次走上了领导岗位！

恢复与外国人的联系

在整个“文革”期间，我们都不能跟外国人有任何联系。按照当时的意识形态，跟外国人联系的行为，很容易被“革命”人士定为里通外国。1979 年北京政法学院复办之后，我们才逐渐开始跟外国学者有了联系。

至于具体怎么恢复联系的，大都记不清了。我现在大概只记得，北京政法学院从 1982 年开始，断断续续有外国学者来访。由于当时我已担任主管教学的副院长，这些学者来了，有一部分也是由我出面接待的。

我印象比较深的一次，是接待格雷教授。1982 年 6 月 11 日，美国密执安大学格雷教授等三人组团访问我们北京政法学院。当时，我与任北京政法学院副院长的朱奇武、教务处处长苗巍、教师周勤忠等一道接待这个访问团，并在教学楼里找了个教室，跟对方就中美之间的法律问题展开座谈。

十一、法大十年

最早筹建的是中国法律大学

我担任北京政法学院的副院长不久，中央已大体确定了要在北京政法学院的基础上成立中国政法大学的方针。据刘复之在中国政法大学成立大会上介绍的情况，最早提出办中国政法大学的中央领导人是彭真，这个想法大概是1979年提出的。据说，彭真的想法当时得到了胡乔木的支持。1979年时，中央政法小组在中政法第3号文件中，提出了“着手办一所全国性的政法大学”的问题，同年司法部成立，亦提出类似想法。

但是，最早筹建的大学并不叫“中国政法大学”，而是叫“中国法律大学”。现在我们知道的情况就是，1980年8月21日司法部党组、最高人民法院党组、最高人民检察院党组、公安部党组、民政部党组联合向中央政法委打了《关于建立中国法律大学的请示报告》。请注意，这个时候各个部委拟办的“中国法律大学”，这是很有意思的。

该报告指出，“为了改变我国法律教育和法学研究的落后状态，培养造就高水平的法学师资、科研人员，以及精通法律、能够独立解决国内和涉及法律事务的专门人才，拟在北京新建一所中国法律大学。中国法律大学除了培养法律专门人才外，还应在建立马克思主义法学体系和总结我国司法实践经验方面作出贡献。它既是我国法律教育的最高学府，又是我国法律教学研究和法学图书情报的中心。”

当时这份报告中提出，中国法律大学设立本科生院、研究生院、进修学院，要按照重点大学筹建，校址设在北京，占地600～800亩，由中央政法委领导，司法部托管。这份报告甚至提出，由彭真担任中国法律大学名誉校长，设立若干名专职校长、副校长，由毛铎负责组织领导筹建工作，筹建费500万元。

筹建中国政法大学

1981 年 10 月，司法部再次向中央报送有关成立中国政法大学的报告。12 月 8 日，中央政法委员会秘书长刘复之签署了“建议原则批准”的意见。12 月 10 日，彭冲签署了“同意刘复之同志意见”的批示，两天后国务院副总理杨静仁亦做了同样批示。1982 年 2 月 8 日，国务院副总理方毅亦圈阅了相关报告。中共中央也在 1982 年关于加强政法工作的“五号文件”中，提出要“抓紧筹办中国政法大学，把它办成我国政法教育的中心”。1982 年 2 月，国务院批准了中国政法大学的筹备工作计划。司法部、教育部于 1982 年 3 月联合发出了《关于筹建中国政法大学的通知》。1982 年 10 月，中央组织部批准了筹建中国政法大学的领导小组。

筹建中国政法大学领导小组的成员有：刘复之、邹瑜、张百发、陈卓、叶子龙、云光等人，刘复之任组长，邹瑜、张百发任副组长，张百发还兼任基建工程的总指挥。

现在看来，似乎一切都很清楚。但在当时，形势并不明朗，也面临着很复杂的情况，让很多人感到很困惑。当时大家最感到困惑的问题就是：北京政法学院如何既作为北京政法学院存在，而又随时准备过渡到中国政法大学？将来中国政法大学跟北京政法学院究竟是什么关系呢？到底将来是在北京政法学院的基础上直接成立中国政法大学，还是另起炉灶新建中国政法大学？

也就是在这么一个前途似明未明的情况下，司法部于 1982 年 12 月 5 日宣布了北京政法学院的新领导班子。

中央既然决定了要成立中国政法大学，要把中国政法大学办成全国最高的学府，那么自然会在组织、人事上有较大的调整。当时最主要的动作，就是把云光派进来了。

云光原来是山东大学第一副校长，他的行政级别还是比较高的，好像是副部级。后来中国政法大学成立，就由陈卓和云光担任主要领导。陈卓在中国政法大学成立后，担任校党委书记。这样的话，陈卓和云光都是副部级的官员，可见中国政法大学当时的行政级别还是比较高的。

中国政法大学成立

1983年2月，中央任命时任司法部部长的刘复之担任中国政法大学校长，司法部党组成员陈卓担任校党委书记，云光担任校党委副书记、第一副校长，余叔通担任副校长、党委委员。整个领导班子就四个人，这恐怕也是中国政法大学校史上不多见的现象。

1983年3月15日，刘复之提议于5月初召开成立大会，组成了由陈卓担任组长，云光、余叔通、张杰担任副组长，田辉、徐步楼、吴昭明、杨丕清、冯钧等担任组员的中国政法大学成立大会筹备小组，分设秘书、组织、宣传、学报和总务等“摊摊”，筹办中国政法大学的成立大会。与此同时，由司法部向国务院报送了《关于同意中国政法大学正式成立的正式报告》，4月份国务院批准了该报告。

在这个筹办过程中，值得一提的是，对于中国政法大学校牌、校徽字体选择问题。经过各方面研究，最后决定采用毛泽东1949年给当时创建的中国政法大学题写的校牌。当时这个校牌还真不好找，最后是从中国革命历史博物馆和最高人民法院的档案中找到的。

最早确定的中国政法大学成立的日期是5月5日。在选择究竟什么时间作为中国政法大学成立的日期时，领导层的考虑是必须要选一个有意义的日子。1983年5月5日这一天，正好是马克思诞辰165周年纪念日。但最后确定的成立日期，被定在了5月7日。

5月7日上午9点，中国政法大学进修学院第一期开学大会在公安部礼堂召开。也就是在这次会上，宣告了中国政法大学的正式成立。我因为和陈卓同志出国访问，所以没有参加这个大会。

担任中国政法大学副校长

中国政法大学成立后，有些机构是新成立的，但也有很大一部分机构，是由北京政法学院原有的机构过渡而来的，比如图书馆、学报、校刊以及总务、保卫等部门。

整体来看，中国政法大学成立后，北京政法学院变成其本科生院，但在师资、学生数量等诸多方面，依然在校内占有很大的比重。除了一些机构自然过渡为中国政法大学的机构外，北京政法学院还承担着为中国政法大学输送教师、干部和工人的任务。

我正式担任北京政法学院副院长是 1983 年 1 月。中国政法大学成立后不久又担任了中国政法大学副校长。1984 年 9 月 6 日的校长办公会上研究决定，我主要分管中国政法大学的教学和图书馆工作。

师资奇缺

师资奇缺，或者师资队伍越来越不能适应形势发展的需要，这既是北京政法学院成立初期面临的问题之一，也是中国政法大学成立后依然面临的主要问题之一。

师资不能够适应时代要求，主要是从知识结构来看的。我们现在来看，80 年代时中国政法大学已有的教师队伍，基本上是 50 年代、60 年代北京政法学院自己培养的毕业留校生。而这些原来留下来的老师的特点，当然是以“红”为主，“专”为其次的。所以当时留下的，大都是政工干部，或者类似政工干部的教师，都是政治觉悟认为比较强的。这样的话，从北京政法学院或者中国政法大学当时的教师队伍来看，左的东西比较多，或者从政治上看比较强，而业务上则没有什么特别的东西。

从外语结构来看，应该说除了少数来自北大、清华、燕京、辅仁的学生，他们在解放前的大学里还学过一些英语之外，其他大部分教师的外语基础都不行。而且从外语结构来看，当时的师资队伍基本上都是学俄语的，而俄语在改革开放后已经没有那么广泛的适用性了。

按照成立中国政法大学时的基本规划，全校在校生 7000 人，至少需要法学教师 800 名左右。当时具体规划是全校教师总数达到 1300 人，其中法学教师约 800 人，其他政治理论、体育、外语等教师 500 人；其中教授、副教授应达到 200 ~ 300 人，讲师 600 ~ 800 人，助教 300 ~ 400 人。但当时北京政法学院所拥有的全部师资，加起来也才 200 多人，远远不能适应中国政法大学规划的要求。

中国政法大学刚刚成立时，为了解决师资匮乏的问题，曾从以下几个方面努力过：第一，请京内的兄弟院校给予支援，经过努力，当时北京大学已经答应支援十多人，中国人民大学答应支援 15 人；第二，聘请一批知名学者作为兼职教授；第三，在确保质量的前提下，请中央拨给进京指标，从京外选调二三十名骨干教师。

扩招研究生，培养师资力量

从学生的角度来看，学生对知识和课程的要求是很急迫的，因为那时候我们自己几乎没有什么法律，也没有多少法律好讲。比如说讲民法，讲的还是很传统的一些东西，中国还没有真正的民法。但是，学生渴望能够听到一些新的知识，能够了解一些国际动态，了解我们的法律如何跟国际上有所接轨的问题。从这一点上来说，我们的老师在知识结构、学术视野上是有很大欠缺的。

从1979级开始，应该说这个问题越来越突出。1979级的学生跟1978级一样，都还是社会上的一些精英、刚刚考上大学的一些人，都是在社会上经过十年“文革”的荒芜，觉得知识重要，才逐渐归队来学习的。在这种情况下，学生表现出了极大的学习热情。

那么这部分学生在学习期间，我们也主动地搞了一些各个学科的研究小组，民法学科有民法研究小组，刑法学有刑法研究小组，从这些小组里面，能不断发现一些对本学科有着强烈兴趣和知识储备的学生。

1983年6月，正是1979级首届本科生毕业的时候。我们就研究，看怎么能够从这一批学生里面，选拔一批人，专门培养成知识结构新、法治理念鲜明的师资力量。最后商议的结果是，决定扩大招生，搞一个研究生班，招收一批各门学科的尖子学生，按照研究生来培养。

这是我们破天荒的第一次。以前，我们的研究生每个年级就二三十个人，而那一级研究生上百人。所以，1979级的本科毕业生，我们最终留下来了相当一部分，作为学校的“母机”来培养。这一部分学生，在80年代末90年代初，逐渐培养成为我们教学的骨干。这个举措，应该说是那个时候解决师资困难的重要措施之一。

当初我们成立了研究生院，也是为了解决这个问题。研究生院由张晋藩当院长，主要任务就是大力发展研究生教育。毕业的研究生越来越多，师资队伍的问题基本上就解决了。

参加民法师资培训班

改革开放初期，不光北京政法学院以及中国政法大学缺乏师资和教材，至少在法学学科内，各个政法院系都面临着同样的问题。当时，全国的政法教育主要还是由司法部主管，为了解决这些问题，司法部也做了大量工作。

对于教材问题，司法部组织编写了统编教材；那么对于师资问题，司法部则组织了一系列涉及各个学科的师资培训班。

这里面跟我有关的，是 1983 年在西南政法学院举行的全国民法师资培训班。这在当时来说，是很重要的一个学术活动，把全国的民法师资，尤其全国民法学界一些研究生，都集中在西南政法学院，参加统一的培训。

当时开设了很多门课，其中佟柔讲民法，我则给学员们开设了商法学。在全国来说，我第一个讲商法，也第一个开设商法课程。

那么，商法这门课讲什么呢？当时中国还没有商法的概念，即便法学界内部，当时还只知道有民法，而不知道有商法。商法在当时既不是一个内涵和外延都很严密的法学概念，更不是一个已经形成独立体系的学科分类。在这种情况下，我开设的商法课，实际上就是以介绍西方国家的商法制度为主要内容。

在商法课程中，我首先介绍的是公司制度。那时候，中国根本就没有现代公司制度，更没有现在的股份制公司，大家所知道的，都还是以工厂形式存在的国有企业。我介绍的另一个重要内容是票据。这在当时来说，也是商品流通中亟须解决的问题，而那时候在实践方面还没有什么经验。当然，除了公司和票据外，我还讲了商法的其他知识。

当时，这门课在学员中引起了很大的震动。下课后学生们纷纷问我，像公司、票据这样一些在西方国家通行的制度，我们国家能不能实行？我们能不能建立起中国的票据制度？这些内容，确实引起了学员们反复的思考和讨论。

坦率地说，这门课当时也就是入门级的，完全是西方商法制度中 ABC 性质的东西。但就是这样的一门入门级的课，对参加者还是产生了很大的影响。在前不久西南政法大学召开复校30周年纪念的时候,很多人都还谈到了民法师资培训班上我讲商法课的情形,大家觉得当时有一种很新、前所未有的感觉。

让学生来选择老师

在我们所进行的“面向现代化”的教学改革中,我觉得应该说一说的,就是当时我们请学生来选择老师。

教师的教学水平,肯定是有好有坏的。有的讲师讲课,可能很受学生欢迎;但有的老师讲课,照本宣科,质量很差,学生不大满意。那么,我们开始采用选修课制度之后,究竟允许还是不允许学生来选择老师,这成为当时争论很大的问题。

中国政法大学跟别的学校不太一样。我们一开始招的学生就比较多,每年都是四五百个。这么多的学生,每一门课就有几个老师来讲。这样的话,学生就有选择的余地,有一定的比较和选择。

那么,从学校教学工作的组织者来说,我们应不应该允许学生自由选择老师呢?如果真允许学生自由选择老师的话,可能就会出现这么一种情况:讲课好的老师,可能学生会越来越多,大家都慕名而去;讲课差的老师,可能最后没几个人来上课。出现这样的现象,到底好还是不好啊?这个问题当时争议很大。

反对这样做的人认为,用这样的方式来淘汰老师,太伤感情,有的老师课堂上几乎都没有学生了,应该用行政的办法来制止学生选老师。

对于这种观点,我是不太赞成的。就我个人的看法而言,我的主张是尽量开放一些,让学生既能够自由地选择课程,也能够自由地选择老师。这样的话,就有利于教师队伍的优胜劣汰。我认为,教师的优胜劣汰是个正常现象,尽管是教学领域,但如果有点市场化选择的因素,就可以在教学领域产生更大的竞争。只有有了更大的竞争,才能从正面鼓励讲课好的老师,而自然淘汰讲课差的老师。

这样一来,当时确实有一些老师被自然淘汰。所谓自然淘汰,就是学生课堂出勤率太低,学生都不来上某个老师的课。这样的情况,对于促进我们学校教师结构的变化,起了很重要的作用。有些新老师,尽管很年轻,但是他很快就靠出色的教学水平逐渐占领了讲台,受到了学生的欢迎。

对于这个政策,我不担任校长之后就有过一些反复。有人质疑,说我在教学管理方面,采取了一些西方国家的方法,用这种方式来对一些老师进行调整,是不是好啊?结果怎么样?这些问题的提出本身,就意味着对这个政策的扬弃。

这一点,我想现在大家已经很清楚了。对于教学工作来说,要想淘汰一些老的、不太适合的教师,也只能采取这种办法,让学生来选择,才能让人心服口服。

我的教学工作

我前面也说了,北京政法学院复办后,我们民法教研室就讨论民法的课程该怎么样来开。当时既定的课程设置,主干课程当然是民法、婚姻法之类的基础课程。这些课程,基本上都是由教研室的其他同事来担任。涉及我自己的教学领域,从我自己对自己的角色定位来说,我就把目标定为开拓一些跟西方国家民商法有关的课程,所以,当时确定开两门课:一个是罗马法,一个是西方国家的民商法。

过去我们讲西方国家,无论是法律制度还是其他,无论是好的还是坏的,都很讲究批判,从意识形态的角度来说,大家对于西方普遍有一种敌视或者仇视的意识。

那么改革开放以后,这种风气大大好转了。像我开设的两门选修课,"罗马法"和"西方国家民商法",都是对西方民商法律传统和现实制度的介绍、评价。我开的这两门课都是在高年级,差不多快到三年级下半年、四年级上半年的时候。在这样的时段开设,学生已经有了中国法律的基础之后,也还比较喜欢这种能够开阔视野的课程。

北京政法学院以及中国政法大学率先开设这些课程,其他学校也就闻风而动,也跟风开设类似的课程。这样一来,可以说我们学校开创了中国法学教育界的新动向。什么新动向呢?那就是在法学教育中,积极地吸收西方国家法学教育的精华。当时大家也都近乎本能地预见到,西方国家的这些法学教育的精华,都是我们或迟或早要努力的方向。

就我本人的研究来说，应该说民法是一个主要的方面。但是从这个时候开始，我的研究也就更多地转向商法。我想，讲西方国家的商法，首当其冲要具备外语条件，以便能够看懂一些外文资料。

对我来说，尽管在“文化大革命”期间，许多从苏联带回来的好多书，觉得没什么用了，相当一大部分书籍，都被当作废纸卖掉。但在那种情境下，我想我还是有点先见之明，我在处理旧书的时候，把那些资料性的书籍都保留下来了。

我记得留下的书中，其中一本是俄语的《西方国家民商法介绍》。尽管那里面的资料比较旧，但就那时候我们国家的情况来说，这些旧资料还是很重要的。所以，刚开始讲这些课程的时候，我就用这本俄文版的《西方国家民商法介绍》作为我教材的蓝本。那个时候，也没有多少英文书籍，介绍进来的英文资料、书籍也非常少。在资料比较荒的情况下，这些东西起了很大的作用。

罢餐事件

应该说，在整个 20 世纪 80 年代期间，中国政法大学在清除精神污染、清除资产阶级自由化问题上，没出现什么事情。我印象比较深的唯一一次学生运动，就是 1986 年 1 月 19 日的罢餐事件。

罢餐事件的起因，主要是学生认为学校食堂办得不好，提供的伙食又贵又不好吃。这个事件的起因，跟中国改革的大形势也有关系。中国改革在推进过程中，出现了一些问题，有段时间物价飞涨，经济发展很缓慢。原来北京市政府对大学生都有特别的补助和供应，伙食的肉和菜都比较便宜。但在这种背景下，后来由于经济形势不好，这些政策逐渐就被取消了。取消了财政补贴之后，学生伙食的价格一下子涨了上来，肉的供应也不再像以前那么有保障，伙食质量就越来越为大家所不满了。

罢餐事件是 1 月 19 日开始的。那是一个周日。当天上午，学院路食堂北角，出现了一张针对伙食工作的大字报。晚上，在第一张大字报旁边、新食堂南墙、七号楼东门、一号楼东墙等处，又贴出了多张大字报、漫画和标语，总共多达近二十多张。到了 1 月 21 日中午，大字报、漫画和标语增加到了六十多张。

应该说，大多数学生意见是好的，大多数意见是正确的，比如如实地指出食堂菜价偏贵，服务人员态度差，卫生状况有待提高，供饭时间太短等。但也有一些大字报，具有煽动性和侮辱性，提出不少错误的要求和言论，比如说学生的生活是什么“非人的生活”，煽动什么“饥寒交迫的人们”、“有骨气地行动起来”，说什么“饭菜是猪狗食，吃饭的是猪狗”，“号召罢餐”、“罢餐现在开始，就要坚持到底！”，等等，要求成立“保护学生生命权、健康权委员会”、“学生自治协会”、“罢餐行动委员会”等组织，鼓动学生罢餐。还有的大字报提出“不同意邹瑜部长兼任校长”，画漫画丑化邹瑜、陈卓、云光和其他校领导。所有的大字报、漫画均无署名，或者署什么“研究生团体”，部分漫画还署了“华君武画”的字样。

这次罢餐事件的前两天，都是以号召罢餐为中心的。19 日晚餐时，有数十名学生堵在食堂门口起哄，并阻止其他同学进入食堂进餐，谁进食堂就被骂是猪狗。结果，只有两三名同学不顾阻拦进食堂吃了饭。20、21 日去食堂就餐的同学虽有增加，但仍不足正常就餐人数的 20%。

除了罢餐，后来又有人煽动罢考，即抵制即将举行的期末考试。食堂的里里外外挂了好多方便面袋，学生都拒绝吃食堂，改吃方便面。

学校领导层闻讯后，立即向司法部、教育部和北京市委等上级领导机构做了汇报。同时，根据司法部党组的指示，分别对罢餐学生和食堂工作做思想工作。应该说，在这个事件面前，学校领导层还是很紧张，自从 1 月 19 日开始以来，学校连续召开了十多次各级领导干部大会，一方面检查工作中的问题，另一方面掌握分析情况，研究部署工作，并分别深入到学生中做思想疏导工作。

这事很快就惊动了司法部。司法部部长邹瑜当天下午就来到学校考察。邹瑜来之后，就把我给拉上。我跟他一块儿到食堂了解情况，又走访不少学生，听取学生们的意见。最后，学校党委、行政为了防止事态的扩大，在 1 月 20 日下午以校部的名义，发布了《对伙食工作的七条改进措施》，表明了校方改进工作的决心和态度。

20 日晚上，胡启立也给学校电话，要求校方“直接和学生见面、赤诚相见，有来有往，不要光听，也要向他们介绍我们的打算”。

罢餐事件刚开始，我们学校领导层对于和一般学生接触还可以，但对于和意见比较激进的学生接触，没有把握，甚至心里害怕和这些学生接触。21 日下午，司法部副部长郑希文来到学校，打算与学生直接见面。学校本来安排五六十个各种类型的学生代表参加座谈会。但座谈会开始前，学生自动来了近一百多人，门口还站了许多人，有的是对立情绪比较大的，也有大部分是一般同学。最后这么一个大范围的对话，反而促进了事情的解决。

有了这个经验，23 日学校召开了学生代表会。对于此次会议，学校事先没有指定任何学生干部参加，而是由每个班级推选一位同学做代表，其他同学有兴趣亦可旁听。这种民主、宽松的氛围，既有助于与学生沟通，亦将教育寓于交谈之中。我想敢于和最有对立情绪的同学直接见面，赤诚相见，是化冰雪为热炭的有效方法。

古人说，上下同欲者胜。由于各方面都本着解决问题的诚恳态度来参与事件的解决，罢餐事件很快就平息了，大概只持续三四天的样子，学生的期末考试也都如期进行。应该说，这次罢餐事件没引发什么太大的问题。

这件事之所以能这么快的平息，跟我们处理的方针有一定的关系。当时从我的角度来说，应对方针很明确：这次学生贴大字报并罢餐的起因，是学校工作确实有不少问题没有解决好，大字报的内容大多数是合理的，指出了学校工作上的弊病，因此，首先要肯定学生的积极一面，要虚心听取同学的意见，改进工作，不能和同学闹对立、搞压制，要疏导，要做耐心工作。另外，又明确地在各种会议上以及布告中指出，大字报、罢餐的方式是错误的，尤其是学政法的大学生所不该采取的。对学生侮辱炊事员人格的漫画，以及大字报中一些错误的语言，也进行了教育、批评。事实证明，这种既虚心听取意见，又坚持原则的做法，使相当一部分同学明辨是非，缓和对立情绪，我觉得大部分同学还是通情达理的。

回过头来看，罢餐事件既受到外校影响，反过来又影响到外校。当时，高等学校学生来往比较频繁，我想，新形势下新的不正之风，尤其是不按中央决策乱涨物价，直接影响到了学生的切身利益。政法院校本来就是清水衙门，我们所能给予的物质帮助微乎其微。

当时，北京市委已对高校食堂的副食供应，作出了一些优待规定，可以暂时缓和一下矛盾。但随着工资、物价制度的改革，当时学生助学金却保持不变,学生自然也不满意,其实当时应有相应的调整。

通过这件事,我想大家也明白了一点,那就是做学生工作,不能空许诺而不践行诺言。罢餐的第二天,有一部分学生想到食堂就餐,一看是前一天剩菜加热,就说:“还是没有改进啊!”对此我们提出,一步行动,胜过一打许诺,行动没有跟上,就不能落实胡启立同志的指示。针对此,学校领导针对学生意见较大但又能践行承诺的事情,制定了十条措施,向学生做了宣布,并严格督促要不打折扣地实现。学生看到他们提的意见,已经有一部分被采纳实现,就感到“校方有诚意”,“复餐”也就顺理成章。

这件事也有个意料之外的结果。罢餐事件结束后,司法部党组就给中央政法委、国务院打报告,指出罢餐事件之所以发生,跟学校硬件条件太差、难以满足学生需求有很大关系。具体来说,学校的客观困难一直没得到解决,校舍长期被占用,学习环境受到很大干扰。于是,司法部请求中央安排中国政法大学昌平校区尽快动工,协调北京戏校、歌舞团等单位尽快迁出中国政法大学校址,后来这方面的动作确实快了许多。

昌平新校建设

中国政法大学建立后,原来学院路 41 号北京政法学院的地方肯定不够用,而且还有很多单位占用,中央确定的政策也是择址新建。

那时候,我也参加了一些选址工作。我记得跟云光同志去昌平的沙河看过,当时沙河大桥的北边,有一个什么汽车训练场的旧址,有五六百亩地。当时主要是觉得沙河离城里更近一点。但是我们去看了后,觉得那时候的沙河更荒凉,还不如当时的昌平县城,周围好赖还多少有些可以依托的生活基础。

当时,我们也看过其他一些地方,比如海淀黄庄。最早的时候,开始选址时是在大兴卫星城,还去大兴县看过。

比较之后,我们觉得大兴距离城里的距离,和昌平距离城里的距离几乎相等,都是三十公里。这样的话,还是北边的自然条件等各方面因素更好一点。所以 1983 年 10 月,经北京市政府批准,中国政法大学选址最终定在了昌平卫星城东门外政府街的北侧。

昌平新校的建设筹备工作一直在进行，1985 年全面展开。是年 4 月，北京市规划局批准了中国政法大学建设的总体规划。6 月，昌平校区的征地工作基本结束。当时共征地 557 亩，当然其中有道路用地近百亩，建筑用地 360 亩当时已拆迁完毕，交付中国政法大学使用。是年 9 月，司法部批准了中国政法大学校园的整体设计方案。

1986 年 6 月 7 日，中国政法大学新校奠基典礼在昌平隆重举行。来的最高级别的领导人是乔石，他当时是中共中央政治局委员、中共中央书记处书记、中共中央政法委书记、国务院副总理。除此之外，出席奠基典礼的还有雷洁琼、刘复之、邹瑜、蔡诚等全国政协、中央政法委和司法部、最高人民法院、最高人民检察院的领导。

在这次奠基典礼上，邓小平 5 月 13 日专门题写的“中国政法大学”校名正式亮相。

开始迁往昌平新校址的时候，交通不方便，生活也不方便，不光学生有情绪，教职工也有意见，人心很不稳。学校里面也有争论，无论制定什么样的安置方案，总有人会提出不同意见。

当时我的想法是，本科生中一、二年级在昌平，三、四年级回学院路，以方便学生就业之需。那时候，就业已经逐渐从计划分配转向完全自愿的选择，学生得有自己交流的渠道。如果那时候要从昌平到城里来的话，交通太不方便，高速公路也还没有修通，非常麻烦。

1987 级本科生入学后，他们成了第一批来昌平的法大学子。1987 年 9 月 22 日，中国政法大学、中央政法管理干部学院在昌平新校举行了第一届开学典礼。当时条件很差，昌平校区刚交付使用，我记得开学典礼还是借国防大学礼堂开的。

那时候，还没有像现在这么多的公交车，而且距离学校最近的公交车站，也还在西关，下车后只能步行到学校去。那时候学生常挂在嘴边的两句话，就是“晴天一身汗，雨天一身泥”。

那时候我主管学院路的教学工作，对昌平校区了解不多。但昌平校区毕竟“边建设、边教学”，尤其就食堂来说，新食堂、新设备、新人员，肯定没学院路食堂那么井井有条，有很多细节问题都有待完善，学生中出现不满情绪应该是正常的。当时的生活是非常艰苦的。昌平校区的伙食刚开始办，学生意见很大，我记得好像在 1987 年 10 月的时候，就有 87 级学生给学校贴大字报，抱怨食堂伙食不卫生，在里面吃出了虫子。到了 1988 年 5 月 12 日，昌平校区也出现了一次颇有影响的罢餐事件。

2001 年 10 月，87 级同学毕业 10 周年返校的时候，在昌平校区捐赠了拓荒牛，来纪念他们在昌平校区“拓荒”的经历。

青年教师没地方住

当时青年教师面临的最大问题，就是中国政法大学的住宿条件太差。北京政法学院复办之后，一直没有建宿舍楼。尤其是 1983 年开始读研究生、1986 年毕业留校的那批青年教师，尽管肯定是作为将来的教学骨干培养，但当时他们面临的最大问题，就是没地方可以住。作为暂时的安置，学校给他们分的房子都在四号楼、“简易棚”，那都是很破的房子。

当时很多青年教师就跟学校闹，尤其是 1988 年 4 月 21 日 ~5 月 1 日。4 月 21 日上午，学院路食堂布告栏上出现了两张小字报，题为“致政法大学领导的公开信”，落款是“简易棚青年教师”，并附有 25 人的签名。这封公开信如下：

请保留三天。其间谁若揭信，即意味着解决此问题，我们将登门拜访

从来就没有什么救世主，也不靠神仙、皇帝，要创造人类的幸福，全靠我们自己。

无产者自己的歌——《国际歌》

致政法大学领导的公开信

尊敬的校领导：

冬去，春尽，酷夏又临，我们在简易棚（人称贫民窟）内已熬过了两个盛夏，正面临着第三个酷暑。

尽管我们都是些硕士、博士生，但是我们不敢以“知识分子”的名义要求改善待遇；尽管我们基本都是讲师、助研，有的还担任教学科研的领导工作，但我们不敢仰视“振兴法大，锐意改革”的宏图，不是我们胸无大志，我们深深领会马克思关于人类创造历史的活动要受既定物

质条件制约的思想，我们不敢有什么奢望，我们仅以“人”的名义，企求得到基本的生活条件。

两年前，在我们这批研究生即将毕业分配时，不少用人单位前来洽谈、“私访”并提出各种优惠条件。但是，为了实现中国政法大学“十大中心、万人规模”的“宏图”，校领导一道敕令，留校做“母鸡”，不顾单位当“荷包蛋”，并以校党委决议的名义，要我们无条件地服从，还说这是“党的需要”，许诺给我们安排“合适”的住房。结果，我们被“安置”进一栋外单位废弃的简易棚内。当我们个人提出这样的住处根本不具备作为人的起码生活和工作条件时，校领导又要我们为振兴党的法学教师事业作出必要的牺牲，并满口承诺：一年内一定搬迁。我们出于对党的忠诚，对校领导的信任，考虑到政法大学复办七八年了，许多校舍仍被北京市几个文艺团体占据的事实，本着“顾全大局”的原则，体谅学校的困难，更何况北京市张百发副市长为解决法大校舍被占问题，还做过一次又一次的允诺。于是我们被抛进了“鸡窝”——简易棚。简易棚原系外单位搭的临时机房，宽5米，长40余米，分上下两层，每间10平方米左右（未婚者和个别已婚者两人一间），室内室外、各室之间一块薄板相隔，因是违章建筑，属危险房屋，海淀区规划局三番五次催拆，该棚太阳一晒就热，寒风一吹就冷，楼上稍一跺脚，半个棚子都在晃荡；哪屋打个喷嚏，几家都受影响。夏日，室内温度可高达40度，加上棚内苍蝇扑面，厕所经常“黄、泛”，门口蛆虫霸道，其状实在不堪目睹。

在我们中间，有初放“祖国花朵”的家庭，有新婚燕尔的夫妻，有缠绵悱恻的情侣，也有独自一人的单身汉，大家各有无法忍受的苦恼，做父母的，总斥责自家的小孩子哭闹，怕影响左邻右舍，结果适得其反；夫妻情侣间说几句知心话靠打手势、讲哑语、写纸条，怕走漏风声，真是有情难言；打光棍的，对起初接触的对象，不敢领入茅舍，怕人寒碜，实在无价可话。

就是在这样一个环境里，我们这些研究生，从一留校起，即担负着繁重的教学与科研任务。夏日，每当周围的居民在阳台上纳凉、观星、赏月时，我们光着脊背，挥汗如雨，伏案备课；入冬，每当附近的高校里传来激扬的贝多芬《命运》交响曲时，我们正裹着大衣，披着棉被，批改卷子，撰写论文。大家兢兢业业，只求在党的教育事业面前，问心无愧！

一年三百六十日，多少苦难，碍难启齿。我们期待着校领导一年内保证搬迁许诺的实现，期待着我们能住上人住的房子，期待着……蔡诚部长、金鉴副部长、全国总工会、北京市教育工会、校领导、校工会等来我们这里体察过民情，给过一个又一个许诺，张百发副市长还曾主持法大与占房单位的联席会议，并在会议纪要中明文规定：北京市戏校必须于1987年12月31日前从法大全部搬出。然而，一次次许诺成为一个个泡影，1987年6月，1987年12月，1988年1月10日、1988年春节前、1988年3月底、1988年4月10日、1988年4月底、1988年6月底……不尽岁月滚滚来，海市蜃楼一场空！

我们曾一次又一次地从“受骗”的朦胧感觉中挣扎出来，重新树立起“信任”的希望，但是，现在我们终于彻底明白：我们错了！我们只知道，我们的忍耐已经超过了极限，“鸡”尚未鸣呼，问“蛋”之有？我们要求，五月一日为搬迁的最后期限，否则，我们将采取以下行动：

1. 到有关部门集体请愿；
2. 邀请中外记者现场采访；
3. 停止参加学校的一切活动（包括教学）；
4. 要求有关领导辞职；
5. 强行采取其他一切必要的措施。

由此而引起的一切严重后果，均由校方负责承担。

此致

敬礼！

简易棚青年教师

1988年4月20日

抄送：中共中央书记处、国务院、人大科教委、全国总工会、乔石、李铁映、陈俊生、陈希同、蔡诚、金鉴、张百发、人民日报、光明日报、中国日报、中国教育报、中国法制报、北京日报、中央人民广播电台、中央电视台。

青年教师名单（签名）附后：

舒国滢、彭小惠、王光进、孟玉、费安玲、华夏、宣增益、胡建农、刘斌、赵又芳、卞建林、郇明安、马红、熊继宁、熊明名、赵燕士、许章润、郭

光、吴仁华、俞政平、吴宗宪、陈小平、张丽英、刘苏里、张熙

当时，这些青年教师们签名贴出公开信的时候，还有四五名青年教师守卫在公开信前，直到中午一点半。当时正是吃午饭的时间，这封公开信自然引起了很多师生的围观。

为了自身住房问题，青年教师们站出来努力呐喊，在校园内也得到了学生们的响应。学生们纷纷用大字报的方式，公开表达他们对青年教师的同情与支持。之后的几天内，表达支持、声援、同情的大字报越来越多，言辞也越来越尖刻。

4月22日，在同一地点，同时出现了题为"不在沉默中爆发，就在沉默中死亡"、"忍无可忍"两张大字报。前者号召说，"青年的、现在的或将来的法学家，在简易棚中苦度了这么几年的苦难，我们也在法大的苦潭里熬了几年，该醒了！不然，今日的浑浊、闭塞、僵硬、死板、枯竭、衰老、肮脏、平庸的法大精神，将成为你的特征；今日乱七八糟、七零八落……的法大泥潭将会成为明天你脱不掉、踢不开、扯不了的禁锢你的幽灵般的怪圈。"后者更是质问："政法大学到底还有没有人管？我们的老师上课无精打采，我们的同学百无聊赖，课程安排混乱残缺，教学内容既陈旧又呆板，这样的教学能出什么成果！""我们主管教学的领导哪里去了？……我们主管生活的领导哪里去了？我们两地办学把老师搞得筋疲力尽，把学生弄得人心涣散，本来就少得可怜的图书、设备一下子紧张起来，请作出此决定的校领导想一想，你是不是有罪？""偏居昌平，会对那里的新生产生什么样的影响？……你们为法大教师，为法大同学究竟做了多少有益的事，法大师生怨声载道，难道你们就一点也没有听到吗？"

4月22日下午，又出现了一张无题未署名的大字报，对七号楼学生宿舍实行节电灯火管制提出批评，对住房条件不好、分房不均提出质问。

4月23日早饭时，再次出现两张大字报。一张是针对昨天下午大字报被撕写下的，"在这个中国政法大学教育中心，我们将普及以下法律常识：(1)公民言论自由的权利神圣不可侵犯；(2)中国没有任何法律禁止公民以包括大字报的形式行使言论自由的权利；(3)中国没有任何法律保护任何人撕大字报的权利！(4)法不禁止即自由，谁敢再

撕大字报我们将与你过不去。”落款是“简易棚青年法学家”。

在另一张大字报上，题目是《声援书，安得广厦千万间，大庇天下寒士俱欢颜》，呼吁“为了法大的未来，为了法学教育事业的振兴，该是某些领导清醒的时候了，青年教师们，我们坚决支持你们的合理要求！法大研究生与你们站在一起！！！”落款是“法大部分研究生。中国民主年4.22日”。

4月27日，食堂南墙又贴出了“中国社科院55名博士生向中央的呐喊”复印件和“我校教师住房困境成因分析”。这个分析中说，大环境是中国知识分子待遇处于社会最底层；小环境是北京市三个文艺团体占据我校舍20年之久。认为校领导“外战外行，内战内行”。与此同时，食堂门口及简易棚附近也挂出了标语，诸如“我们要房子，不要许诺”，“争取生存权”，“最近中央领导说过，知识分子待遇的改善要靠自己。团结起来别再沉默”。

4月27日，司法部常务副部长金鉴、教育司司长余叔通以及北京市委教育部有关领导人，会同校党委书记陈卓，商定由市文教办出面，要求戏校在6月1日前全部腾出，延期一天，每间房罚违约金50元。第二天，戏校、中国政法大学分别签署了《关于戏校腾退中政大校舍的协议》。

4月30日下午，学校领导专门约请了这签名的25名青年教师进行座谈，宣布了学校与戏校的协议内容，并征求青年教师们的意见。当时，这些青年教师怕协议再次成为一纸空文，要求学校与他们签订改善住房的协议，并提出若干的具体条件和违约处罚条款。学校领导为了尽快平息事端，维护安定团结的局面，最后同意在协议上签字。到五一节前后，这批青年教师的住房问题大致已经解决。

我记得大概到6月14日的时候，戏校先后退回了四号楼的房子19间。学校又专门拨了一笔钱，买下了戏校在四号楼南侧建造的19间平房。这两部分房舍共计38间，基本上改善了住在简易棚的39名青年教师的住房条件。其他12名青年教师，家里有房子的动员回家住，或者是其他办法，终归是解决了这些问题。

那些新建平房都很简陋，只有一个卧室，外面有一个小小的活动间，再外面是一个厨房。当时，这排平房建起来之后，住进去有一些人，大致稳定了一些青年教师的情绪，再加上在别的方面，也解决了一些房子，总算是为法大留下了一批人才。

当然，这个结果，一下子亦引起了其他群体的同类要求。我记得 5 月 4 日的时候，“广大青年政工干部”亦写了一封《致学校领导的公开信》，“欣闻简易棚青年教师住房问题得到解决，我们工作在政治思想工作第一线的辅导员感到无比高兴、万分的高兴，我们看到了希望，看到了曙光！”指出他们的宿舍分在昌平，但工作环境又不允许每天往返，只好住在七号楼办公室，导致产生了很多问题云云，“要求校领导在一周内给予解决！否则，我们将全部撤回昌平，拒绝承担八小时以外的工作，由此引起的工作延误，我们概不负责。”此后，我记得 1988 年 10 月 20 日，当时住七号楼底层的留校研究生们，也写了一封致校领导的公开信，要求机会均等，搬到已经腾空的 2 号楼。

终归来说，研究生毕业留校的时候，生活条件是很艰苦的。当时住简易棚的 60 名研究生，都是 1986 届毕业留校的，他们中年龄比较大的已经结婚。当时为了解决学校的师资问题，学校必须动员他们留校，那时候研究生还很紧缺，而他们这一批学生，完全可能有更好的选择。所以最后学校再三动员，并承诺每个已婚的研究生都分住房一间时，才使得他们都留下来。但是，由于戏校、歌舞团、曲艺团等单位的占用，学校的承诺根本没法实现，只好花了 7 万元租了军队的简易棚，暂时给这批留校研究生住。当时学校向这批留校研究生承诺，只在简易棚内住一年。

然而，1987 年夏天北京市戏校基建工程完工后，他们占着的法大 40 多间房子依然不退，学校原来打算将这些房子用作青年教师的住房，但这个计划也无法实现。在这种情况下，司法部部长蔡诚还与北京市副市长张百发签了“九·二”协议，规定戏校必须于 1987 年年底以前从中国政法大学全搬出去。但后来的事实证明，“九·二”协议很快成一纸空文，到了 1988 年 4 月戏校仍然以种种理由拒绝搬迁，校方向青年教师的承诺一再落空，青年教师们也忍无可忍，最终也就引发了这次法大校史上值得记一笔的青年教师为解决住房而斗争的事件。

十二、从校长变回教授

担任中国政法大学校长

1988 年 3 月,我当选为七届人大常委会委员及法律委员会副主任不久,就担任中国政法大学校长。当时蔡诚即将担任司法部部长。中国政法大学自从 1983 年成立之后,前两任校长都是司法部部长兼任,第一任是刘复之,第二任是邹瑜。那么到了第三任呢,按以往的惯例,也应该由部长来兼任。但是蔡诚的态度很坚决,说他不再兼任中国政法大学校长,校长还是专职的好。

因为我那时刚刚当选了七届全国人大常委会委员和人大法律委员会副主任,所以由我来担任中国政法大学的校长,这个事情好像就顺理成章了。当然顺理成章似乎也就这一次,在此前后,由谁来担任中国政法大学校长,各方面的争议还是很大的。

这样的话,我在 1988 年 7 月 4 日被司法部任命为中国政法大学校长。

任命为校长之后不久,大概是 1989 年年初的时候,有一次司法部主管教育的副部长鲁坚还打电话给我,问我看下半年的时候,能不能够将中国政法大学的体制从“党委领导下的校长负责制”改成“校长负责制”。那时候其他个别学校已经改成校长负责制了,不再是党委领导下的校长负责制,而中国政法大学还一直是党委领导下的校长负责制。鲁坚当时的想法,就是根据当时改革的形势,逐渐使中国政法大学过渡到校长负责制。所以,他问我,下半年改变成校长负责制条件够不够?可不可以改变?我当时还答复说,可以改变。

这基本上就是那个时候我亲身感受到的政治形势,每个人都可以感觉到,各方面的管制都已经越来越走向宽松。尤其在高等学校,党委领导下的校长负责制,酝酿着改为校长负责制,这个条件也逐渐成熟。

胡耀邦逝世

1989 年 4 月 15 日清晨 7 时 53 分，曾任中共中央总书记的胡耀邦，因突发性大面积心肌梗塞而逝世。

访问江西省共青城市，在胡耀邦陵墓前留影

我记得某年五四的时候，中国政法大学学生请我在他们组织的纪念五四运动的活动中做一次报告。在这次报告中，我记得我说过这样的话：

中国共产党人里面，我最佩服的就是胡耀邦，有性格，也有个性，虽然有人说，他有这样那样的缺点，但是他终究还有激情和独立思考的能力，这是很不简单的。在胡耀邦当组织部长的时候，平反冤假错案很大胆，当然这不是他个人的原因，但对于过去的历史上积留的怨恨，从胡风问题、反右、反右倾、“文革”等几乎都平反了，甚至“地富反坏右”这些帽子，也都给一风吹掉了。我也是反右平反以后的受益者之一。

胡耀邦还很得人心的一点，则是他清明的作风。我去云南时，当地人就跟我讲，胡耀邦在当总书记的那几年，走遍了云南省境内几乎每一个县，绝大部分的县他都去过。而且胡耀邦到下面调查，从来没有大规模的报道，而是确确实实调查民情，摸基层老百姓的脉搏，看老百姓真正想要什么。

在那次报告中，我说，胡耀邦曾经说过一句话，我认为是最能够表现一个共产党员的作风和见解。他说，老百姓不是根据一个党的纲领、它的代表大会的决定，来判断这个党好还是不好，而是根据他给老百姓做了多少实实在在的事情来衡量。老百姓不管你的纲领、不管你代表大会是怎么决定，如果老百姓觉得国民党比共产党带给他的东西更多，那他就拥护国民党；如果他认为共产党做得比国民党更好，那他就拥护共产党。老百姓是按照自己最朴素的感觉来选择政党。我觉得这句话说得很有道理。

我参加了胡耀邦的追悼会

1989 年 4 月 22 日上午 10 时，中央召开高规格的胡耀邦逝世追悼大会及遗体告别仪式。

作为第七届全国人大常委会委员和法律委员会副主任委员，我亦受邀请参加胡耀邦的追悼会。胡耀邦的追悼会在人民大会堂中央大厅举行。整个会场布置得很庄重，东门入口处高悬一条 20 多米长的黑色挽幛，上写“伟大的无产阶级革命家、政治家胡耀邦同志永垂不朽！”白色大字。胡耀邦的巨幅彩色遗像，悬挂在会场正中。面容安详的胡耀邦身着黑色西服，静卧在水晶棺材中，身上覆盖着中国共产党的党旗。水晶棺材两边，解放军战士持枪守护。胡耀邦的夫人率子女献花篮两个，白色缎带上写有“耀邦安息吧”等字样。

应该说，这个追悼会的规模还是很隆重的，中央军委主席邓小平、李鹏、万里、彭真、聂荣臻、乔石、胡启立、姚依林、王震等党和国家领导人以及各界代表近 4000 多人，参加了追悼大会。中共中央政治局委员、国家主席杨尚昆主持追悼会，时任中共中央总书记的赵紫阳致悼词。

悼词回顾了胡耀邦同志一生为中国人民的解放事业和社会主义

建设事业建立的不朽业绩。赵紫阳说，党的十一届三中全会以来，我们国家处在拨乱反正和全面改革的重要历史发展时期。胡耀邦同志在党的十二大上代表中央所作的《全面开创社会主义现代化建设的新局面》的报告，进一步明确了党在新时期的指导思想。十一年来，他作为党的主要领导人之一，致力于马克思主义基本原理同我国现代化建设实际相结合。他为坚持党的十一届三中全会以来的路线，坚持四项基本原则，坚持改革开放，建设有中国特色的社会主义，作出了多方面的重大贡献。赵紫阳在悼词中说，胡耀邦同志作为马克思主义者，他的一生是光辉的。在长达 60 年的革命生涯中，他始终如一地对党和人民的事业忠心耿耿，呕心沥血，艰苦奋斗，立下了不朽的功勋。胡耀邦同志的逝世，对于我们的党和人民，对于我国的社会主义现代化建设事业，都是巨大的损失。

追悼会结束后是遗体告别仪式。按照预先的安排，我们都还轮流前往胡耀邦的遗体前默哀。

1990 年 12 月 5 日，胡耀邦的骨灰专程运抵江西省南昌北部的共青城，因为他最早就是在共青城搞开发的。我去江西的时候，还专门到胡耀邦墓前去悼念。胡耀邦的墓地坐落在富华山山顶，海拔 42.7 米。那个墓地坐西朝东，搞得很大，整个墓区占地近两平方公里。胡耀邦的墓碑是用三块厚 0.8 米的白花岗石拼成，呈直角朝上的直角三角形状，高 4.5 米，底边长 10 米。在胡耀邦墓前的生平介绍中，用的材料也都是悼词里的话。墓碑后方，则是胡耀邦夫人李昭在其逝世 10 周年之际的题词“光明磊落，无私无愧”。

五月下旬我出国了

很早以前，中国法学会就有个计划，要派出一个民法、经济法代表团，跟美国的学界同行在夏威夷开会。而我，则是这个代表团的团长，我们一行总共 11 个人。

所以过了 5 月 21 日，我就开始准备出国的事情了。那个时候，正常情况下出国，都会有很多问题需要先期准备，比如学术观点的问题、讨论政治的问题等，要不卑不亢，又要有理有节。好在我们有个明确的原则，规定代表团成员出国之后只跟美国学者就学术问题交换意见。所以在这个问题上还好,始终没出什么问题。

我们是在5月25日出国的,预计6月6日左右回来。我们先坐飞机到旧金山,然后转机去夏威夷岛。总的来说,中美法学交流会在夏威夷开得还是不错的。在那次交流会上,我们代表团的一些团员,提出了很激进的观点,比如说土地私有等。

免职大会

1990年2月15日下午,司法部派员来中国政法大学,宣布了对我的免职决定。按照正常的程序,这个决定宣读后,还让我做了告别演讲。当时我是这么讲的:

我觉得,一个同志的任职和免职是很正常的现象。如果这个同志在某个工作岗位上不适合,那就应该免职;如果觉得适合,就应该任职。任与免都是组织上的考虑;我作为共产党员,愉快地接受这个决定。这个决定也是我的愿望。

长期以来,我曾有过这种感觉,该是回到自己的教学和科研岗位上了。我本人就出身书生、教员,最终的归宿也应该是自己的教学岗位和科研岗位,何况今年我也60岁了,到了这样的年龄,也应退出行政岗位。陶渊明的《归去来兮辞》中说:"田园将芜,胡不归",我不是种田的,但我也有我笔耕的园地,我愿回到自己的教学和科研岗位上,包括我们国家的立法工作,作自己应有的贡献。

另外,我觉得我们国家正面临国际、国内很关键的时刻,在这样的时刻要加强我们学校的教育,加强我们国家的高等教育,按我现在的思想状况和工作能力,是不能胜任的,也很难承担。为加强对中政大的领导,对部党组的决定我拥护、赞成。

我现在是抱着一种卸下包袱的解脱感和轻松感,回到自己教学和科研岗位上的。在我的人生这些年里,我对于原来的政法学院到现在的中国政法大学,充满了很深的感情。我从1956年到现在的34年里,除了中间解散外,都在这里工作,人生的酸甜苦辣在这里我都尝到了,尽管在肉体上、精神上,我在这里也留下了巨大的创伤,但我始终认为,中国政法大学有非常光明的未来,我愿为中政大在国际、国内提高它的地位继续作出自己的贡献。希望中政大能够安定团结,在党委的领导下,认真贯彻党的教育方针,教书育人,培养出新一代的政法工作者。

中政大确实正处在困难时期,工作很艰巨。我虽然离开了领导岗位,但我们党委的其他同志还仍然肩负着沉重的责任。七年来的领导岗位告诉我,要担负好这样的工作,要付出很大的代价。我们现在每个担任领导工作的同志,都付出了很大的代价。我真诚地希望全体教职员工支持党委,支持行政领导,体谅他们工作中的困难,让我们共同度过这个时期。我本人也愿在力所能及的范围内,努力支持校党委的工作。

在我担任原政法学院至中政大领导期间,由于能力有限,书生气很足,许多工作没有做好,有些地方有意、无意地伤了某些同志的感情,我想在这个时刻表示我的歉意。在这时期里,我得到了同志们的关心和支持,其中也包括最近一段时间一些同志的鼓励和安慰,在此表示真挚的感谢,我从教员出身回到教学岗位,站在讲台上,有一种返璞归真的自然感觉。我将努力站好自己的岗位,努力做到光明磊落,无愧于人民,无愧于历史。

开免职大会的时候,司法部专门来了一个副部长宣布这个决定,也让我做了讲话。这对我来说,还是一种很客气的处理,对此我也很感激。

学生没有忘记我

1990 年 12 月 28 日,我迎来了六十岁生日。

当时,法大 85 级学生郭恒忠和曾白凌等人,自发地给我举办了一个很温馨的生日晚会。参加者主要是法大校友和一些年轻的教师,我记得有贺卫方、米健、赵旭东、陈丽苹等人,还有法大 85 级毕业生王成国、孙艳辉、阿计、陈杰、陈虹伟等二十多位同学。这个生日晚会完全是他们自发的。我在从校长职位上退下来之后,还能在他们中间有这种威信,应该说内心深处还是很欣慰的。

我六十岁生日时,为表达自己当时的心情,我还写了一首诗:

七律·六十抒怀

残肢逆遇未曾摧，乌纱抛却田园归。
宠辱应似花开落，忧国何分位尊卑。
世事沧桑心事定，胸中峰壑梦中飞。
长夜寒冬无声处，信有大地响惊雷。

1990 年 6 月，86 级的毕业生举行毕业典礼。作为已经退位的校长，我自然没有被通知参加这个活动。后来有人跟我说，毕业生们一看主席台上没有我，高喊着我的名字久久不停，弄得主持毕业典礼的人很下不来台。这也能说明，经历很多变故后，我和那几级的学生们心贴得更近。

另外还有一件事，也足以说明学生们并没有忘记我。大概是 1992 年 5 月的时候，中国政法大学在昌平新校区举办建校 40 周年庆祝大会。作为已经离任的校领导，我的座位是很靠后的。主持人宣布还有哪些来宾参加会议时，当念到我的名字时，下面雷鸣般的掌声一下子响个不停。

我觉得我被免职之后，应该说，我在学生心中的地位还是被保留了，我认为这是很值得庆幸的。

这之后，我就变成了中国政法大学里一个普通的教授，我开始从学者的角度出发思考问题，慢慢地变成了一个公众知识分子。这样的话，我的立场有点不太一样了，我可以就我了解的问题发表独立的看法。这跟我当校长的时候完全不一样了。从这一点来说，我已经变成了自由之身，能够自由地表达自己的看法。而且很长一段时间以来，我都还一直保持着这样的状态。有一次有个美国学者问我，从校长岗位退下来有什么感受？我说，可以不说那些违心的话了，可以不去干那些不得不做的没有用的事了！

十三、罗马法的因缘

我最早开设了罗马法

历史的巧合,使我和罗马法产生了因缘。由于有了这一层因缘,又使得我不遗余力地在中国推动罗马法的研究,以及中国和意大利法学界长期的学术交流。

1979年北京政法学院复校恢复招生,我自告奋勇地开设了“罗马法”,作为当时为数不多的选修课之一,北京政法学院是全国开设罗马法最早的学校。

为什么我主张要设立这门选修课呢?我认为通过罗马法,可以使学生了解大陆法或者说私法的“根”在何处,可以了解私法是如何起源、演变并发展至今的。

当时曾有一股文化潮流,即种族、家庭“寻根”的热潮。记得美国有一部当时极为畅销的小说《根》(*Roots*),讲的是一位美国西非裔公民如何寻根,最终找到其祖先,当初是从非洲一个地方被贩卖为奴,最终贩卖到美国的。对于美国黑人群体这么一个大集体的人来说,当时并没有任何历史记载的根据,但作者却进行了大量实地考证和考察,根据当地的历史记载和人们的追忆,最后形成了一部有血有肉的活生生的“寻根”史。对于自己的祖先,和自己与祖先有着什么样的纽带关系,人们总是有着强烈的欲望想去了解。改革开放之后,许多海外华侨以及后来两岸开放后的台湾同胞,也常常到大陆来“寻根”。

对于我们的学生来说,罗马法我不会讲得很细。但我总是会跟学生讲到罗马法律制度的根源,这是最重要的。也就是说,我试图给学生留下这些印象:现代民法的一些基础,在当时罗马法中已经成形了,也就是说,罗马法已经奠定现代民法的基础。

“你们骡马都有法律管啊?!”

当然,由我来讲罗马法,也是个历史巧合,多少有点“山中无老虎,猴子称大王”。我本不是研究罗马法的,对罗马法也没有特别的关注,只不过是当时需要开设这门课,而确实又无人去讲,我就大胆地把这项任务承揽下来。

当时,不光法学界人士对罗马法知之甚少,在法学界之外乃至社会上,罗马法更是一个陌生的名词。20 世纪 80 年代初,有人问我讲什么课,我说讲罗马法,他竟然听作是“骡马法”,惊奇地问,“你们骡马都有法律管啊?!”

好在当时,还有一些民国时期的罗马法书籍,可以作为我讲课时的参考资料。罗马法这门课,我前后讲了许多年,即便在担任行政工作万分繁忙的时候,也仍然给本科生讲这门课。一直到 1991 年我担任博士生导师后,才停止给本科生讲授罗马法。

但这个罗马法怎么教呢? 应该说,当时开设罗马法,多少还有些条件。因为我们国家在三四十年代,国内已经有一批研究罗马法的学者,像黄右昌、陈朝壁等,他们的著作基本上都流传下来了。而除此之外,我在苏联留学的时候,也上过罗马法的课程,尽管学得不是很好,其中有些东西也不见得能够完全领会,但多多少少总算知道一些。而且,手头当时正好有一本俄语版的《罗马法》的教材,于是,我就以这本教材为基础,开始给学生讲授罗马法。

此外,还在这本俄语版《罗马法》教材的基础上,结合国内原来的一些资料,我写了一本在校内发行的《罗马法讲义》,后来与米健教授合作写成了《罗马法基础》一书。这本书 1987 年由中国政法大学出版社出版面世,1991 年出第二版,到 2004 年时出了修订本第三版。应该说,这本书是中国罗马法学界基础性的教材之一。

将古罗马制度与现实联系起来

讲罗马法对于我来说是一个考验。我担任学校领导职务之后,每年还给本科生上一门课,那就是罗马法。作为老师,我唯一一直讲下来的,也就是罗马法。尽管我是个民法教授,可是民法里面各个分支,我从来都没有完整地讲完过。

在讲罗马法的课程中,我始终关注两个问题。第一个问题是,如何将罗马法讲得使学生爱听、爱选这门课。坦率地说,罗马法是很古老的一门制度，罗马法的内容，离我们中国实际太遥远，如果按一般课程体系，或者严格按照学术去讲的话，难免太枯燥，那学生绝对不欢迎。因此，我必须要把罗马法，能够延伸到现实中，能够让学生愿意听这门课。

在讲课的过程中，我更多的是从罗马法的制度分析入手，把纷繁复杂的罗马法制度，提纲挈领地用学生听得懂的现代语言表达出来。因此，在讲罗马法时，我始终关注的另一个问题，是如何将古代罗马法制度与其后制度变迁中的一些变化作相应比较，以便使学生对一项法律制度的发展有一个总体的了解。

当时我对双重所有权颇感兴趣，而罗马法则是双重所有权之源。由于罗马帝国对属于罗马国家的财物转让，设有严格的形式要件，如果不具备形式要件而完成转让的交易，即便标的物已被对方所占有，取得物的人尽管是实际所有人，但并没有真正取得所有权，而出让人并没有丧失所有权，他还是名义上的所有人，但他的所有权变成“空虚所有权”了。这种情况需待取得时效届满后，取得人才真正成为完整的所有权人。这种双重所有权是罗马帝国时所特有的。到了普鲁士，则有土地的“上层所有权”和“下层所有权”关系，这是由于封建土地制而形成的双重所有权。在英国，则是普通法上的所有权和衡平法上的所有权（在信托关系中）这种英国式的双重所有权。而在中国，明末清初时在长江流域一带实行土地“田底权”和“田面权”分离的双重所有权，土地的“田底权”基本很少流通，而土地的“田面权”却时常在市场上流通。现代的股份制公司也可以说是某种程度上的双重所有权。这些双重所有权，并不是罗马法双重所有权的延续和发展，但足以说明双重所有权是一种社会现象，不仅古代奴隶社会，在封建社会乃至资本主义社会，也都有类似的现象。

在讲到罗马法的婚姻制度时，我特别关注西方国家婚姻自由和尊重女性这两个基本原则的发展及由来。我记得在恩格斯的《反杜林论》中，就看到过他对日耳曼民族女性地位的论述。中国文化向来是强调男尊女卑，大概日耳曼民族把女性看得更尊贵，就像《红楼梦》里面贾宝玉说的，“女儿是水做的骨肉，男子是泥做的骨肉，我见了女儿便清爽，见了男子便觉浊臭逼人。”在中国，这种话要么被看成是“痴言”，要么被看成是“叛逆之言”。因而从尊重女性的角度来说，西方无疑要比东方尤其比中国先进得多。在罗马文化高度发达的时候，日耳曼民族还只是极其落后的“蛮族”，但恩格斯的一句话，使我极受震动。恩格斯说，正由于开化的罗马国家女性地位还不如蛮族的日耳曼，所以罗马国家瓦解时，许多罗马人却纷纷跑到蛮族管辖的地区去。回想中国的情况，也有相似之处，自以为文化最古老、最知礼仪的汉族文化中，地位最低的恰恰是妇女，婚姻最不自由的也恰恰是妇女。拿少数民族的“阿细跳月”来说，那才真是自由婚姻，最有选择对象的权利，有不少少数民族妇女的地位远超过汉族，这是很值得我们去思考和研究的。

我对罗马国家的执政官和保民官也颇感兴趣，背后也有对于“无产阶级专政”中“专政”一词译法的探究。记得好像在20世纪70年代左右，日本共产党首先提出“无产阶级专政”一词有翻译错误。这一名词，中国就是从日本引进的，因为当时我们很多从西方国家引进的新思想、新理念，都是通过日本这个“桥头堡”而辗转引进的。日本共产党说，“专政”(Dictator)这个词应当译为执政，是“无产阶级执政”，而不应当是“无产阶级专政”，并说明这一词最早出现在罗马国家。罗马国家最高行政官就是执政官，最初是由选举产生，由两人担任，任期一年。两个执政官权位相等，一切政令如得不到两人一致同意，就不能付诸实行。当国家遇到危急情况时，经元老院提名，就以执政官中的一人为独裁官，或称独任执政官(Dictator)，中文有时译为“狄克推多”，有至高无上的权力。这一体制到后来，就成为终身独裁官了。

所以严格来说，当初马克思、恩格斯在《共产党宣言》中指出，“共产党人的最近目的是和其他一切无产阶级政党的最近目的一样的：使无产阶级形成为阶级，推翻资产阶级的统治，由无产阶级夺取政权。”这一“夺取政权”的说法，可以有执政的意思，也可以有专政的意思。当然，当时我们指责日本共产党是搞修正主义，后来日本共产党又指责我们搞修正主义，就和当初我们和苏共分歧争论时互相指责一样，只不过和日共的这段分歧，没太多宣传而已。

最初，罗马国家两个执政官中必须有一个是平民出身，以保障平民利益，后来执政官均被贵族控制后，就设立了一个保民官的官位，其地位与执政官平行，但权力显然没有执政官大，但设立这个官位后，凡是执政官的决定涉及平民利益的必须有保民官的同意。可见罗马国家当时的三个官：执政官、司法官、保民官，在设立上的权力制约与利益平衡的用心良苦的考虑。

一边走，一边讲

我在讲授罗马法时，尽量用通俗易懂的语言和形象的内容去讲它。从开始，我就特别关注讲课的每一细节，我给自己提出要求，一举手、一投足都要起到引人注目的效果。

除此之外，为了能吸引学生的注意力，我也常常一边走，一边讲课，从讲台上走下来，走到学生中间讲。我为什么这么做呢？当时我觉得，如果走下来之后，就能够和坐在后排的学生交流。而坐在后排的学生，往往是对这门课不爱听的，一般都喜欢躲在后排看别的东西。所以我讲着讲着，常常就跑到最后一排。那么这样的话，就能够吸引所有同学的注意力，学生的注意力总是被我的走动牢牢牵住，不至于因为听觉疲劳而走神。

现在说起来，那时候的学生还会记得我讲罗马法时的样子。我讲课的时候，从来不照稿子念，一直都是脱稿讲授的。

这样下来效果总算不错，每年选课的学生，总是超过 150 人左右，坐满了一大教室。要知道，北京政法学院复办之初，一个年级的学生总数也是很有限的，也就四五百人的样子。

我想我的这种授课方式，在当时的北京政法学院的校园里，应该算是比较新颖的，也间接地给年轻老师起了一种示范作用。很重要的一点，我想就是授课时不能照本宣科，我最反对的就是老师按照讲义一字不差地讲下来。那样的话，无论你讲稿写得再好，也不能够吸引学生的注意力。在这一点上，我也算是学校教学活动中有所创新的，而且也起了一种正面的示范作用，鼓励年轻的老师们用自己的语言来授课。这种方式连罗马法都能讲得让人爱听，其他课还愁讲不好嘛?!

甚至，我当时还有过一个想法，想学我年轻时曾读过的艾思奇的《大众哲学》，也写一本《大众法学》，把纷繁庞杂的法学知识，用最通俗易懂的语言告诉读者，让人们能够更容易地理解法学。这项工作当时已经开始做了一些，但最后还是停下来，颇有些遗憾。

用俄语讲罗马法

这段期间，还有一个很重要的事情，那就是中国和意大利之间交往的加强，进而推动中、意两国法学界也展开了交往。我的印象中，我们和意大利的交往，大概是在 1987 年开始的。

黄风是中国政法大学复校不久便来攻读硕士学位的学生之一。他学的是刑法专业，意大利语很好，我记得他的硕士学位论文，写的就是意大利刑法学家贝卡利亚的刑法思想。后来我主持“外国法律文库”，第一本选入贝卡利亚的《论犯罪与刑罚》，这本书是黄风翻译的。

1987 年时，黄风从意大利回来，告诉我意大利要在 1988 年召开一次国际罗马法学术大会，说会务组委托他邀请中国研究罗马法的学者能够参加这次大会。黄风跟我讲，“你是教罗马法的啊，你应该参加这个大会。”在黄风的邀请下，再加上当时也逐渐有一些通信往来，我也就同意去参加这次世界罗马法大会。

按照会议规则，我到意大利参加世界罗马法大会，只能够用欧洲大陆的语言而不能够用英语发表学术演讲。斯奇巴尼教授跟我讲，欧洲大陆任何一个属于大陆法系国家的语言都可以，因为大陆法国家都有罗马法的传统。这自然就意味着排除英语，英国固然属于欧洲，但其法律体系却与大陆法系大相径庭。就我的外语来说，除英语外，也就懂得俄语。那我就问斯奇巴尼教授，我能否用俄语发表演讲。斯奇巴尼教授说当然可以。所以，当时就确定我用俄语来发表演讲。

这就使我想起在苏联学习罗马法时要学拉丁语的这段历史。因为几乎所有的欧洲大陆国家，多多少少都受到了罗马法的影响，它们的法学体系中都有着共同的罗马法术语。而英国的普通法，则很难用拉丁语表述清楚，例如，民法中的“物权”这个词，翻译成英语则不伦不类，英语国家的人根本不懂，而翻译成“财产法”，则又不确切。

我接受了这个任务，在大会上用俄语发表《罗马法在中国》的演讲。当时，我先用俄语来讲，然后由会务组翻译成意大利语。在这次演讲中，我主要讲了中国民法的体系渊源，讲了中国民法私法精神的恢复。当然，这些都是围绕罗马法在中国传播的情况来展开的，顺带也讲了新中国成立以来罗马法传播的基本情况。因为北京政法学院是新中国最早开设罗马法课程的法学院系，我们也有些东西可以讲，——至少我们国家开设罗马法的课程，当然这是罗马法传播的很重要的方式。我第一次参加了世界罗马法大会，也是第一次在那次会上用俄语来发表学术演讲。

由于我作为中国学者是第一次参加这样的国际会议，许多与会者还提出很专业的问题，我还得用俄语来回答。可是当时对我来说，终究已经30多年没用俄语，其间虽然短暂地教过俄语，但改革开放以后，一直都是用英语交流，所以两种语言混用时，笑话就出来了，往往说俄语时，又突然跳出一个英语词汇，使人家摸不着头脑。

开始与第二罗马大学合作

这次学术研讨会的主持人是意大利第二罗马大学斯奇巴尼教授。他对罗马法在中国的传播和发展很感兴趣。那么，这次会议之后，我就跟斯奇巴尼教授商量，今后如何在中意之间进行学术交流，尤其是扩大在罗马法方面的交流。

会后，我们围绕罗马法在中国的传播和发展，做了深入的交流，并达成了广泛的共识。最终，我代表中国政法大学，以中国政法大学的名义和第二罗马大学正式签订一个双方合作协议。

这个协议中很重要的一点，就是中国每年都派遣人员到第二罗马大学去搞罗马法的研究，而另外同样重要的一点，就是我们计划在未来若干年内，把罗马法的经典文献系统地翻译成中文。

时至今日，这项工作已经持续二十多年，至今连续未断。不仅给中国政法大学，也给其他一些院校，培养了一大批研究罗马法的中国学者，而且还翻译了一系列的罗马法原始文献与专著。

而更为重要的是，通过中国政法大学与罗马第二大学的合作，使得中国、意大利两个东西方两大文明古国之间，建立了法律和法学层面的学术交流。我以学校名义对外签的合作交流协议仅此一项，我还是认认真真地完成了这项工作。

第一次到罗马

第一次到罗马印象很深,罗马的古建筑都是石头的,所以二千年前的建筑仍然保留,巨大的罗马竞技场也是世界奇迹之一。罗马帝国的创建者屋大维在公元前27年接受“奥古斯都”称号,他说:“我接手的是一座砖造的罗马城,留下的却是一座大理石造的罗马城。”相比之下,中国地上建筑二千年几乎没有留下什么,大量文物都埋在地下,因为中国建筑(除石窟外)是砖土结构,而意大利则是石质建筑。罗马文明给人印象最深的是古建筑和古艺术。由此我又想到地中海文明,地中海不仅创造了希腊和罗马的欧洲文明,也创造了埃及和迦太基的北非文明,更重要的是还表现出这些文明的交流。中国文明、印度文明、波斯文明也很辉煌,但相互间交流、吸收的终究甚少。中国和印度文明的交流,也就到后来唐朝时,才有那么一段佳话。文明之间的交流,更可以促进文明的发展和继受。

走在罗马竞技场前的广场大道上,可以看到墙壁上罗马帝国版图的变化状况,到公元2世纪,成为地跨欧、亚、非三洲的大帝国。这个帝国东起幼发拉底河上游,南抵撒哈拉大沙漠,西临大西洋,北达不列颠、莱茵河、多瑙河和它的下游以北。罗马国家的战力确实强大,随着武力的征服,罗马也将它的文化、建筑、生活方式带到了被征服地区,带来了欧洲文明的传播。

走在梵蒂冈的大广场,眼望着圣彼得大教堂的雄伟、辉煌,不能不让人对罗马天主教的力量感到惊讶,世界上只有天主教有全世界统一的教皇。如果世界天主教徒也像伊斯兰教徒每年到麦加朝圣那样,集中来到梵蒂冈,罗马城会被挤破的。天主教徒的虔诚、献身精神绝不亚于伊斯兰教徒,但天主教更和平些。基督教世界也曾经有过“圣战”,即十字军东征,但那已经是很久以前的事了。经张礼洪带路,我居然得以认识罗马教廷的第三号掌权人物,参观了梵蒂冈博物馆,见到了之前欧洲国家绘制的形形色色的世界地图,并走到保罗·约翰教皇平时经常向云集的教徒挥手致意的窗口。后来,我应邀在教皇八十祝寿文集中,献上了我的一篇祝福文章。

虽然我不信任何教,但我对宗教是尊重的,宗教应当是洗礼心灵、升华道德、致力和平的重要力量。

走在罗马第二大学的图书馆里，望着卷帙浩繁的罗马法古籍，不仅有罗马国家的法律文献，而且有后来众多注释法学家们和罗马法研究学者的注释、专著。任何一个后世大陆法国家的法律都或多或少地带着罗马法的烙印，就连英国有些学者，也承认罗马帝国的法律对英国法律制度的形成起着一定的影响。罗马法已经成为人类的文化遗产。意大利政府对传播和发扬罗马法非常重视，在中国发展对罗马法的研究，是意大利国家科学委员会赞助的。

德国著名法学家耶林有句名言："罗马曾三次征服世界：第一次以武力；第二次以宗教；第三次则以法律。而这第三次征服也许是其中最为平和、最为持久的一次。"

武力征服世界是暂时的，罗马帝国最终总是要瓦解的。宗教的征服意味着心灵的征服，心灵皈依的力量，要比武力征服巨大得多。而法律的征服，则是治国理念的征服、文明征服。如果将军事征服比作"霸道"的话，那么，法律的征服则可以称为"王道"。罗马人三次征服世界中，以其法律征服世界可以说是最值得称颂的！

选派留意学者

回来之后，我就开始选派第一个去罗马第二大学研究罗马法的学者。挑选第一个去意大利学罗马法的中国学者，当时费尽了心思。毕竟在当时的中国政法大学乃至中国来说，懂意大利语的人很难找到，而现学意大利语，时间又来不及，因而计划从当时民法老师中选派的愿望，只能留待第二批实现。

最后实在找不到懂意大利语的年轻老师，我们只好向意大利方面据实以告。斯奇巴尼教授说，你们也可以选择有法语基础的学者来交流，因为法语和意大利语有点像，有法语的基础，学意大利语应该比较简单。

后来我就将选择的重点放在懂法文的人才上。那时候分派到我们学校的法语本科生、研究生还有好几个，有的在图书馆工作，有的在研究生院工作，都是学非所用，学了半天法语，到这儿搞了行政，法语用不上。

最终进入选择范围的两个候选人里面，一个是图书馆的某老师，另一个是在研究生院工作的丁玫。最终经过综合考虑，我们就把丁玫选派第一批去意大利。丁玫在那儿学了一年回来，现在很不错，也是罗马法的专家。

我记得后来派出的便是费安玲，以后年年不断，陆续派出一大批人。再以后，我们又将这一项目扩大到兄弟院校，这样一来，逐渐就形成了一大批中国的罗马法学者。

从我们学校的对外交流来说，我想跟意大利的交流还是成功的，到现在多少年了？今年是2009年，那就二十多年。二十多年来，这个项目还能不断地派出留学人员，而翻译罗马法经典的工作亦颇有成果，这应该说是很难得的。

成立罗马法研究中心

有了足够的人才，我们很快便开始筹办中国政法大学罗马法研究中心。1992年5月，中国政法大学罗马法研究中心正式成立。这个中心主要从事罗马法原始文献、意大利近现代法学名著的翻译和基础理论研究工作。当时，我担任该中心名誉主任，意大利著名的罗马法学家、罗马第二大学桑德罗・斯奇巴尼教授任该中心的高级顾问。杨振山教授担任第一任研究中心主任，而中意交流早期的留学生费安玲、丁玫、黄风等，现在则成为该中心的主要力量。杨振山教授故去后，由费安玲教授继任。

在这么两三代学者的共同努力下，中国政法大学罗马法研究中心与意大利罗马第二大学合作，完成了一系列的翻译和研究工作。我看中国政法大学罗马法研究中心网站上统计的信息，截至2005年10月，该中心已出版了学术著作或译作共计33部，累计790万字。

其中，翻译作品主要以罗马法原始文献的翻译为主，重要的有如下几个系列：

"民法大全选译"系列。有《正义和法》、《人法》、《家庭》、《遗产继承》、《物与物权》、《学说汇纂第7卷・用益权》、《法律行为》、《债・契约之债》（Ⅰ）、《债・契约之债》（Ⅱ）、《学说汇纂第18卷・买卖契约》、《债・私犯之债・阿奎利亚法》、《债・私犯之债和犯罪》、《公法》、《司法管辖权·审判·诉讼》、《契约之债与准契约之债》(增订版)、《家庭·遗产继承》(增订版)和《优士丁尼法学阶梯》等。

“罗马法著作”系列。主要包括:《盖尤斯法学阶梯》、《论共和国·论法律》、《论义务》、《论演说家》等。

“罗马法教科书”系列。有《罗马法教科书》、《罗马法史》和《罗马法概论》等。

“现代法典”系列。有《意大利民法典》、《意大利刑法典》、《意大利军事刑法典》、《意大利刑事诉讼法典》等。

“现代法著作”系列。如《犯罪人论》。

而罗马法中心的研究员们,这么多年也积淀出了一大批水平较高的罗马法研究著作,比如《罗马法契约责任》、《罗马继承法研究》、《罗马私法导论》、《罗马私法学》以及工具书《罗马法词典》等。

除此之外,中国政法大学罗马法研究中心还先后组织了四次“罗马法·中国法与民法法典化”论坛,编辑完成相关的论文集。

以上这些成果都是输入型的。而从输出的角度说,中国政法大学罗马法研究中心也协助意大利罗马第二大学,先后将我国的《担保法》、《合同法》、《著作权法》、《专利法》、《商标法》、《物权法》等法律文本译成意大利文并在意大利出版发行。

“罗马法精神在中国的复兴”

1994年,中国政法大学罗马法研究中心在北京组织召开第一届“罗马法·中国法与民法法典化”国际学术研讨会。这是中华人民共和国成立以来,第一次组织的以罗马法为主题的国际学术研讨会。

在这次研讨会上,我发表了题为“罗马法精神在中国的复兴”的主旨演讲。在这次演讲中,我指出罗马法精神的实质就是私法精神,而私法精神实际上就是人文精神、人道精神、人权精神,所以在中国提倡私法精神,也就应当提倡具有像欧洲文艺复兴时代那样,是一种从封建专制制度中走出来的启蒙精神,让人获取自由的精神。我的演讲是这么开始的:

欧洲大陆国家14~16世纪时出现了“三R”现象:一是文艺复兴

(Renaissance);二是宗教改革(Religion Reform);三是罗马法复兴(Recovery of Roman Law)。三个方面虽然不同,但集中一点是人文主义的胜利。人的价值、人的权利、人的自由得到了承认和解放。随着中国社会主义市场经济改革的发展,中国的法律制度和法律观念也发生了重大变化。从某种意义上可以说是罗马法精神在中国的复兴,私法精神在中国的复兴,人文主义在中国的复兴。从另一个角度来看,也可以说市场经济的建立和发展也必然要求罗马法精神的复兴,当然绝不可能是两千年前西方古典法律制度在中国的重现和恢复。那么,应当怎样来理解和认识罗马法精神在中国的复兴呢?

在这个意义上,我认为在中国提倡私法的精神,要比公法更重要,因为中国社会长期以来缺乏私法精神、缺乏尊重私权的精神。接下来的论述,我从"从意志本位到规律本位"、"从国家到社会"、"从身份到契约"、"从经验到理性"四个方面,结合罗马法的历史和基本理念,围绕中国改革开放以来的发展与仍面临的问题,对于罗马法精神在中国复兴的大趋势做了勾勒:

如果说罗马自然法对人类文明所作的最大贡献就在于"把个人从古代社会的权威中解放出来"的话,那么我们今天也可以说,罗马法精神恢复的一个重要标志就是把人(包括个人、法人)从身份地位的不平等中解放出来。这依然是"从身份到契约"的重演。在计划经济体制下,生产者和企业的先天地位是不平等的,不同所有制的企业有着不同的法律调整,享有不同的权利和义务,承受着不同的政策待遇和社会负担,这无异于新的"身份"和"等级"。市场经济立法应当体现"身份"平等的精神,"身份平等"就是真正的契约精神。

众所周知,罗马法对公法和私法规范的性质有著名的论述:"公法的规范不得由个人之间协议而变更",而私法的原则是"协议就是法律"(即私法规范可以由私人的协议变更)。提倡私法精神就是要在中国调整市场经济的法律中,特别是在契约法律中规定一定数量的任意性规范。在计划经济机制下,契约的订立以及其内容均属于公法和强制性规范范围。如果契约法规定得越详尽并且都属于强制性规范,那么就无异于国家在替当事人订立合同,其效果恰恰是走向反面。因此，我们正在制订的《统一合同法》的一个重要精神，就是要恢复任意性规范的一定地位。1992 年通过的《海商法》第 6 章“船舶租用合同”的“一般规定”中明确指出“本章关于出租人和承租人之间权利、义务的规定，仅在船舶租用合同没有约定或者没有不同约定时适用”。这是中国契约法中首次以鲜明的任意性规范形式表示出来的条款，因此具有重要意义。

罗马法也有原教旨主义者

这篇文章后来在 1995 年第 1 期《中国法学》上发表。由于这篇文章的写作距离前几年的学生运动也不过五六年时间，仍然有人标签化地认为我的这篇文章是在鼓吹自由主义思想。

这篇文章最先使用的标题是《罗马法在中国的复兴》，这显然有抄袭欧洲罗马法复兴之痕迹。另外，也有个重要的不大准确之处，就是我们中国并不要将罗马法的整个制度搬过来，终究罗马法是古代的法律制度，而今天的社会变化太大。但无论如何，我想对于中国来说，罗马法的精神还是要学习的。

我为什么说这些呢？主要是因为围绕中国究竟该如何学习和研究罗马法，或者说中、意两国学术界究竟该如何继续推进对古老的罗马法的研究，逐渐成为前后几次在中国召开的罗马法国际会议里，确确实实存在着的潜在分歧。

有些意大利的罗马法学者对罗马法爱到痴迷的程度，封罗马法的条文、学说为神的旨意，不得有丝毫的篡改，他们要寻求的是最早、最准确的解释。我把这种学术研究的方式，叫做罗马法的“原教旨主义者”，看来哪里都有原教旨主义者，伊斯兰教有，马克思主义有，罗马法也有！

现学西班牙语

1995 年，在秘鲁召开了另一次国际罗马法大会。我也应邀前往，参加这次罗马法大会的中国学者，还有厦门大学的徐国栋。

在意大利和拉丁美洲学术圈中，有些学者对美国颇有抵触情绪，而抵触的表现之一，就是坚决不讲英语。这样的话，和这些教授交流就很困难，连我最熟悉的斯奇巴尼教授也如此，我们一切的交流都要通过翻译。

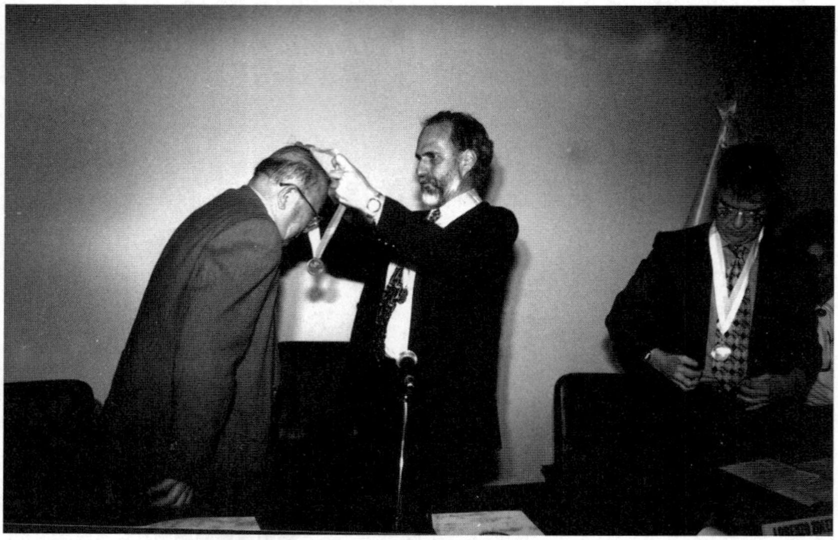

秘鲁天主教大学授予名誉法学教授时留影

在拉丁美洲国家，天主教是最盛行的，因而天主教大学也都属最好的大学之列。在这次参会过程中，秘鲁天主教大学特别给了我一个“名誉教授”的荣誉头衔，并举行了一个仪式。仪式之后，当然要我做答谢发言，并做学术讲演。

由于大家对英语都很抵触，俄语又不具有比中文更多的听众，于是我万般无奈，只好决定用中文演讲。但斯奇巴尼教授希望我开场白时的那一段话，最好还是用西班牙语讲。西班牙语我完全没学过啊，怎么办呢？于是他将那段话翻译成西班牙语，并告诉我基本的西班牙语发音。就在这种情况下，我努力地现学这段话的西班牙语发音，并顺利地完成这次演讲。这也算是一次奇特的经历。

这也是我第一次到拉丁美洲国家。秘鲁首都是在利马，号称无雨的城市，一年四季几乎不下雨。秘鲁是印第安人后裔的国家，属印加族，传说印加族的祖先还和中国有关系。秘鲁最大的湖，即印加人的圣湖，叫的的喀喀湖（Titicaca）。有人说，这就是中文的弟弟哥哥，这当然很勉强，但印加族博物馆中，其古代的一些东西，确实与中国古代的文物相似。

在秘鲁首都利马开完会后，有不少国际朋友都到库斯科古城去参观，那是印加文化的发源地，有许多古迹。由于时间紧，再加手中外汇不足，也就没有去参观库斯科古城，现在看来是人生一大憾事！

西西里之行

2000 年冬，我接到了斯奇巴尼教授通知，罗马第二大学准备授予我名誉法学博士学位。

过去曾许多次去过意大利，但大都是去罗马和北部城市，南方没有去过。而我们知道，意大利南北差别很大，北方富、南方穷。而在意大利南部，西西里岛居于最南端，又是臭名昭著的意大利黑手党的发源地。但与此同时，又常常听说西西里岛风景甚美，决定趁此行之便，先去西西里岛游玩几天。

西西里岛不仅风景好，古迹也很多。西西里的古迹，几乎都是希腊风格，因为古代时西西里岛曾是希腊领地。没有能去领略希腊神庙遗址的遗憾，在西西里得到了弥补——有人还说，西西里的希腊神庙遗迹，无论其年代还是历史价值，都丝毫不逊于希腊本土。

在西西里中国餐馆用餐时，我也问起老板有没有受到西西里黑手党的骚扰。答案非常出人意料。老板告诉我说，黑手党主要是发毒品、走私的大财，才不骚扰一般老百姓呢。经过西西里一游，改变了我对意大利南部的看法，虽然经济不如北方，但生活也不错，尤其风景和古迹，尽显地中海的亮丽和文明。

罗马第二大学的授衔仪式很隆重，由该校校长亲自主持。我穿上新制的名誉博士服。在继比利时根特大学授予我名誉博士衔十几年后，我第二次获得了这个荣誉。欧洲国家两个著名大学能够授予我名誉博士学位，也算是中国学者的光荣吧！

被意大利第二罗马大学隆重授予名誉法学博士学位后全体合影

获得意大利二级骑士勋章

2004 年 12 月 4 日至 9 日，意大利总统钱皮对中国进行国事访问。在钱皮访华期间，决定用颁发勋章的方式，表彰一大批对中意文化交流有贡献的人士。其中，我和黄风被授予二级骑士勋章，丁玫和费安玲获三级勋章。这显然是表彰我们在罗马法研究和交流中的成就。

按照原来的安排，这次勋章将由钱皮总统亲自授予。当天，我们一大早就赶往钓鱼台，钱皮总统接见了我们，并发表了他的讲话。但当时，授勋仪式推迟了，听说原因是勋章还未做好。

后来又经过半年左右，意大利驻华大使馆通知我们到大使馆去接受勋章，由当时的意大利驻华大使代表总统颁发勋章。这算是我从事罗马法教学偶然因缘而带来了最大荣誉，也是为中国和意大利文化交流作出的小小贡献！

十四、比较法的情怀

一本旧书引发的话题

在我的书架上，俄文版的书籍大都在“文革”期间当作废纸卖掉，留下来的一本，是《资产阶级国家民商法》。这本书是留学苏联期间买的，篇幅很厚，爱不释手，能够经历“文革”劫难，而在20世纪80年代派上用场，委实难得。

我们知道，在一个封闭禁锢的社会里，除了官方准许的传统知识和信息以外，人们一般情况下是得不到任何其他“异端”的东西的。但是，思想固然很脆弱，但又是禁锢不了的。“异端”思想越是被禁锢，人们对于“异端”的东西就越是好奇，越想了解它究竟是个什么样的东西。对于青年人，尤其如此。当统治者逐渐认识到“异端”思想不能被完全禁锢时，只好开始向人们介绍“异端”的东西，采取“打预防针”的办法，防止人们受到异端思想的腐蚀。

这一点，在社会主义国家表现得尤为明显。在意识形态至上的年代，官方往往视西方国家若洪水猛兽，势不两立，亦试图通过信息封锁来确保社会主义意识形态统治的长治久安。但事实上，要完全实现这个目标，几乎又是不可能的。当统治者意识到围追堵截难以奏效时，就开始用批判的方式去介绍“异端”给被统治者，增强他们拒腐防变的能力。

我在苏联学习法律时，就是这样的情形。那时候，还没有选修课，按照苏联大学的学制，五年时间内前四年所有的课程都是必修课，还没有介绍西方国家现行法律制度的课程。只是到第五年，当学生选择并确定一个专业方向时，才会有一门介绍并加以批判的西方国家当代法律制度。像我当年在莫斯科大学法律系，大学五年级的时候，给我们开设的专业课就是“资产阶级国家民商法”。

这方面的书籍在市面上出版的也极少。我记得有一次，在书店里破天荒地看到了一本很厚的书，书名叫《资产阶级国家民商法》。当时我喜出望外，几乎看都没看价格，就欣喜地将之作为第一重要的书籍买了下来。回国后多少年中，其他书籍大都卖掉，唯有这本书还是舍不得卖，没想到二十多年后，又派上了用场。

开设“西方国家民商法”

1979年北京政法学院复校后，我在第一届学生的课程中，就安排了一门这样的课程，即“西方国家民商法”，由我向学生介绍西方国家的法律制度。

这门课程的名称，在最终确定时也曾反复思考过。比如叫“资产阶级国家民商法”，就具有了批判的性质，对其可资借鉴的成果容易视而不见；而叫“西方国家民商法”的话，就具有了比较的性质，但这样称呼，可能批判的色彩又弱了点，要知道在一个泛政治化的年代，这么做多少还是有一定的风险的。

但思来想去，最后还是选择了后者。其中一个重要的理由是，社会主义是在资本主义基础上发展起来的，它是在继受资本主义文化基础上发展起来的。我们是在研究资本主义所赖以生存的文明基础、法律制度。何况，现今的世界已经不是两种制度的水火不容，越来越多的体现为两种制度共存、相互借鉴、取长补短，甚至可以说相互融合。

我是搞“比较法出身”的

在我的整个给本科生教书的经历中，在民商法这个领域，我从未给本科生讲过中国民法，但却讲过西方国家民商法。从这一点看，我是搞“比较法出身”的！

在我看来，在我们同龄人当中，我多少也有些搞比较法的条件和优势。至少，我曾经留过“洋”，具有观察外国法律制度的基本训练；此外，我掌握了俄语和英语两种外语，也就掌握了了解、评析外国法律制度的能力。

但纵然有这些条件和优势，当时图书资料很欠缺，尤其几乎没有任何最新的西方国家法律书籍进口，我了解西方国家的民商法，只能通过从苏联回国时带来的那本《资产阶级国家民商法》和其他一些零星资料。这些资料加以拼凑，就构成了我的讲稿的基本内容。

今天看来，那些内容也只能算是西方国家民商法 ABC，谈不上什么学术价值。可是就是这么一些内容，在当时也是很稀有、很新奇的。

我的那本书并不成熟

1984 年 6 月，法律出版社将我的讲稿整理出版，这本书叫《西方国家民商法概要》，这是当时中国大陆地区唯一介绍资本主义国家民商法律制度的书。

这本《西方国家民商法概要》是我正式出版的第一本“专著”，共分三编十七章内容。其中，第一编为“总论”，分两章对西方国家的民商法理论做了概述，并对法国、德国、日本、英国和美国的民商事立法做了简单介绍。第二编为“民法”，具体分为“人”、“物权法”、“信托法”、“契约法”、“侵权行为法”、“知识产权法”、“亲属法”、“继承法”八章内容，对西方国家的民法做了介绍。第三编为“商法”，具体涉及“商人和商行为”、“合伙法”、“公司法”、“票据法”、“买卖法”、“保险法”、“破产法”七章内容，对西方国家的商法做了介绍。

二十多年以后，法律出版社和我商量，打算重新出版这本书。当时我记得相关编辑告诉我，说谢怀栻教授在社科院法学所讲西方国家民商法的讲义，也已经重新正式出版，如果我的这本《西方国家民商法概要》能够再版，这两本书就可以显示我国改革开放初期关于西方国家民商法的介绍和研究成果，具有很大的历史价值。

我考虑再三，还是谢绝了这个提议。人贵有自知之明，我的那本《西方国家民商法概要》并不成熟，只是在西方国家民商法完全虚无的情况下，临时拼凑出来填补空白的“应急”之物，不像谢老的专著，是在他雄厚的民法学功底基础上经认真思考后形成的力作。

我也有一个梦想

从第一次讲西方国家民商法，我就暗暗地在心中树立了一个目标：将来写一部《比较民商法》，一部能真正称得起为“比较”的民商法。但是，时过境迁，这个愿望终难实现，任务实在太重，再说自己的能力也确实有限。

我曾和米健教授谈过这个想法，想看看我和他之间有没有合作并实现这个梦想的可能。今天看来，无论是独著或合著，这本《比较民商法》只能永远成为一种美好的梦想了！坦率地说，我所在的这个时代，还不是能够产生优秀比较法著作的时代。

外国法并不等于比较法。能够写出优秀的介绍外国法律制度的著作已经不简单了，像王名扬教授写的外国行政法系列专著，包括《英国行政法》、《法国行政法》、《美国行政法》以及未完成的《比较行政法》，无疑都是介绍外国行政法制的佳作。

但是，这并不都是比较法意义上的作品。一般意义上的比较，是一种方法，比较作为一种科学的方法，无非只有在比较中才能分清优劣，才能分清先进与落后。真正的比较法，要求作者能够把不同法系、不同国家的同一制度做比较研究，再在比较研究的基础上探究其社会、文化背景，研究其制度优劣。

要完成这么一个目标，首先需要研究者对相关制度本身有很深的研究。一名优秀的法学研究工作者，必然是一位优秀的比较法学者。台湾的王泽鉴教授不久前来中国政法大学，应比较法研究所邀请作学术报告时，就讲到他在德国学习时学到的三个方法：法律释义、判例研究和比较法。这就需要像台湾的史尚宽、王泽鉴教授那样，必须是在其著作本身的基础上，才能完成比较法意义上的比较研究。他们是首先成为著名的民商法学家，之后才能成为真正的比较法学家。他们既是民法的大师，也是比较法的大师。

比较法是一个神圣的殿堂。并不是任何一个朝圣者，都能轻松地进入这个殿堂。我进不了这个殿堂，但是未来的中国民商法学者，一定会有人具备这个能力，进入这一最高法学殿堂！

比较法研究所的"四方面力量"与"三杰"

由于我心中始终有这么一个比较法的情怀，于是积极推动中国政法大学在1986年设立比较法研究所。当时在全国的高校或法学研究机构中，中国政法大学能够设立独立的比较法研究所，可以说是绝无仅有的。

校领导决定先由我兼任中国政法大学比较法研究所所长。研究所当时拥有四方面的研究力量:以潘汉典教授为代表的老一辈学术精英,他们继承了东吴法学院的学术风格,主要侧重于英美法研究;以米健教授为代表的新一代学者,他们主要侧重德国法研究;以董璠舆教授为代表的中国政法大学成立后引进的学者,在日本法方面颇有研究;另外就是以我为代表并矢志不渝地推动罗马法研究的学者。

在比较法研究所,当时还有高鸿钧和贺卫方这两位年轻的骨干力量,他俩和米健,被大家称为"比较法三杰"。后来《比较法研究》创刊时,贺卫方还担任了《比较法研究》的第一任主编,后来贺卫方、高鸿钧二位先后高就北大、清华,凤栖梧桐固然是好事,但中国政法大学比较法研究所的力量,确实又受到了一定的影响。

比较法的任务

比较法的任务,实际上是以世界为视角而进行的法律研究。

而以世界为视角的法律研究,主要有三个领域:冲突法、共同法和比较法。这也就是说,冲突法、共同法和比较法是国际范围内法律研究的三个领域和三个方法。冲突法是最早、最传统的领域,强调差异性,无非要确定在法律制度各异的情况下如何适用法律;而共同法则是最新、最现代的研究领域,强调共同性,随着欧共体法和一些区域共同法,越来越多的国际公约的出现,共同法也成为一个世界发展的趋势。前者是以"异"为出发点、后者是以"同"为出发点。而比较法则应是在法律相异的基础上,如何寻求找到最优式的共同性。

这样的话,我想在中国,法律的发展可以说是逐渐沿着向国际寻求趋同的轨迹在发展。但国际的现实是各不相同的,比较法就负有寻求最优趋同的历史使命。中国比较法的研究,就是要寻求在与各国法律大相径庭的基础上,吸收最优秀的国际经验,而走向国际趋同的未来。

比利时的"对等原则"

整个20世纪80年代,我一直担任着北京政法学院或中国政法大学的领导。那么担任了学校领导之后,我当然也代表学校,或者以我个人的名义,参加了不少访问活动。

我的印象中,我的所有访问活动,都是由对方或者其他机构邀请并承担费用,没花过学校一分钱。而且我出国,几乎从来都是一个人,很少带团出访。这一点跟现在的领导人出访,我想还是有差别的。

那时候,按照上面的规定,每次出访都需要司法部批准。那么,我在1978年后的第一次出国,就是应邀加入司法部组织的教育考察团,前往比利时,访问其国立根特大学了。

根特市位于比利时西北部弗兰德区,离布鲁塞尔不远,有"北方威尼斯"之称,在当时算是比利时的第三大港口城市,具有非常悠久的历史,现在已成为比利时的大学城。国立根特大学(Universiteit Gent)是根特市最有名的大学,其始建于1817年,由于受欧洲政治版图的影响,根特大学也与根特市一道,时而属于荷兰,时而属于比利时。但无论如何,根特大学都是欧洲国际化程度较高的大学之一。根特大学也出了好多名人,比如现在的国际奥委会主席罗格,就是根特人,也是根特大学的校友。

我们这次访问根特大学,是应斯多姆教授的邀请。斯多姆教授当时在根特大学执教,也是比利时的参议员,社会地位和名望都比较高。

斯托姆教授在1983年时曾访问中国。不过在斯托姆访华时,我们在接待方面有个细节处理得很不好,我们并没有根据外交惯例,在住宿方面给人家安排单间。也许是我们中国当时太穷,接待不起,也许是我们压根就不知道还有这个惯例。总之无论如何,我们当时在接待时,给代表团的团长和斯多姆教授也安排了一个双人间。

这个当然就很不好了。在西方国家,两个男人住一间,是容易让人猜想有同性恋嫌疑的。我们怎么给人家这样安排啊?怎么着,也应该是一人一间,可能那时候我们还不太明白这样的习惯。

所以在1984年司法部副部长陈卓和我带团回访根特大学时,对方根据对等原则,安排我们两人住一间。当时我还很纳闷,我还问司法部的随团翻译,我问这是怎么回事啊,好像不大合西方的做事方式啊。这个翻译跟我说,哎呀,去年人家来访,我们就是给人家两人一间,人家这是对等原则,所以给你们两人一间了。

参观西柏林引发外交抗议

1984 年我们访问比利时的时候，除了访问根特大学之外，还参观了比利时的其他一些地方。在这之后，我们代表团一行，又应西德司法部的邀请，前往西德访问。

到西德，待遇当然就不一样了，给我们代表团成员都安排单人间。当时我们去西德的时候，还专门请示中国外交部，因为陈卓是司法部副部长，部长级人员出访，当然要得到外交部的同意。

我们到了西德之后，与我国驻西德大使馆接触，他们说，既然你们到了西德，就顺便到西柏林去看看吧，这个还是很值得看看的。这样一来，我们觉得中国驻西德大使已经同意了，也就没有再跟外交部申请，就直接坐飞机去西柏林。

第二次世界大战结束后，德国包括柏林在内，被苏联、美国、英国和法国分为四区共同占领。1949 年，德意志民主共和国在苏联占领区成立，定都东柏林，简称“东德”；而与此同时，在英、美、法占领区则成立了德意志联邦共和国，定都波恩，史称“西德”。而当时西柏林地区，显然又在东德版图的包围之中，成了一块“飞地”。当时按照美、英、法、苏之间的占领协定，共同保障西德和西柏林之间空中走廊的畅通。这样的话，要去西柏林就只能坐飞机去。

那时候通过空中走廊去西柏林的飞机，都是美国、英国、法国的飞机，不允许西德的飞机通过。所以，我们到西柏林之后，还特意跑去看了一下柏林墙到底是什么样子的。

这一看，就看出了轩然大波。没过两天，东德那边外交部就向中方提出了他们的外交抗议，说中国的一个部长到西德云云。因为我们那时候跟东德和西德都有外交关系。但未经许可，穿越东德领空去西柏林，确实不合外交惯例。

所以我们回国后第一件事就是挨批。当时外交部说，你们看看，你们去西柏林，没有得到外交部的同意，引起了外交上的风波。我想对于我们来说，这次参观柏林墙尽管引起了外交上的小风波，但也见到了德国当时分裂的情况，因为 1984 年时，还是东、西方冷战很尖锐的时候，当时出这么个问题，性质还是比较严重的。

当然，我们最后也向外交部说明，我们去西柏林得到了中国驻西德大使的同意，外交部也就不了了之了，没有引起什么严重后果。

第一次用英语公开演讲

后来我又去了比利时，那次还是比利时根特大学邀请我去讲学。当时讲学的时间比较长一点，将近一个月，我要用英语向比利时的学生、老师介绍中国的民法问题。这是我第一次用英语公开演讲。

应该说，原来我的英语是有一定基础的，在崇德中学、燕京大学学习时，都花工夫学过英语。但留苏以后，整个倒过来，变成俄语为主了，英语整个不能用。那么这一次讲学，则是比较系统地恢复了我自己讲英语的能力。所以，这次一个多月的用英语讲演的经历，恢复了我自己的一些信心。

根特大学授予我名誉法律博士

由于我去比利时的次数比较多，与根特大学的联系也比较多，1987 年，根特大学授予了我名誉法学博士学位。这是我第一次获得外国大学的名誉学位。

那次，根特大学一共授予四个人名誉博士学位。这四个人中，我记得有一个是法国宪法委员会的主席，还有一个国籍忘记了，获得过诺贝尔奖。我能够忝列并获得此殊荣，对我来说是第一次获得了国际上的荣誉学位，作为对我在中国和比利时法学交流方面作出贡献的表彰，应该说这是很不错的荣誉。

1988 年 3 月 18 日赴比利时接受名誉法学博士学位时留影，前行者为法国宪法法院院长

当时，就中国人来说，获得过名誉博士学位的人并不多。据当时我们报纸上讲，我应该是继邓小平、宋庆龄之后第三

个获此殊荣的中国人。

后来，比利时方面也很关心我的命运，来函询问我的情况。但由于当时两国之间的关系比较紧张，而我当时所处的地位也比较敏感，自此以后，就与根特大学断了联系。

安守廉、爱德华与柯恩

从1993年起，我不再担任全国人大的任何职务，上面对我出国的不成文限制也取消了。在这之后的一些年里，我常常有机会去外国的一些大学，就中国与各国之间的法律与法学教育展开讲学、交流。

1993年，我应邀以访问学者的身份前往哈佛大学访问。当时，我与安守廉教授（W. Alford）主持的东亚法律研究中心有过很愉快的合作。安守廉教授的妻子沈媛媛是浙江省原省长沈祖伦的女儿，之前在中国人民大学学法律。沈祖伦在浙江省省长任内，口碑甚佳，颇得浙江老百姓的拥戴。七届人大期间，我是浙江团的全国人大代表，由于这层原因，这期间与沈祖伦同志多有接触。在异国他乡又遇到沈祖伦的千金一家，自然备感亲切。

1994年以后的一些年内，每年我都要到哥伦比亚大学讲学。哥伦比亚大学中国法律研究中心，可以说是美国最好的研究中国法律的专门机构。该中心当时的主任是爱德华教授（R. Edwards），他也是最早由福特基金会赞助设立的中美法学交流委员会（CLEEC）第一任主任。他的夫人是朱自清的侄女，当然他是中美法学交流的最热心的倡导者。爱德华教授领导的中国法律研究中心，开有中国法律的课程，供美国及中国学生选修，连续几年我都是中国法课程的主讲人之一。

哥伦比亚大学位于纽约。既然我常常去哥伦比亚大学，当然也要去纽约大学访问、讲学。纽约大学当时和哥大齐名，在法学院排名榜上与哥大始终不相上下。该大学的柯恩教授（J. Cohn）是我最早认识的美国教授，他被认为是美国第一号中国法权威，并曾多次在美国国会就中国问题作证。柯恩教授不仅教学，还从事律师实际业务，也担任中国的仲裁员工作，后来我和他曾共同作为仲裁员，一起仲裁过一个重大涉外商事案件。

柯恩教授率直敢言，不仅得罪过中国有关部门，也得罪过美国的保守力量。他常跟我说，现在中国人骂我，美国人也骂我，中国人骂我反对中国，而美国人又骂我太亲中国。柯恩教授不像安守廉教授和爱德华教授，安守廉和爱德华是纯粹的学者，而柯恩教授在学术研究之余，已经多多少少兼有政治色彩。在言论自由的条件下，学者介入政治，总是要挨骂的。不过即便这样，我仍然很喜欢柯恩教授的风格。

有一次，柯恩教授打电话来要我帮个忙。他说他刚从朝鲜回来，朝鲜很想了解中国改革开放的法律，请他在北京组织这么一个学习班。这件事我当然很感兴趣，就答应了。我在他组织的这个学习班上讲了一天的课，朝鲜来的人有十个左右，为首的是朝鲜国务院法制局的负责人，那时我们和朝鲜的关系还有点紧张，他们批评我们搞资本主义，所以参加者个个正襟危坐，脸上不带一点笑容，纪律森严。他们关心和提出的一些问题，主要是中国如何吸引外资和有关法律的情形。

柯恩教授也是美国在越战之后第一个进入越南的美国法学教授。据他说，他是美国人当中，第一个进中国（20 世纪 70 年代曾受周恩来接见），第一个进入朝鲜，第一个进入越南的美国法学家，其“敢为天下先”的精神可见一斑。

在　日　本

1995 年 8 月 1 日至 4 日，国际法社会学会第 31 次年会在日本举行。会议主办者提出，希望我能在这次大会上作为四个基调演讲者之一，发表主旨演讲。为了这个年会，我做了长时间的准备，毕竟这是一个法学和社会学结合的新领域，是一个大型的国际性的学术交流和比较研究的盛会。

我发言的题目是“国家与社会关系的转变”。在这次发言中，我系统地谈了中国改革开放以来国家与社会关系的变化。我认为，计划经济的本质是承认国家权力至上，而市场经济的本质是承认社会权力本位，改革开放就是要调整过去国家过度干预社会经济生活和家庭生活的现象，使社会恢复其应有的自治功能，给社会以自己应有的权力。在演讲中，我指出，“以前是国家权力从社会权力中分化出来。今天是社会权力从国家权力中解放出来。这一变化必然引出法律观念的转变。引起立法指导思想和法学观念的转变”。

在我看来,国家与社会关系的转变,集中体现在下面六个方面:第一,从意志本位到规律本位;第二,从管理本位到权利本位;第三,从国家控制企业到企业自治;第四,从产权高度国有化到产权社会化;第五,从完全国家意志到意思自治;第六,从人治到法治。我的整个演讲,也是围绕这六个方面展开的。

在以后的一些年里,我进一步强调了三种权力或权利(国家、社会、私人)的相辅相成关系,和各自应发挥作用的领域,强调我们应该是社会主义者,而不是国家主义者,更不应该是国家至上主义者,希特勒搞的是国家主义。恢复社会本位,而非国家本位,这应当是改革的一个重要思想。

这个会的后半段是移到神户去开的。而神户在半年多前,恰恰遇到了强地震。阪神大地震带来了很大的破坏。我们到神户时,住宿和开会地点都在人造岛上,市区地震遗迹仍然随处可见,日本民族在遇到灾害时那种镇定和纪律,给与会者以深刻印象。

我记得当时有一位美国教授说,尽管你看到家破人亡的灾民,成群结队地集中到某个地方,等待政府当局发放救济用品和食品,但他们在外国电视镜头前,绝不轻易流下眼泪,排队秩序井然。这个民族,是绝不可小看的民族!

再去日本

八年后,通过当时执教于神户大学的季卫东教授,我又应神户大学之邀,参加了在该校举行的一个叫做“动态法学”研究的国际学术讨论会。

日本学者强调,法动态研究是指国际比较的动态、学科交流的动态以及判例发展的动态,只有在动态中研究才能有创新。

在这个会上,京都大学的北川善太郎教授作了一个主旨发言,日本东京大学的著名民法学家星野英一教授也参加了。

此次会议不久前,北川教授刚在昆明参加了中国民法典的讨论。他在会上画了两张表:一张表说明了以前的民法模式,是以总则为核心,然后放射出四个领域,即债权、物权、家庭、继承;另一张表则说明了未来的民法模式，仍是以总则为核心，但却放射出七个领域，即所有权、合同、侵权行为、知识产权、担保、人身权（包括婚姻）、继承。

使我惊讶的是，北川教授竟把担保作为独立的一个部分，并不把它放在物权法中。而且，他的这种划分方法有一些新，正与当时中国民法典起草时的划分，有一定的共同之处。

我不是说这是北川教授直接把中国的东西拿来了。我当时很明显地感到，日本学者研究比较法，特别强调在动态中关注世界，关注周边国家法律的新动态。本来中国法律并不是日本学习的主要对象，但却不能不看到，中国法律颇有自己的特点，也越来越引起国外学术界的重视。世界正是在相互学习、相互借鉴中发展进步的！

主持"外国法律文库"

自从1993年卸任一切公职后，我自己自由支配的时间就充裕多了。当时我心中很想做的一件事，就是把国外一些法学名著翻译过来。

在此之前，商务印书馆搞了一套"汉译世界学术名著丛书"，很成功，将卢梭的《社会契约论》、孟德斯鸠的《论法的精神》以及托克维尔的《论美国的民主》等一大批法学和其他经典著作，都由国内最顶尖的学者译成中文。对中国学术界来说，这套书起到了很好的启蒙作用。但美中不足的是，这套丛书涵盖了人文社科各个领域，法学只是其中一小部分，收录的法学名著很有限，一些大部头的法学名著也都还未翻译过来。

我的这个想法，还有个时代背景。当时是在20世纪90年代以后，整个社会保守思潮的力量还很强大，法学界也不容轻视。我觉得在这个时候，我唯一能够给社会有所贡献的，就是设法在改革开放的声音中尽一点力。而如果能把我的这个想法付诸实践的话，显然就是继续打起思想启蒙的旗帜，把国外最优秀、最先进的法学理念更多地引入中国。

20世纪90年代以后，美国的一些基金会受到了抵制和限制。如美国政府赞助的富布赖特基金会，之前我们学校引入的富布赖特教授，也都纷纷离去。但福特基金会很有远见，他们想方设法得到中国政府的允许，继续在中国从事其学术活动。福特基金会原来的项目官员叫 Mark Sidle，我和他关系一直不错。但他的政治观点很激烈，自然不能继续在中国干下去。新来的项目官员叫何杰森（Johansson Hecht），眉目清秀，说得一口极其标准的普通话。经前官员的介绍后，我也与他认识了。

我们谈到了这项翻译计划，得到了何杰森的大力支持。这项翻译计划名称叫“外国法律文库”，预计出 30 本，福特基金会每年资助 5 万美元，共五年。由福特基金会聘任编委会成员和顾问，由我担任主编。其中像奥本海的新版《国际法》和戴西的《冲突法》等都是世界名著，前者的版权后来还被台湾出版界购去呢。

作为丛书的主编，我曾为这套书写过一个总序，比较集中地阐述了我对这套书的预期：

外国法律文库是一套大型翻译丛书，入选书目主要是外国尤其是西方的重要法律著作。中国法学界 15 名从事外国法与比较法研究与教学的学者组成的编译委员会负责确定书目和组织翻译，中国大百科全书出版社印行。受编委会之托，我将组织出版这样一套丛书的缘起及有关情况作些说明。

我平生治学，以罗马法和西方民商法为主。50 年代末以后的 20 多年间，我国法制建设历尽坎坷。那时，像罗马法这类洋货，不仅是奢侈品，简直可以说是违禁品。“文革”结束后，法制建设与法学教育都逐渐走上正轨。十多年来，在我所在的大学里，罗马法、西方民商法以及比较法等都成了深受学生欢迎的课程。在立法方面，每制定一项法律都广泛地搜集国外立法资料，博采众长，以求既符合中国情况，又顺应国际潮流。不过，在这些过程中，有一个困难时时制约着人们的手脚，限制着人们的视野，那就是翻译为中文的外国法律著作数量太少。说来难以置信，自 1949 年直到今天，西方法律学术著作在大陆译为中文出版者只有寥寥 10 余种。这些著作的汉译又没有有效的组织，因此必然存在着书目安排上缺乏系统性、选材上却不乏偶然性的毛病，甚至有个别译本的译者中外文修养不够，率尔操觚，致使误译多有，贻患学林。在这样的情况下，当然不可能期待对外国法律的全面而准确的认识了，而没有这样的认识，又怎么能希望博采众长、融合中外的借鉴呢？

近年来，组织翻译一套外国法律丛书一直是我的一个迫切的念头。曾与法学界的一些同行谈起，他们也都对这样一项工程极表赞成。曾对中国文化研究提供过大力支持的福特基金会也决定对该项目提供赞助。1991 年年初，外国法律文库第一届编委会正式成立。15 位委员中包括了北京法学界——今后还要吸收各地学者，使其成为一项全国性的学术事业——的一些知名教授和中青年学者。编委会确定了这套丛书在选题方面的三个标准：（一）以学术著作为主，兼顾重要的立法文件；（二）以本世纪作品为主，兼顾此前的经典著作；（三）以西方作品为主，兼顾其他地区的代表性作品。力求通过整套丛书反映外国法学与法律的概貌，为学术研究提供素材，为法律教学提供辅助，为国家立法提供借鉴，为一般读者提供有益于增进法律知识和培育法治意识的读物。编委会又聘请了 4 位外国著名法学家作为顾问，以更好地保证选题上的权威性。在译校者的确定上，除语言修养外，还要求他们是相关领域的专家，以有利于忠实地传达原意。丛书的规模，初步确定为 30 种，当然，若条件许可，它完全应当成为一套不间断出版下去的丛书；法律翻译要追随法律与法学的发展，如同译文要忠实地追随原文。

这套书的翻译出版，为中国法学本科生、研究生、教学研究工作者以及实务工作者提供了第一手的西方学术文献资料和精神食粮，得到了很多人的引用，也创造了良好的品牌。

十多年以后，出版“外国法律文库”的大百科全书出版社，又想重新拾起并打响这个名牌，在没有外界资助的条件下，完全自筹资金再出版一套“外国法律文库”第二辑，请我继续担任编委会主任。

此外，我很高兴看到，“外国法律文库”第一辑出版后的一些年里，像“德国法律文库”等一些翻译名著越来越多，为我们国家法学发展做了很多基础性工作，可谓“善莫大焉”！

主持“美国法律文库”

1997 年，克林顿总统访华前后。美国驻华大使馆文化参赞 Bishop 先生找到我，谈到美国总统克林顿将访华，由于克林顿总统是学法律出身的，希望能对中国法治建设作些贡献，准备和江泽民主席联合启动“中美元首法治计划”，促进中美法学交流，他想听听我对这个项目有什么好的建议。

我跟 Bishop 先生谈到了福特基金会赞助的“外国法律文库”成功的先例，建议搞一套“美国法律文库”，作为“中美元首法治计划”的主要内容。我跟他讲，中国学法律的学生，出国的第一选择是美国，去美国学法律的学生比例远远超出其他国家。而有条件去美国学法律的学生，在整个中国大学生中比例又非常低，或是经济条件不许可，或是语言能力还不过关，或是工作原因不能分身。但无论如何，中国人学习美国法律的热情是很高的，主要原因有两个：一是中国和美国交往越来越多，但对美国法律知之甚少，中国的法律制度与普通法相隔甚远，许多人想学习美国法以补足对普通法了解之不足；二是美国独特的法学教育制度是成功的，它重视解决实际问题，重视掌握法律方法。

我建议，这套文库的主要目的，是把美国最优秀的法学院的教材、专著、案例分析以及法律方法翻译过来，使得那些对美国法律和法学教育感兴趣的人，也有机会在不去美国的情况下读到美国常青藤法学院的原汁原味的著作。

Bishop 先生对这个建议很感兴趣，后来就把“美国法律文库”列为“中美元首法治计划”内容之一，共拟翻译 100 本书。这套文库由中国政法大学出版社出版，由美国方面出面，聘请一些专家组成编委会，由我担任编委会主任。

美国方面为了制订好这个“中美元首法治计划”，专门成立了一个组织，由耶鲁大学法学院的葛维宝教授负责，这个组织设在美国国务院内。我也曾被邀请到这个美国国务院的办公室，与葛维宝教授谈这个项目的实施问题。这是我第一次走进美国国务院的大楼。

这套“美国法律文库”工程浩大，为时十多年。由于选择书籍主要由美方确定，所以编委会的任务也不重，我这个主任更多是一个名义。

这个文库进展的快慢，主要取决于美国国会对经费的批准。布什总统上任后，一度拨款不多，但随着布什政府与中国的关系越来越紧密，国会批准的经费也多起来，每年出版的书也多了。值得一提的是，在已经出版的几十本书中，大部分都是内容浩繁的大部头书，如《破产法》、《民事诉讼法》、《知识产权法》、《财产法》等。我记得仅《财产法：

案例与材料》一书，就有 150 余万字之多。要把这些东西翻成中文，非专家里手是办不到的。

这套文库的第一本书，我们特意选择了耶鲁大学法学院 H．Hannsman 教授的《论企业所有权》，这也算是对克林顿总统的敬意吧，因为他是耶鲁大学法学院的毕业生，而汉斯曼教授与克林顿总统是大学同学。在第一本书正式发行时，我们还专门举行了一个正式的仪式，美国大使馆、汉斯曼教授都参加了，我和美国方面都对这一计划的成功实施表示满意。

担任中国比较法研究会会长

2000 年夏，中国法学会副会长孙琬钟同志找我，谈及中国法学会比较法研究会会长沈宗灵教授任届期满，不愿再继续干，中国法学会领导研究后，希望我能出任新一届比较法研究会的会长。

孙琬钟同志跟我是很熟悉的。七届人大时，他是国务院法制局长，我是全国人大法律委员会副主任，相互接触甚多。这次他特别登门来访，我诚恳地表示，我并非专门搞比较法的，能找到别人就尽量找别人，实在找不到，我只好恭敬不如从命。

就这样，最终我答应负责组织起新一届比较法研究会的任务。别人是到了七十岁退下研究会会长的工作，让一些年轻人去干；而我呢，则是以前从来没有在中国法学会下面的研究会担任职务，而到了七十岁时，却又开始担任比较法研究会会长的工作。

为了使比较法研究会的工作从少数专门研究比较法的学者圈子中走出来，我们这个研究会还吸收了一批在部门法中搞比较研究的成员，也吸收了一些在实际部门对比较法有造诣和感兴趣的学者。这样一来，比较法研究会的年会，就成了各个部门法都有人参加的年会。

比较法的特点在于“跨”：一是跨学科，任何一门学科都有它自己的比较领域，因此，我们比较法年会聚集的，往往是各个学科的比较法学者；二是跨领域，跨越了理论与实践诸多领域，我们比较法年会，不仅有专门从事比较法理论研究的学者，也有立法、执法部门的专家；三是跨国界，我们的比较法年会中，与会者的知识面各有侧重，这些学者熟悉的外国法领域差别很大。

比较法的这一特点使它更具有可交流性。有人开玩笑说，各专业研究会是专业人士参加，而比较法研究会是所有人都可以参加；各专业研究会是专题讨论，而比较法研究会更像是“神仙会”式的讨论。其他学会仅限于自己的学科，而比较法学会是唯一跨法学各个学科的学会，又是可以比较世界各个国家法律制度的学会。

当然，也正是在这个基础上，比较法研究会的年会形成了它的特色：一是它打破了专业的界限，实际上是对比较法感兴趣的各个专业人员之间的思想交流；二是关心比较法的学者，大都思想比较开放，大家观点基本一致，像经常与会发言的郭道晖、李步云、贺卫方教授等，他们富于改革开放、富于批判、富于智慧和创造的发言，使人们很愿意相聚于这个论坛。

为什么不能提“现代化”

按照惯例，比较法研究会每年年会的主题，要向中国法学会领导汇报并取得同意。我这个人是无拘束惯了的，特别不习惯于请示汇报，但既然受命于这个差使，这套程序又不能不服从。

有一次，我们确定年会的主题是“比较法和现代法治”，法学会领导认为“现代法治”这个提法在党的文件中没有，要求还是谨慎一些，让我们改个其他题目。

那个时期，正是中国参加 WTO 的时候，全国都在关注世贸组织，法学界也不例外，比较法更应是首当其冲。当讨论到世界经济一体化时，马上就会面临和世界经济相关的法律有没有一体化的问题。大量的国际公约和国际规则的出现，以及一些地区法律的统一（如欧共体）已经出现了共同法的趋势，那么比较法和共同法是什么关系？我们如何来应对一体化？如此等等的问题，碰到“一体化”、“国际化”，就会遇上和“现代化”一样的意识形态的障碍，这是一个典型的中国式困境。

比较法的重要任务之一，就是运用比较的方法，充分借鉴国外法律中的优秀制度，为中国法律的现代化服务。“国际化”也好，“一体化”也好，并不是要把中国法律全盘西化，而是要把中国法律融入国际社会中去，要在国际社会发展的大环境中，去思考如何完善我们自己的法律。在今天的历史条件下,比较法所承担的责任应该比任何其他时期更重,尤其是参加WTO之后,更是如此。我国的法律需要不断完善,需要不断与国际接轨。

不仅在私法领域,我们要研究如何与国际接轨;在公法领域,我们也要研究如何与国际接轨。当然,这里不是指每一个具体的领域都要接轨,任何国家都有自己不同于其他国家的特点,中国尤其如此。但无论怎么强调自己的特点,我们都应当和世界法律发展的潮流相一致。

不仅在具体法律制度上,我们要研究如何与国际接轨;而且在法律理念和方法上,也要研究如何与国际接轨。有人只强调在具体法律制度上的引入和借鉴,但否认在法律理念上的引入和借鉴。我们既然摒弃了"斗争哲学",提出了"和谐社会",而和谐社会的法律现今已经和西方国家的法律理念趋向一致,那么为什么就不能研究如何在法律制度、法律方法以及法律理念与国际接轨呢?!

当然,在中国法律与世界主流的法律制度相互衔接、相互碰撞之时,必然会对如何接受这一现实产生理念和态度上的分歧,这是不足为怪的。近年来,对于中国法律的本土化与全球化的争论,实质上就是比较法研究该持何种态度的争论。争论主要涉及三个问题:一是如何看待法律全球化问题;二是能不能提法律的现代化问题;三是如何看待法律移植以及外国法律制度能否本土化问题。可以说,比较法研究就是肩负着这两大目标:一是研究法律的国际化,二是研究法律的现代化,脱离这两个目标,我们还要比较研究什么?!

坦率说来,中国法律的现代化问题,是一个颇多争议、颇为敏感的问题。概括起来,这个问题的核心在于,涉及意识形态领域的,主要是能不能提现代化。在我看来,法律现代化问题,应当有三个层面需要回答:一是存不存在法律现代化问题;二是需要不需要法律的现代化;三是要不要作为一个口号来提法律现代化问题。前两个问题,是法学家应该回答的问题,而后一个问题,则是政治家的任务。

第一个问题的实质,其实是对中国一百多年来法律发展历史的回顾。清末的改良变法,是中国法律第一次现代化的尝试,从政治体制试图实行君主立宪,到洋务运动中设立的现代公司的尝试,摒弃了祖宗留下的几千年来的中华法系,试图变法自强。20世纪30年代初期,经过长期军阀割据后终于统一的国民政府，制定了一系列以大陆法为范本的法典。而从 1978 年开始，中国土地上又开始了改革开放的伟大实践，以改革开放为契机，进行了长达三十年的符合现代化需要的配套立法，引起了国际法律界的瞩目。

我想说的是，现代化不等于西方化，但中国一百多年的法律现代化进程，是离不开向西方先进国家学习和引进先进的法律制度。我们绝不否认我们祖先的法律制度和我们自己近六十年来创造的法律制度中有不少是先进的、有益的，但不能否认的是，法律现代化的主要内容是法律理念的现代化，要实现理念的现代化，必须摒弃传统的、保守的法律观念。一百多年来的中国法律史，就是一部不断实现法律现代化的历史。

第二个问题，实质上是要认真总结改革开放三十年的经验。三十年中国改革开放实践告诉我们，改革开放实质上就是现代化，不仅是经济制度的现代化，而且是政治、法律制度的现代化。只有经济制度的现代化而没有政治、法律制度的现代化，不仅经济制度不可能真正走向现代化，而且也不可能有整个国家的现代化。中国改革开放的历史，也是一部法律现代化的历史。

回顾历史，正是经历了晚清末年、民国时期和中国改革开放时期的三次思想解放和法律思想的引进，才会有今天的法治成就。

客观地说，法律的现代化目标和国际化目标是一致的。一般意义上的比较是一种方法，比较作为一种科学的方法，无非只有在比较中才能分清优劣、分清先进与落后。现代化无非就是不断吸取与借鉴好的东西。中国近现代一百多年来的历史，就是一部法律现代化的历史；中国改革开放三十年的历史，也是一部法律现代化的历史，为什么不能提“现代化”呢?!

长期以来，似乎工业、农业、科技、国防可以提现代化，经济可以提现代化，而政治、法律、社会等与意识形态联系较多的，则不能提现代化。一个国家的现代化是一项系统工程，我们不能够把一个国家的现代化割裂开来。把经济与政治的过分区别，已经造成经济体制改革与政治体制改革的脱节和鸿沟；而只许提经济现代化，不能提政治现代化和法律现代化，更会造成政治法律领域研究中的意识形态大棒。法治现代化和国际化一样，成为最易受人攻击和非难的高危地区！国家和党的文件可以不提现代化、国际化、但是，比较法不提现代化和国际化，那还要比较法干什么?!

退一步来说，国际化和现代化是否作为政治口号或施政方针，并在法律文件或党政文件中出现，那是另外一回事。无论如何，国际化和现代化作为法学研究，尤其是比较法研究的目标，都是无可厚非的。

而且事实上，中国法律确实需要现代化，特别是在四个层面上：一是在法律的思想观念上，摒弃阶级、阶级斗争和专政工具的观念，建立为发展生产力、发展先进文化和为广大群众服务的观念；二是在立法体系上，要建立一套充分体现民主政治和市场经济机制的公法和司法法律体系，现代化的法律制度就是完善的民主政治法律制度和完善的市场经济法律制度；三是在法律实施手段包括司法制度上，要建立真正的司法独立机制，以及对庞大的行政权力的有效制约机制；四是在法律教育上，要充分使用现代信息手段，培养精通法律、具有正确处理法律实务能力的法律人才。

任满这一届比较法研究会会长后，我已经对研究会工作受干预太多心灰意冷，所以就于2004年7月的福建年会上，卸去了比较法研究会会长的职务，至今只担任其名誉会长。

但是，我的比较法情怀，却始终如一，久久地萦绕在心中。

十五、主编《大百科全书·法学卷》

百科全书的中国特色

在20世纪80年代初，大概是1982到1984年吧，我还参加过很重大的一个学术活动，那就是大百科全书法学卷的编辑出版。

从任何一个国家来说，大百科全书都是标志着一个国家学术水平的集成，或者说一个国家文化发展的里程碑。中国过去也有大百科全书，比如明朝的《永乐大典》。

我记得在苏联留学的时候，在图书馆看到那些国外的大百科全书，装订很优美，内容也很丰富。那时候，虽然没有时间去整个浏览它的内容，但为大百科的宏大、内容的精美而感到惊奇。

就中国大百科全书的编辑出版而言，1949年之后一直没有进行相关工作。改革开放之初，邓小平讲了，中国也要搞百科全书，我们要有中国自己的百科全书。1978年，国务院正式决定编辑出版《大百科全书》，并组建了中国大百科全书出版社。于是，当时很快就组织了一个包括所有学科的大百科全书编辑委员会，全部有超过两万名学者参与《大百科全书》的编纂。

实际上，国外的大百科全书基本上都是不分学科的，无论是《大不列颠百科全书》、《法国百科全书》还是其他的，都没有按学科来划分，而是按字母顺序来编排。但20世纪80年代我们出中国大百科全书时，是按科目分卷的，将法学作为单独的一卷。

这种办法，在当时来说也有个好处。单独成为一卷的话，对于专门研究这个学科的人来说就很方便，尤其是80年代初，各个学科参考资料都非常有限。那时候，我们法学刚刚起步，《大百科全书·法学卷》里所包含的东西，都是本学科里最基础的东西。

“法学卷”进展比较快

《大百科全书·法学卷》当时由张友渔担任主编，我是民法学科的分科主编。本来民法学科是佟柔教授来担任主编。但佟柔其他事情比较多,而当时别的学科进展很快,而民法学科还没有怎么搞,所以,编辑部的人就把我调整成民法学的分科主编。

那个时候,每一个参与大百科全书编辑的学者,都把这当做非常重要的学术活动。基本上,每个学科都是邀请该学科最重要的精英人才来写这个条文,而且当时还有一个中国特色的东西,即每个条文后面都有作者署名,通过这种方式表示作者对相关条目负责。

作为民法学的分科主编,应该说这部分东西搞得很辛苦。我们先征集民法学应该包括的条目,然后邀请相关的专家来写,最后再经过来回修改、内容核实。总的来说,大家热情很高,《大百科全书·法学卷》在当时是进展比较顺利的。

就整个工作来说,《大百科全书·法学卷》进展是比较快的。1984年9月,《大百科全书·法学卷》正式出版。我记得《大百科全书·法学卷》,可能是第二个出版的或者是第三个出版的,反正是时间比较早。

《大百科全书·法学卷》出版之后,学校当时还用什么经费,买了一大批,老师们几乎人手一册。这对于当时的学术研究,起了很大的作用。虽然大百科全书的条目不算非常多,但它在一个学科内来说是自成一体的,理论体系比较完善,也有利于老师备课时作为参照。

和江泽民的合影没政治背景

应该说,《大百科全书·法学卷》的出版,是当时的一件盛事。从此之后,学术界、出版界就兴起了一股长达七八年的编工具书的热潮。

当然后来的话,辞书越来越多,辞书也比较滥。我的书柜里面,有各种各样的工具书,大部分都是那个时候出版的,几乎法学下面各个领域都要有百科全书。应该说,工具书后来编得有点走样,几乎变成一个很重要的商业操作。我就编过什么"司法大百科"、"中国法制百科全书"、"中国经济民商法律分解适用全集"、"民商法学大辞书",等等。我想之所以如此,首当其冲的原因就在于大百科全书,在当时引起了很大的轰动效应。《大百科全书·法学卷》的精致、精准,更值得我们怀念。

大百科全书的第一版,前前后后延续了有十五年左右。1993年8月,《大百科全书》74卷才全部出齐。《大百科全书》全部完成出版的时候，江泽民、李鹏等中央政治局的领导同志还专门在人民大会堂接见过编委。我刚好站在第二排，江泽民过来时，我们依顺序握手，正好轮到我时，记者拍摄了照片并发表在《人民日报》第一版上。有人因此又有猜测，是不是背后有什么政治背景，其实这纯粹是一个偶然的巧合。这张照片我一直保留着，从一定程度上，这也说明中央领导人对《大百科全书》的重视。

1993 年 8 月江泽民等领导同志接见大百科全书各科负责人，当时刊登在人民日报第一版上

启动“修订版”

这之后，我们又开始搞了两个东西：一是《大百科全书 · 法学卷》第一版的修订版，二是又开始做《大百科全书》第二版。

先说修订版。修订版的工作是 1998 年启动的。从 1983 年到 1998 年，经过了整整十五年。这十五年，对于自然科学或其他有些人文科学来说，变动可能不大。但对法学来说，这十五年时间变化是很大的。这十五年是中国法律体系制定和完善的重要时期，我们写的是中国大百科全书，要是连中国自己制定的法律都不反映，那当然不行。

十五年期间，一些老的编委、分科主编将近一半已经去世，大百科全书出版社决定由我担任修订版和第二版的法学卷主编，来组织这项工作。这十五年的变化太大了，就大百科全书的编纂来说，20 世纪 80 年代初那种火热气氛和热情已经没有了，政治上的积极性没有了，而商业积极性又小得可怜。

2006 年 1 月，《大百科全书 · 法学卷》(修订版)正式出版。修订版一共有 1484 个条目，约 238 万字，涵盖了法学领域所有的部门法。应该说，从《大百科全书 · 法学卷》来说，修订版变化非常大。80 年代初的时候，颁布的法律不是很多，新的法律有一些，但没有太影响中国法律的进程。到了《大百科全书 · 法学卷》修订版的时候，补充了很多内容，但还是作为单独一卷来出版。

第二版按照字母排序

再说《中国大百科全书》(第二版)。1995 年 12 月，国务院正式批准第二版编纂出版立项，并先后纳入"九五"和"十五"国家重点图书出版规划。

第二版的《大百科全书》，较之第一版的最大的变化，就是编排体例的变革，第二版不再按照学科分卷，而是按照字母或拼音来排序了。这跟世界各国的大百科全书的做法是统一的，都是统一按字母顺序来编写。这样的话，读者要查一个词条，就可以按照字母顺序，直接从几十卷的百科全书里面去查就可以了。

《大百科全书》第二版的工作当然也很浩大。当然，第二版的工作相对来说简单得多，因为有了第一版的基础，基本的条目都清晰。但第二版也有很大不同，它的修改量还是比较大。我粗略地看了一下，第二版有一半以上的内容都是重新写的。第一版的修订版，其实就是第二版的基本内容。

2009 年 4 月，《中国大百科全书》(第二版)正式出版。8 月 26 日，中宣部、新闻出版总署联合召开大会，对《中国大百科全书》(第二版)编纂出版工作进行了总结和表彰，李长春、刘云山等都去讲了话，说明了大百科的意义。很多岁数很大的专家负责有关学科的编写和审查的工作，到了七八百个人。应该说，《大百科全书》是我们在学术方面一个集大成的成果，我有幸三度参与其中，很有纪念意义。

十六、民法学界的先驱们

新中国民法的发展与佟柔先生

纪念佟柔先生，总是要与新中国民法发展的全过程紧密联系起来。今天，我们可以更清晰地回顾新中国民法发展的脉络和得失，也更能看到在这一背景下佟柔先生对新中国民法的特殊贡献。

新中国民法与其他法律部门与学科一样，经历了三个主要阶段。

第一阶段是从新中国成立到1957年。废除国民政府的一切法律意味着无论从公法上或私法上，无论从法律制度或法律观点、法律学说上都要与资本主义及其以前社会所形成的全部成果完全决裂。政治上的"一边倒"也导致法律制度建设和法律学科内容的"一边倒"，这就是全盘学习苏联。既然自己的完全是空白，那么课堂上讲的当然也只能是"苏联民法"（当时称"苏维埃民法"），而不是中国民法。其实，用清醒的眼光看，苏联民法并没有和它以前的民法彻底决裂，它的基本体系、主要内容和术语，仍然沿袭了大陆法的民法。可以说，在全盘学习苏联的旗帜下又巧妙地恢复了民法的继承性。我们就是在"彻底决裂"和"巧妙继承"的历史背景下发展新中国民法尤其是民法学的。当然，民法所赖以生存的社会经济基础确实发生了巨大变化，甚至是根本的变化。物权制度的核心土地权利，已从私有转变为完全公有；债权制度的核心契约自由，部分已被统购统销、计划任务所代替。

在这个艰难转轨时期，在新中国建立前受过正规良好法律教育的人士中，一部分因为政治上的原因被认为"不适合"于继续从事政治性很强的法律工作；一部分因为不适应这种"彻底决裂"，而又缺乏"立新构造"勇气，退出这一领域；当然也有一部分是由于自然原因，年龄已大，精力不足，力不从心。只有少数一部分背负着历史责任感，胸怀着开辟道路的能力，以培养新中国法律人才为己任，坚持下来。佟柔先生是民法学界最杰出的一位。由于他有着深厚的传统法学教育根底，所以，在这个转轨期间，他没有那种"打碎一切"、"否定一切"的狂热，而是理智地将变动中的社会经济关系与力求保证民法学科的完整性科学地结合起来，培养出一大批新中国第一代法律工作者和法学家，其中包括一些后来颇有成就的民法学者，像王利明教授、方流芳教授等。

第二阶段是从1957年至1978年。这二十多年程度不同地表现为法律虚无主义。法律虚无主义尤其表现为私法的虚无主义、民法的虚无主义。全民所有制从原来的土地领域向企业领域及社会经济生活的所有领域全面占领；计划经济从原来的粮食等少数主要产品向社会经济生活中一切产品全面控制；国家干预社会生活的各个方面，社会已经失去了它自己应有的独立、自治的功能。高度集中、高度计划、高度公有和高度国家意志必然使私法的存在基础极度削弱，私法的存在领域极度缩小。民法已濒临消亡的边缘，民法几近于只调整家庭婚姻、小量私人财产和小量私人之间交易行为的部门。民事法律政策化，越来越支离破碎。曾经一度想起草的民法典也无异于一部民事政策汇编。想把民法既与西方传统的民法彻底决裂，又与苏联"修正主义"的民法彻底决裂，实际上就只能是不是民法的"民法"了。在虚无主义的冲击下，法律院系规模、学生和教师人数都大大缩小，民法课程有的已近乎取消。不少民法教师由于种种原因改行、流失。民法学的研究濒临完全停止状态。在这种情况下，佟柔先生是少数坚守民法学阵地、坚持民法教学、研究学者中的公认的代表者。这种在极端困难条件下教学不辍、笔耕不辍的执著精神，需要巨大的精神推动力，这就是对法律的精神和作用，尤其是对私法的精神和作用的信念的坚持。应该公正客观地说，中华人民共和国成立以来，民法和民法学在最困难的法律虚无主义横行年代中，香火未绝，烟缕未断，佟柔先生是起了主要作用的。

第三个阶段是从1978年至现在。改革开放意味着民法和民法学的复兴。而民法和民法学的复兴又是在世界各国均未遇到过的一种特殊环境下进行的：在强大的经济法思潮下的民法复兴。应该说，中国经济法产生的基础和背景是计划经济和市场经济的相互融合。绝对的计划经济不需要经济法，绝对的市场经济容不得经济法，而改革开放起步恰恰在于二者的结合，这就是中国强大的经济法思潮的客观原因。民法观念的淡薄和新中国民法制度的支离破碎也是使经济法得以异军突起的一个重要原因。因此，民法的复兴并不意味着民法已经得到社会的承认,也不意味着它已得到了正确的理解。相当多的人只知有经济法,而不知民法为何物;相当多的人认为调整经济关系的是经济法,而调整公民人身和财产关系的是民法。真正认识到民法在商品市场经济关系中的地位和作用的人并不多,法学界中甚至也有这种情况。因此,民法复兴的同时,要确立和恢复民法的真正"领地"。

这项工作主要表现为两个方面:一是理论上阐述民法与商品经济的关系(用最新术语表示就是民法与市民社会的关系);二是立法上完成民事基本法——《民法通则》的起草和颁布,从立法上对民法的"领地"予以确认。在这两方面,佟柔先生都起到了巨大的作用。他是最先提出民法是调整商品市场经济关系的法律的学者之一,论述深刻,影响颇大。理论是立法的基础,应该说,那一时期对民法与商品市场经济关系的论述就是后来《民法通则》的立法基础。在整个《民法通则》起草的过程中,佟柔先生的意见是作为民法专家学者意见中更有影响力而受到立法机关和立法决策者重视的。从今天的观点看来,《民法通则》的规定过于简单,甚至可以有许多指责之处,但在当时的条件下,能够把民法定位于那样一个高度,能够把民法基本原则定位于国际基本通行的原则,能够把民法的体系和框架定位于市场经济的权利关系,应该说是很不容易取得的,是一个历史的巨大进步。这里面体现了佟柔先生的心血和贡献。

我虽然不是受教于佟柔先生门下,但在改革开放以来的一些年代中,尤其是在《民法通则》起草过程中,得益于佟柔先生之处颇多。他的为人,他的治学精神,他的学术成就,都是我所钦佩的。民法学界的和谐精神、相容精神,不搞学阀、不搞一言堂、不搞自我吹嘘、不以学校结派、不搞人身攻击,一方面可能源于民法本身所蕴涵的自由平等精神,另一方面也是和新中国建立以来尤其是改革开放以来,民法学界在以佟柔教授、王家福教授为学术带头人带领下所体现的那种平等宽和精神分不开的。

民法学界值得纪念的第一位学者,是佟柔教授。

纪念佩霖　学习佩霖

佩霖离开我们走了,但他的人品和学品值得我们怀念和学习。

论人品，他为人非常正直，与人推心置腹、诚恳相待。他从不趋炎附势、从不自我吹嘘，他的朴质善良，受到同事们和同行们的一致推崇。

论学品，他治学严谨，学风、文风端正，教学与实际相结合，教学为学生服务，与学生平等相待，诲人不倦、兢兢业业、教书育人，受到学生们的一致爱戴。

在法学教育中，几乎可以说他创造了一个学派，也可以称为案例教学派。他不是以案例来哗众取宠，而是精心挑选了一些最典型的案例来说明最难懂的一些理论问题。他不是挖空心思杜撰一些案例，而是从我国审判实践中吸取有争议的事例来引发学生的思考。他不是为理论而理论，为文化而文化，而是非常明确地教授给学生判案和分析案例的本领。在经院式教学方法弥漫高等学府时，这种教学方式也曾被一些人讥笑为经验主义，但它确实带来了清新的空气，受到学生的普遍欢迎，尤其是实践部门，更欢迎这种授课方式。他是我校最受欢迎的业务课教师之一。今天我们应当很好地总结和学习这种教学经验。

从 1956 年起我和佩霖就同在民法教研室工作，整整 40 年了，中间由于法律虚无主义等原因，他到了语文教研室，我到了外语教研室，仍旧在一个大单位内共同相处。他给我们留下了一个最深的印象就是爱争辩问题，有时候似乎是不成问题的问题，他也要提出争辩，当时一些人称他为爱钻“牛角尖”。佩霖在搞学问的时候确有一种钻牛角尖的精神，思考的问题很细、思考的角度很广、思考的方式有其独特之处。佩霖可以说是创平等的、热烈的、无拘束的探讨学术风气之先。在学术空气日益稀薄的今天，我们更应当总结和学习他的钻研问题锲而不舍的精神。

佩霖常爱讲他不是“阳春白雪”而是“下里巴人”，这是意味深长的。他的民法理论和知识首先是为最普通的老百姓服务的，他的法律语言也是通俗的老百姓都能懂的。作为一名知名教授，他常常为许多报纸和大众刊物回答读者提出的法律问题，答人之疑，解人之忧，使法律，尤其是民法和群众最紧密地联系在一起。有些人不屑于，甚至嘲笑这种“报屁股”、“豆腐块” 的文章，而佩霖却不以为然，他依然故我地坚持自己的方向。他把法律从庙堂之上、从象牙塔之顶搬了下来，创造了一种“大众法学”，这是了不起的试验。我不是要人们都去做这项工作，而是要我们去重视、去尊重这种创造性的劳动。佩霖的这些成就都需要我们去总结和学习。

佩霖是20世纪50年代初就专门从事民法学习和教学工作的，他毕业于我校的民法研究生班。我校复办后，他一度在致力于语言和法律古籍研究方向还是致力于民法学研究方面上犹豫不决。两方面的朋友都在拉他，大家都知道，谁能把他拉过来，他就肯定能在这一领域内作出优异的成绩，他是一个真正干事业的人。最终，他下了决心搞已经荒废了二十二年的民法。一旦他又投身于民法，他便以十倍的努力、百倍的热情去拼搏。在民法学界他是一个知名的学者，发表了不少有创见的文章和著作。尤其是在继承法和侵权行为法方面，他更是成就卓著。他为我国民法学的发展，铺了路，垫了石。

在我们这一代同龄人中，佩霖是早逝了。我们这一代人的精神和生活的压力使他得了不治之症。不治之症带来的痛苦是巨大的，是常人不能想象的。他离开了人间也算是一种对痛苦的解脱。

民法学界值得纪念的第二位学者，是张佩霖教授。

纪念谢怀栻老先生

谢怀栻教授与世长辞了，我感到心中失落了些什么！

论年岁，他比我长11岁，既无师生之份，也无同窗之谊；论工作，从未在一个单位相处，更无同事之情。但二十年来在民商法这一领域内又与他多有交往。他的学识与为人我尊之为师，我习惯称他为“谢老”；他的平等待人精神，我视其为友，有困难常去请他帮忙；在民商法这一战壕，我视其为同事，为共同事业而努力。

也许因为我们都有过“右派”的经历，更有点“惺惺相惜”。但我们之间也有不同：论身份，我是“革命”出身送到苏联留学的，毕竟从轻发落了，而他是“旧法人员”出身，作为极右分子发配到新疆！论“罪过”，我是因“自由主义”而获罪，他是因“法律”而获罪。今天看来，因要法律而获罪简直是不可思议、不可理喻，但当时确实如此。20世纪50年代初，“旧法人员”和“旧法观点”是老一辈法学家和司法人员头上的两个“紧箍咒”。旧法人员都要改造思想，谢老也不能例外，他是先设在南京，后迁到重庆的中央政治学校法律系的高材生，200多名学生中只有9名进入法律系，更何况这所学校是国民党培养人才的学校，校长是蒋中正本人。这样的人不算旧法人员谁可称为“旧法人员”。这个旧法人员偏偏又爱多言，在整风运动中竟然指责党“以政策代替法律”，希望“尽快制定法律”。说到底，当年批判的所谓“旧法观点”就是“言必称法律”，就是要“以法律代替政策”。把法律看做是统治的“工具”，还是统治的“圣经”，在当时是革命还是反革命的分水岭！谢老就是“以言获罪”，“以法获罪”。他的执著一生就是追求“完善的立法”“完善的私法”。这是法律人的最高人生境界。今天这个道理我们已经看做是法律的“ABC”，但这个“ABC”却是像谢老那样用一生青春和血泪换来的啊！

谢老读大学的时候，正是抗战初期1938年。大学学习的四年正是抗战最艰苦的时期。前些年我和谢老去台湾时参观了台湾政治大学的校史展览馆。政治大学的前身就是中央政治学校。谢老指着一张1942年毕业生全体照深情地说，他在那里度过了四年。学校校舍破乱不堪，但是谢老说，在民族危难之际，他们学习的动力和毅力是很强的，非常刻苦努力。当时我深深感到谢老的渊博知识是在怎样的历史条件下打造出来的。我也想到我自己，缺少像谢老那样过硬的“基本功”，这也许和我入大学时的革命狂热不无关系，革命高潮带进了多少热血青年，但革命也带来了浮躁，坐不下来认真读书，坐不得冷板凳，喜欢轰轰烈烈。谢老在我们民商法学界被誉为“百科全书”。不知道的尽可问他，他都可以给你一个回答。在立法碰到问题时也想请教他，有他的意见，我们可以放心些。在这个意义上他完全可以称得上大家、大师。谢老非常推崇他的老师梅仲协先生，梅先生是中国民法的前辈、启蒙大师，海峡两岸许多知名学者都受教于梅先生的门下。谢老在梅先生的著作《民法要义》在大陆重新出版时写的序中说到梅先生治学的严肃和严谨态度，谈到梅先生要求读法律的学生除英语外，必须学好德文、日文，要求读原著，读德国民法典，要求“取法乎上”。“老老实实地学习研究”，“要学就学最好的”，这就是谢老从梅先生那里学到的治学态度和方法，也是他一生的真实写照。谢老一生没有在行政系统、社会团体和学术团体中担任什么工作，连个小小的“长”也没当过，最多只是个“顾问”、“委员”之类。他很少使用名片，名片上的光环简直少得可怜；而他的名字的光环却让人炫目。在他已经卧床不起的时候，社科院法学研究所给了他一个“终身研究员”称号，这是他完全应当享有的荣誉，是受之无愧的！

谢老作为一个著名的学者，出国访问的机会并不多。有一次我和他谈起此事，他深情地说，外国去不去访问无所谓，台湾是很想去的，因为他曾在日本投降后去过台湾接收台湾法院，五十多年过去了，很想再看看宝岛现今如何，还有几位故交仍在台湾。恰好美国福特基金会资助一个两岸交流的项目，我们便邀请谢老同行，这时他已经80高龄了。他回忆起1942年中央政治学校毕业后便通过司法考试，分配到重庆地方法院担任推事（即法官），当时他是最年轻的推事。按照当时的规矩，讨论案子时，由最年轻的推事先发表意见，越资深的越靠后发表意见，以免资深的先发表意见后影响资浅的，使其不敢独立发表意见，这样的做法对年轻法官很能锻炼成长。而我们现今往往是官大的先说，资深的先说，年轻人往往会唯唯诺诺，不敢发表独立的不同意见。谢老谈到日本投降后要去台湾接收法院，就要从重庆地方法院抽一些年轻人，他就主动报了名，参加了培训，不久便由国民政府派往台湾。当时台湾实行的还是日本法律，有一些反日志士被抓进监狱还未宣判，他们接收法院后就以中华民国台湾高等法院的名义签发了无罪判决书。这是台湾回归祖国后以中国台湾高等法院发布的第一份判决书，是他签发的，感到无比自豪。他在台湾也经历了“二·二八”事变，看到了当时台湾社会的动荡。台湾的学者知道谢老的学识及这段经历无不对他深表尊重，称他是台湾司法界的元老。谢老的民族自豪感是很强烈的。在他的文集中就收有一篇《从民事诉讼法论日本法院对光华寮案判决的违法性》。中国劳工在日本法院提出民事赔偿一案败诉后，谢老很气愤，他积极邀请我去参加专家讨论会，提出中国法院有权管辖的法律意见，并两次打电话希望我向最高法院有关院长反映情况，他认为这是民族尊严的大事。在他最后留下的一篇短文“毕业60年”结尾时写道：“毕业60年，回顾这一生，我给了国家一点点贡献，国家给了我很大的回报，我感谢养育我的祖国。”谢老一生坎坷，最后的遗言是：我感谢养育我的祖国。这就是老一辈知识分子的爱国情怀！

谢老没有喝过洋墨水，既没在国外拿到什么学位，也没有机会去国外做访问学者，但他的外语能力是很强的。我知道他懂英语、俄语，而德语、日语更是达到了校阅的水平。20 世纪 90 年代初，我组织搞了一套大型的翻译丛书“外国法律文库”，其中多数为美国法律专著，但也选了几本德国和日本的法学专著，其中有德国拉德布鲁赫的《法学导论》、罗伯特·霍恩的《德国民商法导论》以及日本我妻荣的《债权在近代法里的优越地位》，尤其是第一本，具有法理学性质的书，翻译难度很大，而校者要把关，要校正译者的错误，这件工作我只好请谢老担任，谢老花了极大的力量，担任起一字一句的德文、日文的校阅工作。五十年前的大学外语水平，二十年的荒废，没有喝过洋墨水，居然仍有那么高的外语水平，不能不令人折服，我只能用坚强毅力和严肃认真来解释他对工作的一丝不苟的态度。

谢老不仅有很深的理论修养，而且有很强的法律实践能力。他是我国国际经济与贸易仲裁委员会的资深仲裁员、顾问和专家委员会委员，前后共办理过数百个仲裁案件。我有机会与谢老共同办理过一个案件，我和外经贸大学的严思忆教授是双方指定的仲裁员，谢老是首席仲裁员。他在审理案件时，我在旁细心观察他的态度，他的风格，他的问语，他的处理意见，似乎能想象到这位经过严格司法考试、司法训练培养出来的法官当年断案时的风采，甚至我在默默地祷愿，如果我们的仲裁员和法官都能有这么高的水平，那就是国家的万幸。我担任仲裁员多年，但最怵头的是写裁决书，即使当了首席，也往往请人代为草拟。而我所知道的谢老担任首席时的裁决书，几乎都是亲自动笔。在我与他共同办的案件中，他那认真的态度，真使我感到惭愧，反复征求两位仲裁员意见，用法理向我们说明案件性质，应适用的法律条文，字斟句酌，反复修改，直到大家都同意为止。他从不盛气凌人，从不偏袒一方，从不固执己见，从不草率结案。总使人感到，与他合作是非常愉快的并能从中得到许多教益！

谢老看起来似乎是老学究模样，从来不穿西服，更不打领带，终年穿着一身中山装，就连去台湾也是这身打扮，给人一种时代变了装束未变的印象。其实，谢老思想一点不保守，对青年人的关怀和寄望尤为殷殷。许多年来，中国政法大学民商法的博士论文答辩几乎都要请谢老参加，答辩的人以能请到谢老为荣，参加旁听的以有谢老参加而更踊跃。我常常对他讲，希望他能在答辩会上充分表达自己的观点，不要仅限于提问，不要怕尖锐。事实上每次他的发言对青年学子都是一次言传身教的启迪。大家都感受到，他思想很活跃，对当前的时弊不乏快人快语，一针见血的针砭。对于答辩的论文他很快就掌握住哪些地方是得意之笔，哪些地方是薄弱环节，谢老以他独有的语言魅力和严谨的逻辑思维使答辩人心服口服。他虽然发言尖锐犀利，但从不为难学生。有一次我的博士生论文答辩的题目是“论商事人格权”，谢老对人格权商事化的观点很不以为然，找出许多理由来批驳，但他最后还是认为青年人做学问要有勇气，要有突破精神。对于逐渐崭露头角的青年学者和出现的一些优秀的博士论文，他感到由衷的高兴。他在《环球法学评论》的一篇采访文章说，他非常高兴看到年轻学者“站在老一辈人肩膀上前进”。这种提拔青年学者、关爱青年学者、甘为青年学者阶梯的精神是老一辈学者的优良品质。

谢老一生是从事民商法教学和研究的，他最关心的当然是民法典的制定。有一次他说：“法国民法典是 19 世纪初世界有影响的法典；德国民法典是 20 世纪初世界有影响的法典；我希望中国民法典能成为 21 世纪初世界有影响的法典。”这是老人一生对我国民法典的期望。现在民法典草案已经提出了，但距世界有影响的期望值还很远，中国的民法典既有自己经验的总结，也要善于借鉴国外先进制度，“取法乎上”仍是不可忘记的。我们应当在 21 世纪初拿出一部至少像样的民法典，也足可告慰谢老于地下。

民法学界值得纪念的第三位学者，也是我本人最为推崇的学者，是谢怀栻教授。

十七、教书育人五十年

“人生七十，该是总结自己一生的时候了”

2000年12月28日，我的学生们给我搞了个70岁诞辰纪念会。在当时出版的文集里，我在自序中对这七十年人生历程做了大体的总结：

人生七十，该是总结自己一生的时候了：

七十年，总有最刻骨铭心的时刻。至今回想起来，对我最刻骨铭心的时刻就是被划为右派的那一时刻，从“人民的阵营”被划入“敌人的阵营”的那一时刻。有时梦中还在杂乱地回放着那惊心动魄的情景，醒来仍心有余悸。

记得当时全校还为我被划为右派在大礼堂进行公开讨论，以便使那些“糊涂”的人“清醒”过来，讨论的主题就是我为什么会成为右派。因为当时被划为右派的大抵都可以找到“原因”，或是因为历史上原因，或是因为阶级出身原因，或是因为个人主义原因，或是因为伸手要权原因，而我被国家派到苏联留学五年刚刚回国，找不到上面的原因，于是就挖我的受教育的背景。因为我在一个教会高中毕业，毕业后又考入美国人办的燕京大学，于是，找到了我成为右派的原因，即“资产阶级民主自由思想”。有一大批具有一些民主自由思想的人，追求民主自由理想的知识分子就被划为了“敌人”！

对于这个结论，我又可以认可，又难以认可。

可以认可的是，我在高中参加当时学生运动、反对当时的专制腐败政权时，就是为了“反内战，反饥饿”，“争民主，争自由”。我之所以要报考燕京大学新闻系，就是想用报纸来实现国家的民主化、自由化，使之成为真正的民之喉舌。我之所以辍学参加革命工作就是为了建立一个民主、自由、富强的新中国。

难以认可的是：为什么民主、自由思想就不好，就必须戴上“资产阶级”的帽子。社会主义要不要民主、自由，社会主义又需要什么样的民主、自由？对于我这样一个在社会主义国家榜样的苏联生活学习了五年的青年人总会有这样的问题要去思考的。赫鲁晓夫的秘密报告给了我某种答案。其实，“秘密报告”后来一点也不秘密，连中国学生都可以去听。“秘密报告”揭露的是与“公开报道”截然相反的血淋淋的事实：专制、个人独裁、暗杀、集中营，难道在中国我也要去追求这样一个制度吗？

在我去那里学习的四十年后，这个制度垮台了，究竟垮台的原因是什么呢？是“修正主义”上台？是帝国主义“和平演变”？我看都不是，倒是身历这一制度现今仍为社会主义理想奋斗的俄罗斯共产党中央书记久加诺夫说得好，他说：“苏联共产党垮台的真正原因是它的三垄断制度，即共产党员以为自己想的说的都是对的——垄断真理的意识形态制度；以为自己的权力是神圣至上的——垄断权力的政治法律制度；以为自己有不能说都可以尽管做的特权福祉——垄断利益的封建特权制度”。这三垄断：垄断意识形态，垄断政治权力，垄断特权利益，就是十足的专制，就是缺少真正的民主、自由机制。斯大林统治下，不是也把那些稍有主张民主自由的人，对专制独裁稍有不满的人，都扣上一顶“资产阶级”的帽子，称为反对派，也有时称其为右派。那时只不过处理的方法比我们更干脆，不像毛泽东那样还把他们当做“反面教员”，而是枪毙了之，不留后患。

我们目前政治生活和政治制度中的一些现象表明，我们还没有从苏联垮台和反右派运动中得出更深层次的结论和教训！法律并不是我人生自愿的职业选择，它枯燥无味，不像新闻那样自由奔放，但既然是国家派我去学的，当然是抱着崇高的使命感去学的。逐渐地，懂得了法律与新闻一样，都有着民主与自由的深刻内涵，如果说“法制”并不足以包含民主，正像我们把民主与法制相提并论那样，那么“法治”就必须以民主为基础，民主为前提。我在苏联学习时，法律制度确实也比较完善，但谁也不想称斯大林时代的苏联是一个“法治国家”。

学法律的人需要埋头于法律条文的诠释和学理的探索，但离开了民主、自由、人权这样的基本目标，法律就会苍白无力，甚至可以成为压迫人民的工具，镇压不同意见的人的工具。因此，建立现代法治国家与建立现代工业化国家、现代知识经济国家同等重要。

我不是一个真正意义上的法学家，因为我没有认真读过多少法学名著,也没有写出什么像样的法学专著。

我是一个法学教育家,我以学校为舞台,努力培育一代具有现代法治观念的,具有民主、自由开放思想的法律工作者、法律家、法学家。

我是一个法律活动家,我以社会为舞台,在立法、司法、政府部门、企业等诸多领域为建立现代法治国家助推了一把力。

上天总算是“公平”的。1957年以后,给了我整整二十二年的逆境,又给了我整整二十二年的顺境。逆境给了我磨难和考验,使我更能以平常心看待一切,我喜爱的一句格言就是:“生于忧患,死于安乐”,国家民族如此,个人也如此。逆境给了我沉思与回顾,使我更能以正常心看待一切,已经没有什么可迷信的了,我喜爱的另一句格言就是:“只向真理低头”。

今日之世界,民族主义与民主主义乃为两大潮流。中国民族主义的觉醒和复兴已不成问题,甚至有时令人有过分之感,但民主主义的觉醒和复兴,相比之下还差距甚大。从五四时代的呼唤“德”先生,到我青年时代的“争民主,争自由”,到五十多年后的今天,科学进步,在这一百年内的变化确实令人咋舌,而民主主义的进步,又有多少呢?我又陷入了五十多年前的沉思。

设立江平民商法奖学金

十年前,我刚好70岁。从自己内心来说,我当时有一个很真诚的愿望,就是希望能够回报社会,能够通过自己的力量,再为社会作一些贡献。

想来想去,觉得最适合我的方式,就是由我捐钱,成立一个奖学金。在当时的法学界来说,还没有由学者发起、以学者名字命名的奖学金,我的想法还算是一个创举,在当时是独一无二的。当然,今天这种做法就很多了。在我的江平民商法奖学金之后,先后又有了“钱端升法学奖”、“佟柔—曾宪义奖学金”、“陈光中诉讼法奖学金”、“沈四宝奖学金”等,当然还有其他的。

在最开始的时候,我的想法是只设立一个针对贫寒学生的助学金,能够使得那些来自农村的贫寒学生,得到经济上的资助。但在讨论过程中,很多人建议,与其设立一个针对贫寒同学的助学金,还不如设立一个针对学习优异者的奖学金,这样的话,可以鼓励学生们更好地学习民商法。最后汇总各方面的意见,就决定搞一个江平民商法奖学金。

这个江平民商法奖学金，当然是由我发起的。当时，我正在帮助徐州信托公司办一个案子。这个案子胜诉后，徐州信托最后给了我 50 万元人民币作为酬劳。于是，我就把这 50 万元全部捐出来，作为江平民商法奖学金的第一笔捐款。设立奖学金的设想，得到了我爱人崔琦和家人的全力支持，也得到了我的学生们的热烈响应和协助。时任民商法教研室主任的赵旭东具体负责奖学金的募集和组织工作，我的已经毕业的学生们，包括政法大学早些年毕业的一些校友和老师们，都踊跃捐助，甚至一些校友的朋友，闻听消息后，也都慷慨解囊。

1997 年第一次访问台湾时与妻子在"司法院"内与院领导合影，右一为翁岳生教授（后继任为院长），左二为王泽鉴教授

正好那时候，台湾的王泽鉴教授正准备把他的《王泽鉴法学全集》在中国政法大学出版社出版。他听说了我发起江平民商法奖学金之后，很高兴，就把他的全部稿费捐给了江平民商法奖学金，总共有 20 万元人民币。

在这 70 万元的基础上，还有一些律师和其他人士，也陆续捐了一些。最后捐款的总数是 150 万元人民币。

那么，这 150 万元的江平民商法奖学金成立之后怎么办呢？我们采取了信托的办法。具体做法就是以我作为信托设立人，把这 150 万元钱以公益信托的方式，信托给中国政法大学民法教研室，然后由其来充当受托人，实施对江平民商法奖学金的管理，并维持其顺利运转。民商经济法学院成立后，又由在本院工作的我的几位博士生赵旭东、龙卫球、王涌、刘智慧等在具体管理。每年的评奖和颁奖事务，则主要由院团委和学生会组织。

在这个基础上，还专门成立了监事会，作为对这笔奖学金投资、使用的监督机构。为什么有投资的想法呢？当时主要是想由受托人拿这笔150万元的资金进行投资，每年奖学金就从投资产生的利润中划拨，可以确保本金能一直保持这个数，维持“江平民商法奖学金”的运转。当然，投资不能选择风险太大的行业，风险太大的话容易赔本。但后来，投资环境也不是特别好，所以这笔公益信托，最终是以购买投资基金为主，每年拿银行的利息和部分本金来支付奖学金。

奖学金成立之后运转至今，我还是很满意的。整体来说，江平民商法奖学金运转近十年来，已经成为一项公信度非常高的奖项，被中国政法大学的学生们称为“法大的诺贝尔奖”。能够获得江平民商法奖学金，已经被视为一种至高无上的荣誉。

江平民商法奖学金的评选非常严格。作为一个学生，要想获得这个奖学金要费很大的功夫，当然，能够经过重重选拔而最终获奖者，肯定都是对民商法已经有较好掌握的佼佼者。

江平民商法奖学金大体分为三个步骤。当然，申请这个奖学金，本身需要申请人具备一定的资格，即民法学或商法学成绩在90分以上（含90分）。具备申请资格后，即参加第一轮笔试，这一轮笔试主要侧重于民商法基础知识的考查，主要题型是选择题。接下来，即是第二轮笔试，在这一轮考试中，主要侧重考查申请人学术功底，考查形式即论述题。一般来说，能够通过这两轮考试的，已经是凤毛麟角了，最后才进入口试。口试结束后，将由评奖委员会决定最终的获奖者。

当初，江平民商法奖学金每年只有10个名额，后来增加到15个。在此基础上，又给清华大学法学院学生3个名额。现在，江平民商法奖学金实际上成了中国政法大学和清华大学法学院对成绩优异者的一种奖励措施。

到2009年年底，江平民商法奖学金就整整十年了。在十周年到来之际，我的学生们又在原有基础上予以扩大，增加了一百多万捐款。到现在为止，总数已超过二百多万，达到了成立社团组织的标准。从我的心里来说，我觉得像这种回报社会的行动，应该说还是很有意义的。

我和我的学生们

我于1991年获得了博士生导师的资格。应该说，到2010年再招完一届博士生之后，我的博士生就满二十届了。

担任中国政法大学终身教授之后，我的主要工作，实际上就是带博士生。我很早就没有带硕士生，也很久不给本科生开课了，只是偶尔做学术报告。我现在的基本工作，就是带博士生。

回过头来看，我带的博士生有一个很明显的特点，那就是我的博士生里面，没有真正的高层官员。从这一点来说，可以说既有好的一面，也有不好的一面。好的一面是，我的这些学生们，当初考进来时，确确实实都是凭着自己的本事，尤其像早几年的学生，除非对学术研究非常感兴趣，否则是不会考博士的。这跟现在部分官员纯粹为了拿一个博士文凭的情况，完全不一样。

就我带博士生的方式来说，这二十年里，我带博士生，实际上是有三种模式：

最早的一段时期，是结合立法项目来带博士生。1991年、1992年那段时间，当时我还担任全国人大法律委员会的立法工作。那时候，我曾经带过赵旭东、孔祥俊、周小明、文海兴等学生，像这前几届的博士生，我都会带着他们一道参加立法工作。周小明跟我起草了《信托法》，我们还一起去日本调查了日本的信托法。

早期的博士生培养，我主要就是结合立法项目来进行。对于这些博士生来说，都是通过立法项目这个背景，独立地在一个全新的领域里面进行研究，并结合中国的实际，考虑怎样来起草相关法律，并将自己的研究成果，作为提供全国人大法律建议稿的基础。像文海兴当时博士论文写的是期货法，虽然期货法最后没出来，但他结合立法来展开研究。我想这种结合立法项目的学习，在一定程度上是有其好处的。

后来的一段时间，我是结合自己的科研项目来带博士。我不担任全国人大的职务之后，还有一些像涉及民法典起草这样大大小小的科研项目。我拿到科研项目之后，会让博士生参与进来，通过科研项目来培养学生独立研究的能力,我想这也是带博士生的很好的一个方式。

最后一种模式即纯粹的指导。后来有相当长的时间内,我不再以民商法专业学科带头人来申请科研项目。这样的话,较之前两种模式,就变成了没有立法、没有科研项目支持的指导工作。这样带学生的时候,就没有太多寄托的载体了。于是,我把博士生的招生数量,也逐渐降了下来。

在相当长的一段时间之内,可能加起来有十年了,都是我和杨振山两人合带博士研究生,因为那时候只有我一个人有博导资格,后来有杨振山。那时候学生的专业,也没有太多的限制,因为民法、商法,主要就是我们两个人有资格带,但招生名额又相对比较多一点,所以在最初的一些年,我一届带四五个博士的情况都有。

当然,现在我的正式的博士生已经减少到了每年两个。但在这两个之外,由于港澳台的学生不算名额,另外还有个别论文博士和差不多每年一个的博士后,每年加起来,也有四五个人。现在论文博士已经减少了,著名法官宋鱼水是我的最后一个论文博士。

我跟博士生建立了很深厚的感情。一方面,我要给博士生上课。过去只有我一个人有博导资格的时候,往往我一个人要把一学期的指导课讲下来。后来跟杨振山合作,我们两个人也把博士生课都担任起来。现在有十多个博士生导师,讲课的任务就大大减轻了。

但即便如此,我跟学生见面的机会还是不少的。现在,我一般是一个月跟学生见一面,请他们来我家,大家共同看看学习中有什么问题、有什么自己的见解等。一般情况下,我跟博士生在前两年接触多一些,最后一年学生自己写论文,就稍微少点。

应该说,我这一生带了二十届的博士生。我这二十年带下来的博士,从数量来说,总共应该有将近一百个吧。我自己觉得,这二十届的博士生里面,真正在里面混文凭的,或者在博士生阶段不努力学习的,我不敢说绝对没有,但确实非常非常少,每每念及这一点,我觉得良心上还是很坦然的。

而且,至少就我所在的民商法专业来说,博士生入学考试,无论是当初考试命题也好,改卷子也好,录取也好,都是完全按照学术标准来录取的。就这点来说,我也是问心无愧的。

我的博士生里面,有一些现在已经做得很不错。比如,第一届的赵旭东,现在在民商法学界已经很有名了;又如,孔祥俊,现在也担任最高人民法院民三庭的庭长了。应该说,他们在各方面都是很有成就的,尤其是有一些的学生都在高校里,在学术研究方面也都颇有建树。

在我的印象中,头几届学生里面,愿意留校的很少。那时候的学生,最大的希望是去最高人民法院、国家机关工作,你要让他留校的话,人家一般也不大愿意,而且在当时,留校也不以博士学位作为必要条件,本科生、研究生都可以留校。这样的话,博士毕业后,一般都不会待在高等学校里。那时候,高校里的待遇,无论从哪个角度来说,当然都不如在国家公权力机关那么好。

可是后来,就完全不一样了。大概2000年以后,上述情况就完全改变。那时候学生考博士,第一个目标就是留校教书,甚至留不了最好的学校,也可以到次一点的高校去。在这种情况下,留校变得很有吸引力,当然留校的条件也越来越高。要想做高校老师,先决条件就是必须要取得博士学位。这样的话,博士学位变成了进入高校的敲门砖了,而且你拿到博士学位,也不见得能够进入好的高校。

对我来说,这一切都是很值得欣慰的。

来生还做教授

1996年时,我在北京政法学院、中国政法大学执教恰好40周年。正好,这时《中国政法大学校报》开辟过一个栏目,专门刊登教师的执教感悟。我就在这年5月20日的校报上,发表过这么一篇题为"终生不悔——四十年执教有感"的文章:

1956年,我跨进了我校前身——北京政法学院的大门。今天,我执教生涯整整四十年了。

四十年中却有一半以上的时间,不是从事我所学的法学专业,而当我再度走上法学讲坛时,已是年近半百。近年来常与国外学者接触,40多岁的教授,已是著作满案,无端的政治运动,误我黄金学术年华。缺乏扎实深厚的学术功底,是教师的最大不足。自己看的书还不如青年学子读的多,又何以教人,何以指导他人,四十年执教之最大遗憾,莫过于此。

我记得读过的一篇文章写道:在学校读书的时候,战战兢兢,觉得自己什么都不懂;在大学毕业的时候,踌躇满志,觉得自己什么都懂了;在快要退出历史舞台时，饱经风霜，却又觉得自己什么都不懂了。这种人生心态当然说得绝对了一些，但不失为一种轨迹。我起先总不明白为什么古人教训我们的美德“礼义廉耻”中有这么一个“耻”字，耻算什么美德！后来才懂得耻者，不足也，知耻而后勇。美德中不写“勇”而写“耻”，大概是因为勇可以是匹夫之勇，而知耻之勇才是最大的勇。人的动力正在于此，不忘国耻者，才能拼搏报效祖国；不忘己耻者，才能拼搏完善自我，执教更是如此。执教有如人生，总离不开追求真、善、美。

真，就是真理，追求真理，只服从真理，只向真理低头！真理是没有阶级性的，不能说无产阶级必然掌握真理。下级可以服从上级，但并不能说真理必然掌握在上级手中，少数服从多数也不等于真理必然是在多数人一边。真理不能盲从，只有经过比较、分析、思考、辨别的过程，才能更接近真理，一种声音、一种思维是得不出真理的。真是真情，纯真之情，不加虚伪，不加矫揉造作。文字能表达真情，语言更能表达真情。一篇文章可能比一堂课更精练，更富于真理，但学生听一堂课成效可能要比看一篇文章更有收获，原因就在于教师是以情感在讲授，若如播音员般宣读，又何异于做文章呢！教师之讲课犹为真热情之迸发，内心宣泄，传之以真理，感之以真情！

善，是完善，一堂课犹如一件艺术作品，艺术作品是要精雕细刻的，力求无一败笔，无一赘笔；一堂课也要力求不要讲套话、废话、多余的话！教师犹为艺术家一样，每堂课，每件艺术作品都维系着社会对他自身的评价。工人制造的伪劣产品，影响的是商标、产品的信誉，而教师制造的伪劣产品，影响的是他自己的信誉。善就是风格，文章要有自己的风格，讲课也有自己的风格，没有风格就是千篇一律，就是等同他人，就是“嚼别人嚼过的馍”，而别人嚼过的馍是不香的！

美，是师德，师德之最主要的是热爱自己的教师职业，可现今以在高校做教师为第一志愿者太少了。我的博士生中有来自台湾地区的。一天各自谈自己的毕业后的志愿，不少大陆的博士生以毕业后从事政府机关、公司工作为目的，而台湾地区的博士生却多以能在大学任教为第一志愿。事实上，一个正要毕业的台湾博士生也已经努力在东海大学谋得了一个教席，只有热爱自己职业的人才会真正拥有自己职业的道德。

只有以教师为光荣的人，才会倾注其心血于育人。美，也是气，大学是最高学府，我在美国哈佛大学、哥伦比亚大学等一些号称常青藤大学里看到的校园文化气质，学生的文明气质，尤其是教授的优美气质，确实是一般市民阶层、商人阶层所不可比拟的。只有教师高度文明才能带来学生的文明，校园的文明，大学教授应是文明的表率，知识的化身，有他应当具有的气质与风度！

四十年的执教生涯，行将画上句号，当然经历了风风雨雨，磨磨难难，但对于我所选择的道路，此生不悔！如果让我来世重新选择职业的话，我仍将以做一个大学教授为第一目标。

虽然后来的人生发生了很大的变化，但我的执教生涯并没有画上句号。现在已经80岁了，仍然站在讲台上授课。我常常讲，如果来生再让我来选择职业的话，我还要选择在大学当教授。为什么呢？因为大学生阶段，是一个人在选择职业、专业时形成他的目标的一个时期，而法学专业，又是实现他的法治天下、法治理念的最重要的四年。如果这时候，我能够从事教育工作，来为他们把自己的四年的法学教育搞得更好，无论当校长也好，不当校长也好，这都是作为法学工作者、教育工作者价值的最大体现。

颐养天年

我今年80岁了，但是还没有完全脱离工作。我还是中国政法大学的终身教授，也还是北京仲裁委员会的主任，也还是中国国际经济贸易仲裁委员会仲裁员。但这些现在都不是非常忙，我更多的是带博士生。

去年，我得了一场病，是中风后遗症。中风后遗症出现之后，一开始是语言有障碍、行动有障碍，经过301医院的治疗，基本上恢复了，可以说恢复到了原来的95%吧，还没有完全恢复到原来应该有的样子。这场病让我在医院里待了近两个月。

出院时，大夫建议我，要更多地注意恢复身体，他说中风后遗症如果再发作的话，问题会比较大。我现在的生活，可以说是处于一种安心休养为主的状态，并不是特别繁忙。

我想这么一场大病后，最主要的感觉，就是大彻大悟。什么意思呢？因为原来我还始终认为，自己可以像一个完全健康的人一样努力工作，而且我是希望能够工作到80岁甚至再长一点时间，现在看来不现实了，因为要想工作时间长一点，就必须把健康放在第一位。这样的话，就形成了工作和身体之间最大的矛盾。也就是说，不能够像过去那样以工作作为目标去生活，现在要把这个目标放得现实一点。

在这80年人生时，想起了老先生谈胡适的一句话："不降志，不辱身，不追赶时髦，也不回避危险。"中国知识分子在特定的政治环境下，能做到这样也就可以了。这"四不"我可以说做到了。

第四卷

大立法时代

十八、难产的民法典和顺产的《民法通则》

第一次民法典起草

1956年我从苏联留学回国，刚到北京政法学院工作时，就听说正在制定民法典。但到今天为止，时隔五十多年后，民法典还未完全出台。说来也悲哀，中华人民共和国成立已60年了，还没有拿出一部完整的民法典；我留学回国从教五十多年了，也还没有拿出一部称心的民法典。但无论如何，从我个人的命运来说，是和民法通则、民法典紧紧联系在一起的。

我刚到北京政法学院民法教研室的时候，就听说教研室里的一些同志如张佩霖、巫昌祯等，都在参加中华人民共和国民法典的起草工作，也通过他们了解了一些情况。

1954年下半年，第一届全国人大常委会组建了专门的班子，集中了包括北京政法学院在内的全国法律院校的部分民法教师、业务部门以及相关机关的工作人员，在当时尚在中南海里的全国人大常委会所在地集会，开始起草中华人民共和国民法典。

这个起草班子搜集、编印了数量不少的民法资料，进行了大量的社会调查，并试拟出了部分法律条文。当时立法的体例，当然是受苏俄民法典的影响，但具体内容，并不全部抄袭苏俄民法典。这与整个中国革命进程很相似，学苏联，但绝不抄袭苏联。

当时中国的立法很重视调查研究，干什么都要讲调查研究，都要强调中国的实际状况。我回国后准备备课时，也不能只讲苏联民法的那套理论，而是要加进中国的实际状况。

现在想起来，我当时最感兴趣的，是当时中国的一些民事法律文件，以及许许多多有关民事法律行为的调查报告。当时由中央法制委员会编辑出版了一大批中华人民共和国民法资料汇编，内容相当丰富。

当然，真正促使这个起草班子加快工作进度的，是在1956年9月的中共八大上，有关领导人在发言中对制定民法提出的要求。刘少奇在其中共八大政治报告中，总结了中华人民共和国成立以来的经验，并提出了健全国家法制建设的重任。而时任最高人民法院院长的董必武，也于9月19日作了题为“进一步加强人民民主法制，保障社会主义建设事业”的报告。该报告中，董必武在“目前法制工作中存在的问题”一节，专门指出：“我们不仅已经有了国家根本法——宪法，而且有了许多重要的法律、法令和其他各项法规。现在的问题是，我们还缺乏一些急需的较完整的基本法规，如刑法、民法、诉讼法、劳动法、土地使用法等。”在“依法办事是进一步加强法制的中心环节”一节中，亦指出“必须有法可依。这就促使我们要赶快把国家尚不完备的几种重要的法规制定出来。这是否可能呢？应当说是可能的。我们如果组织各方面的力量，限期写出草案，经中央审核后提请国家立法机关审议制定；草案在提交立法机关之前，还要把它交各级国家机关和人民团体讨论，提供修改意见；草案修正后再提请立法机关审议制定，这样办，我认为完全可能”。

我们第一次民法起草，最后写了525条。从条文数量来看，这个数量也不算少，但它只分了四编：第一编是总则；第二编是所有权；第三编是债权；第四编是继承。

为什么会这么写？我想这是受苏联模式的影响。虽然我没有参加第一次立法的起草，但我那时刚从苏联回来，还比较“吃香”。那时候老有同事跟我咨询苏联民法的相关知识。苏联的法律有几个特点：其一，十月革命胜利以后，列宁签发了土地法令，宣布苏联土地全部归国家所有；其二，劳动关系不属于民事关系，不由民法调整，而有专门的劳动法；其三，家庭婚姻关系不属于民事关系，也不由民法调整，而有专门的婚姻法。在这种民法典体例的影响下，中国民法第一次起草时，就缺少了土地、劳动、婚姻等部分，原因无他，只是因为在苏联土地、劳动、婚姻等都不属于纯粹的民事关系。

这里面的第二个特点尤其有意思。我在苏联学习法律的时候，债权可以讲，物权绝对不许讲，当时苏联民法学界的主流观点认为，物权是反动的，是资本主义的理论。物权讲什么？他们觉得物权是人和物的关系。那么什么是人和物的关系呢？是人占有物，人对物的关系。所以，我常常开玩笑说，有人老说，“没有物权哪来的债权？没有债权哪来的物权？”可是在苏联，就是只有债权没有物权。尤其是物权里好多地方都涉及土地所有权问题,这就是为什么苏联的民法传统中只有债权而没有物权。

第三个特点也很有意思。罗马法和德国民法的好多名词差不多,都有“法律行为”等术语。我看这也是苏联民法的特点之一,它可以批判沙俄民法,但它极度崇拜罗马法。俄罗斯自己认为是属于东罗马帝国法律体系的,苏联民法的体系还是按照罗马民法的体系制定的。

中国当时的对外政策是“一边倒”,无法看到西方国家的民法资料,但在学习苏联的同时,仍然把中国的实际状况当做立法的出发点和基础,我想这一点,是应该给予充分肯定的。把20世纪50年代的民法典起草,单纯看做完全抄袭苏联民法的看法,那是后来人臆想出来的,不符合历史实际。

1956年12月,中华人民共和国民法草案第一稿正式出炉。2004年4月22日,我曾经和西南政法大学金平教授、北大魏振瀛教授、武汉大学余能斌教授等在中国政法大学的“民法典论坛”第5讲中,做了一场题为“新中国民法起草五十周年回顾”的专题讲座。这里面金平教授曾经参加了1954年到1956年第一次民法典的制定。据金平回顾:

……宪法颁布之后,全国人大的机构建立起来了,马上就进入立法起草工作。人大常委会从1954年机构建立起来以后就着手民法典的起草工作。我是1955年来到研究室参与立法起草工作的。当时人大常委会机构有几个室,民法起草工作就设在研究室,还有民法起草领导小组。我记得当时的几个领导人有史怀璧同志,还有孙亚明同志(就是后来我们法学研究所的所长),这两个同志负责我们日常具体领导工作,另外还有些其他领导。参加的人当时还有人大常委会法律委员会的委员。我记得我来到全国人大研究室之后,当时领导人包括沈亚军同志和我们座谈,讲工作方针以及我们今后如何工作。当时向我们传达了这么几条,第一条是立法工作是在党的领导下进行的;第二条是群众路线,就是我们这个工作要充分遵守群众路线;第三条是要遵纪守法;第四条是大家积极工作,一气呵成,要把民法写个东西出来……

在这样一个希望下,第一次我们是在1954年开始的,经过将近两年的时间，在 1956 年年底就草拟了一个民法草稿，写好以后就开始征求意见……到各地之后，政治气氛已经非常紧张了，“整风运动”已经开始了。于是常委会的同志和我们就回来了，开始参加常委会的整风学习。结果领导说现在进行整风运动，民法的起草工作暂时告一个段落，院校工作的同志先回去参加整风运动，第一次的起草工作就告一段落。

从 1949 年到 1957 年这近七年期间，客观地说，我们国家对法律制度的建设还算是比较重视的。这方面的证据很多，比如，新中国成立后第一批派往苏联学习的三百多名学生中，有十多位专攻法律；再如，新中国成立后才五年左右的时间，就开始准备起草民法典、刑法典等。这些事实足可以证明这一点。

但就整体大环境而言，包括中央领导人在内，对于依靠法律制度治理国家并不热心。很有代表性的，就是毛泽东 1958 年 8 月在北戴河中央政治局扩大会议上讲话时所发表的言论：“民法和刑法那一类法律都不需要了。民法、刑法那么多条谁记得了？一搞大跃进，就没时间犯法了。”“法律这东西没有也不行，但我们有我们这一套，还是马青天那一套好……不能靠法律治理多数人，多数人要靠养成习惯。军队靠军法治人，治不了，实际是 1400 人的大会（指 1958 年的军委扩大会）治了人。民法、刑法那么多条谁记得了，宪法是我参加制定的，我也记不得。韩非子是讲法治的，后来儒家是讲人治的。我们每个决议案都是法，开会也是法。治安条例也靠成了习惯才能遵守，成为社会舆论，都自觉了，就可以到共产主义了。我们各种规章制度，大多数，90% 是司局搞的，我们基本不靠那些，主要靠决议，开会，一年搞四次，不靠民法、刑法来维持秩序。人民代表大会，国务院开会有他们那一套，我们还是靠我们那一套。”

既然中央的最高领导反对，反右“阳谋”劫后幸存的知识分子们，再也不会天真到自投罗网，第一次民法典制定就这样无疾而终。

第二次民法典制定

从 1962 年开始，我们终于逐步摆脱忽视规律和法律造成的恶果，开始调整政策，将工作重心转到经济上，开始重视经济规律。这一年3月22日，毛泽东在一次谈话中突然提出，“不仅刑法要搞，民法也需要搞，现在是无法无天。没有法律不行，刑法、民法一定要搞，不仅要制定法律，还要编案例。”于是，中央领导人一声令下，第二次民法典制定工作启动了。

第二次民法典制定时，我早已经被剥夺了参与的任何机会和可能，但并没有什么遗憾的。这里我只就我了解的情况，以及我后来的思考简单说说。

那时候，我们既“反帝”又“反修”，西方国家的和苏联的一概都反，一概都拒绝，一概都批判。我们只有一条路，制定一部百分之百符合中国“实际”的民法典。而在法律虚无主义影响下的民法典，只能是一部零零碎碎民事政策汇编，将当时经济领域中的政策（如工业70条、商业、教育各领域都有个多少条等）加以提炼。当时连民法教研室都被取消了，合并成一个业务课教研室，民法课也取消了，只讲民事政策，那个时候怎么可能会制定一部完整、科学的民法典呢！

第二次民法草案制定了262条，一共分三编：第一编是总则；第二编是财产的所有；第三编是财产的流转。第二次的民法典制定完全采取了自己的立法模式。我们可以看看，当时参与这次民法典起草的魏振瀛教授在“新中国民法起草五十周年回顾”中所讲的情形：

1962年起草民法，1958年开始搞大跃进，人民公社运动，经济制度遭到严重破坏。1962年小平同志实行调整、巩固、整顿、提高的八字方针，整顿经济秩序，当时中央领导对起草也重视，毛泽东主席说现在是无法无天，没有法律不行，不仅刑法要搞，民法也要搞。第二次起草（1962年）就是在这种气氛下开始的。这次起草我的体会有三点：

第一点，在指导思想上强调总结经验，因为当时我们在美国和前苏联的双重压力下，强调独立自主，反对霸权主义，因此不仅不借鉴西方民法典，连苏联的民法典实际上也被否定了。总结自己的经验，怎么总结？一是国家政策，二是实际部门的规章和经验。我记得当时开座谈会，请实际部门的同志来讲这些年的经验教训，该草案是没有参照其他国家的民法典，在这总结经验教训的基础上形成的。

第二点，在内容上突出保护公有制，强调按国家计划办事。这两方面我讲两个故事，一个故事是继承是不是属于民法典范围。原来起草的时候有一章，又作了修改，后来砍掉了。我记得很清楚，当时砍掉的时候征求大家的意见，在座的金平同志提出应当保留，不能把它砍掉，当时主持工作的孙亚明同志是全国人大办公厅法律室主任，他说有个年轻人结婚，他的家里有5万元钱，那时5万元不得了，他说这样对年轻人有什么好处，不利于鼓励年轻人，不利于年轻人发展。因为当时和苏联矛盾公开化，批判修正主义，培养无产阶级革命事业接班人，一个年轻人什么都没干，就有5万元钱，这样有利于培养无产阶级革命事业接班人吗？但是后来我才知道有更深层次的原因，就在1963年毛泽东同志当时已经认为，我们党内也有资本主义，所以把继承这一章砍掉了，但也没有完全砍掉，在个人所有制这部分有一条规定，死者遗产根据法律由配偶父母子女继承，这是强调严格按照国家立法办事，这是有教训的。在大跃进时，一次请甘肃省一个做经济工作的人作报告，他说解放思想，破除迷信，他当时说兴修水利，引水上山，但我们破除迷信，不是先设计好了再干，我们是边坍塌边设计边干，为什么呢？因为当时特别强调按照国家经济计划办事，是无法无天，乱来了。关于基本建设特别强调按照法律办事，这是规律。

第三点就是，在民法条文上强调自己创造，不讲法人、企业、自然人，传统的民法概念物权、债权都没有，但是也不是说完全没有。这次民法草案稿是我们民法立法史的标志，它反映了我们对前几年无法无天状况的否定，也反映了当时中央领导人的法制观念。可是这绝好的法制观念不久就被激烈的政治运动封了，最后这个世界上只是存留了一个历史的档案，这是第二次。

如果说1954年、1956年时，我们更多的是学习苏联，那么1964年时，我们跟所有人吵翻，西方吵翻，东欧也吵翻，只剩下我们自己，所以，我看这个草案有些很有意思的现象：

第一，把所有法律名词都搞没了。总则里面用的是单位和个人，法人和自然人没有了，债权、物权没有了，法律行为没有了，合同没有了，买卖合同变成买卖关系，基本建设合同叫基本建设关系，运输合同叫运输关系，都叫关系，当时创造了很多这样的关系，这样的话把过去的某些词汇也搞掉了。

第二，体例方面，我们可以看出最大的特点是把家庭婚姻关系、继承关系搞掉了。

1964年的民法典草案，对我们以后有很大的影响。就是从这次起草开始，把预算关系、税收关系、分配关系、物资关系都看做民法的，所以，那个时候，我们实际上看到了大民事立法。后来到了1979年，大家都认为这些东西不是民法而是经济法的，可是在当时，有这样一种普遍的观念：只要是经济领域的，不管是横向的还是纵向的，都属于民法范围。

我们可以看到，20世纪60年代的民法典制定即是这样一种情况。当人们刚刚摆脱由于忽视规律和法律带来的灾难，肚子里刚刚吃饱饭时，就又开始"折腾"了，而这一次的折腾，竟然是比以前几次更厉害地违背经济规律和彻底否认法律。毛泽东的指示"千万不要忘记阶级斗争！"实际上只要阶级斗争，不要经济规律和法律的任何束缚。

任何社会都是既要有自由，又要有秩序。西方国家市场经济就是既有竞争，又有秩序。竞争是规律，自然界的规律是"优胜劣汰"，市场的规律也是靠竞争去创新，去发展，但竞争也要有秩序，秩序更多的是要靠法律去规范。无秩序的竞争，是资本主义原始积累时期的产物，或者说在19世纪下半叶到20世纪20年代末期，西方国家经济大危机期间内竞争无序的状况。

美国老洛克菲勒作为美国首富的石油大王，他的孙子戴维·洛克菲勒的回忆录在2002年出版，颇为轰动。因为洛克菲勒家族中只有这么一本回忆录，而且受到联合国秘书长安南、南非前总统曼德拉和美国前国务卿基辛格的深情推荐。这位小洛克菲勒对中国、古巴都相当友好，访问过周恩来和卡斯特罗。他在他的回忆录中，一开始就说他的祖父被人们骂为"强盗男爵"，"他那个年代最大的罪犯"。而小洛克菲勒说："祖父和他的合伙人们是些强盛的竞争者，但他们的'罪行'不过是他们那个年代的正常经商行为。那时的世界完全不同，如今规范商务竞争行为的法律规范当年几乎不存在。"可见规范行为秩序的法律多么重要。

而我们在"文化大革命"那疯狂的年代里，人分成了两类：一类人有绝对的自由，可以任意污辱人，限制和剥夺他人的自由、生命、而自己却不受任何秩序的约束；而另一类人却没有任何自由，但却受着各种紧箍咒式的秩序约束。社会成了这种畸形状况，法律院校都要关闭，民法及民法典更无异于笼中的小鸟，随时都可以扼杀，法律都保护不了上至国家主席下至一介平民百姓，法律又有何意义存在，又有何面目存在！

当中国摒弃法律治国时，就要开始"折腾"了。20 世纪 50 年代末 60 年代初的经济大"折腾"主要表现为：其一，不重视规律；其二，不重视法律。规律是指经济规律。很有意思的是，西方国家的语言中规律和法律常常是一个词，英文中的"rule"一词，既可以是指自然界的规律，也可以是指规则；而俄文中的"закон"一词，既可以是指自然界的规律，也可以是指法律，我们研究的法律和自然界的规律居然是同一词。我常常说，法律应该是规律的体现，法律应该符合自然界的规律、社会的规律、经济的规律，违背规律的法律就不是一部好法，违背规律的法律也必然会碰得头破血流。我们最早学法律，学的是"法律是统治阶级意志的表现"，似乎统治阶级想怎么制定法律就怎么制定。后来才逐渐认识到，人固然可以改变自然界，但却不得违背自然界规律；人固然可以要求经济跃进，但却不得违背经济规律。我们国家建国以来，吃了不少违反自然界规律和经济规律这两大规律的大亏。这方面教训够多的了，该是总结教训的时候了！

第三次民法典起草

改革开放后不久，1979 年我们又开始第三次民法典的起草工作。这一次，我们是真正地要尊重规律和法律了。这时候，我已经回到了北京政法学院工作，并担任民法教研室的负责人。

第三次民法典起草工作，最初一段时间我是参加了的。当时的立法工作和前两次一样，都采取学校和研究机构的老师大量参加的方法，不仅有北京的，还有外地的，一次总要集中二三十人参加。参加立法的老师们，主要重心都在立法工作上，学校教学工作将大大减轻，以便他们能够集中精神于立法，而作为一项政治和学术荣誉，老师也都很希望能有机会参与立法工作。但通常只有社会上有些名气的老师才有资格参加，因为名单是立法机构确定后，才逐级通知各个法律院校，最终由学校通知相关老师的。

1979 年开始的民法典起草工作,是由陶希晋与杨秀峰同志领导的。陶希晋与杨秀峰,当时我们分别称为陶老和杨老。陶老曾任新中国第一任国务院法制局局长,而杨老曾担任过最高人民法院院长。经过“文化大革命”后,他们都恢复了工作,直接抓民法典的起草。我记得我去海运仓报到后,第二天就召开了会议,由陶、杨二老讲民法典如何起草具体工作安排,会议主要由陶老讲。

这次起草民法典,采用了大兵团作战的方式。当时在彭真和全国人大法律委员会的领导下,第一批就调集了 36 名法学专家、学者和实务部门工作人员,一道组成了民法起草小组。当时,由原最高人民法院院长杨秀峰、原国务院副秘书长兼法制局局长陶希晋、社科院法学所所长孙亚明、原人大常委会副秘书长赵伯平、全国政协法制组组长林亨元、全国法律委员会民法组组长史越等组成中心小组,并分设两个中心小组负责起草工作。

采取这种大兵团作战的方式,有两个原因:一是立法机构人手少,当时尤其缺少懂专业的人,不像后来全国人大常委会法制工作委员会各专门立法室里,拥有不少专门从事立法的专业人才,当时只能靠抽调各法律大专院校和研究机构的人手,来协助立法工作;二是当时立法的任务紧,要在两年内拿出立法草案来,一方面要调查研究,另一方面就要起草条文,而起草条文,就按民法的几大部分,分别组织专家起草,这样就必须把全国在每个方面的专家都找来,边起草、边讨论、边修改,形成一稿、二稿、三稿、四稿直至五稿,当时定的名称是“中华人民共和国民法”。

周总理说,其实英美法也有很多优点

陶老当时讲了一段话,我至今印象颇深。他说,周总理在世时,曾经有一次谈到大陆法和英美法。周总理说,我们现在很推崇大陆法,认为大陆法体系很严谨,内容很科学,其实,英美法也有很多优点,值得我们好好学习。陶老说,周总理特别提到英美法的灵活,说英美法中一个判例就是一条法律,而判例则比较灵活,社会经济生活发展了,判例跟着也就丰富发展。

这是我第一次听到出自国家领导人的对英美法的肯定,尽管这只是口头传达的内部讲话。过去,我们对英美法似乎更多的是批判,因为英国是老牌帝国主义,而美国又是新兴的帝国主义,对西方国家法律的认识,完全是从“姓社姓资”的意识形态出发,潜意识中认为大陆法优于英美法,更符合政治观念的需求。

后来我多次有机会到美国去,便逐渐摆脱了戴有色眼镜去观察美国的普通法的桎梏。对于美国法构成的复杂性,我认为理解起来比大陆法难得多,但如果客观、真实地去加以分析,我确实感到美国法颇有其独特之处,尤其其最大的优点是:更加实用,更加灵活。

民法典起草工作没参加多久,我就因学校工作需要被召回。不久,我就被任命为北京政法学院主管教学的副院长,心里只有羡慕其他能够有机会继续参与立法的同事们了。

民法典第三次起草无疾而终

但这次起草民法典,依然好景不长。1982 年 5 月 1 日,民法典起草完成第五稿后,就又被叫停了。彭真同志当时提出,民法典起草工作由“批发”改为“零售”,即先制定单行法,待单行法完善后再制定民法典。这就是叫停的理由。

据魏振瀛教授回忆:“我记得大型民法起草座谈会全体会议,领导讲话关于这个问题讲了两点:第一点是这几年颁布了一些单行法,现在矛盾比较突出,实践中需要《民法通则》;第二点,制定民法典还不成熟,不是不搞民法典,而是条件不成熟。比如说经济改革还在进行中,另外还有些理由记不清了,还说相信《民法通则》经过大家的努力制定得会比较完备,但不会非常完备,我相信十年以后也不会非常完备。这是当时的领导人说的。”

当时为什么不先制定民法典呢?理由是中国正在进行经济体制改革,农村的改革是搞土地承包经营制,已经明确下来了;而城市如何搞,尤其是国有企业改革朝什么方向,将来如何发展,等等,都没有明确的蓝图。我们的改革既然是摸着石头过河,那就不可能在一部完整的民法典中,预先确定一些规则,只有待经济体制改革大体告一段落后才有把握制定一部完善的民法典。

这确实是一个很重要甚至有点道理的理由。但据我了解,参加民法典起草的同志们仍然很失望,也有失落感,高层领导也没有对他们的工作给予充分肯定。下面甚至有小道消息说,彭真与陶老之间过去一直存在矛盾,陶老在民法起草工作中也没多向彭真汇报,至少从党内的地位来看,彭真的地位要远高于陶希晋!

总之,民法第三次起草工作与前两次不同,是在一片大好形势下夭折的。

客观地说,民法典第三次起草中最终形成的第五稿,是 1949 年中华人民共和国成立以来历次民法典起草中最完善的一稿,其中有些规则的拟定,至今仍有借鉴参考意义。

导致这部民法典草案质量很高的原因之一,则是这次民法典起草是在思想解放大争论之后进行的,人们的思想是解放的,既可以借鉴西方国家的,也可以借鉴苏联的,甚至也可以借鉴台湾地区的(当时指民国时期的民法)。

而从参与起草的人员来看,几乎涵盖了从"文化大革命"后恢复法律专业和招生以来所有最优秀的民法学者。经过几度的讨论、反复的推敲,形成的体系和内容还都是切合中国实际的。

后来的《民法通则》,虽然也借鉴了民法四稿的一些内容,但终因《民法通则》过于笼统,民法四稿中一些好的东西也就弃之不用了。

《民法通则》的框架与名称

民法典起草工作转入单行法后,当时感到的一个迫切问题就是,《经济合同法》等一些法律出台后,"法人"这一术语词汇,已经常常使用,但使用的场合又很混乱。当时还没有一部法律,对法人的意义和它的法律地位作出准确的说明。因此,当时大家都认为有必要搞一个《民法总则》,先把总则中的一些问题说清楚,起到了统领民法的作用。至于其他诸如土地承包经营权、合同债权、知识产权、家庭婚姻、继承等都没有再写的必要。

那么,《民法总则》的框架怎么确定呢?如果将人身权和法律责任、诉讼时效以及涉外民事法律关系适用(国际私法部分)写进去,就大大超出了总则的部分。如果加进了人身权部分,不写进财产权就更显得没有道理了,这就决定了民事权利还要写进去。而民事权利部分如果写进去，就必然形成“肚子”太大，中间的民事权利如果再加以展开的话，那么光这一部分就可以构成一部小民法，体例就会很不匀称，于是只好“肚子”减肥，尽量用概括的东西来说明，而细节问题则交给单行法去解决。

《民法总则》框架基本确定后，名称已经不合适了，大家想尽办法找一个更合适的名称。有的主张学苏联最新的写法，叫“民事基本原则”，还有人提出叫“民法纲要”或“民法大纲”。

最后，彭真定了调子。彭真说，既然这里面不仅包括总则的内容，而且也包括分则的一些内容，叫总则不合适，那就叫通则吧，总则和分则都通起来了。可以说，这在中国立法史中叫通则的绝无仅有，其他的都是什么法，而这里却叫“通则”，给外国人翻译也带来了困难。但实际上，《民法通则》的标准英文翻译中，仍叫“民事基本原则”，即 *General Principles of Civil Law*。

公、私之争

《民法通则》应该是一部什么样的民法？在我看来，它应该恢复民法作为私法的本色，或者至少能部分地恢复其私法的本色。

列宁曾经针对苏俄民法说过一段话，这后来成为社会主义民法的一段经典定位，其中一个名词还发生激烈的争论。最初中国出版的《列宁文集》中，这段话是这么翻译的：“我们不承认任何私法，在我们看来，经济领域中的一切都属于公法领域，而不是什么私法。我们容许的资本主义，只是国家资本主义，而国家如上所述，就是我们。因此，必须对‘私法’关系更广泛地运用国家干预；扩大国家对‘私人’契约的权力；不是把罗马法典，而是把我们的革命的法律意识运用到‘民事法律关系’上去。”

改革开放后，有人认为这段话的翻译有问题，不应译为“我们不承认任何私法”，而应译为“我们不承认任何私人性质的东西”。俄文是很复杂的，名词既有阳性、阴性、中性，又有单数、复数，又有六个格的变化，形容词也是如此。列宁此处的用词是“Частное”这个词，它是一个中性的形容词，而 право 恰恰也是中性名词，所以，就可以理解为私法，但既然后面没有写“法”这个字，中性的形容词也可以理解为一种泛指，即“私人性质的东西”，这就是当时争论的焦点。当时无非是因为我们认为列宁的言论属马列主义学理，绝对不能违反，把“私法”一词改译为“私人性质的东西”，就可以为私法的合理存在，找到其意识形态上的依据。

其实，我认为单纯的名词之争意义不大。从列宁这段话的含义来看，就是一个意思，经济领域内国家要干预一切，这就是问题的实质。

到“文化大革命”结束，中华人民共和国成立27年来，国家对经济生活、民事生活实行了无孔不入的干预，任何属于私人范畴的东西国家都要管，最厉害的时候，不仅婚姻、生育要管，农村里连农民在家自己做饭的自由领域都被限制、剥夺，一切都是公共的！而长期以来，作为民法基本原则，“计划指导的原则”、“私人利益服从国家利益的原则”、“按劳分配原则”等，就是民法公法化、民法公共化、民法国家化的思想凝聚。《民法通则》终于摒弃了这些传统的原则，而代之以“平等、自愿、等价有偿、公平、诚实信用”，这是一个巨大的突破，至少还给了民法以本来面目。

1990年前后，一位著名的经济法学教授在报上发表了这么一段话：“《民法通则》制定时将传统的社会主义民法原则抛弃，代之以西方国家民法的一些原则，这不能不说是资产阶级自由化思潮的反映。”看了这一段话，心中很是不平静，民法基本原则的确认，是经历了多少坎坷的路程啊！

术 语 禁 区

《民法通则》制定时还有些民法术语属于禁区。

大家都知道，“物权”一词长期被认为是西方国家民法中一个错误概念，其实，物权是相对于债权存在的，为什么债权可以使用，物权却不可以呢？这可以追溯到苏联法学理论，苏联法学理论很重视“法律关系”，因为法律关系反映了社会关系、阶级关系。物权这个概念，在苏联长期受批判。债权既然是相对权，当然属于人和人之间的关系，债权人和债务人之间的关系。而物权则是绝对权，绝对权是支配权，是“人对物的统治和管领”，被说成是人和物之间的关系，这就违反法律关系的基本理论了。

其实,西方国家物权学说,并不是指人和物的关系,而是指人通过物的占有和支配,反映了一个特定的人对世界上任何人的权利(对世权)。我们仅仅因为"人和物的关系"这种表述,忽视了"对世权"这种人和人的关系,从而长期抵制和批判"物权"这一重要民法名词,在1986年通过的《民法通则》第五章第一节中,还只能用"与财产所有权有关的财产权"这样拗口的说法来表达"物权"。只是到物权法时才正式在法律文件中恢复使用,不能不说也是一种"形而上学"的表现。

不仅"物权"不能用,"处分"也受到争议,有人说我们政治社会语言中处分是对人的处分,现在怎么对物也处分了。

甚至有人建议把"合伙"一词改一下,说刑法里有个"团伙",民法里又出个"合伙",使人会想到合伙和团伙有什么关系。中文词中有"伙同"一起干事的,就有贬义,能不能再换一个词。

以后立法中,曾对"不得对抗第三人"的"对抗"提了不少意见,说这个词太难懂了,政治术语中"对抗"具有敌我矛盾性质,能否换一个词。为此,法工委民法室的人专门组织研究能否用另外一个词去代替,最后得出一个结论,实在想不出能够完全准确代替其含意的词,于是只能继续沿用。

《民法通则》中的其他争议

《民法通则》中,关于主体的争论也很有意思。

最初的稿子中,民事主体分为三章:自然人、法人、合伙组织。把合伙组织放在主体中去写,这已经表明"合伙"不仅是一种合同关系,而且可以构建为一种主体。

"二主体说"和"三主体说",在当时就争论得很激烈。我是主张"三主体说"的,佟柔教授开始也认为"三主体说"是中国的现实,但后来认为立法稳妥些为好,不主张《民法通则》写进"三主体"。最终佟柔教授的意见得到采纳,法律条文中就把原来"合伙组织"部分的内容放进了自然人那一章,而将章名改为"个人合伙"。

如此一来,《民法通则》中"合伙"就被硬生生地一分为二:自然人之间的"合伙"叫"个人合伙";而法人之间的"合伙",在法律上则叫做"联营"。那么,法人能不能进而与自然人之间搞"合伙"或"联营",就不得而知了,这只是到《合伙企业法》颁布时才算解决。

《民法通则》中,关于法律行为部分也有很大争论。究竟将民事法律行为定位为“合法行为”还是“意思行为”,各方面的看法分歧很大。

我当时持第二种观点,认为法律行为不应定位为单纯的“合法行为”,无效的、可撤销的行为,也都是民法意义上的法律行为。而当时主流的意见认为,法律行为一个先验的前提应当是“合法行为”,那么这样的话,不合法的行为应该叫什么呢?各方争论的最终结果,就是在“民事法律行为”之外,又出现了“民事行为”的概念。这种区分给后来的争议埋下了伏笔。

《民法通则》通过后,在“民事法律行为”和“民事行为”之间的相互关系和区别,又有了一番旷日持久的学术争论,这是中国民法很特有的东西。

但不管怎么说,我们接受了“法律行为”的概念,并在《民法通则》中作了规定。所以,《民法通则》颁布后,美国的一些教授们第一个反应就是,根据《民法通则》中有总则性的规定,以及有关于“法律行为”的规定,而评论《民法通则》是一部德国式(German-style)的立法。

其实,《民法通则》是一部民事权利的宣示和宣告书,对所有民事权利加以规定,其中还包括了知识产权和人身权;而且,人身权的规定突破了传统《法国民法典》和《德国民法典》的规制。

人身权的规定,并没有遇到什么障碍。但对人身权侵害要不要精神赔偿,当时却有不同意见。当时精神赔偿也是学术界的一个争论热点,当时硕士研究生中,就有好几位同学对此感兴趣。精神赔偿问题也有个意识形态的障碍。马克思主义向来主张,物质的东西用物质方法去解决,精神的东西要用精神方法去解决。马克思的一句名言就是:“武器的批判不能代替批判的武器。”既然精神损害就只能用精神赔偿的方式(赔礼道歉、恢复名誉、消除影响、停止侵害),精神损害用金钱去赔偿等于是对人格权的贬低和侮辱。

那么怎么办呢?《民法通则》最后通过时,采取了折中的方式,在侵犯姓名权、肖像权、名誉权和荣誉权时,除上面四种精神赔偿的方式外,还可以要求赔偿损失。至于这里的“赔偿损失”,是物质损失还是精神损失,并未写明,但从条文来看,既然是赔偿损失,那就不是仅限于物质损失。这无疑是《民法通则》中一个很大的突破。

《民法通则》第90条的幕后

在六届全国人大四次全体会议讨论《民法通则》时,我们四位教授都到会议讨论现场,回答人大代表们提出的问题,并对可能出现的问题和如何修改,作出及时的应对。

比如说,《民法通则》第90条规定,"合法的借贷受法律保护"。就这么几个字,就成为一个法律条文。

"合法的借贷受法律保护",这话是个大废话,合法的借贷关系当然受法律保护啊。当然这个条文起草时,下面还有一句话,其原貌是"合法的借贷受法律保护,禁止高利贷"。因为世界各国都禁止高利贷,这应该说是没有争议的。

但是"禁止高利贷"的条款,拿到全国人大的会议上讨论时,有的代表就问:法律规定"禁止高利贷",那么什么是高利贷呢?这就必须给"高利贷"下定义。究竟超过银行利率四倍、五倍、六倍还是十倍才算高利贷啊?

银行的回答是,按照传统的定义,超过银行利率四倍的就算高利贷。可是这句话在法律里面怎么写呢?你写进去是很麻烦,难道写成"超过银行利率四倍都算高利贷"?当时在江浙、福建等地,经济的高速发展带来数量庞大的民间借贷,当地的借贷利率是很高的,当然他不是黄世仁的那种高利贷。债务人尽管借了高利贷,最终仍然赚了很多,利润可能是80%~90%甚至更高,债务人偿还高利贷之后,仍然能够赚很多利润。可是在西北,超过银行利率四倍绝对算是很高的利率,算做高利贷一点都不冤枉债权人。

这在代表中立即产生不同凡响。最终在全国人民代表大会上讨论时,西部地区代表没什么意见,浙江、福建代表反映很强烈,认为这样解释高利贷,那就意味着当地的民间借贷,都要成为非法的高利贷行为而加以取缔,因而无法接受这条规定。

最终,只好取消这一条文中有关高利贷的规定,只剩下"合法的借贷关系受法律保护"成为单独一条,而这一条文被后人指责为立法上的笑话:既然是合法的,当然受法律保护,还用得着我们花那么大力气去立法,如果照此立法,我们还可以写,合法的买卖关系受法律保护等无数条文。

我们成了《民法通则》起草的“四大名旦”

《民法通则》起草，没有再采取民法典的模式，即集中大量专家来起草。那时全国人大常委会法制工作委员会力量已经壮大，吸收了不少当时法学院校毕业的优秀学生，也有一些很有经验的民事单行法起草的领导人，于是这项工作就由法工委民法室来主持，同时聘请了佟柔、王家福、魏振瀛和我作为顾问，后来被人称为“四大名旦”，代表了当时北京民法力量最强的四个法律院所：中国人民大学、社科院法学研究所、北京大学和中国政法大学。

从 1982 年《民法通则》开始起草，直到 1986 年 4 月《民法通则》在全国人大会议上通过为止，我都直接参加这项工作。但这不算脱产，当时我在学校仍有自己的教学和行政工作。应该说，就我个人的经历而言，参与《民法通则》的起草，是我第一次以专家的身份参与立法过程。

作为《民法通则》起草中的专家，我想特别需要强调一点，我们当时所起的作用有限，并不像后来的《物权法》、《合同法》等的起草直接交给专家来起草。

那么，我们专家组在《民法通则》中起什么作用呢？因为《民法通则》起草，已经有前面提及的民法四草案的模板，所以人大法工委直接来负责起草《民法通则》。而在起草过程中，人大法工委主要想让专家起把关的作用。

所谓把关的作用，我的理解就是说，让人大法工委起草出来的《民法通则》，符合基本的学理和法律常识，不至于在国际上闹出大笑话。从民法来说，既然是一门科学，那么世界各国都有一些传统的基本内容和制度，如果中国的《民法通则》跟这些传统不一样，甚至大相径庭的话，那么，《民法通则》可能就会在国际上闹笑话。为了避免《民法通则》闹笑话，我们四人以专家身份来把把关。

当然，专家还有另外一个任务，就是通过专家的工作，保证《民法通则》的质量。

我过去也参加过一些立法，但真正参加的立法是从 1985 年《民法通则》起草开始。比较集中的一段时间,1988 年至 1993 年担任七届全国人大常委会法律委员会副主任期间。1993 年以后,我还陆续参加过一些立法,包括《公司法》、《合同法》、《信托法》、《物权法》等。

在参加立法过程中,很重要的一个问题就是发挥专家的作用。我记得王汉斌同志在这个问题上专门讲过一次话,他说中国在立法问题上,向来主张"三结合",那就是立法机关、学者和实际部门的"三结合",而这"实际部门",则包括最高人民法院、最高人民检察院等。王汉斌说,只有这种"三结合"的方式,才能够使得立法更趋完备和合理。应该说,从王汉斌的这个讲话来看,中国的立法系统还是很注重专家的作用,但专家在每一部法律立法过程中所发挥的作用是不同的,不同的时期有不同的做法。

《民法通则》的通过

由于《民法通则》属于基本的民事法律,其通过必须要由全国人民代表大会审议。1986 年 4 月 12 日,《中华人民共和国民法通则》经过第六届全国人民代表大会第四次会议审议后通过,于 1987 年 1 月 1 日正式实施。

最终定稿的《民法通则》只有 156 条,其内容是比较原则的,而且很多东西都是泛泛的规定,现在看起来太原则了。法律的起草,始终存在一个悖论:写得太细,就没法适应全国统一的情况;但写得太原则,就成了没有执行力的空话甚至是废话。

总的来说,《民法通则》的通过是很顺利的,没有碰到太多的障碍。我想《民法通则》能够顺利通过的一个重要原因,就是利用六届全国人大常委会委员长彭真的作用。

《民法通则》通过之后,彭真还在人民大会堂举行了一次宴会,专门庆祝《民法通则》起草工作的顺利完成。而我们四个人,都被请去参加了这次宴会,并享受了坐在宴会主桌的殊荣。彭真以此表达其对参与起草《民法通则》的各界人士的感谢。这在我参加的诸多立法活动中还是第一次。

《民法通则》通过后的十余年间内,我们又陆续制定了一些民事单行立法,或者与民事有关的单行立法。这部分内容另说。

“承前启后，功不可没”

尽管今天有越来越多的学者对《民法通则》提出了批评意见，但考虑当时的时代背景，以及其对后世的影响，我想无论对《民法通则》给出多高的评价都不为过。1996 年《民法通则》颁布 10 周年的时候，我还专门写了一篇纪念文章，题目就叫做“承前启后，功不可没”，这是我对《民法通则》的基本评价。

在我看来，《民法通则》的历史功绩主要表现在以下五个方面：

第一，解决了民法的调整范围。

《民法通则》第 2 条规定：“中华人民共和国民法调整平等主体的公民之间、法人之间、公民和法人之间的财产关系和人身关系。”该条首次从立法上确立了我国民法调整平等主体之间的财产关系和人身关系。这种规定，与大陆法系国家有关民法调整对象的规定基本一致，这为新中国民法找到了一个合适的地位和领域，为以后的民事立法和民法学的发展奠定了基础。今天的民商法，就是牢固地建立在这一定位基础之上的。商法调整平等主体之间的商事关系，属于民法的特别法，它和民法一起构成了调整平等主体之间财产关系的法律整体。这一点，在今天看来似乎非常容易理解和接受，但在当时的历史条件下，却是得之不易。因为当时关于民法的调整对象、民法与经济法的关系，存在激烈的争论。许多人认为，民法仅调整公民之间的财产关系和人身关系，而不是一切平等主体之间的财产关系和人身关系。现在看来，将民法定位于一切平等主体，具有一定的前瞻性，对于民法在我国的繁荣发展有着非常重要的意义。

第二，确立了民法的基本原则。

1986 年前后，在我国的经济生活中，商品交换、市场调节的成分明显增加，但在总体上仍属于计划体制的范畴，经济运行以纵向控制和计划调拨为主。在这种情况下，要不要在民法中确立计划原则，国家财产神圣不可侵犯的原则，按劳分配原则，以及国家、集体、个人利益兼顾等原则，也是当时的一个争论热点。《民法通则》抓住“平等”这一民法的根本特征，确立了平等、自愿、等价有偿、公平、诚实信用十四字原则。这十四个字反映了现代民法的基本精神。从十年后的今天来看，仍然是不可辩驳的基本原则。它完全符合现代市场经济的基本要求，对于建立社会主义市场经济的法律制度，有着非常重要的指导意义。

第三，确立权利本位原则。

在起草《民法通则》时，有关第五章的名称存在这样的分歧：是叫民事权利呢，还是称民事权利与义务？民事权利是独立的民事主体享有的，界定其与其他特定或不特定主体之间关系——权利义务关系的一种工具；权利和义务相互对应，除个别权利（如监护权）外，履行义务都是为了实现权利，实现权利就要履行义务，权利必然包含义务。因此，两种称谓反映了在民事关系中权利和义务哪一个更根本的问题。第五章定位于民事权利，突出权利在民法中的核心地位，奠定了以权利为本位的观念。这对于我们这样一个只强调义务（可以称为义务本位）的国度来说，不能不说有着它深远的影响。因此，第五章规定了我国的物权、债权、知识产权和人身权，构建了我国民事权利的基本框架。

第四，确立意思自治原则。

《民法通则》并没有明确规定意思自治原则，但是大胆地采用民事法律行为制度，而该制度的核心就是当事人的意思自治。这一规定也得来不易，因为当时也有人反对采取大陆法系的法律行为概念，其理由是法律行为理论晦涩难懂，不像普通法系的合同理论明了易行，甚至认为有了合同规范无须再规定法律行为。

现在我们认识到，用法律行为理论来解释和判定千姿百态的民事行为（包括订立契约），有着它独特的作用。法律行为就是意思行为，只要不违法，当事人意思表示一致，就在他们之间建立了受法律保护的权利与义务关系。当事人自己的意思成为决定法律行为是否成立和有效的重要依据。这对于我们今天弘扬意思自治原则，鼓励当事人依法自由、自愿交易，避免国家对私权的过度干预有着非常重要的意义。

第五，确立侵权行为归责的基本原则。

长期以来，中国人只知犯罪而不知侵权，在中国人眼里，犯法就是犯罪，只知侵犯公权，不知侵犯私权，并且长期沿用刑法手段、行政手段保护并不十分发达的私权。因此，长期以来没有侵权方面的法律规定。《民法通则》在“民事责任”一章中，第一次对侵权行为作了较为全面的规定，特别是它确立了过错责任原则和严格责任原则，即有过错有责任，无过错无责任；在特殊情形中，采取严格责任，不考虑当事人主观过错。这一规定，既体现了侵权行为的一般归责原则，又考虑到了当今社会的发展，更好地保护受害人权益，维护公平和安全。《民法通则》确立的归责原则，与世界各国侵权行为的归责原则基本一致，这也是《民法通则》的一大功绩。

总之，在当时的社会背景下，《民法通则》正确地确立了我国民法的调整对象，确立了现代民法的四个核心原则：主体地位平等、权利本位（私权神圣）、过错责任和意思自治（契约自由）原则，仅就此而言，《民法通则》在我国民事立法史上，有着不可磨灭的功绩。总之，中国的民法第一次恢复了它的“私法”性质。

王汉斌重提民法典起草

1998 年 1 月，王汉斌同志找了我和王家福等少数几位民法教授，开了一个小会。在该会上，王汉斌同志深情地说，他在下届人大就不再担任领导职务了，在行将离开从事了十五年之久的立法领导岗位时，最让他感到遗憾的，就是还有一件事没有做完。什么事呢？这件事就是民法典的起草。他说，当初彭真同志决定改“批发”为“零售”，暂停民法典起草先搞单行法，是完全正确的，现在我们的改革方向已经明确，基本的制度也陆续建立，单行法也已经大体都有了，现在应该是认真制定一部民法典的时候了。他认为，民法典的制定也要贯彻“三结合”，最好汲取行政立法的经验，搞一个民事立法的组织，他当面对我和王家福说，“这个组就由你们两个来牵头吧。”

对于成立这个组织，大家都没意见，但叫什么名字，以及如何开始制定民法典，大家都不明确。

后来顾昂然告诉我们，经请示王汉斌同志，名称就叫“民事立法工作组”。它不是人大正式任命的起草领导小组，因为民法典起草还未正式列入立法议事日程。这个工作组当然也只能是专家立法性质的组织，其中既包括我在内的六位学者，也包括来自最高人民法院的费宗祎、法工委已经退下来的魏耀荣和肖峋，他们都是以专家身份参加这个组。后来我们又提议增加一些人。这样,民事立法工作组就正式开始着手起草民法典的工作。这算是前面民法典三起三落之后的第四次民法典起草。

《合同法》排在第一步

经过大家讨论,一致认为民法典的起草,应采取分步单行立法,然后汇总为法典的做法;而分步单行立法,也应采取先分则、后总则,先易后难的方法。

再具体点说,民事立法工作组确定的民法典起草步骤是这样的:1999 年 3 月完成《合同法》;从 1998 年开始到大约 2003 年的四五年时间中,争取通过《物权法》;到 2010 年完成"中国民法典"。按照这个"三步走"的战略,《合同法》的起草就排在第一步,《物权法》排在第二步,至于这以后再制定哪个法,当时的思路并不清晰,实际的想法是视情况再说。

将《合同法》排在第一个,主要是其在现实生活中的需要非常迫切。我们的合同法体系,不能再是分散的三个合同法,而加入 WTO 的大趋势也要求我们加快统一合同法的步伐。此外,《合同法》的制定可供参考的资料较多,也相对比较容易。有国内三个"合同法"作为基础,又有《国际货物买卖公约》和半官方性质但中国已签字的《国际商事合同通则》可供参照,应该说是民法典体系里诸多单行法中制定难度最小的。

《合同法》包含的章节多,尤其是有数量众多的具体合同。当时起草框架中提到的有名合同近 30 个,不仅包括承包合同、企业经营权合同,也包括不少服务性合同。大家认为,最好的办法是组织全国著名的法律院校,来共同承担这一起草的重任。

于是,我们召集了 14 个院校、研究机构以及法院开会,对《合同法》的起草做了分工。大家对起草《合同法》非常积极,在短时间内,就完成了自己承担的起草稿。

经过确认和整合不同的意见,我们请梁慧星和王利明来统稿。统稿工作也很顺利。统稿后,形成了《合同法》的专家试拟稿,并将其交给全国人大法工委。法工委在征求各部门和各地方意见后,形成《合同法》草案。1999 年 3 月 15 由第九届全国人民代表大会第二次会议上,《合同法》顺利通过。

应该说,《合同法》有许多制度创新的地方,又真正体现了和国际接轨。当时最头疼的问题,是如何把“外贸代理”写进去。原来“外贸代理”是写在“行纪合同”中,后来又改为“委托合同”中以受托人自己名义对外订立的所谓“隐名代理”。既然当时只是为了适应“外贸代理”需要而写的条文,而后来外贸经营权放开后,“外贸代理”的作用已经不那么大了,而为此所制定的《合同法》第 402 条和第 403 条究竟在其他领域(如证券等)能否适用以及如何适用,就成了一个很大的争议问题。

开始起草《物权法》

《合同法》专家试拟稿完成后,民事立法工作组就决定立即着手《物权法》的专家起草工作。

考虑到《物权法》的框架和内容不同于《合同法》,不仅篇章没有那么分散,也没有那么多,而且内部的有机联系更紧密,于是,我们决定委托社科院法学研究所,由梁慧星教授组织力量,先拿出一个物权法的专家建议稿。

1999 年 10 月,经过梁慧星的精心组织,社科院法学研究所拿出了一个颇有特色的《物权法专家建议稿》。这个专家建议稿中,有一个很好的想法,就是不写国家所有权和集体所有权,不写意识形态的东西。梁慧星认为,集体所有权的主体不明确,因此不应该写入物权法。这样的话,在梁慧星起草的《物权法专家建议稿》中,所有权的主体被回避了,只是将所有权细分为动产所有权和不动产所有权,提出对所有权平等保护。

但在中国现实的条件下,不写“集体所有权”,《物权法》是不可能被通过的。后来的事实证明了这一点,法工委的同志认为梁慧星教授的专家建议稿过于理想化,有些内容在中国行不通。

梁慧星教授起草的《物权法专家建议稿》提交全国人大法工委之后,法工委专门组织了一次专家论证会。在这个会上,中国人民大学王利明教授提出了批评意见,并在随后提出自己牵头起草的《物权法专家建议稿》。

较之梁慧星教授的草案，王利明教授的建议稿中，最大的特色就在于在所有权主体的规定中，尊重中国的具体现实，务实地引入了国家、集体和私人三主体，没有对意识形态作出任何根本性的挑战。

大概在2001年年底，全国人大法工委民法室在梁慧星、王利明的两份专家建议稿的基础上，形成了正式的《物权法(征求意见稿)》。这份“征求意见稿”的体例以梁慧星的专家建议稿为基础，而所有权的制度设计，则采纳了王利明的主张。

李鹏提出要在九届人大期间通过民法典

2002年年初，时任九届全国人大常委会委员长的李鹏提出，要在九届人大任期内通过民法典。

李鹏的这个想法，使得《物权法》的起草被暂时延搁下来。自从民事立法工作组将《物权法》的专家草案交给法工委后，就再也没有开展什么工作。

李鹏提出要限期拿出民法典后，法工委在一次会上宣布，在原来工作组成员的基础上又增加了几位成员，成立民法典起草领导小组。这个领导小组，当然是法工委领导下的起草领导组，时常在一些重大问题上开会讨论，整个立法机构和学界都将工作重心放在了起草民法典上。

说实在的，在只剩下一年半左右的时间，要制定并提交民法典谈何容易？但中国的立法中，行政主导的色彩很重，上面的领导既然决定了，下面无论是立法机构还是学者，都只有照办。

在这种背景下，社科院法学研究所在全国人大法工委起草的《物权法(征求意见稿)》基础上，又完成了梁慧星领衔的民法典草案。与此同时，法工委又委托王利明，也搞了个民法典草案。

在两个草案的基础上，法工委综合起来，搞了个民法典草案，并在2002年12月23日匆匆忙忙提交九届全国人大常委会第31次会议审议。

这份民法典草案，共有1200多个法律条文，10多万字，厚达216页，体例分为总则、物权法、合同法、人格权法、婚姻法、收养法、继承法、侵权责任法、涉外民事关系的法律适用法共九编内容。

这份匆忙拿出来的民法典草案遭到了学界的很多批评。在我看来，当时及时提交民法典草案的好处可能只有一个，那就是“开弓没有回头箭”，民法典草案既然已经提交，那就必须接着不断审议，民法典的起草，不仅已经列入全国人大的议事日程，而且也已经提交审议，不可能会再后退了。

但很遗憾的是，这份草案的内容已广为传播，国内外有许多专家学者看到这个草案后，很是疑惑，难道这就是1949年中华人民共和国成立五十多年后，我们拿出来的一部想达到世界水平的民法典吗？

制定《物权法》的艰难历程

在民法典草案提交给全国人大常委会并经审议后，批评意见甚多，民法典本身又卷帙浩繁，尾大难掉，确实很难一口气直接制定出各方都能接受的民法典。于是，根据李鹏以及其他全国人大常委会委员的提议，《物权法》的立法工作在2003年之后重新启动。

2003年3月，九届全国人大完成其任期，吴邦国接替李鹏，担任十届全国人大常委会委员长。十届全国人大继续承担起制定《物权法》的历史重任。

这期间，身为全国政协委员的梁慧星提议，废止全国人大法工委版的“邦联式”民法典草案，但其意见最终并未得到采纳。梁慧星教授亦宣布退出民法典和《物权法》起草，不再直接参与制定民法典和有关《物权法》的学术研讨会。

换届后的全国人大，将《物权法》列入其立法规划，当时甚至有人乐观地预计这部法律将于2005年3月通过。

2004年3月，十届全国人大通过的宪法修正案中，“公民的合法的私有财产不受侵犯”被写入了宪法，这为《物权法》的早日通过，奠定了宪法基础。

但《物权法》的制定过程，在此之后却依然命运多舛，风波不断，起草进程远远没有预想的乐观。一直到2004年10月，修正后的《物权法（草案）》才第二次接受全国人大常委会的审议。

在这次二审前的8月，全国人大常委会召集专家，利用长达八天的时间，对原有的《物权法（草案）》做了逐条修改。此后，由于2005年3月召开的十届全国人大三次会议要审议通过《反分裂国家法》，《物权法（草案）》的审议遭到了暂时搁置。

几乎与此同时，香港经济学家郎咸平2004年8月9日在复旦大学的演讲中，以题为“格林柯尔：在‘国退民进’的盛宴中狂欢”的演讲，引发了“郎顾之争”，也引发了学术界、思想界围绕改革得失成败及其方向而展开的第三次大论战。而与国有产权以及个人所有权息息相关的《物权法（草案）》，亦在这次改革论争中广受关注。

2005年6月，全国人大常委会三审《物权法（草案）》，并在7月10日，由全国人大常委会办公厅向全社会公布三审后的《物权法（草案）》，征求全民意见。

此后不到三个月的时间内，上万条来自各界的立法建议，陆续寄到了全国人大常委会办公厅。这其中最为有名的，就是8月12日北京大学法理学教授巩献田在网络上发表的一份致全国人大的公开信。巩献田的公开信名为“一部违背宪法和背离社会主义基本原则的《物权法（草案）》”。在这份长达6000多字的公开信中，巩献田认为，《物权法（草案）》的“精神和基本原则是对马克思主义的基本立场和原则的背离，是对中国共产党关于社会主义立法工作方向和原则的背离，是对以胡锦涛同志为总书记的党中央关于科学发展观和构建社会主义和谐社会的基本精神和要求的背离”。

给《物权法（草案）》扣上违反宪法、违反社会主义两个大帽子，既让人觉得意外和惊诧，但细想的确又在预料之中。在此之前，大家都认为2005年年底《物权法（草案）》再审议一次后，就可以于2006年3月召开的十届全国人大四次会议上通过。这封公开信的唯一作用，在于推迟了《物权法》的出台。

9月27日，吴邦国委员长在座谈会中，提出了修改《物权法（草案）》需要把握的三点原则：一是要坚持正确的政治方向；二是要立足于中国实际；三是重点解决现实生活中迫切需要规范的问题，不必求全。而在另一边，12月7日在广州举行的“中国物权法疑难问题研讨会”上，与会学者又上书中央，要求立法机关排除不必要干扰，恢复《物权法》的正常立法进程。

但无论如何，《物权法（草案）》没能在2005年12月召开的全国人大常委会上接受第四次审议,其通过之日被无限推迟。

不断推迟的《物权法》,到此时已经成了一锅夹生饭,受到两方面的指责:主张加强国家控制的人,认为它太自由;而主张放松国家控制的人,则认为它太保守。

在我看来,指责《物权法(草案)》违宪的说法,表明一些人对改革的不满,已经超出了立法层面。2005 年的时候,关于改革的第三次争议虽有降温,但仍在继续,而恰好在这个敏感时期,《物权法(草案)》被贴上"姓资姓社"的标签,卷入争议漩涡。这与 1986 年之前《民法通则》起草过程中遇到的情形很像,当时刚有人提出"物权"的概念,就受到保守声音的一致反对,认为物权是连苏联民法中都没有的资产阶级的东西。

就《物权法》的起草过程来看,尽管改革开放已经三十年,但学术、思想领域的旧观念依然很有市场,仍具有很强的影响力。而无论是过去还是现在,制定《物权法》的最大难点在于,所有权问题涉及各方的根本利益,最根本的出路是要找到一个各方利益的平衡点。只有这样,最终通过的《物权法》才能为各方所接受。

制定《物权法》的转机出现在 2006 年。是年 2 月,《人民日报》著名评论员周瑞金以"皇甫平"之名,发表了"改革不可动摇"的文章。而在 2006 年 3 月召开的九届全国人大四次会上,胡锦涛、温家宝等中央领导亦高调支持改革,强调"改革方向绝不动摇"。

这之后,《物权法(草案)》的审议驶入"快车道",8 月接受人大常委会的五审,10 月接受六审,在审议中加入了"根据宪法,制定本法",解决了所谓"违宪问题"。2006 年 12 月,《物权法(草案)》接受并通过了人大常委会的第七次审议,并决定提交次年的十届全国人大五次会议表决。

这样,一部《物权法》竟然在人大常委会经过七次审议,破了中国立法机关审议同一法律次数的纪录。经过七次审议之后,《物权法(草案)》被大大瘦身,稿子一次比一次简化。我想《物权法》作为一整套法律规则,应该有明确而细致的法律规定,以便于实践中操作。比如,抛弃物究竟属于谁的问题,审议时有人就提出,抛弃物不就是往外扔垃圾吗,规定它干啥! 整体来看,我认为《物权法(草案)》七审稿前瞻性明显不足,其实某些现实已经看得到的东西,我们构建制度时应该及时调整。

无论如何,2007 年 3 月 16 日,十届全国人大五次会议以 2799 票赞成、52 票反对、37 票弃权的投票结果,高票通过《中华人民共和国物权法》。历经九死一生的《物权法》制定工作,至此终于尘埃落定。

制定民法典的条件完全成熟

如果说《民法通则》是"顺产",而民法典是"难产"的话,那么也可以说,民法典中的《合同法》是"顺产"的,《物权法》是"难产"的!

1954 年开始制定民法典时,就有人提出不太现实,当时根本不具备起草民法典的历史条件。民法典制定三起三落后,1998 年又重新启程,可是仍然有人认为不现实,条件不具备。

对于这些看法,我不能同意。我认为,中华人民共和国成立后不久立即制定民法典,不仅必要,而且可能。1949 年 2 月中华人民共和国成立前半年,我们就高调宣布废除民国时期的"六法",其中当然也包括民国时期的《中华民国民法》。但民法典毕竟是调整社会经济生活和家庭生活的法律规则。除非我们明确宣告,我们不准备用法律的规则来解决社会经济和家庭生活中的相关问题;否则,我们根本不可能长期处于无论是社会经济生活还是家庭生活,都没有一个民事法律规则来调整的状态下。只要我们仍然主张用新中国的法制来治理国家时,制定民法典就是绝对必要的。

现在可以说,1957 年第一部民法典起草的夭折,与其说是 1957 年政治运动导致的结果,还不如说是中国急于从新民主主义社会跃进到社会主义社会的结果。如果像后来有些人设想的那样,我们如果有了相当长一段新民主主义社会和经济的发展,包容了多种经济成分和平发展,再辅以完善的法律制度和秩序,就可以避免后来"大跃进"等"左"倾冒进给中国带来的损失。当然,历史不能假设,但在 1954 年的时候,我们依当时的蓝图制定民法典则是完全可行的。

苏联的十月革命与中国革命最有可比性。如果拿十月革命与中国相比较,也可以看到类似的情况。苏联的十月革命发生在 1917 年,而列宁亲自提议制定的苏俄民法典,是在 1923 年通过的,其间也不过就是五年。更何况,苏俄当时的五年,是在对外和对内艰苦战争环境下度过的。而我们虽然有抗美援朝战争，但终究国内是和平的。苏俄民法典其实是在刚刚开始实行新经济政策时，为了配合新经济政策需要，而制定的一套法律制度，后来修改时，才将新经济政策时的一些灵活的法律制度取消。列宁的新经济政策，在某些方面与我国新民主主义政策很相似。

再以《法国民法典》为例。如果以1789年法国大革命开始计算，可以说《法国民法典》产生于革命十五年之后。但如果以拿破仑取得执政地位，建立拿破仑王朝开始，那么从拿破仑执政到《法国民法典》通过，也只有五年时间而已。

看起来，民法典制定的条件成熟与否，并不是取决于时间的长短，而更取决于执政者执行的是一套什么样的社会经济政策，甚至取决于执政者自己对法律作为执政手段的观念是否认同。列宁毕竟是学法律出身的领袖，其身上多少有着法律精神的熏陶；而拿破仑虽然是一介武夫，但他年轻时就受了伏尔泰和卢梭的影响，不仅重视法律，还亲自参与民法典的制定，甚至在《法国民法典》的制定中大力贯彻民主和自由的启蒙精神。

总之，新中国成立已经60年，我们仍然拿不出一部像样的民法典，不能不说是我们学民法的人愧对历史、愧对人民！但是，我们学者是不能决定历史的走向的啊！

民法典的“大”与“小”

制定民法典的条件成熟了，那么我们究竟要制定出一部什么样的民法典？或者换个角度说，我们正在制定的民法典，究竟需要包含哪些内容，摒弃哪些内容？

对于这个问题，我不想从中国民事立法的回顾与展望，这个题目太俗了，说得也太多了。我想从整个民法发展的角度来看，回顾历史，展望将来。这种回顾与展望，究竟要达到什么目的呢？我想首先无非是要确定坐标，确定在整个人类文明的历史发展过程中，民法到底把坐标定位在什么地方。一个人也好，一个学科也好，在社会中地位究竟如何，我想这个坐标非常重要。由于坐标的变化，或者坐标的移动，民法所实现的社会功能可能就会发生变化。

从罗马法到今天两千多年，民法经历了不断发展、不断膨胀、不断分化，最终又不断地脱壳这么一个过程。就这个角度，我们也可以从历史上来做一个回顾。我们知道，罗马法中并没有民法、商法乃至劳动法等的区分，它只有公法和私法的区分，私法就是民法。从后来的历史发展来看，我们可以看出来私法有几个剥离的过程：

第一个明显的剥离过程，是商法从民法中的剥离。不管是民商合一的国家，还是民商分立的国家，实质上都有一个商法从民法中剥离的过程。商法也发生了很大的变化，商法从原来商人阶层自治自律的完全意思自治的东西，逐渐就变成了国家的商法法律规定，在商法里面出现了很多强制性的东西。

我们中国大陆现在把商法定位为《公司法》、《票据法》、《海商法》、《保险法》，台湾地区也是这样。但是我还注意到，台湾地区的"证券交易法"和"期货交易法"都写在行政法规里面，而我们大陆现在是把《证券法》放在商法里面。当初，《证券法》刚通过的时候，我见到赖源河教授，就和他讨论过这个问题。我说："《证券法》的核心是管理规范，《证券法》里面有很多是管理的规定。而《证券法》又被说成是商法，可是商法不是关于管理的而是关于自主经营的啊。这句话说得对不对啊？"赖源河教授说："我同意你的观点。"赖源河教授也认为，《证券法》从本质来说是一部行政管理的法律，它的商法色彩比较淡，而行政管理、市场管理的色彩比较重。我们可以思考，《证券法》从本质上说，究竟其是属于商法的范畴，还是属于一种行政管理的范畴？当然也可能两种因素都有。我想商法从民法中的剥离是第一次的脱离，它最终的形成理由是国家的干预、国家的强制力。

第二个我认为很重要的剥离，是劳动法从民法中的剥离。我们知道，罗马法里面雇佣合同属于绝对的民法范畴。当事人之间存在劳动问题、雇佣问题，而劳动力也可以买卖，在这个意义上，可以把劳动合同放在某一类的民事合同里面。但是在今天，不仅原社会主义国家前苏联、现在的俄罗斯仍然是把劳动法典单独出来，而且我国现在也没有把劳动法看成民法。《劳动合同法》已由第十届全国人民代表大会常务委员会第二十八次会议于2007年6月29日通过，自2008年1月1日起施行。《劳动合同法》不属于民法范畴；包括西方国家，也逐渐把劳动法单独放在一起。我也看了看我国台湾地区的"六法全书"，劳动法也是单独在行政管理法里面,而没有放在民法里面。但是,劳动关系也是平等主体之间的关系,也是市民社会中基本的要素,劳动关系里面很多也是由当事人自由意志来决定的。在劳动关系里面,有越来越多国家强制的因素,像最高的工作时间和最低的工作报酬的限制等。我想这点大家看得很清楚,劳动法已经剥离出来了。

第三个剥离是知识产权法的剥离。虽然我们仍然可以说,知识产权法还是在大民法里面,甚至我们《民法通则》里面仍然规定了知识产权,但是,世界绝大多数国家的知识产权法是单行的法,并没有放在民法典里面。虽然这次俄罗斯新民法典说要把知识产权法纳进去,但这个工作也还没做出来。

我们可以看到,知识产权法里面有一部分,确确实实和我们传统民法的内容是不太一样的,那就是知识产权的一些权利是特许的权利,是许可的权利。除了著作权不是这样,专利权是要经过申请或是要经过批准的,商标权更是这样。我们一般的民事权利(当然除了债权)属于绝对权,而绝对权一般是不会既有时间的限制,又要经过国家行政程序的许可的,而有关知识产权的法律里面恰恰相当一部分是要经由行政程序。商标和专利申请的程序、审查的程序、批准的程序、复核的程序都是行政方面的。所以,在这个意义上说,知识产权法从民法中分出去了,也是合情合理的。

第四个剥离是竞争法从民法里面剥离。从传统观念来说,两个平等主体之间的竞争关系,是市民社会的问题,是商法的问题,或者说是一个平等主体之间的关系问题,属于私法的范畴。但是应该考虑,竞争法里面所涉及的私权发生冲突的时候,特别是私权已经影响竞争的秩序、市场的秩序的时候,应该怎么办。如果大家有兴趣翻一翻法律出版社出版的《法律小全书》——这算是比较权威地编纂了我们现在的法律体系的工具书吧,我们可以看到它把《反不正当竞争法》放在民法的范围内。在我国台湾地区,"反不正当竞争法"不是放在民法里面,而是放在行政法中。

究竟怎样来看这个问题呢?我觉得,竞争法是一个典型的国家用强制力来干预市场竞争关系的法律。本来竞争完全可以自由的,两个公司合并谁管得着啊?但现在,两个公司合并构成垄断的话,国家就要干预。在这个意义上来说,它是两个主体之间竞争的关系,但它又是通过国家的强制力来限制或者禁止某些竞争的。我们《反垄断法》出台后又放哪儿啊？难道再把《反垄断法》放在民法里面吗，还是把《反垄断法》放在别的一个什么部门里面？《反倾销法》放在哪儿呢？难道我们也把《反倾销法》放在民法中？我们应该明确地把竞争法这样一些范畴的法律，作为一类法律对待，我们可以看到这类法律正在逐渐脱离民法，形成它自己的领域。

我认为，市民社会里面最基本的是物质生活关系，而市民社会的物质生活关系无非是两种：一种是人为了自己生存而发生的生活关系，是生产、交易、分配这样的关系；另一种是人为了自己的种族能够延续而发生的生活关系，要结婚、要生子、要有家庭、要有继承。市民社会的根本就在于这两种物质生活关系。一种是为了自身生存，这就要有经济需求；另一种是为了自己种族的延续，这就需要家庭、婚姻、继承。在这个意义上来说，市民社会是不要任何人或国家来干预的。

确确实实，在整个民法的发展过程中，民法自身一直在不断地膨胀，又在不断地分解，更在像蝉一样不断地脱壳，来避免民法本身过分庞杂、过分杂乱，变成没有内在科学的东西。我觉得这是我们应该看到的。可以预见，未来有些东西可能还会脱离。

所以，我得出的结论是：从历史到现在的发展来看，为什么有一些部门逐渐从民法中脱离？我看最重要的就是一个要素起了作用，即国家强制力的作用。民法本质的精神是意思自治或者说私法自治，不能说一点都不能承受国家的干预，但如果国家干预得过多，这些内容就逐渐从民法的领域里面脱去了。它已经同传统的民法理念、传统的民法价值、传统的民法功能不太一样。在这个意义上来说，我始终不主张一个大而全的民法体系。从内在发展规律来看，它就是不断地在剥离。

这次民法典起草，有人主张把商法写进来，说是包含商法，实际上没多少商法内容。一方面，要承认民法包含商法的体系；另一方面，民法又不能够涵盖商法的体系，那怎么行呢？王保树教授在商法年会上又提出搞《商法通则》，因为商法不能够都用《民法通则》涵盖，强制地把商法拉进民法，又不做一些特别的规定，那不是限制它的发展吗？从可能性来看，我们也不可能在今天的社会里，把民法搞得这么大、这么全。

民法典制定应突破德国模式

民法典的起草和制定,还需要回应如何对于大陆法和英美法的继受问题。可以说在民法典制定的过程中,法典式的思路和英美法非法典式的思路,一直有着激烈的争论。现在越来越多的人接受了英美法的做法。

我是受了英美法很大影响的。我甚至说过,物权法就叫财产法也可以,将债权法叫做合同法也未尝不可,英国人、美国人不也活得不错吗?搞一部侵权行为法,也不是不可以。当然,我说这话的意思,绝对没有贬低物权、债权的意思,所以,梁慧星说的我国民法应当有物权、债权之分,我也同意。

我持保留意见的是,为了方便,不一定要专门设债权总则,不一定非要把合同之债和侵权行为之债合在一起。这不等于说否定债的概念,债的概念完全可以归入合同法,并可以加以技术性处理。合同法中定义有某某之债,再赋予其某某内容,这仍然是保留了债的概念。有物权当然就应该有债权。

我想法典可以有两种模式。当然,严格意义上,应该是一种系统编纂的工程。因此,如果要把美国的合同法、财产法、侵权法,用系统的模式编成一个法典,我无能为力。但是,如果这种法典是一种邦联式的,这个法典中包括了这么几个部分,即每个单行法无非是说构成了民法典的内容,问题应该不大。我们可以看到,包括我们学校的一些教授,受到了英美法的影响,就主张民法典为什么不可以搞个邦联式的,除了总则外,其他都可以是单行法,婚姻法、继承法、侵权行为法、物权法、合同法甚至知识产权法都可以。这也是一种思路,并不能说哪一个是绝对正确的。

过去我们总是说,中国的法律继受大陆法系的传统,德国、法国乃至日本、我国台湾地区的影响是比较大的,而受英美法系的影响是比较小的,至少在中国司法实践中,案例法也不是有很多的市场。但是实际上,这些年来中国法律实践检验的结果,却说明美国法在世界上的影响越来越大,不光影响了欧盟法,也影响了日本法,影响了东亚一些国家的法律。所以,英美法的影响和作用,值得参与民法典起草的各方认真讨论。

我个人觉得，我们应该以大陆法系为主，但对英美法系的东西应有一个充分的吸纳，把好的东西吸收进来。英美法比较灵活，它不论在物权方面还是在其他方面都如此，而且更重视实用，重视商业的需要。应该说，只要有商业的需要，它们就会在制度上有所规定。我也赞成这么一个规定，但是，在大陆法和英美法两个挑战面前，往往英美法有时能更好地解决问题。例如，就侵权行为而言，《法国民法典》只规定了三条，《德国民法典》也只规定了十几条，而我们参照《美国侵权行为法重述》，就有九百多条，它们并没有按照严格的体系被分为一般侵权行为和特殊侵权行为，但所有这些规定，都是在符合生活需要或者说人的生活关系中的需要的基础上规定的，并不考虑它到底是一般侵权行为还是特殊侵权行为。比如说恶意诉讼，在大陆法系你能说它是一般侵权行为还是特殊侵权行为吗？但在美国，法律上或判例中就有规定。所以，从这个意义上说，我认为我们应该充分吸收英美法系上的对我们来说行之有效的制度。

中国式立法的反思

无论是在过去还是现在，中央领导人的言论、观点和态度，对于一部法典的生死成败，都有着极为重要的影响。我觉得我们民法典起草五十多年来，可以说跟领导紧密地把握方向有关，几乎完全按照领导意志立法。在这个意义上说，我们的立法可以说“成也萧何，败也萧何”。有领导得比较好的立法，是“成也萧何”，但确实有许多是“败也萧何”，包括指导方针、具体的条文，甚至是选择的人员都经过领导的认可，是“败也萧何”。

我们制定民法典的基础有两个：一个是我们学者所积累的民法文化的和理论功底的积淀；另一个是我们国家多年来审判实践的积淀。我认为我们国家的民法典条件已完全成熟，虽然，我们学者的文化和理论的积淀，由于历史上的某些时间的中断，而不像有些国家和地区那么发达，但我们不能否认近三十年来，我们的法院积累了很多审判的经验，这些应该成为我们起草民法典非常宝贵的东西。

没有学者的立法是不行的，但单有学者的立法也是不行的。我们现在的立法，目前的阶段还主要是学者参加，下一步还应该有更多的实践部门如法院参加。把学者的智慧和实际工作者的智慧结合起来，这样会使我们的民法典搞得更好。

时至今日，我们大家都应该认识到，中国的法制建设最后一个堡垒还没有拿下来，或者说我们法制建设最后的一个重要堡垒，就是我们的民法典。参与民法典制定的各方，包括我自己在内，我想都应该采取比较现实的态度，在我们的现实的立法经验基础上，不在内容上过分苛求，不在体系上过分苛求，我想我们可以在六七年内完成中国民法典制定的重任。

此外，我想中国作为一个正在走向宪政的国家，我们的宪法里已经规定了尊重和保护人权，而人权中很大一部分内容，就是民事权利。我们的民事权利是宪法里堂而皇之写着的人的权利，我们要为人的权利而努力，为权利而斗争，这是我一生的信仰和最大的追求。

十九、民法、经济法之争

先有经济法，后有民法

在改革开放初期，中国法学界内部围绕民法和经济法的界限、范围等，发生过一场旷日持久的学术争论。这场学术争论从 1979 年开始，一直持续到 1986 年《民法通则》颁布，长达七年之久，涉及的学科之多、学者之多，在中国法学史上绝对是浓墨重彩的一页。

今天回过头来看，这场争论绝不是什么“意气之争”、“领地之争”、“生死存亡之争”，这场争论的背后的实质，是中国经济走向之争，是中国经济改革中计划作用与市场作用之争。

我想民法、经济法学界的论战，应该说既是学术讨论，也是改革开放之后中国实际情况的反映。改革开放之前，中国还没有经济法的概念。改革开放之后，经济法就成了一个非常流行、时髦的词汇。

解决经济问题的就是经济法，那么，民法是管什么的呢？民法能解决经济的问题吗？围绕这些问题，当时参与争论的各方，形成了各种不同的看法。

由于对民法和经济法的理解的不同，所以在当时，中国广大的搞经济的人，搞企业的也好，国家机关也好，经济学家也好，应该说改革开放最初这些年，都是只知道有经济法，不太知道民法。所以，中国的实际情况是改革之初先有经济法，后有民法——1986 年才有了《民法通则》。

民法的心脏被经济法拿走了

在改革开放后相当一段期间内，经济法的地位都大大高于民法。对于当时的党和国家领导人来说，对于国家各主管部门来说，对于企业和企业家来说，甚至对于法院等司法部门来说，只知有经济法，不知有民法。

这当然有众多的原因。其中一个原因,就是中央领导人在改革开放初期,急于抓经济建设,由经济建设而爱屋及乌,产生了一种对经济法的期待和支持。1979 年 6 月,时任全国人大常委会委员长的叶剑英就指出:“随着经济建设的发展,我们还需要有各种经济法。”同年 7 月,彭真在《关于七个法律草案的说明》中强调,“我们还要经过系统的调查研究,陆续制定各种经济法和其他法律,使社会主义法制逐步完备起来”。在当时大家对于民法知之甚少的背景下,中央领导人的这种表态,极大地提升了经济法的地位,当然也就加剧了民法的寂寥,一定程度上形成了恶性循环。

除了由于中央领导对经济法的支持,而形成的对民法的打击之外,对民法的更重大打击是 1981 年通过、1982 年施行的《经济合同法》。《经济合同法》的制定,主要是经济法学者参与完成的。我记得《经济合同法》第 2 条关于它的调整范围是这么写的:“经济合同是法人之间为实现一定经济目的,明确相互权利义务关系的协议。”这样一来,就把合同的法律关系割裂了,法人之间的是经济合同,而公民之间,或公民和法人之间,就是民事合同。而我们当时又没有民法或民事法律的基本规定。有关合同订立、效力、履行及违约责任等,都是在《经济合同法》中作的规定,那就很显然,讲合同法就只能以《经济合同法》为依据,而讲《经济合同法》又是经济法的内容。

我记得已故的好友张佩霖教授就说过一句话:“合同法是民法的心脏,而现在我们的心脏被经济法拿走了。”民法还有什么好讲的呢?债权中的合同被抽走了,物权这两个字还属于禁区不能用,土地使用权出让转让还不允许,剩下的也就是主体、侵权、婚姻、继承等支离破碎,不成体系。这样的话,民法毫无疑问陷入了困境。

一枝独秀的经济法

也正是因为如此,中国的经济法在学界一直占据主导地位。国有企业的主体,当然是经济法来管;合同,首先牵涉到《经济合同法》,那当然是经济法来管;国家的所有权、国有企业,都是属于经济法来管;甚至经济法的学者,当时还提出来要搞一个经济司法,就是在法院设置经济庭,设计出独立的经济审判程序,这当然应该由经济法来管。

所以，一时间，经济法完全形成了自己的独立体系，从立法、司法到执法，都是属于经济法来管。

当时的经济法学者，有个得天独厚的条件，就是通过这些活动把法律和中国经济改革、经济发展的实践紧密联系在一起，不是坐在会议室里论道也不是在教室里讲教条，而是和火热的中国改革开放实践脉搏一起跳动。相形之下，民法学者就感到冷冷清清，顾影自怜，也确实感到一些失落感，这都是可以理解的。

中国经济法的黄金时代

应该说，我们国家改革开放以后，经济法的地位非常重要。我记得当时先有一个全国性的中国经济法学会，我还以中国政法大学副校长的身份担任了中国经济法学会的副会长。同时担任副会长的，还有北京大学的芮沐教授。时任国务院副秘书长的顾明，是中国经济法学会的会长。

那时候，凡是涉及国家经济方面的东西，都统称为经济法。1981年7月，国务院下面还专门设立了一个国务院经济法规研究中心，中心总干事也由顾明担任。当时，这个研究中心与国务院办公厅法制局并列。

按照其定位，国务院经济法规研究中心是国务院领导下的一个研究咨询机构，同时负责对国务院各经济部门起草、修订经济法规的工作进行规划、指导、组织和协调。

而该中心的主要任务，则是：(1)研究有关制定经济法规的规划、步骤及重大理论问题和实际问题，向国务院提出建议；(2)根据国务院的指示，组织、指导、协调有关方面进行经济法规的起草工作；(3)对国务院交办的重要经济法规进行研究，提出修改意见；(4)定期召开座谈会及利用首都法学刊物等，组织研究有关经济立法方面的重大问题，交流有关制定经济法规的情况与经验；(5)向有关宣传、出版部门提出搞好经济法规宣传和普及的建议。

国务院经济法规研究中心设常务干事会，负责领导和组织研究中心的工作。国务院经济法规研究中心下设办公室，办公室内设为农林财贸组、工交劳动组、综合组及经济法制杂志组。当时中国经济法学会的秘书长和工作人员编制、经费,也都挂靠在国务院经济法规研究中心。

由于顾明最主要的职务是国务院副秘书长,所以,他在国务院经济法规研究中心、全国经济法学会的诸多事项中,起了很大的作用。后来很多方面都是把顾明看成是中国的“经济法之父”。

国务院经济法规研究中心的牌子当然很硬。这么高的级别,无形中就使人们认同了两个“等同”:第一个等同,是认为经济法规就等于经济法;第二个等同,是认为凡是经济领域内的法规都属于经济法。这就使得经济法被无限地扩大起来。

在这个情况下,我处在一个比较尴尬的位置:一方面,我本人是搞民法的;另一方面,我又担任全国经济法研究会副会长。从 1982 年开始,经济法规研究中心连续几年在杭州、沈阳召开全国经济法制工作经验交流会、经济法理论研究会等,同时也是全国经济法研究会的年会,规模很大,确实也为全国经济体制改革以及全国经济领域的法制建设起到了巨大的推动作用。全国的几次经济法年会,我也都参加了。

“19 世纪的商法就是 20 世纪的经济法”

1983 年我担任北京政法学院副院长不久,就参加了司法部组织的司法教育代表团,访问比利时和德国,时任司法部副部长的陈卓同志任团长。关于访问的具体情形,我在前面已经讲过,此处不赘述。

在欧洲国家访问,当然对欧洲国家的经济法和民法关系感兴趣,免不了在这方面提问题。有一次,我向比利时学者问这个问题时,他的回答令我颇感兴趣,他说:“20 世纪的经济法就是 19 世纪的商法;19 世纪的商法就是 20 世纪的经济法。”虽然这句话不是权威的,也不是很准确的,但我想,其中某些精神应该是可以理解和借鉴的。

商法和民法一样,都属于私法领域,当然都离不开私法自治的规律。商法逐渐脱离民法而独立。商法独立的过程因素很多,但商法逐渐脱离民法的意思自治,应该是其中最重要的一个因素。公司法中,仍然保留不少意思自治的领域,但它比起合同法来,意思自治精神大为逊色。海商法和票据法,也越来越被国际统一规则代替;尤其在票据法中,意思自治被限制到最小范围。保险法也从过去合同法中的一种合同形式,扩大到更多的国家干预。证券法已经从私法的范畴,更多地变成了管理法,我国台湾地区更把证券法纳入行政法规范畴中去了。可见,商法体现了越来越多的社会公共利益,也体现了越来越多的国家干预。在这个意义上说,19 世纪的商法就是 20 世纪的经济法,是有一定道理的。

和比利时学者交流时的这些思想,影响到我对经济法的认识。我绝不是排斥经济法,我也绝不是主张私法万能。我对民法的热爱,不应该成为狭隘的民法民族主义,更不应当是民法帝国主义。

德国是经济法最正统的发源地

从比利时到德国后,当然对德国的经济法更感兴趣。毕竟在西方国家中,德国是经济法最正统的发源地。

当我问起德国学者什么是经济法时,他们不假思索地回答我:"经济法就是反垄断法(德国叫反卡特尔法),反垄断法就是经济法。"道理似乎也很简单:原来企业之间的一切行为,都属于私法行为、意思自治行为,那么他们之间的兼并行为、价格垄断行为等,都可以自行约定,现在国家要干预了,这当然就是经济法。

这是我第一次接触西方世界。在听了这种回答后,我甚至还带有一些幼稚的困惑:列宁不是讲了嘛,帝国主义就是垄断的、腐朽的、垂死的资本主义。帝国主义是资本主义的最高阶段,是即将垂死的,被推翻的。帝国主义既然是垄断的资本主义,应当是保护垄断,为什么还要制定反垄断法呢?

现在看来,这个问题确实很简单幼稚。但对于长期与西方国家法学隔绝,并长期受意识形态影响的中国法学家来说,提出这种问题并不奇怪。

对于这个问题,对方回答得也很简单:"资本主义的生命力在于竞争,有竞争才有生命力,没有了自由竞争,也就没有生命力了。垄断恰恰是扼杀竞争,所以国家要禁止垄断行为。"

这些话,对我后来理解市场经济,理解经济法和民法,以致重新理解资本主义和社会主义,都有着很大影响。

民法、经济法的大决战

民法和经济法的大决战，发生在 1986 年。这次大决战，决定了民法和经济法的界限问题。

1985 年前后，就在《民法通则》起草工作加速进行的时候，来自经济法学界的学者对《民法通则》调整范围定在“平等主体的法人和法人之间、法人和公民之间以及公民之间的财产关系和人身关系”，颇有非议。在他们看来，如果《民法通则》这样通过，那么经济法的地位将受到很大影响。于是，他们通过各种渠道，向上面反映他们的不同意见，尤其是向顾明同志反映。

当他们看到《民法通则》的调整对象无法改变时，就由北京大学一些学者向中央联名上书，建议与《民法通则》同步制定“经济法大纲”，形成经济领域里两个互相配套的基本法。“经济法大纲”是由民间起草，不是像《民法通则》那样，是由全国人大常委会法制工作委员会牵头起草的，而“经济法大纲”不仅是民间起草，而且还要在广州召开“经济法大纲”的讨论会。

这里涉及的不仅是中国未来经济领域立法是一元主义还是二元主义的问题，而且还形成了北京讨论《民法通则》而广州讨论“经济法大纲”的南北对立局面。这显然已经不是一般的学术争论问题。

于是，彭真同志讲话了。他批评了搞“经济法大纲”这种另起炉灶的做法，肯定了《民法通则》的地位和所确定的调整范围。这就是说，民法被确认为调整经济生活中平等关系的基本法，辅之以民事单行法和各种“经济法规”。

最终，《民法通则》顺利通过，“经济法大纲”偃旗息鼓，民法和经济法之间的争论大体平息下来。

重温民法、经济法大论战

回过头来，再重温一下这场发生于改革开放初期的争论，如果从经济学家的眼光来看，无非是两只手的关系：市场这只手和国家这只手；一只无形的手和一只有形的手。

市场这只手，在法律上的表现为民法；而国家这只干预市场的手，在法律上就是经济法。我们不能只要市场这只手，而不要国家这只手；我们更不能像以前那样，只要国家这只手，而不要市场这只手。随着经济改革的深入，市场这只手应起到越来越重要的作用，甚至应该说市场这只手是主要的，国家这只手应当是辅助的。

如果从法学家的观点来看，民法作为私法，当然是平等主体之间的法律，是基本法；而当平等主体之间意思自治不能解决时，尤其是这会影响到社会公共利益、国家利益时，国家就要出面干预本属于私人意思自治的领域，这时私法自治要让位于国家干预，我想这就是经济法的调整范围。国外的经济法和民法关系就是这样。

从今天的眼光看，最初我们对无论是经济法还是民法，认识都有一些片面和肤浅的地方，试图从"纵横统一"去界定民法和经济法之间的界限。二十年后再回首，民法和经济法之争，确实是改革开放之初的时代背景下，经济学领域关于计划和市场的作用究竟应当如何配置、如何发挥作用的争论在法学领域的表现。它是一个时代的缩影。

我始终认为经济法是应该存在的

在经济法的存废问题上，我的观点很明确。我始终认为，经济法是应该存在的。这一点，我跟民法学界有些人的观点不一样。在民法学界，部分学者认为经济法是个伪概念，这个我不同意。后来的事实也证明了这一点，全国立法机构确定中国法律体系的时候，始终将经济法确定为中国特色社会主义的法律部门之一，民商法是一个，经济法也是一个，民商法和经济法是完全平等的。这种把经济法作为一个独立的法律部门的安排，应该说是反映了经济法在中国实际上还是存在的客观现实。

但这里面也有一个问题。在英美法里面，实际上是没有所谓经济法的概念，英美法系的学者们从来不承认有经济法。你在网络搜索引擎中检索"Economic Law"，只有非常少的结果，也不是英语世界里的常用术语。这个事实本身就说明，在以英语为主流语言的西方学术界，被中国人翻译成"Economic Law"的经济法，还是一个很中国特色的概念，几乎很少有人使用，更谈不上大家对此的认同。

但在大陆法系国家，最早从德国产生了经济法。在世界范围来看，经济法的首创者是苏联和德国这两个更多地由国家权力直接干预经济的国家。不了解历史的人，常常以为苏联是经济法的大本营。其实无论是苏联还是德国，在这两个国家里，经济法都没有我们想象的那样强大，强大到甚至压倒民法。

我在苏联留学时，我们学习的众多课程中，就没有“经济法”这门课程。只是在学习《联共党史》时知道，20 世纪 30 年代苏联搞肃反时，把一些主张经济法观点的人打成了“托洛茨基—布哈林分子”，甚至最后把这些人都枪决了。后来在苏联法学界官做得最高，而又为斯大林特别欣赏并委以镇压反对派重任的苏联总检察长维辛斯基，曾批评这些人企图以经济法来代替民法。至于塔吉沃相、拉普捷夫等教授再次倡议经济法，并提出经济法是独立的法律部门时，那已经是 1956 年苏共二十大以后的事了，他们恰恰是以经济法为武器，试图松动长期以来的严格的计划经济。

基于这些事实，我曾经表达过这样一个观点：“绝对的计划经济不需要经济法，绝对的市场经济容不得经济法，而改革开放起步恰恰在于两者的结合，这就是中国强大的经济法思潮的客观原因。”这是针对苏联和美国而言的，在完全计划经济的苏联，是容不得经济法的；而在完全自由市场经济的美国，也根本不需要经济法。恰恰是在苏联从计划经济走向松动的时候，德国加强国家对市场的控制时，我们才见到了经济法的影子和声音。

后来，有人写文章总结这段时期民法经济法争论时，说我们死抱苏联的经济法，这并不准确。

比如，本来劳动关系是私法的范畴、民法的范畴，雇佣合同双方愿意怎么定就怎么定，但是从德国开始，从苏联开始，就把这部分变成国家强制的了，最长劳动时间、最低工资、童工不能雇佣等原则，都成为劳动合同的基本内容。所以，我们现在劳动法这一部分，已经不属于民法的范围，而属于社会法的范畴了。而社会法即是将原本由双方自由约定的领域，变成国家强制法的规定。

再如，两个企业之间，究竟能不能兼并、能不能合并？如果合并以后，它在国民经济中占的比重过大的话怎么办呢？在过去，就认为这完全属于私人领域，但现在由反垄断法、反不正当竞争法来调整了。

所以，在这个领域里面，它所调整的范围是比较窄的，就是在反垄断法、劳动法等这样的领域中。

在我们国家，现在像税法等都是作为经济法。这个范围也有点儿过于庞大。这种情况，应该说是属于中国特有的。

我始终认为，在中国，经济法的作用就是要利用国家权力的杠杆，来调整经济秩序里面的问题。这个功能还是很重要的。市场经济包括两个问题：一个是自由，另一个是秩序。自由的问题是由民法来管，秩序的问题是属于国家来管，应该属于经济法的范畴。宏观调控、反不正当竞争法、反垄断、产品质量管理等，应该是属于国家权力来解决的问题。

现在，中国的经济发展得比较快，但是，中国经济发展的秩序还是相当混乱的。我看过一份中小企业联合会的材料，里面讲中国经济秩序混乱，称中国在全世界只能排 130 多位之后。也就是说，中国经济增长是很快，但经济秩序还是十分混乱的。

在这个问题上，我们既要注意到发展民事权利，保护市场经济中自由交换的这个保障，同时也要注意保障市场经济的秩序。应该说，在市场经济秩序方面，经济法是比较偏重的，应该更合适。

经济法的衰落

对于经济法的命运来说，最大的打击就是 1986 年彭真表态、《民法通则》的颁布。

彭真的讲话，当时实际上是针对顾明说的。彭真的讲话为经济法的命运定了调子：“你搞什么‘经济法大纲’啊，以后经济领域里面的平等主体，都是民法来管的。”彭真表态之后，经济法和经济法规也给分开了，国务院经济法规研究中心主要是研究经济法规，在经济法规制定中发挥作用，而不能再掺和经济法和民法的划分。经济法学者试图从立法的方面搞“经济法大纲”，最后受彭真讲话的影响，而未能付诸实践。

在 1986 年《民法通则》颁布以后，经济法发展的势头受到了很大的阻碍。1986 年 4 月，国务院决定将原国务院办公厅法制局和国务院经济法规研究中心合并，成立了直属于国务院的国务院法制局。当时，为了便于同国内外经济法学界进行学术联系和交流，仍保留了国务院经济法规研究中心的名义，但其活动已纳入国务院法制局的工作范围。至此，国务院经济法规研究中心作为一个行政机构已不复存在，中国经济法学会也失去了最大的靠山。这之后，经济法开始一蹶不振。

大体来说，经济法的衰落跟下面这些事件有关联：

1991 年 4 月 9 日，《民事诉讼法》在第七届全国人民代表大会第四次会议通过。《民事诉讼法》出来之后，彻底打消了经济法学者试图构建专门的经济法诉讼程序的念头。

1999 年 3 月 15 日，《合同法》在第九届全国人民代表大会第二次会议通过。《合同法》的出台，废除了《经济合同法》，这才算彻底改回来了。我们有了统一的《合同法》，大家都是按照统一的《合同法》来进行民商事活动。到那时候，我们也才按照国际上的一些商事规则来考虑，顶多区分民事合同和商事合同，而不再有什么“经济合同”的概念。在这个法律体系完成之后，合同的制定是在民法的主导下了。

到 2000 年 8 月，中国各级法院裁撤经济庭，设置了“大民事”审判格局，经济法的独立王国，至此彻底分崩离析了。

中国经济法学会这个组织仍然还在

中国经济法学会这块牌子始终存在，但它实际的活动，因为顾明同志的离职就完全停止了。现在网上介绍我的职务时，仍然还有中国经济法学会副会长一职。殊不知这个副会长，成了永久的副会长，年会也召集不起来了。可见一个学会，如果完全依附于国家行政权力，其兴衰存亡，也会与主管领导个人的职务变迁联系在一起。

后来，有人专门到民政部去查询中国经济法学会，发现中国经济法学会这个组织仍然还在，它还是一个很有利用价值的金字招牌，只是会长、副会长中已经没有别人了。于是，有人建议我主动来召集开会，恢复中国经济法学会的功能。我说，惭愧得很，既然不是经济法学者，何必自己再去冒充呢！当初去担任副会长，也是单位委派，现在已然是民法、商法两栖动物了，就不要再做三栖动物了吧！

二十、七届人大五年记

七届人大这五年，正好是 1988 年到 1993 年。这期间，国内国际都发生了一些重大的事情。国内正好在这期间出现了政治风波，而国际上正好是以苏联为首的社会主义阵营的瓦解。这些事件的发生，对中国政治、经济、社会各个方面都有很大的冲击，我们国家受的波动也不小。但无论如何，终究是平安地过去了。

当选人大代表很意外

我们知道，六届全国人大常委会是彭真做委员长，再往前就是叶剑英了。七届全国人大常委会是万里担任委员长。这几届是有这么一个连贯性。

大约在 1987 年年底，时任中国政法大学教务处处长的李西沙私下里告诉我，他说他看到了一份内部材料，说我是七届全国人民代表大会的代表和常委。

任第七届全国人大（1988 ~ 1993）代表时参加会议时留影

这是我第一次听说有关我进入全国人大的消息。当时既感到惊奇，也很感到意外。当时从全国人大的角度来说，有关方面很希望加强法学家在全国人大中的力量。过去，在全国人大中的法学家代表是张友渔。张友渔故去了以后，真正有地位的法学家担任全国人大常委会委员的，似乎很少，甚至可以说没有。所以，通过此事我也意识到，这个事件释放出了一个信息，就是法学家应当在全国人大的立法中发挥更大更重要的作用。

我被编入浙江代表团

无论是当时还是现在,我们国家的人大代表,并不是群众直接来选举的,一般都是由中央指定的。党员都是由组织部定的,非党员都是由统战部定的。中央的一些领导人和一些全国性的人物,如果中央要安排他们担任全国人大代表的话,都是有计划地分配到全国各省的代表团去选举。

而且,这些人大代表的候选人,由于是中央指定的,只能够当选,不能够落选。这就等于说,只要中央确定了你是全国人大代表候选人,那你就肯定能够当选。

正因为这种选举方式,当选的人大代表也不用向选民负责,也没有向选民报告工作等制度安排或者做法。我记得在宁波组里面,有个种竹笋的农民,尽管也是七届全国人大代表,但五年期间,我从来没见他发过言。

上面的通知正式下发后,我看到我是被编入第七届全国人民代表大会浙江省代表团。中央把我分配到浙江代表团,那肯定是因为考虑到我的籍贯。尽管我是在大连出生的,但我的籍贯,一直写的是浙江宁波。

很巧合的是,在浙江代表团里,我也被安排参加宁波小组的讨论。所以,在七届人大这五年期间,我跟宁波反而挂了关系。宁波小组在讨论问题的时候,都是用宁波方言来发言。在这个小组里,真正能说普通话的人大代表相当少。在当时的情况下,很多场合下还是只能讲宁波话。

从浙江代表团的人员组成来说,既有工人,又有农民,也有渔民,如此等等,不一而足,可以说成分是相当多样化的。也正是因为这种成分的多样化,我觉得我在浙江代表团尤其是宁波小组里,可以通过这些来自基层的人大代表,多少了解一些社会中的动态,广泛听取社会各个阶层的声音。全国人大代表的组成,毕竟不像全国政协委员那样由很多高级知识分子来担任。

前排议员和后排议员

我们这个人民代表大会的组成,有很多地方是极其不合理的。当时,人们常常把人大代表分为“前排议员”和“后排议员”。这当然是一种讽刺的说法。

全国人大开会时,有三种形式:一是全体大会,这是比较少的形式,都是听取重要报告;二是省代表团全体会,浙江是个较小的省,全体代表也就七八十人,每次人大会期间总要开四五次会;三是分组讨论会,这是开得最多的。

所谓“前排议员”,就是指全国人大各省代表团开会时,总是坐在前排的那些人大代表。坐在前排的,一般都是各地的官方代表人物,省委书记、省长、各厅厅长等,都是地方官场中的实权人物。而所谓“后排议员”,就是指人大开会时坐在后排的人大代表,当然就是由普通群众、知识分子担任的人大代表。

议政缺少实效

当时,有个来自福建省的学者在提到这个问题时强调,中国人大里面,官方人员实在太多了。由于全国人民代表大会开会时,并没有安排大会发言,所以,任何一个省代表团来开会时,基本上是各省代表团在北京关起门来自说自话,等于是把地方重要干群会议,挪到北京来开。任何一个代表团分团讨论的时候,首先都是省人大常委会主任、省长、厅长等发言,完全像是在开地方会议。

这个问题的确很严重。当时我们在七届人大的时候,听说曾经有过一些动议,想精简一下人大代表的人数。因为七届全国人民代表大会,共有 2970 名人大代表,加上全国政协有 2083 名政协委员,近 5000 名人大代表和政协委员来北京开会,动员的经济、财政方面的力量也很大,真是劳民伤财。所有代表和委员来北京,只是开会、发言,至多有个提案,最终收效甚微。

而且,全国人大开会还没有大会发言的安排。人民代表大会开会,大多是分组讨论。那时候小组会的发言,国内外记者都还不让参加，所以这个小组会讨论，也没啥意思，十多个人在那海阔天空谈一番，最后会议记录上记上几句话，有啥意思？这样一种漫无边际的讨论，议政实效实在太差。

法律委员会委员竟然不懂法

全国人大法律委员会和全国人大常委会，是七届人大中开会最多、最频繁的委员会。

全国人大常委会一般每两个月开一次会，每次有五天左右；而全国人大法律委员会开会，是不定期的，但开会数量又远远多于常委会。可以说，每一个法律草案，在提交全国人大常委会之前，法律委员会都要审议好几次。所以，法律委员会开会时，最主要的内容就是讨论、审议法律。

1988 年 3 月 28 日，第七届全国人民代表大会第一次会议通过了七届人大各专门委员会名单。法律委员会委员共有 21 人，由以下一些人组成：王汉斌担任法律委员会主任，宋汝棼、费彝民、顾明、项淳一和我担任副主任，委员有王叔文、邓家泰、刘有光、李慎之、宋承志、陈先、林涧青、周杰、胡德华（女）、段苏权、郭力文（女）、黄玉昆、章师明、章瑞英（女）、蒋一苇 15 人。

说实在的，在这个 21 个人组成的七届全国人大法律委员会中，大多数人完全不懂法，真正有法律教育背景的或者说以前还从事法律工作的，也就王汉斌、宋汝棼、顾明、项淳一、王叔文和我吧。

这给我们的工作开展，自然造成了很大的不便。我可以举个例子：在法律委员会委员中，黄玉昆、邓家泰委员以前是个将军，行伍出身。我们讨论法律草案或条文，他都要求我先给他们讲讲即将讨论的内容到底是怎么一回事。有时候，在法律委员会讨论问题，反而感觉到像是在普法，还得对法律委员会的委员们讲解一些基本的名词。

在这样一个情况下讨论法律问题，就不可能做成真正专家之间的讨论。可以说，这是一个中国特有的带有笑话意味的现象。人家都觉得，法律委员会讨论法律，肯定都是法律专家来讨论，而实际的情形，却是绝大多数委员不懂法律，讨论法律前先得普法。

法律委员会讨论法律草案时，也缺乏相应的程序。大家发表意见后，由王汉斌主任作总结，没有一个表决的程序。

我跟李慎之比较聊得来

在法律委员会的委员中，应该说我印象比较深的有好几个人，其中一个就是李慎之。在法律委员会里面，我跟李慎之关系比较好，有一次我们到贵州去，一路上，我跟他有很深入的长时间交流。

李慎之后来成为我们国家当代著名的思想家。他在七届人大法律委员会里，说实在的，也跟法律没有多大的关系。

严格说来，李慎之是搞政治学的，特别是研究国际政治。我是搞法律的，他很喜欢跟我谈与法律有关的问题。有一次他和我谈起，搞法律的人要回避政治，是回避不了的，最后总要碰到宪法的问题，总要碰到政治体制的问题。

还有一次，他和我探讨起“公民”课的问题，他说他小的时候上过公民课，是小学必修课，讲的是公民的基本权利和义务，至今这一启蒙教育印象很深。他主张要恢复“公民”课，还准备自己尝试写这个教材。

1957 年反右的时候，李慎之也被划成了右派。当时他是新华社的记者，主张所谓“大民主”、“小民主”的观点。因为这个，毛泽东点名要把他定为右派。

由于这种共同的经历，我们也常常聊起反右这一段的经历。他跟我讲起这一段历史，还很沾沾自喜的样子，说“我这个右派是钦定的”。我记得他还跟我背了一段《毛泽东选集》第 5 卷第 323 页的一段话，在这篇毛泽东于 1956 年 11 月 15 日在中共八届二中全会上的讲话中，有这么几句：“有几位司局长一级的知识分子干部，主张要大民主，说小民主不过瘾。他们要搞的‘大民主’，就是采用西方资产阶级的国会制度，学西方的‘议会民主’、‘新闻自由’、‘言论自由’那一套。他们这种主张缺乏马克思主义观点，缺乏阶级观点，是错误的。不过，大民主、小民主的讲法很形象化，我们就借用这个话。”李慎之告诉我，这里面“几位司局长一级的知识分子干部”，就是指当时担任新华社国际部主任的王飞和新华社国际部副主任的李慎之。

应该说，在很多时候，李慎之都是很敢说话的。在 1956 年时如此，在1999年国庆50周年大庆时也如此，大家应该还记得他那篇脍炙人口的“风雨苍黄五十年”。

宁波老乡陈先

在法律委员会中，另一位关系不错的是陈先同志，原来的国家计划委员会的常务副主任。他也是宁波人，说一口浓浓的宁波话。凭他那一口浓浓的宁波话，就一下子拉近了我们两个人的距离。

陈先在法律委员会中，是一个发言积极的人。他虽然一直搞经济，但对法律还是比较关心，也比较熟悉的，我们在一起，时不时会探讨一些法律问题，他又比较善于学习，就又增加了共同语言。

参加全国人大法律委员会代表团访问苏联，与宋承志、陈先在苏联最高苏维埃会议厅合影

1988年法律委员会成立不久，就有了一项外事任务，应苏联最高苏维埃的邀请，我们组成全国人大代表团访问苏联。这对我来说，是再高兴不过的事。从1956年回国，已经有32年未回去过，这次能以法律委员会成员的身份去苏联，心里非常高兴。团长是宋汝棼，成员有陈先和我，还有另外几个人。

因为是全国人大和苏联最高苏维埃之间的外事关系，所以，苏联方面的接待规格还是比较高的。我们代表团的汽车在莫斯科市内行驶时，所有其他车辆都停下来等待我们通过。

当时苏联还没有解体。我们在莫斯科正式访问后，又去了基辅，然后又到格鲁吉亚的著名风景游览城市苏呼米。当年我在苏联留学时，苏呼米和索契是两个黑海边的旅游胜地。这次能亲临这个地方，一览黑海美丽的风光，真是再好不过的事情。

在此次访问期间，我和陈先同志有了更多的交谈和了解。后来，陈先同志担任北京市宁波联谊会的会长。北京的“宁波帮”成员众多，我也参加了其中的活动。

七届人大开始使用表决器

七届人大这五年，给我印象最深的事情之一，就是1990年七届人大三次会议代表开始使用表决器，来表达人大代表的意愿。

在这之前，所有的表决都是举手表决、鼓掌表决。举手表决就很不民主了，你要对政府工作报告作出表决，如果你不举手，众目睽睽之下，大家一看就看出来了。鼓掌更是这样，连数量都不用点，只要有人鼓掌，那相关事项就算是通过。无论哪种方式，结果都是“一致通过”。

七届人大是1988年3月开始的，而真正启用表决器则是1990年的七届人大三次会议。1990年3月29日，七届全国人民代表大会第三次会议通过《第七届全国人民代表大会第三次会议选举和决定任免办法》，其中第14条特别规定：“如表决器在使用中临时发生故障，改为举手表决方式。”这意味着电子表决器第一次在中国的全国人民代表大会中亮相。

对于电子表决器这个新生的事物，人大代表对此颇有争议。支持电子表决器的代表认为，表决器真正实现了无记名投票，人大代表不用再担心因反对票而被领导或其他人看见，可以独立地表达自己的意见。而反对电子表决器的代表则认为，电子表决器的使用，将人大代表的态度永远地存储在电脑之中，谁赞成、谁反对会永远记录在案。

为了打消人大代表们的顾虑，有关领导还专门安排当时电子表决器的总设计师林达亮出来接受记者采访。林达亮明确地说：“我可以负责地向全国11亿人民保证：谁也不能从这套系统里查出谁投的是什么票。”“去年一开始设计，人大常委会办公厅领导人就明确交代：这套系统必须是无记名的。不仅表决之时查不出，表决之后也查不出投票人。”林达亮还特意表示：“西方国家议会的表决系统，多数是‘记号’，也就是记名的。我们在技术上也做得到。”

关于这个电子表决器，究竟是否能查出来投票情况的问题，我也曾听过人大常委会主管人员的内部的说法。他说这个表决器在设计的时候是按照能够查出来的思路设计的，如果谁不表决，是能够查出来的。

他还举了一个例子，说有一次表决的时候，发现每一次投票，都有一个人投反对票；而且每次都只有一票反对，哪怕是很一般的没什么争议的问题，也会有一个人投反对票。最后，会务组觉得很蹊跷，就将此问题上报给全国人大的领导同志。领导决定查一查。最后查出来的结果呢，是廖承志的儿子廖晖，他每次都投反对票。当时大家觉得很奇怪啊，怎么他会每次都投反对票呢？后来问他，他承认了就是他每次都投反对票。他说，他就是想知道这个表决器，是不是真的能反映他的意见。

当然，人大常委会主管人员也说，这种表决器从技术上是能够查出来谁赞成、谁反对、谁弃权的。只是这种核查有非常严格的程序，原则上要经过很多层的批准才能够进行。但无论如何，电子表决器是能够查得出来投票者的意见的。

时至今日，电子表决器进入全国人大已经二十年了。正如有文章说的，“电子表决器是个好东西”，“表决一小步，民主一大步”，等等，这种设备对于改变投票者们的议政能力，应该说是有很大的提高。现在，越来越多的地方人大，亦逐渐地引入了电子表决器。我们可以乐观地说，在电子表决器面前，鼓掌表决、举手表决的民主形式已经彻底落伍了。

邓小平南巡讲话

七届人大期间，政治上又一个非常重要的事情，就是 1992 年 1 月 18 日至 2 月 21 日发生的邓小平南巡讲话。

在刚开始的时候，邓小平同志南巡讲话，在北京还没有什么太多的正式报道。小道消息倒是不少，他的南巡讲话所讲的内容，下面流传了很多。我印象比较深的，主要就是邓小平说的“左”、“右”问题。邓小平说：

现在，有右的东西影响我们，也有“左”的东西影响我们，但根深蒂固的还是“左”的东西。有些理论家、政治家，拿大帽子吓唬人的，不是右，而是“左”。“左”带有革命的色彩，好像越“左”越革命，“左”的东西在我们党的历史上可怕呀！一个好好的东西，一下子被他搞掉了。右可以葬送社会主义，"左"也可以葬送社会主义。中国要警惕右，但主要是防止"左"。右的东西有，动乱就是右的！"左"的东西也有，把改革开放说成是引进和发展资本主义，认为和平演变的主要危险来自经济领域，这些就是"左"。我们必须保持清醒的头脑，这样就不会犯大错误，出现问题也容易纠正和改正。

我还记得那时候大家传的比较多的，就是邓小平提出说，要坚持改革开放，坚持"一个中心，两个基本点"的基本路线一百年不动摇。诸如邓小平还提出：

改革开放胆子要大一些，敢于试验，不能像小脚女人一 样。看准了的，就大胆地试，大胆地闯。深圳的重要经验就是敢闯。没有一点闯的精神，没有一点"冒"的精神，没有一股气呀、劲呀，就走不出一条好路，走不出一条新路，就干不出新的事业。不冒点风险，办什么事情都有百分之百的把握，万无一失，谁敢说这样的话？一开始就自以为是，认为百分之百正确，没那么回事，我就从来没有那么认为……

改革开放迈不开步子，不敢闯，说来说去就是怕资本主义的东西多了，走了资本主义道路。要害是姓"资"还是姓"社"的问题。判断的标准，应该主要看是否有利于发展社会主义社会的生产力，是否有利于增强社会主义国家的综合国力，是否有利于提高人民的生活水平……

当时我们听了这些讲话之后，还是觉得非常振奋。自从政治风波之后，全国上下似乎都笼罩在一种萧瑟的气氛中，改革的力度和步伐大不如前。听了私下流传的邓小平的这些讲话，我们开始觉得，邓小平南巡讲话所反映的气氛，是截然不同的，像我们这些比较赞成改革开放的、对政治风波也是很敏感的人，实际上很注意中央的风向。所以，1992 年 3 月底开七届人大五次会议的时候，我还在浙江省代表团里自发地对邓小平的南巡讲话做了传播。

看到小平同志能够逆流而上，力挽狂澜，说出了一些代表人民心声的话，我们内心很兴奋。当然，这个政治风向的变化，有些保守的力量是很害怕的，我们也多多少少能感受出来。

我对三峡工程投了弃权票

七届人大有一个决议很不同寻常，那就是在 1992 年 4 月 3 日投票决定修建三峡工程。

今天报道三峡工程时，都会说孙中山最早提出兴建三峡工程，也会引用毛泽东的"更立西江石壁，截断巫山云雨，高峡出平湖"，来表示这也是毛主席的梦想。尽管如此，实际上三峡工程真正提上中国政府的议事日程，还是 20 世纪 80 年代中后期的事情。既然中央领导建设三峡大坝的决心很大，那么经过各方面的论证和科技攻关，1992 年 1 月 17 日，国务院常务会议审议通过《关于兴建长江三峡水利枢纽工程的报告》，同意兴建三峡工程，并决定将此问题提交全国人民代表大会审议。

为什么三峡工程需要全国人大来审议呢？一个显而易见的理由，就是三峡工程实在太大了，无论其需要的投资、涉及的地域、建设的周期以及建设三峡工程可能导致的种种责任等，都是空前的。而且，对于三峡工程建成之后，究竟会给中国带来哪些利益，究竟会留下哪些问题，当时人们的意见分歧非常大。这样的话，国务院将其交由全国人民代表大会决定，一方面，对外表现出了尊重人大作为国家最高权力机关的姿态；另一方面，亦为三峡工程的兴建寻求某种合法性。

甚至还可以说，国务院之所以将此问题交给人大审议，多少也有推脱责任的味道，将来万一三峡工程搞砸了，那也是你全国人大最终决定的，跟我国务院没关系。

像这种工程，或者说各种重大事件，究竟该不该由全国人大审议，究竟有哪些该由全国人大决定而其他则可由全国人大常委会甚至行政部门决定，或者说全国人大对这些重大事件究竟有多少决定能力，毕竟没有法律明确规定，的确不容易说清楚。比如说，三峡工程交给全国人大表决了，那么南水北调、京沪高速铁路为什么就不给全国人大表决？

1992 年 3 月 16 日，时任国务院总理的李鹏向七届全国人大五次会议提交了《国务院关于提请审议兴建长江三峡工程的议案》。3 月

21 日，时任国务院副总理的邹家华受国务院委托，专门向七届全国人大五次会议做了《关于提请审议兴建长江三峡工程议案的说明》。

当然，邹家华在这份说明中，说明的大都是正面的内容。邹家华先详细地说明了国务院决策修建三峡工程的过程，尤其是对于三峡工程可行性的严格审查。邹家华说："1986 年原水利电力部组织全国各方面专家 412 人，分 14 个专题进行论证。同时，国家科委配合论证，组织全国 300 多个单位、3200 多名科技人员对 45 个专题进行科技攻关，取得了 400 多项科研成果。经过近三年的努力，14 个专家组陆续完成了专题论证报告。"此后，国务院专门成立了三峡工程审查委员会，"采取先分 10 个专题进行预审，然后再由审查委员会集中审查的办法，明确要认真地研究各方面提出的一些疑点、难点和不同意的意见，并作为这次审查工作中的一个重要方面，力求使审查得出客观、科学、公正的结论。10 个预审组共聘请了 163 位专家，其中过去未参加过三峡工程论证工作的占 62%，现任各有关部门行政、技术职务的占 73%。"国务院最终在 1992 年 1 月 17 日决策修建三峡工程，就是依赖于这些审查。

那么，修建三峡工程有什么重要性和必要性呢？邹家华从以下四个方面展开了说明：其一，解决长江中下游的防洪问题，是国家经济发展的需要，必须采取综合治理措施；其二，兴建三峡工程，是诸多综合治理措施中的一项关键性工程措施；其三，三峡工程可为华中、华东和川东地区提供重要的能源；其四，三峡工程可提高川江航道通过能力，促进长江航运事业的发展。

在说明了三峡工程的建设方案之后，邹家华也在"三峡工程的技术可行性"一部分，提出了三峡工程可能面临的一些技术问题，诸如泥沙淤积、水库建成后是否诱发地震、水库库岸稳定等问题，都做了详尽的说明。在"关于水库移民、生态环境和人防问题"一部分，邹家华也详细说明了移民问题的严峻现实和对策、三峡工程对生态环境的积极和消极影响、战时三峡大坝的安全问题等。

邹家华说明完毕后，参会的人大代表们就此问题展开了深入的讨论。讨论的过程中，我们听到了赞成和不赞成两种意见和各自理由。但无论怎么说，应该说这次讨论，开了一个国内修建巨大工程要拿到全国人大来讨论的先例。

3 月 30 日，第七届全国人民代表大会第五次会议主席团第二次会议，通过了七届全国人大常委会副委员长兼财经委员会主任陈慕华做的《第七届全国人民代表大会财政经济委员会关于兴建长江三峡工程议案的审查报告》。

4 月 3 日，第七届全国人民代表大会第五次会议对三峡议案投票表决。

当时，出席七届人大五次会议的人大代表共有 2633 人，其中投赞成票的是 1767 票，投反对票的是 177 票，投弃权票的是 664 票，此外还有 25 名人大代表未按表决器。

应该说，除了赞成票外，加上反对、弃权和未按表决器的代表，反对票高达 866 票，占了出席代表总数的 1/3。这应该说是个很大的数字。

我们国家的人大里，有一部分人大代表来自军队，他们一般是按照政府的意愿来投票，几乎是所有的东西都是赞成的。除去这一部分后，在人大代表们里面，能够拿出自己独立见解并投反对和弃权票的还能高达八百多票，应该说是一个不小的比例了。这个投票结果很能说明当时七届全国人大代表们对于三峡工程的看法。

对于这个三峡工程的提案，我最终投了弃权票。说实在的，尽管政府方面的报告和相关说明对这个问题都持肯定态度，但从我个人来说，我觉得对这个问题还是没有太大的把握，很难明确地说赞成还是不赞成，所以思虑再三，最终投了弃权票。

如今距离三峡议案投票已经二十年。三峡工程亦已成为中国改革开放期间出现的标志性成就而载入史册。而三峡工程对于后世的各种影响，也正在或者将要显现出来。事实上，无论一些自然灾害究竟是不是和三峡工程有直接关系，都让人心有余悸。2009 年 4 月 27 日出版的《财经》专门围绕“后三峡时代”的生态挑战，做了一个新闻专题。应该说，生态环境方面面临的严峻形势，还是很触目惊心的。

二十一、《行政诉讼法》的台前幕后

“民告官”是改革开放中出现的

在中国,“民告官”是改革开放中出现的很独特的东西。封建社会没有“民告官”,国民党时期没有“民告官”,中华人民共和国成立的前30年也没有“民告官”。

改革开放到现在30年,最核心的问题有两个:一个是市场,另一个是法治。这两者都是相辅相成的。就市场而言,主要涉及经济改革,当然要建立市场经济制度。就法治而言,主要涉及法治建设,具体有两个任务:其一,要完善市场经济的法律制度;其二,要制约政府权力。

从现在的情况来看,在完善市场经济法律制度方面,我们不仅制定了外商投资法等一系列以市场经济为导向的法律,更重要的是制定了一部市场经济的民事方面的基本法,即1986年的《民法通则》。《民法通则》实际上明确了四大原则,即平等原则、自由原则、公平原则、诚信原则。《民法通则》颁布之后,国外把它称作“中国的民事权利宣言”。

解决了第一个任务,接下来就是解决第二个任务。中国是古今中外历史上行政权力最大的国家,也是行政立法最不完善的国家。实际上,凡是法治国家,都必须保障私权,限制公权的滥用,把防止公权对私权的侵害,提升到宪政和人权保障理念的高度。中国改革需要制约公权力,否则就无法建立市场经济,行政立法是改革开放以来中国法治建设的核心问题之一。

陶希晋提出建立“新六法体系”

1986年中国刚刚颁布《民法通则》时,中国还没有明确提出“市场经济”的概念,但是,在经济建设的实践中,已经开始从计划经济体制向市场经济体制转变。在这种背景下,通过法律对政府权力作出限制,就显得非常重要。

1986 年 10 月 4 日,由全国人大法工委、最高人民法院、中宣部、司法部等单位共同组织了"《民法通则》颁布座谈会"。时任全国人大常委会秘书长、法律委员会主任的王汉斌同志也参加了,这次座谈会的规格较高。原来民法典起草领导人陶希晋同志,以及我们几位担任《民法通则》起草顾问的教授也都参加了。当然,开这个座谈会的目的,显然不仅仅是纪念《民法通则》,更多的是对未来中国民事立法和有关立法的展望。

陶希晋的发言很引人注目。当时他说,新中国成立快 40 年了,我们还没有建立自己的法律体系,国民党时期是"六法",我们应是几法呢? 他接着说,新中国应当建立自己的"新六法体系",这就是:宪法以及下面的刑法、刑事诉讼法、民法、民事诉讼法、行政法、行政诉讼法。现在《刑法》、《刑事诉讼法》、《民法通则》、《民事诉讼法》都有,缺的就是《行政法》和《行政诉讼法》。陶希晋因此提出,今后要加紧行政法方面的立法工作。

陶希晋是新中国第一任国务院法制局局长,又是学法律出身的,对法律是懂行的,又有许多年立法经验。20 世纪 80 年代初期,他参加、领导了有关民事法律草稿的起草工作。《民法通则》颁布以后,他意识到,民事权利受到的威胁,不仅来自平等主体的侵害,更危险的是来自公权力的侵犯。私人之间的纠纷可以通过民法来解决,而国家公权力,诸如行政干预,如果造成对民事权利的侵害,那应该怎么办? 就需要设计相应的法律救济的途径。

从陶希晋的这个发言中,我们不难看出他的两个想法:第一,中国不仅要建立法律体系,而且要建立科学的法律体系;第二,要大力加强行政立法工作,使行政权力有法律约束。

座谈会结束时,王汉斌做了总结发言。王汉斌表示,要重视陶希晋提的建议。但王汉斌也提出,我们对行政立法知之甚少,缺乏经验,因此,他提出成立一个行政立法研究组。

按照王汉斌的构想,这个行政立法研究组由专家学者、法工委和实际部门(最高人民法院和法制局)参加,由陶希晋直接领导,具体工作以及经费,则由全国人大常委会法律工作委员会负责。这样,在我国立法长期实践中又出现了一种新的“三结合”模式。

王汉斌同志经常讲,立法要“三结合”,即立法机构、实际部门和专家学者的“三结合”。“三结合”也有不同形式,最初,是《民法通则》式的“三结合”,即由立法机构和实务部门主笔,由专家学者把关的形式;后来,则是行政立法研究组模式,由立法机构、实际部门和专家学者三方面,共同组成一个立法组,草拟立法草案;最后,则是《物权法》式的“三结合”模式,即先由专家提出自己的立法建议稿,然后交由立法机关,征求实际部门意见予以完善。

可以说,至少在当时而言,行政立法研究组开创一个新的立法“三结合”模式。

在当时没人敢提法律体系

在当时来说,自从中华人民共和国 1949 年 10 月 1 日成立以后,近四十年来,中国长期没有人敢提什么法律体系。我们打破了国民党时期的“六法体系”,那么我们要建立的新的法律体系,究竟是几法体系?中国人那时候还是习惯于上级领导人的定调。领导人不发话,下面的人(甚至包括学者在内)谁敢说呢?从这个意义上说,陶老的“新六法体系”之说,究竟科学与否另当别论,但提出之后,人们就要思考了。

长期以来,中国行政权力很大,但行政立法工作却又很薄弱,似乎人治状况本身,就决定了行政机构享有很大的权力,但却没有法律的限制。陶希晋提出行政法在立法体系中的地位和作用,我想这是很有远见性的,对后来人们重视依法行政,起到很好的警示作用。

当时我就想,为什么陶老单提刑事、民事、行政三个实体法和三个诉讼法呢?可能还受着民国时期立法体系的影响,也许还要更多地考虑立法和司法的关系。他建议的“新六法体系”却被后来法院实践证实和采用。法院取消了经济庭,将审判庭分为刑事审判庭、民事审判庭和行政审判庭,并适用相应的三个诉讼法,正式确定了中国的三大审判制度。

距离此次座谈会大概 10 年后,法律出版社要发行《中华人民共和国法律汇编》,需要确定法律文本的编排方式,这就需要一个明确的法律体系。

在这种情况下，全国人大常委会法制工作委员会提出了又一个新的“六法体系”，即在宪法下面的民商法、经济法、社会法、行政法、诉讼法、刑法。当时有关方面就此征求我的意见时，我告诉他们，我说我认为这个“六法体系”更科学一点，也更符合时代潮流。自从这之后，中华人民共和国的“六法体系”基本上就这么定下来了。

从这个意义上说，陶老 1987 年提出建立“新六法体系”的想法，确实是中国法律体系建设上的“破冰之旅”。自从这之后，我们在建立法律体系上有了很大进展。

今天，我们可以忘记陶老的“新六法体系”具体内容是什么，但我们绝对不可以忘记这种独立思考的能力，还有这种“敢为天下先”的勇气。

陶希晋要我担任行政立法研究组组长

陶希晋接受了王汉斌布置的任务后，首先便提出，要我来担任这个研究组的组长。

这确实出乎我的意料。因为我既不是行政法专家，又与陶希晋无任何关系，也没有在此前他负责的民法典起草中有过参与或者介入。也许因为是《民法通则》的关系，或是因为我当时是中国政法大学副校长，而中国政法大学又拥有当时相当强大的行政法教学科研力量，陶希晋可能希望由我来牵头组织一下这项工作吧。

由于行政立法研究小组的工作，可以给中国行政法队伍带来巨大学术空间，我也就欣然“承诺”陶希晋要我担任组长的“要约”。好在这方面具体工作，并不需要我去做。

在当时，中国政法大学的行政法师资力量，确实是全国首屈一指的，老、中、青三代人层次合理。老一辈的有王名扬教授，尤其在比较行政法研究中成果丰富；当时的中年一辈中，有应松年与朱维究教授；而当时青年一辈中，有一批很有才气的行政法专业的留校硕士毕业生。

1983 年中国政法大学建校时，上级机关给了我们 70 个进京指标，以便延揽人才。而当时能够进北京，对很多人来说，确实是很难得的机会。在这70个进京指标使用中,有的不很理想,有的还不错,我认为当时引进的人中,最成功的应属应松年教授。为了发展行政法学并作为学术带头人,他确实在中国行政立法建设中起到了重要作用。

当时,行政立法研究小组的副组长是罗豪才教授与应松年教授。罗豪才教授在行政法学中地位当然很高,但他当时任北大副校长,社会职务也很繁忙,所以,行政立法研究组的日常工作,就由应松年负责。研究组还请了王名扬教授与当时的行政法研究会会长张尚鷟教授担任顾问。

对于行政法我知之甚少

对于行政法,我确实知之甚少。

当初在苏联学习时,也曾学习了行政法,而且教行政法的还是当时苏联数一数二的行政法权威。但是,行政法始终没有引起我的强烈兴趣,因为这门课的内容,当时主要讲苏联行政机构的设置及其权限,没有什么学术理论上的支撑点。

当时学生对苏联宪法和行政法两门课的普遍评价是:宪法假、行政法空。苏联自斯大林肃清所有反对派后,通过了新宪法,俗称"斯大林宪法",甚至设立了全苏联的"宪法节"。但即便如此——给"斯大林宪法"再披上"社会主义民主"的外衣,仍然使人感到名实不符。而行政法在缺乏权力平衡、权力制约和权力监督的体制下,只能是缺乏理念、缺乏理论、缺乏理想的东西。

但改革开放后,我们引进了一些西方国家行政法的理念,特别在依法治国、依法行政的理念下,行政法的重要性就凸显出来了。

陶希晋主张搞一个"行政法大纲"

行政立法研究组正式成立之后,首先需要回答的问题,便是要明确如何展开行政立法研究组的工作。就此问题,我专门请示了陶老。

陶老主张,先搞一个类似《民法通则》的"行政法大纲",把一些行政法的基本规则、基本制度都写在里边。至于这个"行政法大纲"的内容，则不必一下子搞得很细，一下子搞得很细也不现实，先搞一个“毛坯子”性质的东西即可。“毛坯子”搞出来之后，大家再补充、完善。

我们整个行政立法研究组即按这个方向和目标展开工作。当时工作分两部分进行：一部分人进行基础性工作，从事资料搜集和翻译工作。由于中国自己的东西不多，更需要借鉴外国的东西，所以我们当时组织力量，翻译了不少国外行政立法的资料，并将这些资料印发给相关人员。而另一些人则着重研究“行政法大纲”如何起草，体例和内容怎么合理安排等问题。

我提出“先程序、后实体”

这两方面的工作进行一段时间之后，大家普遍地感到，想在短期内搞出一个“行政法大纲”式的实体法，难度很大。

之所以如此，一方面，是因为在世界各国的行政法立法，除个别国家外，都没有一个像《民法通则》那样带有法典性质，并综合各种实体法规范的立法文件；另一方面，是因为我国行政权力范围极广，在当时的情况下，想要把各种实体规范都归纳出来，难度实在太大。仅仅以当时的重点工作计划生育来说，当时立法机关想制定一些法律规范，来约束计划生育政策执行中的行政权力，但都感到无从下手。计划生育尚且如此，更不用说整个“行政法大纲”了。

这种情况下，在行政立法研究小组的一次会议上，我提出了新的思路。“我们能不能改变个思路，先程序、后实体，以诉讼程序促实体法的完善？”我问在座者。其实，这种思路并不新颖，我们的民事立法，从某种意义上来说，就是这样做的，我们是先有了 1982 年的《民事诉讼法（试行）》，后来才有了 1986 年的《民法通则》。我在发言中说，当实体法难以制定时，就以诉讼法来促其制定。如果我们有了行政诉讼法，可以“民告官”，那么实体法的不完善就充分暴露出来，这样就必须要重视实体法的完善，也才会加快实体法立法的步伐。

我 1983 年第一次访问德国时，专门访问了德国行政法院。德国行政法院是独立于普通法院的。对当时的我来说，行政诉讼简直是闻所未闻的领域，我请教了许多问题，也要了很多资料，特别是行政诉讼的受案范围，以及行政诉讼中“民告官”中原告的胜诉率是多少，等等。

当接待人员告诉我，在德国行政诉讼的胜诉率可以达到30%左右时，我心中总有个期望，如果有哪一天我们也能有行政诉讼制度，那么中国的法治建设会大大推进一步。而如今，我们可以提出这个倡议时，为什么不尽快行使呢？

当我提出“先程序、后实体”的新思路之后，与会者都同意我的意见，都主张将先制定《行政诉讼法》作为当前行政立法研究组的第一项工作。

当我把这个意见向陶希晋汇报时，陶希晋表示同意，并向全国人大法工委的同志做了汇报。当法工委同志向法工委领导汇报时，法工委领导也同意了这项立法安排。

我本来认为，行政诉讼法的立法难度要比实体法立法大的多，因为在中国实行“民告官”制度的阻力，会来自拥有强大权力的行政机构。没想到，在法工委领导与陶希晋的支持下，《行政诉讼法》的立法工作立刻就进入“快车道”。

《行政诉讼法》的立法进程

作为行政立法研究组组长，我主持了起草《行政诉讼法（试拟稿）》的工作，这项工作于1987年6月完成。这一稿提交全国人大法工委之后，10月17日法工委把《行政诉讼法（试拟稿）》发送全国各地和有关部门征求意见。

根据实务部门反馈回来的意见，行政立法研究小组分别在1988年6月15日、6月30日、7月11日先后形成了三份《行政诉讼法（试拟稿）》。在此基础上，7月13日，最后一份《行政诉讼法（征求意见稿）》再次发往各地方、各实务部门征求意见，在这个基础上形成了《行政诉讼法（草案）》。

这些工作当时都是内部进行的，还未向全社会公布相关内容。

1988年4月开始，我担任七届全国人大常委会常委、法律委员会副主任，这使得我与《行政诉讼法》有了更紧密的联系。这年10月，全国人大法工委将《行政诉讼法（草案）》提请全国人大常委会四次会议予以审议。

常委会决定，将《行政诉讼法（草案）》公布，广泛征求意见。根据王汉斌1989年3月28日在七届人大二次会议上所做的《关于〈中华人民共和国行政诉讼法(草案)〉的说明》中提供的信息,当时“共收到中央各部门、各地方和法院、检察院的意见130多份,公民直接寄送法制工作委员会的意见300多份”。

除此之外,“全国人大法律委员会、内务司法委员会和法制工作委员会联合召开了有法院、检察院、国务院有关部门、民主党派和人民团体负责人以及法律专家参加的四次座谈会征求意见,并召开了有部分省、市人大常委会、各级法院、检察院、国务院有关部门和法律专家80多人参加的专门会议,对草案逐条进行讨论修改”。

最终,根据全国人大常委会委员和各地方、各方面的意见,全国人大法制工作委员会对《行政诉讼法(草案)》作了较多的补充、修改,经七届全国人大常委会六次会议审议之后,决定将《行政诉讼法(草案)》提请1989年3月下旬召开的七届全国人大二次会议审议。《行政诉讼法》属于基本法,与《民事诉讼法》、《刑事诉讼法》一样,都必须在全国人大的全体会议通过。

七届全国人大二次会议开始之后,从1989年3月28日到31日,与会的全国人大代表对《行政诉讼法(草案)》做了充分的审议。在整体上肯定这份“草案”的同时,也提出了不少的修改意见。为此,全国人大法工委于3月30日、4月1日专门召开了两次会议,结合人大代表们的审议,提出了新的《行政诉讼法(草案)》。

1989年4月4日,七届全国人大二次会议通过了《中华人民共和国行政诉讼法》,规定该法于1990年10月1日正式施行。同日,国家主席杨尚昆签署该法案。

回头看《行政诉讼法》的制定历程,一部破天荒的法典,竟然在两年左右时间内,就被全国人大全体会议通过,其立法速度和效率之高,在中华人民共和国史上真是少有的!

施行前有两千多名乡村干部辞职

《行政诉讼法》1989年4月4日通过,但却到1990年10月1日才开始施行。之所以有这么长的时间才开始施行,也是考虑到全社会对《行政诉讼法》的接受,有一个缓慢的过程。

我曾听顾昂然讲,《行政诉讼法》正式实施前,中共中央办公厅接到汇报反映,有个别地方居然有两千多名乡镇干部提出辞职。地方干部认为,有了《行政诉讼法》的约束,农村的工作更不好干了,对当前的各项建设不利,自己搞乱了自己的阵脚。

在基层出现的这种情况,引起了中央领导的重视。1990 年 8 月 24 日,也就是《行政诉讼法》施行前一个月,时任国务院总理的李鹏特意批示:"各级党委要加强领导,保证基层干部能有效地执行党和政府的政策和法令。同时在遇到矛盾时要加强协调工作。政府的干部务必使自己的行为合乎法律。"

据顾昂然讲,为了更好地贯彻《行政诉讼法》,需要进行宣传,使干部、群众正确理解《行政诉讼法》的规定,以便统一各级干部的认识,1989 年 12 月,国务院法制局专门召开了全国法制局长会议,学习贯彻《行政诉讼法》,并专门邀请顾昂然在会上介绍了《行政诉讼法》的主要精神。

《行政诉讼法》由民法室完成

比较有意思的是,《行政诉讼法》虽然属于行政法,但是它的立法过程,却是由全国人大法工委的民法研究室来完成的。这是为什么呢? 一方面,是因为民法研究室在当时力量还比较强;另一方面是因为《行政诉讼法》和民事权利保障有密切的关系。

我们国家公民或法人的民事权利受到侵犯了之后,怎么能够保障其权利恢复呢? 可以说,民事权利侵犯有两种:一种是民事权利由另外一个权利主体,即自然人或者法人来侵犯,这是民事诉讼法的问题,民事诉讼一经法院判决就可以了。另一种是民事权利受到公权力的侵犯,这个问题过去我们国家没有,或者说民事权利受到公权力侵犯之后,能不能"民告官",这个在过去一直是空白,甚至可以说,中国过去从来没有法制层面"民告官"的历史,这是第一步"民告官"的历史。

管辖地之争

一般说来,一部法律在全国人大全体会议上比较容易通过,因为代表人数多，对法律大多不甚了解，开会议事项目多，留给讨论通过法律时间较短，也不可能深入讨论。而一部法律在全国人大常委会讨论时，相对难度要大些，因为常委会委员人数较少，当时又分为四个组，常委会委员都是从政时间长的各部门领导、学者、专业人士，他们有自己独立的判断能力，经常要提许多问题。

《行政诉讼法（草案）》在全国人大法律委员会通过时，是相当顺利的，但在七届全国人大二次会议讨论通过时，仍有不少的争论。《行政诉讼法》在最后讨论通过时，争论比较大的一个问题就是行政诉讼案件的管辖地法院，因为管辖地法院的选择，很大程度上会影响判决结果，无论怎么安排，都不可能同时有利于原告或被告。

而行政诉讼案件的管辖地法院，又与民事案件有所不同：其一，它只能是在原告或被告地法院，不像民事案件那样，还可以在合同订立地、合同履行地或标的物所在地法院起诉；其二，行政诉讼的原告只能是公民和法人，而被告只能是政府机构。因此，法律究竟规定行政诉讼案件是在原告所在地，还是被告所在地法院，就成为争论的焦点。

在全国人大代表中，有一些来自各级政府以及和他们的权力运作有密切关系的人大代表，对《行政诉讼法》有抵触情绪，认为这会影响政府权力的权威，会带来很多麻烦。我记得当时在七届全国人大二次会议上审议《行政诉讼法》时，还有一些人大代表认为，《行政诉讼法》的实施，可能会对农村的一些工作，如计划生育和粮食订购等带来困难。

就此问题，王汉斌专门在第七届全国人大二次会议上做了说明。王汉斌指出，推行计划生育政策，必须要有合法的行政手段，现在全国已有 16 个省、自治区、直辖市制定了地方性的计划生育法规，其他省份亦应抓紧制定，国务院也应尽快制定《计划生育条例》；对于粮食等农产品订购问题，现在出的很多问题，都是农民方面或政府方面不按照合同规定办事，或者合同本身不完善导致的，这些困难的解决主要需要从工作方式上改进。

但无论如何，当时的背景下，公开反对这部法已经行不通，于是他们就在管辖方面，坚持必须以被告所在地法院作为管辖地。而他们给出的一个理由，就是如果在原告所在地法院管辖审理，一个地方政府机构就会跑到全国去打官司，这会增加很大的财政负担，许多地方办公经费都困难，哪里来的经费去全国打官司！

但无论如何，《行政诉讼法》在学者、社会团体和其他专业人士中间，还是得到了强烈的支持。对于行政诉讼的管辖地问题，他们一些人发言说，如果行政诉讼在被告所在地法院管辖，那就意味着在政府所在地法院管辖，法院和政府、公安、检察部门都在一个党委领导下，怎么能告赢?！一个普通公民在北京被拘留，被处罚，还要千里迢迢来北京告状。一部颇能保护公民权利的法律，如果规定了在被告所在地法院受理案件，那么它的光辉就失了一半。所以他们坚决主张，《行政诉讼法》应当规定以原告所在地法院为管辖地。

最后的立法中，在采取“级别管辖”和“地域管辖”等一般性规定之外，也只能采取“折中”和“模糊”的做法，规定了一种“特别管辖”——通过后的《行政诉讼法》第18条规定：“对限制人身自由的行政强制措施不服提起的诉讼，由被告所在地或原告所在地人民法院管辖。”

受案范围之争

行政诉讼的受案范围，也是全国人大会上争论的焦点之一。“民告官”究竟是可以告官的具体行政行为，还是抽象行政行为?

按照王汉斌当时向全国人大所作的报告，《行政诉讼法》的受案范围主要是考虑如下一些因素制定的，“第一，根据宪法和党的十三大的精神，从保障公民、法人和其他组织的合法权益出发，适当扩大人民法院现行受理行政案件的范围；第二，正确处理审判权和行政权的关系，人民法院对行政案件应当依法进行审理，但不要对行政机关在法律、法规规定范围内的行政行为进行干预，不要代替行政机关行使行政权力，以保障行政机关依法有效地进行行政管理；第三，考虑我国目前的实际情况，行政法还不完备，人民法院行政审判庭还不够健全，《行政诉讼法》规定‘民可以告官’，有观念更新问题，有不习惯、不适应的问题，也有承受力的问题，因此，对受案范围现在还不宜规定太宽，而应逐步扩大，以利于行政诉讼制度的推行”。

基于此，尽管七届全国人大二次会议上，围绕《行政诉讼法》的受案范围，产生了很大的争议，但考虑中国的国情，最终通过的《行政诉讼法》第二章，分两个条款，分别列举了行政诉讼的受案范围和不予受理的案件范围。《行政诉讼法》第11条规定了八类可以提起行政诉讼的“具体行政行为”，而第12条则规定了四类不予受理的“抽象行政行为”。

这也就是说，通过后的《行政诉讼法》规定，行政诉讼只限于具体行政行为。但是，从现在已经实施的《物权法》来看，政府在征收补偿问题上，往往是在抽象行政行为（政府规范性文件）上侵犯公民的利益；你如果不允许老百姓告的话，就可能激化矛盾，引发突发事件。

当然，《行政诉讼法》在制定过程中，尤其是七届全国人大二次会议上，引发的争论远非上述两点所能尽述，仅王汉斌在向全国人大所做的报告中所列举的争议，则除了上述受理范围和管辖地之争外，还有行政诉讼法的基本原则、判决等。

《行政诉讼法》对中国行政权力行使所形成的冲击，由此可见一斑。

一部法律开创改革道路

在中国的立法史上，《行政诉讼法》应该是大书特书的。

中国立法和实践的关系有两种：一种是先有实践、后有立法；另一种是先有立法，后才有实践。

第一种情况是绝大多数，待实践丰富，成熟后再立法，像《刑事诉讼法》和《民事诉讼法》，都是在大量法院审判经验基础上形成的。中国的绝大多数法律，都是在实践的基础上完成的。

从改革开放开始，我国的法治尤其是立法，进入了法律经验主义阶段。这种法律经验主义之所以出现，有很深刻的历史背景。邓小平提出来“摸着石头过河”，曾经受到一些人的赞扬，也有一些人称为经验主义。在改革之初，我们知道中国要走向另外一个“岸”，要摆脱原来国家无所不包的高度控制状态，走向一个开放的社会，那彼岸究竟是什么样呢？看得确实不是很清楚。在这种情况下，就要“摸着石头过河”。

还有一种情况是极个别的，没有任何中国的经验，它属于先有法律，后有司法经验；它是创始性的，完全是借鉴国外法。

一段时间里，法律人实际上有两种思考：一种是希望能够像美国一样先做制度设计，有一个宪法，然后一管就是200年，甚至更长。这当然是一个很好的办法，但需要很好的制度设计。另一种是先摸索，当实践充分以后，再把它上升为法律，成为制度。

我把前一种叫做法律理想主义，它用法律制度设计来开创改革道路。据我所知，这种东西大概只有几个，《专利法》和《行政诉讼法》就属于此类。《专利法》是这样的。当时必须先有《专利法》，先有制度的完全设计，然后才有实践。第二个是《行政诉讼法》，不可能先有行政诉讼的实践，然后再有行政诉讼法。没有《行政诉讼法》时，根本就没有任何行政诉讼的实践和可能，有《行政诉讼法》通过后，法院才有行政庭，才受理行政案件。

从这个意义上说，《行政诉讼法》也具有划时代意义。一部法律创设一个崭新的制度，一个崭新的制度启动了崭新的实践。中国几千年历史只有"官治民"，哪有"民告官"的现象结束了，从此，给中国民主政治添上了浓浓的一笔。

宪政路上的里程碑

在中国，私权利和私权利碰撞冲突没有什么可怕，有一部好的民法典和公正的法院，就可以公正地摆平双方利益的冲突。在中国公权力和公权力的碰撞冲突也时有发生，部门的利益冲突、中央和地方的利益冲突，有时甚至很激烈。西方国家公权力之间冲突，由宪法法院解决。

在中国公权力和私权利的碰撞冲突是最危险的，一方面私权利弱小，另一方面公权力又甚为强大，在农村土地征收、城市房屋拆迁、城市管理及市场秩序整顿方面，私权利受公权力不法侵害的现象日益突出。《行政诉讼法》是维护私权利不受公权力非法侵害的重要一步，但还只是第一步，还应有更多的立法手段来解决这一矛盾和冲突。

我始终认为，《行政诉讼法》是中国法治建设中具有里程碑式的一页。宪政应该包括民主、法治、人权，是三者的有机统一。

首先，《行政诉讼法》包含现代民主精神，民和官是平等的，可以"民告官"。

京剧里有一出很有名的戏，叫《四进士》（后来改名为《宋士杰》）。这出戏讲的是明朝嘉靖年间，有四位进士毛朋、田伦、顾读、刘题等人受海瑞推荐，出京到地方任官。由于此前受到严嵩迫害，行前大家发誓都不做贪官。后来毛朋做了巡按大人，到地方视察，田伦、顾读贪赃枉法，被好打抱不平的平民宋士杰告倒了。那位主持正义的巡按大人，最后仍要按法律将宋士杰发配边疆充军，因为一个平民百姓居然一下子告倒了三位大官。按照当时的法律，"民告官"是有罪的，即使告赢也不能免罪。"民告官"有罪，更不可能有"官赔民"的道理。

幸亏宋士杰精通法律。宋士杰获悉，这位巡按大人就是当初化妆成算命先生帮助受害人写状纸的人。而按照法律，做官的也不能帮老百姓写状纸，这也是有罪的。最后，当宋士杰以巡按大人自己先犯罪来争辩时，巡按大人才只好赦免了宋士杰的罪。

这出戏我非常喜欢，无论是周信芳、马连良还是其他人演的宋士杰，我都经常看。这出戏赞扬"抱打不平"精神，鞭笞贪赃枉法者，给人以启迪。尤其宋士杰这个小人物，精通法律，为达到救助别人并保护自己的目的，充分利用法律的每一个细节。由此可见，封建社会里不仅不许"民告官"，还不许"官帮民"，更不能"官赔民"。

其次，《行政诉讼法》包含现代法治精神，任何权利的侵犯都由法院去解决，法院是依照法律规定，公平正义地去解决任何纠纷，包括"公"与"私"的纠纷。

最后，《行政诉讼法》包含现代人权精神、私权神圣、人的权利至高无上等理念。公权力随意践踏私权的时代一去不复返了，必须从宪政的高度来维护私权！

自动辞职

行政立法研究组完成了《行政诉讼法》起草的使命后，决定下一步的目标是搞《国家赔偿法》。一个是"民告官"，另一个是"官赔民"。"民告官"在中国历史上是史无前例的，"官赔民"在中国历史上也是史无前例的。

行政立法组进入《国家赔偿法》时，我的情况发生了变化。1990年2月15日，我被免去中国政法大学校长职务；1993年3月七届人大任期届满，我也不再担任八届全国人大代表、常委会委员及法律委员会副主任等职务。

当我担任中国政法大学校长，同时又是全国人大法律委员会副主任时，担任行政立法组组长，还可以说“名正言顺”；当校长被免职、法律委员会副主任仍继续担任时，我已无权组织校内的学术力量，再担任行政立法组组长，就多少有些名不正言不顺；而当我不再担任全国人大职务时，再担任这个组长，可以说是完完全全地名不正言不顺了。

除此之外，《国家赔偿法》在组内讨论时，我的有些论点，与行政法的其他专家观点时常相左。我认为，国家赔偿制度仍是《民法通则》第121 条的民事赔偿性质，这个条文说：“国家机关或者国家机关工作人员在执行职务中，侵犯公民法人合法权益造成损害的，应当承担民事责任。”我始终认为，不论谁作为赔偿的主体，只要构成侵权赔偿，就属于民事赔偿性质。然而，行政法学者认为，国家赔偿是与民事赔偿性质完全不同的。在讨论中，如果组长与所有其他人意见都不一样，那这个立法研究工作就很难开展。

基于以上两方面的原因，再加上行政法学术队伍在这些年发展得很快，他们都是这方面的内行，再由我这个民法学者去当组长，更是落后于潮流了。

于是，我向全国人大常委会法制工作委员会提出辞职。时任全国人大常委会法制工作委员会主任的顾昂然主任给我的回答是：你不是我们任命的，我们无权决定。我问顾昂然，那么我应该向谁提出？他说，你是陶老当初指定的，言外之意就是你去找陶老吧。而此时，陶希晋已经故去了。

历史往往很会开玩笑。经济法研究会永久不开会，也未解散，我成了永久的副会长，谁也没免我，也没换届选举；而行政立法研究组，指定我担任组长的人又故去了，想请辞也无处可辞，所以，我就向应松年教授告长假，自此就算自动辞职了吧！

二十二、《民事诉讼法》的“转正”

中国式“试行”

1982 年 3 月 8 日，《民事诉讼法（试行）》由第五届全国人大常委会第二十二次会议通过颁布。而之前 1979 年 7 月 1 日由第五届全国人民代表大会第二次会议通过的《刑事诉讼法》，却没有“试行”二字。

我不知道当初为什么要戴上“试行”这顶帽子。难道仅仅是因为《民事诉讼法》属于基本法，应当由全国人民代表大会通过，而这部《民事诉讼法（试行）》只是由全国人大常委会通过的？尽管有这个可能，但这个理由并不充分，从技术层面上讲，由人大常委会通过与由全国人大通过，差别并不明显。

无论如何，给一部行之有效的法典冠以“试行”二字，这在全世界颁布的法律中绝无仅有，在中国立法实践中也极少见。按理说，法律通过了，只要在其生效期限内，它就自动生效了，“试行”与否，都不影响它的效力。不能说因为“试行”，其法律效力就打折扣啊。既然是正式通过的法律，那为什么还要“试行”呢？着实令人费解。就拿这部《民事诉讼法（试行）》为例，尽管当初颁布时给它冠以“试行”二字，但丝毫未影响其作为一部基本法的效力。

再退一步说，任何法律都是会被修改的。但修改法律自有其修改所应遵循的程序，冠以“试行”二字，并不意味着这部法律修改的频率或者幅度，会与其他法律有很大的不同。

我想，当初之所以要给这部《民事诉讼法》冠以“试行”二字，无非想表明，它还不是那么成熟。所以《民事诉讼法》始终戴着这顶“不成熟”的“试行”帽子，一戴就是十年。

《民事诉讼法（试行）》该到“转正”的时候了，该把“试行”这两个字去掉了。

我对民事诉讼法知之不多

我在担任七届全国人大代表、常委会委员以及法律委员会副主任时期内，所亲历的立法工作中，很重要的一件就是修改《民事诉讼法（试行）》。这项修改法律的工作，占据了法律委员会讨论法律草案中很多的时间。而之所以如此，是因为《民事诉讼法（试行）》修改时，遇到了很多有争议的大问题。

我对民事诉讼法是知之不多的。虽然在苏联学习法律时，民事诉讼法也是一门重要课程，但在当时我是没有认真学习，当时学习民事诉讼法只是为了应付考试。

这是为什么呢？其中一个原因是，觉得苏联打官司的那套程序，不见得像实体法那样，能够在中国用得上，自己将来不愿意也不会去法院工作；另一个原因，就是思想上还有"重实体，轻程序"的观点，在苏联学习时间本来就很紧张，在选择主次方面，也就自觉不自觉地舍弃了民事诉讼法的学习时间。后来我一直很后悔没有认真学好民事诉讼法。

公法要体现契约精神

在全国人大法律委员会讨论《民事诉讼法（试行）》的修改中，争论很大的一个问题，是当事人能否共同协议来选择管辖的法院。

这个争论有一个特殊的背景。近十年来民事诉讼的现状是，诉讼案件的管辖地，越来越成为民事诉讼中的焦点问题，打官司变成了打管辖。如果由原告所在地法院管辖，判决结果就会有利于原告；由被告所在地法院管辖，判决结果则有利于被告。如何能够跳出法定的法院管辖，就成了一个民诉学界学者们思考较多的问题。

《民事诉讼法（试行）》的修改，有人提出允许当事人自己协议选择管辖法院。这个建议最初提出时，不少人觉得简直就是天方夜谭。持这种观点的人认为，如果允许当事人自己选择管辖法院，那中国边远地区法院都将关门大吉，而发达地区、大城市的法院将会积案如山。另外，还有反对意见认为，允许当事人选择管辖法院，是违背公法中强制性规范原则的。而反对该意见的人认为，私法领域可以意思自治，民事诉讼法中虽然有一条“处分原则”，但仍然是私权的意思自治在民事诉讼法的体现，而不是公法中当事人意思自治原则的体现。

在修订通过的《民事诉讼法》中，最终写进了协议管辖，允许合同的双方当事人，可以在书面合同中协议选择原告住所地、被告所在地、合同履行地、合同签订地、标的物所在地人民法院管辖。

原来草案中，并没有列有标的物所在地法院。当时，是我建议标的物所在地（尤其是在房屋买卖合同中不动产作为标的物）法院，也应可以选择管辖。

将协议管辖写进《民事诉讼法》，从立法层面来说，无疑这是一个重大突破。换个角度来说，在理论层面也可以说是一个重大突破，即在公法领域内，使得意思自治占有一定的地位。后来《刑事诉讼法》在修改时，也讨论能否引进美国的“控辩交易”制度，这与《民事诉讼法》中的协议管辖问题，具有同样的性质。

1994年11月，我在美国访问时，正值美国国会中期选举。出人意料的是，共和党在这次中期选举中大获全胜，不光在时隔八年后重获参议院多数席位，结束了民主党控制众议院四十年的历史，而且在州长选举中，共和党也在30个州获胜，这是近七十年来共和党第一次胜过民主党。

共和党究竟用了什么仙丹妙药，才改变了自己长期被动的局面呢？我认为其中的一个方法，就是330名共和党候选人在中期选举前发表了一个极其醒目的口号：“Contract with U. S ”（与美国的契约），作为其竞选纲领。此语一出天下哗然，美国各州也纷纷效仿：“与印第安纳的契约”、“与北卡罗来纳的契约”，等等。

“与美国的契约”，就是纳税人与美国订立契约。纳税人不是白纳税，纳税后应享有自己的发言权。“与美国的契约”，就是说纳税也是一种契约安排，尊重双方意志，不是政府想征多少税，就必须缴多少税。共和党是代表富人的，而富人是纳税的主体，这个口号很得一些中产阶级的拥护。

当时我就想，这个口号正说明，宪法就是契约，就是社会契约论的现代版，公法中当然也要尽量能体现这种契约精神。这个口号若在中国，早就会被扼杀在胎中，怎么可能允许中国公民和中国（政府、法院）

来订立契约？简直是想入非非！至少现在《民事诉讼法》中，引进选择管辖，带进了一点新鲜空气！

律师不能靠垄断来霸占诉讼

在七届全国人大法律委员会讨论《民事诉讼法（试行）》的修改过程中，民事诉讼中的代理人问题，也是有关各方争论的一个焦点。

1982年的《民事诉讼法（试行）》通过时，中国的律师数量还屈指可数，而十年以后，中国已经形成一支数量相当可观的律师队伍。朝气蓬勃的法科毕业生，源源不断地汇入律师业的洪流中，使律师职业维护民权的作用大大提高。

司法部作为律师业的主管部门，在《民事诉讼法（试行）》修改时，希望能写进去这样的条文："民事诉讼代理人应该是，也只能是律师。"司法部的初衷，是认为此举可以规范律师队伍朝正规化、职业化方向发展，防止一些无律师资格的"黑律师"给当事人办案、出庭、拿钱，消除司法部难以管理律师队伍的禁区。说穿了，这一条意见，无非就是说只能让律师来给当事人办案。

对于这个问题，法律委员会也有两种不同的意见：

一部分人认为，律师队伍确实需要正规化、专业化，"黑律师"太多必然会影响律师队伍的健康成长，坑蒙拐骗的事情太多，最终必然会侵犯当事人的利益。

但是，更多的人认为，《民事诉讼法》与《刑事诉讼法》不同，前者应该以便民为基本原则，或者说以不增加老百姓负担、方便老百姓、尊重老百姓自己意志为原则，而不应当强加给当事人一些不必要的负担。持这种意见的人认为，大可不必硬性规定诸如"只有律师才可以作为民事诉讼代理人"。他们举例子说，如果一个农村妇女要打离婚官司，非要请一个律师，这负担就够重了，重到她可能会放弃打离婚官司的念头。但如果她的亲属、邻居或朋友中，有文化程度高一些，或懂一些法律的人，为什么不能做代理人呢？

我也认为，中国在民事诉讼中，应该摒弃那些"包揽争讼"的人！律师职业的从业者们，应该以自己的知识和良好服务，来取得当事人的信任，而不能靠《民事诉讼法》赋予这一行业的垄断地位，来霸占民事诉讼！

最终，综合各方面的意见，修订通过的《民事诉讼法》第58条明确规定：“律师、当事人的近亲属、有关的社会团体或者所在单位推荐的人、经人民法院许可的其他公民，都可以被委托为诉讼代理人。”

公益诉讼

在法律委员会讨论《民事诉讼法（试用）》时，公益诉讼也是一个争议很大的问题。

一般来说，公益诉讼的主体，可能是三类机构：一是单位；二是社会团体；三是检察机关。《民事诉讼法（试用）》中，就规定“企业事业单位、机关、团体可以作为民事诉讼的当事人，由这些单位的主要负责人作为法定代表人”。但这也只是关于当事人的规定，与公益诉讼并无太大的关系。

从社会发展的角度来说，单位曾经在中国的政治社会生活中起到过巨大的作用，但作为公益诉讼的主体，已不符合时代要求，最多它可以起到支持一方当事人诉讼的作用。

社会团体的公益诉讼作用，当时虽然也讨论了，但却被忽视了。当时主要考虑的，还是个人利益受侵害时的公益诉讼。具体比如妇女受虐待时，不敢向法院提起诉讼，能否由当地妇联组织作为原告提起诉讼。但说实在的，如果个人受害人不提出诉讼，由一个社会团体不顾当事人的意志去提起诉讼，可能还会起到适得其反的效果，也违反了当事人的意思自治。

当时，还未深入考虑到群体利益受侵害时的公益诉讼问题。后来我担任全国消费者协会的副会长、残疾人福利基金会顾问、中华环保联合会法律委员会主任，深感消费者群体、环境受害者群体利益受侵害时，缺乏一个保护他们利益的组织，能够作为诉讼主体维护他们的权益。我们的制度，亦没有安排出这样的制度出口。这项制度的空白，一晃就是十八年，这种根本性的制度缺陷，是无法用司法解释来弥补的！

至于检察机关能否作为公益诉讼的原告，法律委员会内部争论很大。不少人提到国有资产流失时，如果国有企业对此视而不见、冷漠不理，检察机关应当以国家利益为出发点，而主动提起诉讼，要求追回这些财产。但也有人感到困惑，如果检察机关作为民事诉讼原告身份出现时，那么其法律地位究竟应该如何认定？是像刑事诉讼那样代表国家公权力出现呢，还是以私法关系中的当事人身份出现？如果是前者，那肯定不符合民事诉讼的基本特点；而如果是后者，检察机关对此又难以认同。正因为如此，《民事诉讼法》最终修订通过时，也就没有将检察机关能否作为公益诉讼主体写入法律。

清偿顺序

在法律委员会讨论《民事诉讼法（试行）》的过程中，争论最大的是财产执行中的清偿顺序问题。

《民事诉讼法（试行）》第180条规定："被执行人被执行的财产，不能满足所有申请人要求的，按下列顺序清偿：（一）工资、生活费；（二）国家税收；（三）国家银行和信用合作社贷款；（四）其他债务。不足清偿同一顺序的申请人要求的，按比例分配。"这也就是说，在债务清偿中，银行尽管也是债权人，但其清偿顺序却远远优先于普通债权人。

这有点不合理。在债务清偿中，职工利益优先点，先清偿工资和生活费，这个好理解，也容易说得过去。国家税款涉及财政收入，优先点也说得过去。但是为什么欠银行的钱跟欠其他人的钱，要做一个区分呢？为什么要先来清偿银行的贷款，然后再来偿还其他人的债务？这个很不好理解。在实践中，已经出现了强烈的呼声，要求取消银行贷款优于其他债权的不平等地位。

全国人大法律委员会内部也是倾向这个意见的，大家认为没有必要也不能把同样的债权人（无抵押优先权的），再按银行与企业分出个先后顺序，无论是有国家背景的银行，还是普通债权人，在债务清偿顺序方面应该是完全平等的。

当时，陈慕华是七届全国人大常委会副委员长、财政经济委员会主任委员，而在她来人大前，原来曾兼任中国人民银行行长。《民事诉讼法（试行）》之所以如此规定，最早就是参照中国人民银行的相关规定。中国人民银行如此规定的理由只有一条，那就是那时候的银行都是国家银行，国家银行发出去的贷款必须要偿还，否则国家的贷款得不到保证。

这样一来，要想改动这一条，首当其冲就需要做通陈慕华的工作。或者换句话说，当时陈慕华的身份及地位，是改动这条法律的主要阻力之一。

法律委员会在讨论这一条时，银行业提出了强烈的反对意见，他们反对对该条文做修改。陈慕华也专门来法律委员会，阐述了银行意见。她怕这样一改，银行的利益会受到很大冲击，国家资金会流失得更严重。

但这种说法，立刻就有人提出质疑：既然出于维护国家利益的目的，国家银行的贷款要先于其他债权偿还，那么我作为国有企业，成为债权人的话，债务的清偿与否，亦同样涉及国家的利益。反对者提出，国家银行是国家财产，国有企业也是国家财产，既然都是国家财产，那能不能再确立一个国有金融资产的保护优先于国有非金融资产的原则？

这样一来，银行方面的意见就站不住脚了。但站不住脚，并不代表银行业界就愿意作出让步。这形成了《民事诉讼法（试行）》修订中的一个僵局。

除此之外，在讨论债务的清偿顺序时，也有人对工资、税款的顺序提出了质疑。为了解答各方面的困惑，王汉斌同志叮嘱我，看我能否找一找民事诉讼法方面的专家，听他们谈谈其他国家在这个问题上究竟是怎么规定的。

求教于柴发邦教授

于是，为此问题，当时我还特意跑到中国人民公安大学，求教于当时中国民事诉讼法的第一号权威柴发邦教授。

柴发邦教授查了一些国家的规定后，告诉我这三种债务的关系（劳动债务、公共债务和私人债务），尤其是欠职工的工资的优先，在大陆法系国家和英美法系国家有很大不同。英美法系更重视私人债务的优先保护，并不是所有劳动债务和所有公共债务都可以优先偿还的。

而具体到劳动债务，也只是在一定限度和范围内优先偿还，需要区分是哪一种工资。比如，属于职工工资的，在破产程序中可以优先偿还，但属于补贴的劳动债务，就没有这种优先权。另外，即便是欠的工资，优先偿还时也还有一定的期限要求，欠的工资只有在一定期限内，才是优先的，你也不能说凡是欠的工资，都应笼统地优先偿还。凡此种种，在英美法系都有不同的区分，有着非常明确的法律规定。

涉及国家税款也是如此，也会有所区别，并不都一律优先。涉及欠国家的税款，总的叫公债务法，因为你是欠国家的钱嘛。这个在涉及公的方面，是不是都优先于私的，也有不一样的规定，税和费也不一样。

但无论如何，柴发邦教授告诉我，从世界各国来说，欠银行的债权绝对是和欠私人的债权一样来处理，银行和普通债务人是居于平等的地位，不能因为欠银行的就优先。

这个问题，现在看起来已经非常清楚了，可是在当时，这条的改变，是花了非常大的力气。七届全国人大法律委员会主任王汉斌同志和另一个法律委员会副主任宋汝棼同志，亲自去做陈慕华的说服工作。

王汉斌和宋汝棼强调，修改后的《民事诉讼法》在企业法人破产还债程序一章中，特别提到，"已作为银行贷款等债权的抵押物或者其他担保物的财产，银行和其他债权人享有就该抵押物或者其他担保物优先受偿的权利。抵押物或者其他担保物的价款超过其所担保的债务数额的，超过部分属于破产还债的财产"。这样一来，享有抵押权的银行有优先受偿的权利，甚至优先于破产企业欠职工工资和所欠税款，银行业界应该尽量使用抵押担保手段来确保自己的利益，这样的话，就可以从原来规定中的老三地位，一跃而变成老大地位。这样修改后，银行业界也就没话可说了。

现在看起来，这一条文的修改，大大转变了银行的法律观念。过去，他们是躺在优先于企业的债权上睡大觉。我们过去的银行，是不太懂这个问题，它还有担保手段、抵押手段来保障债权的实现，但往往不会用，只会借用国家银行的地位来取得优先权，这是不可能永远行得通的。而现在，他们则要靠抵押权的方法来维护银行的利益。抵押是担保之王。银行业界开始学会利用担保之王的手段，来确保自己利益优先得到保护，这对后来银行业的实践，起到非常重要的推动作用。

勿忘“小破产法”

2006年8月27日，十届全国人民代表大会常务委员会第二十三次会议通过了新的《企业破产法》。虽然我们早在1986年时，就有《企业破产法(试行)》，但绝对不能说，新《企业破产法》是老《企业破产法(试行)》的修改。与其说是修改，毋宁说是彻头彻尾的重新制定，因为其内容和主旨，已经有了根本性的变化。人们谈起这两个破产法时，都说相隔20年，因为老的《企业破产法(试行)》是1986年通过的，而且只适用于国有企业。

人们常常容易忽略的是，1991年《民事诉讼法》修改后，专门加进了“企业法人破产还债程序”一章，虽然只有8个条文，却已经规定了所有具备法人资格的企业共同适用的破产程序，其中只把国有企业作为例外。

也就是说，国有企业破产，仍然适用1986年的《企业破产法(试行)》，而涉及其他各类企业的破产，则适用新的《民事诉讼法》。

职是之故，我想提醒读者，我们不要忘记在1986年的《企业破产法(试行)》和2006年的新《企业破产法》之间，我们还有一个只有8个条文的“小破产法”。它尽管条文短小，但较之1986年的《企业破产法(试行)》，已经前进了许多。

行政强制程序的是与非

1991年《民事诉讼法》修改时，对司法强制执行程序并没有什么争论。倒是第二年，全国人大常委会讨论通过《税收征收管理法》时，法律委员会乃至全国人大常委会内部，对行政强制执行程序反而发生了很多争论。

当时，我们并没有规范行政强制执行的法律。究竟行政机关拥有哪些强制执行手段，法律规定得并不明确。哪些强制手段只能由法院去行使，哪些属于行政机关有权行使也不明确。在众多行政机关中，哪些拥有与司法强制相同的手段，哪些不得拥有也不明确。

在讨论《税收征收管理法》时，该法规定的强制措施就包括：“扣押、查封、依法拍卖或者变卖其价值相当于应纳税款的商品、货物或者其他财产。”扣押、查封、拍卖这种强制手段通常只属于司法机关，行政机关滥用的话，后果会很严重。

于是王汉斌同志提出，要我们调查一下，在实践中都有哪些政府机关行使这些强制手段。反馈回来的信息，则是大约有十四五个单位在实践中行使了这些强制手段。

那么，在当时的法律中，究竟有哪几个法律明确赋予行政机关扣押、拍卖这种强制手段呢？只有《海关法》和《税收征收管理法》。所以，法律委员会讨论时明确认为，只有法律有明确规定时，行政机关才能拥有“扣押、查封、拍卖”这种专属司法机关的强制执行手段。凡法律没有规定的，任何政府机关均不能行使这些手段，要行使只能通过司法机关。

毫无疑问，《税收征收管理法》对于完善我国行政执法制度，起到了很好的规范和整顿作用。

辛普森案是一部活生生的证据法

现在来看，1991 修订的《民事诉讼法》中，最薄弱的环节是证据部分。

当时曾有人主张，专门制定一部证据法，把《刑事诉讼法》、《民事诉讼法》、《行政诉讼法》中的证据部分，专门统一起来。可惜这个想法至今没有实现。

1991 年的《民事诉讼法》中，涉及证据部分的条文，只有 12 条。民事诉讼证据规则的完善，则是等到后来最高人民法院有关证据规则的司法解释陆续出台之后，才作了比较详细的规定。

对此问题，我的想法是，既然打官司就是打证据，那么，证据应当在《民事诉讼法》中占有很重要的地位。而从 1991 年的《民事诉讼法》中，却丝毫看不到它如此重要的地位，这是很遗憾的！

1993 年 3 月开始，我不再担任全国人大法律委员会副主任和全国人大常委会委员，而中国政法校长也早在两年前被免去。在这种情形下，我也乐得清闲，在 1994 年年底至 1995 年年初，去美国讲学、访问三个月，先在哈佛大学，后到哥伦比亚大学，再到加州大学洛杉矶分校。这次到美国访问,极大地改变了我的“重实体,轻程序”的错误观念。

在美国期间,恰好遇到辛普森案件。辛普森(O. J. Simpson)是美国家喻户晓的橄榄球明星、电影明星。1994 年 6 月 12 日,辛普森的前妻尼克尔和她的男朋友戈尔德曼双双被杀,警方怀疑是辛普森所为,将其列为头号嫌疑犯。在律师魏茨曼的帮助下,辛普森在 6 月 12 日被警方收审后,当天就恢复其自由。这期间,辛普森聘请律师罗伯特·夏皮罗担纲辩护。

6 月 17 日上午 8 时,检方通知夏皮罗,警方决定逮捕辛普森,请其带辛普森于 11 时前往警局自首。未料,到 11 时 30 分时,夏皮罗发现辛普森和其好友考林斯不见了,遂告知警方。于是,警方出动了直升机和警车,展开了大追捕。当时,日臻发达的电视媒体也出动直升机,现场直播此次追捕。许多人都不顾工作,打开电视机看警方追捕辛普森的新闻,真像是一场好莱坞电影。当天晚上辛普森被警方逮捕。

在被捕期间,辛普森还写了一本书《我想告诉你》(*I want to tell you*),是对 30 多万封给他的信的答复,卖了 50 多万本,赚了几百万美元稿酬。他无罪释放后的第 12 年,也就是 2006 年,他又准备出一本书《假如是我干的》(*If I did it*),具体写的是,假如是他杀了他的前妻及其男友,之后可能发生的具体情节。这时,社会舆论已经再也不能容忍他的这种嚣张态度,终于封杀了这本书的出版。

当时,美国舆论把这次审判称为“世纪名人大审”。辛普森请的律师团中,五名律师夏皮罗、贝利、德肖维茨、科克伦－杰尔曼、李昌钰,都是当时美国最有名气的律师。而就检方来说,加斯蒂－克拉克、霍奇曼等 8 人也都是美国法律界炙手可热的大腕。经过半年的预审,1995 年 1 月 24 日,这场旷日持久的“世纪名人大审”正式拉开了帷幕。

哈佛大学的一位教授对我说,他认为法学院的学生们,可以不必去读诉讼法和证据法,辛普森案的全部过程,就是一部活生生的诉讼法和证据法!这个案子,归根结底完全是在打程序、打证据!

检方手中最有力的证据,是辛普森的车中的车门、仪表盘、车内地板上多处血迹中,根据遗传基因 DNA 化验结果,证明既有被害人戈尔德曼的血迹,也有辛普森的血迹。检方力图使陪审团相信,车内辛普森和戈尔德曼的血迹，证明了辛普森在杀死戈尔德曼前可能在车内发生过搏斗。

为了从科学的角度说明，被告律师请了一些专家，包括曾获诺贝尔奖的化学家穆林斯。穆林斯指出，基因分析并不是一项完善的科学，仍可能有几十万分之一误差，仅凭一滴血就定罪的做法是愚蠢的。而更能推翻检方此项证据的，是辩方证明，血样在6月很热的卡车里，长达7小时可能变质。除此之外，辩方还举出塞尔马公司曾检验DNA出现误差的例子，说明现有检验结果的可信度值得怀疑。

在老百姓心目中，绝大多数人认为辛普森是凶手。但由8名非裔美国人、2名西班牙裔美国人、1名美国印第安人和1个白种人组成的陪审团，采信了辩方的说法，认为DNA化验结果可能出现误差，最终判辛普森无罪。令人惊讶的是，辛普森案陪审团的文化水平，平均只有高中文化程度。

可以说，辛普森案完全与实体法无关，这是一起百分之百地打程序法的官司。程序法造就了美国的一大批律师。程序法的细致、具体和证据法的复杂、矛盾，使任何非法律专业的人打官司，都必须倚仗掌握了专业知识的律师，律师的主要作用就在于，帮助当事人解决程序和证据的问题。

程序正义是实质正义的前提。虽然程序正义和实质正义有时也发生矛盾，但那并不是普遍的现实。程序正义至少是能够维护诉讼中权利的保障，而诉讼权利和保障则应是实质公平的前提。

二十三、《著作权法》的争议

从民法的角度来说，我认为七届人大期间通过的法律中，除了《民事诉讼法》之外，就是《著作权法》。因为当时我国知识产权三大法律中，《专利法》已经有了，《商标法》有了，只剩下《著作权法》。

著作权法？版权法

当时，法律委员会在讨论《著作权法（草案）》的时候，有很多的争议。例如，关于这部法律的名称，究竟是该叫"著作权法"呢，还是应该叫做"版权法"？有些委员和地方主张改为"版权法"，有些委员和地方则主张仍用"著作权法"。大家围绕着这个问题，产生了非常激烈的争论。

这种争议，当然不是谁对谁错的问题。站在不同的角度，自然会有不同的侧重点。

最后怎么解决呢？法律委员会在提交人大常委会上特别指出，鉴于1986年通过的《民法通则》，已经将本法拟保护的对象规定为"著作权（版权）"，故法律委员会的意见是，建议本法的名称仍用"著作权法"，同时增加一条规定，"本法所称的著作权与版权系同义语"，专门强调这个问题。

反动淫秽的作品有没有著作权

在《著作权法》制定过程中，还有一个问题争论得非常激烈，那就是：反动淫秽的作品究竟有没有著作权？这个问题背后的问题，则是什么样的作品才是合法的、受著作权法保护的作品？而更实质性的问题，则是由哪一部法律来判断作品的合法与否？而终极的问题，则是《著作权法》与《出版法》究竟应不应该同时制定？或者说，在中国还没有《出版法》的情况下，如何由《著作权法》判断作品的合法与否？

这些问题，确实很难一句话回答。特别是涉及内容反动淫秽的作品，我们究竟该怎么办？也就是说，著作权法和我们的意识形态中的管制，到底是什么关系？这是一个当时争论很大的问题。

立法者最早拿出了《著作权法（草案）》的时候，有一条专门规定，“反动淫秽的作品不享有著作权”。

但是草案中这个规定，引起了人们的极大争论。既然《著作权法（草案）》说“反动淫秽的作品不享有著作权”，那么，到底什么是“反动”呢？什么是“淫秽”的？谁给反动、淫秽下个定义啊？当时我们也没有专门的《出版法》，这个问题该怎么办呢？

我记得会上有委员就问到，这个“反动”，我们究竟是根据一个人来定，还是根据一个人的言行来定啊？比如李宗仁，昨天他是反动的，而今天他又回归大陆，又变成不反动的了，那么他的著作权怎么确定啊？

这个问题，在当时来说的确是很复杂尖锐的问题。当时甚至有地方的报纸报道，有的地方把《红楼梦》都定义为淫秽作品了。

“依照法律应该禁止的，不享有著作权”

这个问题讨论到最后，汇总大家的意见，就把“反动淫秽的作品不享有著作权”，改成了“依照法律应该禁止的，不享有著作权”。这样的话，就使这个条款有了一个明确的前提，“依照法律禁止的”。

但问题又来了，“依照法律禁止的”，我们依照什么法律来禁止呢？我们的法律在哪儿呢？我们没有《出版法》，也没有《新闻法》，也没有其他这样的一些法律。

当时人大常委会讨论《著作权法》的过程中，为了跟常委们说清楚著作权法和版权法的关系问题，王汉斌请我在全国人大常委会上，就著作权的必要性和著作权的保护其他方面，专门发过一次言。我在这个发言中，重点就介绍了著作权法和出版法的不同的立法诉求，促使委员们对《著作权法》以及《出版法》在私权、公权方面有所侧重的理解。

而法律委员会为了这个事情，还专门查了很多 20 世纪 50 年代的法律法规。经过艰辛的查找,最后在全国人大常委会1955年11月8日通过的《关于处理违法的图书杂志的决定》中,发现了一个可以参照的规定。《关于处理违法的图书杂志的决定》全文如下:

全国人民代表大会常务委员会第二十一次会议和第二十三次会议讨论了国务院周恩来总理提出的图书杂志审查处理暂行条例(草案),认为有下列情形之一的图书杂志:

(一)反对人民民主政权,违反政府现行政策和法律、法令的;

(二)煽动对民族和种族的歧视和压迫,破坏国内各民族团结的;

(三)妨碍邦交,反对世界和平,宣传帝国主义侵略战争的;

(四)泄露国家机密的;

(五)宣扬盗窃、淫秽、凶杀、纵火及其他犯罪行为,危害人民身体健康,败坏社会公德,破坏公共秩序的;

(六)其他违反宪法和法律、法令的,都是违法的。

各级主管机关经过审查确实后,可以呈准国务院或者省、直辖市人民委员会、自治区自治机关,按照这些图书杂志的违法情节,分别作停止发行、停止出卖、停止出租或者没收等处理。对于出卖出租上述违法图书杂志的生活困难的书商书贩,可以采取收购收换的办法处理。

所提图书杂志审查处理条例,可以暂不制定。

有了这个决定,这个问题就好解决了。所以也就根据这个决定,写出了一个条文:“法律禁止出版的,不享有著作权。”

对于《著作权法》是否必须与《出版法》同时制定的问题,我记得宋汝棼还专门讲过,经过国务院法制局、国家版权局等共同研究,拿出了几点意见。第一点说,各方面都赞成尽快制定《出版法》,新闻出版署正在抓紧制定;第二点说,《关于处理违法的图书杂志的决定》使《著作权法》中的有关规定有法可依;第三点则阐述著作权法和出版法的关系:“著作权法是保护知识产权的民事法律,出版法是对出版书刊进行行政管理的法律,两个法律虽有联系,但调整对象和适用范围不同,是各自独立的法律,同企业破产法和企业法的关系有所不同。因此,不一定必须先制定了出版法,再制定著作权法。”

希特勒的著作权问题

当时制定《著作权法》时还有个花絮，就是讨论反动淫秽作品到底有没有著作权时，大家反复提及的一个例子，就是希特勒的《我的奋斗》一书的著作权到底是怎么规定的。

我记得，当时新闻出版署的版权局还对这个问题专门做了个解释。为了这个问题，他们曾经到民主德国去考察希特勒《我的奋斗》著作权现在怎么办。因为讨论这个问题的时候是 1990 年。而德国是 1945 年投降，希特勒也是 1945 年死亡的，距离 1990 才 45 年。如果按照著作权享有的国际惯例的话，希特勒《我的奋斗》的著作权应该是死后还有 50 年。那么从那时候到 1990 年的时候，就是说希特勒的著作权还在保护期限之内。

那么，希特勒死了，而他的《我的奋斗》是不是任何人都可以出版呢？国家版权局当时求教于德国版权局。德国版权局解释说，我们并没有因为他是希特勒，就认为希特勒的著作就是反动的，更不会因此而认为希特勒不享有著作权。人人都应该享有著作权。所以，我们当时只是作了一个规定，就是由国家出面，买下希特勒的《我的奋斗》的版权。国家买下来之后，那么其他人就不能再出版了。他们是通过这么一个方式来解决的。

所以，在当时还没有《出版法》、没有《著作权法》之前，我们如何来界定出版法和著作权法之间的关系？我想，《出版法》应该是带有公法的性质，管理出版的权力；而《著作权法》应该是带有私权利保护的这么一个范围。这么说，应该是比较合适的。

“版权怎么能归私人所有呢？”

当时，应该说有很多人是反对《著作权法》的。特别是有些人认为，我们是社会主义国家，版权怎么能归私人所有呢？比如一首歌，可以有它的公共效应和社会效应，它的社会价值应该是更高于私人享有的价值的。

所以，当初在讨论《著作权法（草案）》时，对于著作权的公权的效益和它的私权的效益，始终有着很大的争论。它们之间究竟如何来区分？比如现在一首歌谱出来之后，人人都在唱，电台每天都在播放，那么别人唱的时候、电台播放的时候，是不是每次都要给著作权人补偿呢？

对著作权里面涉及的这种邻接权争论就相当大了，特别是广播电台这种媒体，认为要每次播放广播电视作品都要付版权费的话，那他们的成本也实在太高了。当初广播电台的主管机构广播电视部，对这个问题呢，就坚决主张给作者的版权费用是一次性支付，也就是说，通过这种一次性付给版权费的方式，买断创作者的著作权。广播电视部认为，广电媒体在录音、录制的时候，当时就付了，以后不能再来要。

这样的话，这个问题当时成为著作权人，包括歌唱家、作曲家和演出单位之间争论的焦点。我记得宋汝棼在全国人大常委会上所做的说明中，还专门论述这个问题：

第四十二条规定播放录音制品可以不经著作权人许可，不支付报酬。有的同志认为不应当支付报酬，有的同志认为不仅应当支付报酬，还应当经著作权人许可。

广播电台、电视台使用已发表的作品是大量的，我们社会主义国家的广播电台、电视台担负着宣传、教育，满足人民文化生活需要的任务，播放节目是不收费的，因此不能像资本主义国家规定的每次播放广播、电视节目以及录音制品都要向著作权人付酬（那样广播电台、电视台负担不了），但也不能一律不支付报酬。因此，修改稿规定制作节目、制作录音制品要向著作权人支付报酬，但这是一次性的，播放时不再付酬。这样规定，既考虑了保护著作权人的权益，也考虑了我国广播电台、电视台的实际情况。

最终，考虑到中国的实际情况，《著作权法》就认可了广播电台的主张，在第43条规定，“广播电台、电视台非营业性播放已经出版的录音制品，可以不经著作权人、表演者、录音制作者许可，不向其支付报酬”。即在节目录制的过程中，就把版权费用一次性付清，以后不能再要了。

这样处理，法律是出台了，但这显然不合国际惯例。后来在中国申请加入WTO的过程中，由于我国著作权保护法律制度的不完善，围绕《著作权法》产生的系列争执，几乎使得《著作权法》成为中国加入WTO的“拦路虎”。在中美之间就中国加入WTO达成协议后，修改《著作权法》就紧锣密鼓地摆上全国人大常委会的议程。

2001年10月27日，第九届全国人民代表大会常务委员会第二十四次会议上，对《著作权法》做了一定的修改。我记得其中一个重要的修改，就是“广播电台、电视台播放他人已发表的作品，可以不经著作权人许可，但应当支付报酬”。“广播电台、电视台播放已经出版的录音制品，可以不经著作权人许可，但应当支付报酬。”这也就是后来诸如KTV收版权费等话题的由来。而这之后，我国以《著作权法》为核心的知识产权法，才基本上与WTO接轨了。

二十四、立法活动与执法检查

觉得自己的脚还是踩到中国的土地上

就立法工作来说，我 1983 ~ 1985 年参与了经济立法工作，到 1985 ~ 1986 年又参与了《民法通则》的制定过程，接下来到 1986 ~ 1988 年又承担起行政立法研究组的工作，最后到 1988 ~ 1993 年七届全国人大期间，担任法律委员会副主任、常委会委员及人大代表整整五年。

回过头来看，这十年时间中，我最大的收获是直接参与中国经济立法、民事立法、行政立法以及其他各方面立法的工作，对中国的政治、经济、社会情况，有较为全面的了解，觉得自己的脚还是踩到中国的土地上。经过这十年的亲身参与，可以说自己是中国法的专家了。

关于我在七届人大期间参与的立法活动，我已经在前文中将《行政诉讼法》的颁布、《民事诉讼法》的“转正”、《著作权法》的通过等，专门做了详细的回忆，此处不再赘述。

从我国全国人大常委会的功能来说，主要是两个：一个是立法活动，另一个是执法检查。当然，其他还有诸如一些人事安排等，但那都是很次要的。因此，在这里，我想说说七届人大期间制定和颁布的其他几部我认为比较重要的法律，以及这期间我参与的几次执法检查。

修改《中外合资企业法》

七届人大期间，还有很重要的一项立法活动，那就是修改《中外合资企业法》。

我记得当时法律委员会另一位副主任顾明，曾介绍过 1979 年颁布《中外合资企业法》的情况，现在想来着实有点意思。

1978 年年底十一届三中全会后，中国对内厉行改革、对外推行开放。尤其是在对外开放这一块，在刚开始的时候，主要还是局限于技术合作的范围内。

对于中外合资，从国内来说，认为自己是共产党、外国是资本家，观念上还有点接受不了；而从国外的角度来说，由于当时中国刚刚结束内乱，很多领域都没有法律可以参照，外资想来又不敢来。

1979年2月11日，邓小平在审阅国务院技术引进领导小组《关于美国通用汽车公司访华代表团愿意同我国合资经营办汽车厂》的报告后，作出批示，“合资经营企业可以办”。这个批示，彻底打消了国内对于外资的“恐惧感”。

但是，自中国打开国门后，外国财团和公司尽管对于中国未来的商机充满了憧憬，但对于眼下与世隔绝多年的中国，百废待兴，外国资本的“恐惧感”却没有消除。那时候，别说西方资本主义国家对于来中国投资顾虑重重，就是中国的社会主义兄弟们，也不敢贸然来中国投资办厂。外商很关心的问题就是，跟你们合资之后，我的权利有哪些？我的权利怎么保障？外商说，没有法律我不来，必须先有法律才来投资。

当时任第五届全国人大常委会委员长的是叶剑英。叶帅很着急，要求国务院半年之内提交《中外合资企业法》。

顾明那时候是国务院秘书长。他说接到这个任务很着急，半年之内就要提交，从来没有经验，只能够借鉴国外的经验，看那些发展中国家如何吸引外资，把他们当时那些国家吸引外资的法律拿过来。

于是，国务院紧急指示我驻外使馆，查找各国相关法律。结果发现，许多发展中国家都规定了外资进入的上限。绝大多数的国家法律规定，外商投资比例不得超过50%，因为一旦超过50%，董事长就是外国人，控制权就被外国人掌握。

于是我们照猫画虎，也在《中外投资企业法》草案中照此作了规定，外商投资比例不得超过50%，即明确规定，“中外合资经营企业外资投资比例不超过49%”，“决定重大问题要2/3多数通过”。

这个“草案”拿去给叶帅一看，他说，不能超过50%，这样的法律有多大的意义？他说，“我们要倒过来，多多益善，少不行，多不受限制，少不能低于25%，多可以到80%、90%”。旁边的工作人员就提醒，“如果超过50%，董事长就是人家的了”。叶帅说，“那好办，咱们在法律上写上，超过50%，董事长还只能由中方担任”。

1979年7月1日,《中外合资企业法》在五届全国人大二次会议上获得通过。7月8日,这部法由委员长令颁布实施。这部法律第6条规定:“合营企业设董事会,其人数组成由合营各方协商,在合同、章程中确定,并由合营各方委派和撤换。董事会设董事长一人,由中国合营者担任;副董事长一人或二人,由外国合营者担任。董事会处理重大问题,由合营各方根据平等互利原则协商决定。”这等于是说,无论外国合营者投资多少,都不能担任合营企业的董事长。在后来的实践中,中外合营者都认为这样规定不尽合理,要求修改。但当时,最后立法还真就这么通过了。

对于这部法律的不成熟之处,包括邓小平在内,对此也是知道的。6月28日,邓小平会见日本公明党委员长竹入义胜时,谈到这部即将由全国人大通过的法律时说:“这个法不是完备的,因为我们还没有经验,与其说是法,不如说是我们政治意向的声明。”

总的来看,《中外合资经营企业法》是我国颁布的第一部对外经济贸易的法律,对于我国引进外资、技术,起了很重要的作用。但当时制定这部法律时,毕竟囿于环境、时代背景,还有很多立法技术上不完善、不成熟的地方,所以,在其实施十年后进行修订,就势在必行了。

修订这部法律,重点当然还是董事长问题。到了20世纪90年代初期,大家觉得这样做不对,不符合世界的规律,国外的做法都是谁投资50%以上,谁就担任董事长。所以,那次修改《中外合资经营企业法》,重点之一就是修改这一条。

1990年4月4日,第七届全国人民代表大会第三次会议通过《全国人民代表大会关于修改〈中华人民共和国中外合资经营企业法〉的决定》。

当时修改有两处比较关键:

第一个关键的修改是在第2条增加一款:“国家对合营企业不实行国有化和征收;在特殊情况下,根据社会公共利益的需要,对合营企业可以依照法律程序实行征收,并给予相应的补偿。”这一条的作用在于增强外商投资中国的安全性预期。

第二个关键地方就是将原来的《中外合资经营企业法》第6条第1款改为:“合营企业设董事会,其人数组成由合营各方协商,在合同、章程中确定,并由合营各方委派和撤换。董事长和副董事长由合营各方协商确定或由董事会选举产生。中外合营者的一方担任董事长的，由他方担任副董事长。董事会根据平等互利的原则，决定合营企业的重大问题。”这等于说中国开始顺应国外经验，自发地遵循共同的国际规则。

邓朴方来见我在法大很轰动

七届人大期间的立法活动，还有一个跟我关系比较密切的立法，那就是《残疾人保障法》。一方面，我本人就是个残疾人，这部法律跟我个人有密切关系；另一方面，当然就是我作为法律委员会副主任和常委会委员，参与了这部法律的讨论和审议。

起草《残疾人保障法》的工作，自 1985 年就开始了。这近五年的时间内，起草部门“学习、借鉴了国内的法律，翻译、参阅了数十万字的国外残疾人立法资料，收集、研究了建国以来国家和各部门有关残疾人事业的政策和规定，听取了残疾人的建议，多次征求地方、各有关部门和法律专家的意见，在全国人大常委会和国务院法制部门的指导下，反复修改 18 稿”。老实说，这项立法进展得并不是很快。

可能正因为立法进程的久拖不决，当时中国残疾人联合会对于《残疾人保障法》的制定非常重视，希望能够在七届人大期间毕其功于一役。当时已经担任中国残联主席的邓朴方，对于这部《残疾人保障法》也是比较关心的，毕竟这是中国第一部残疾人的保障法。所以在立法的过程中，邓朴方登门拜访了全国人大法律委员会的一些委员，有点像国外立法中“游说”的意味。

邓朴方拜访的人员中，当然也包括我。邓朴方来中国政法大学拜访我这件事，当时在政法大学还很轰动。邓朴方来的那天，正好是 1990 年 9 月 22 日。

为什么我记得这么清楚呢？因为那天晚上北京亚运会开幕，而且正好就是那天，我们正在聊天，中午 11 点 2 分左右，突然间房子在摇晃。后来我们才知道，这是发生在北京北郊小汤山一带的一次 4 级地震。地震发生时，距离北京亚运会开幕式只有五个小时。当时我们很明显感觉到房子在微微震动。

那时候，我还住在中国政法大学北门。邓朴方是坐着一辆奔驰车来的，带着随身的护卫，因为他要坐轮椅、带尿袋等，也不是很方便。还好，我当时住在一楼，对邓朴方来说，免去了上楼的麻烦。

那时候离政治风波还没多长时间，而邓朴方在政治上又比较开明。所以，邓朴方来中国政法大学拜会江平的事情，马上就传开了，连外电都有所报道。

事后也有人来问我，“这个事情有没有政治上的原因呢?”“怎么政治风波完了没多久邓朴方就来拜访你啊？是不是传达什么话啊?”

其实，邓朴方来看我，就是围绕《残疾人保障法》的问题。

当时我还问他，邓小平的身体怎么样？他说，邓小平把烟都戒了，戒完了之后，觉得还不错。

邓朴方希望我能够支持《残疾人保障法》。我说，我本身就是残疾人，这个问题我是肯定要支持的。邓朴方特意要求我在之后的全国人大常委会上，为了《残疾人保障法》的顺利通过，专门做一个专题发言。这也是担任常委会委员、法律委员会副主任五年中，我在全国人大常委会上唯一的一次发言。

1990年10月25日，民政部部长崔乃夫受国务院委托，在第七届全国人民代表大会常务委员会第十六次会议上，专门就民政部和中国残疾人联合会起草《残疾人保障法(草案)》的经过与基本内容做了说明。

坦率地说，《残疾人保障法》在立法过程中，争议并不多，这与其他的立法相比，应该说是比较特殊的。这可能也是因为《残疾人保障法》的内容本身，就像崔乃夫所说，“一是重申残疾人享有同其他公民平等的权利，并保护其不受侵害；二是采取辅助方法和扶持措施，发展残疾人事业，促进残疾人平等地充分参与社会生活。这也是国际上残疾人立法的通常做法”。这等于是说，《残疾人保障法》更多的是一种对残疾人这一特殊群体的权益给予保障的法律，是残疾人事业中的“母法”，这样的话，很多内容也只能是宣示性的，而且也不可能规定得太细，用崔乃夫当时的话来讲，就是“要有一定的高度、广度和时间跨度，包容各个领域，明确重要原则，解决主要问题，留有发展余地”。

《监督法》的“瘦身”

2006年8月27日，第十届全国人民代表大会常务委员会在第二十三次会议上，“高票通过”了《中华人民共和国各级人民代表大会常务委员会监督法》。该法律于2007年7月1日开始实施。自此之后，上上下下掀起了学习、贯彻《监督法》的风潮，见诸媒体的报道都对这部法律好评如潮，“监督法”也成了个流行词。

正像媒体所报道的，这部《监督法》从起草到通过，可谓“二十年磨一剑”。而之所以需要二十年的时间来制定一部法律，则有很多原因。为什么说是二十年呢？我们在七届人大期间所进行的立法工作中，还有一个很重要的立法，就是起草和制定《监督法》。

早在1986年六届全国人大期间，彭真委员长就提出了人大监督的课题，并由陈丕显和黄华副委员长共同牵头。此课题交由全国人大常委会办公厅研究室承担，后来起草《监督法》的任务就落在研究室头上。1990年3月12日，中共中央第十三届六中全会通过《关于加强党同人民群众联系的决定》中，曾有“建议全国人大常委会拟定实行工作监督和法律监督的监督法，国务院制定行政监督法规”的决定。此后，七届、八届全国人大常委会先后三次组织专门班子起草《监督法》，但由于各方面分歧太大，这部法律也一拖再拖，一晃就是二十年。

按照当时制定《监督法》的初衷，这部法律实际上涉及最根本的是宪法监督的问题。显然，这是一个跟公权力有关的法律，专门规定全国人大常委会以及地方人大常委会的监督权。在制定的过程中，《监督法》引起人们很大的注意，人们尤其关注监督的对象和范围。

在当初的《监督法（草案）》中，规定中国的宪法监督的模式可以有三种：第一种是在中国既有的法院体系中设立独立的宪法法院，像德国的宪法法院那样；第二种是在全国人大下面设立宪法委员会，这个宪法委员会跟全国人大常委会平级，这有点像法国的宪法委员会；第三种就是在全国人大常委会里面专门设立一个宪法委员会。

显而易见，第二种、第三种思路的不同之处在于：按照前者，宪法委员会和全国人大常委会是平行的；而按照后者，则宪法委员会是隶属于全国人大常委会。

当时讨论这三个方案时，第一个方案被大家明确否定，因为在中国专门搞一个宪法法院，不光很难被当时的领导人所接受，即便是现在，这也是一个讳莫如深的问题。当时大家认为最可行的，还是第三个方案，即我们至少在人大常委会下面，设立一个独立的宪法委员会。

但这个方案经过多次讨论后，最后就无声无息了。

按照当时的设想，涉及全国人大的有两部根本法：一个是代表法，规范全国人大代表的选举、人大代表的权利、人大代表的地位等事宜；另一个就是监督法，涉及全国人大监督的权限、功能和地位。这两部法律中，后来《代表法》很快就通过，而《监督法》则要等到近二十年之后。

2006年8月27日通过的《监督法》，跟以前的设想比，可以说是大不如前。这部《监督法》把原来的方案都摒弃了，包括当时提到的最有可行性的第三种，即人大常委会下面专门设一个宪法委员会，审查违宪的问题。

那么，现在的《监督法》提出了什么样的方案呢？可以说什么方案也没提出来。按照现在《监督法》的规定，监督的权力和职责主要由全国人大常委会和地方各级常委会来行使，而这个监督权的范围，无非是听取政府、法院、检察院的专项工作报告；审查和批准决算，听取和审议国民经济和社会发展计划、预算的执行情况报告，听取和审议审计工作报告；法律法规实施情况的检查；规范性文件的备案审查；询问和质询；撤职案的审议和决议。

这里面，"规范性文件的备案审查"可能表面上跟法学界追求的"违宪审查"距离最近，但实际上，这个"备案审查"和"违宪审查"一点关系都没有。我还专门看了一下，这部《监督法》除了在第1条和第2条两次提到"依据宪法"、"依照宪法"字样外，通篇未再提到"宪法"二字。

实际上，我们国家在违反宪法的问题上，说是全国人大及其常委会有权来监督宪法的实施，但实际上没有一个明确的违宪审查机制。所以，现在出现违宪案件后，就出现了很大的问题，没有一项依法审查的解决机制，问题还是悬在那儿。

《监督法》还涉及另外一个问题，就是人大对于法院的监督到底是监督什么？对财政的监督到底是监督什么？比如说，三峡工程的修建与否，最后拿到了七届人大上来讨论。但这只是个案，那与此类似的南水北调要不要呢？最终是否由全国人大讨论，究竟是取决于所议事项的重要性呢，还是按花钱的多少？如此等等的问题，没有一项法律来规定怎么行呢？

而且，换个角度来说，既然全国性的三峡工程可以拿到全国人大来讨论，那么地方性的，比如北京市、山东省、河北省的建设方案，够上什么样的标准，才必须拿到全国人大来讨论呢？另外，比如像奥运会、世博会这样的大型赛会呢……像这种情况，都应该有一个法律规定，这样的话，我们就可以形成一个体制，只要符合这个体制的要求，就按照规定的法律程序来提交，这样《监督法》才会进入一个良性循环的轨道，而不至于被架空。

《新闻法》还是不通过为好

1988年7月1日召开的第七届全国人民代表大会常务委员会第二次会议上，曾经通过了《七届全国人大常委会工作要点》。在这份决议中，立法部分的规划曾有这么一项内容，“制定保障公民权利和维护社会公共秩序方面的法律，主要有集会游行法、新闻法、出版法、社团法、工会法等。还要制定全国人民代表大会议事规则”。这一部分工作现在看来，除了《集会游行示威法》最后通过外，其他法律都胎死腹中。

在七届人大期间，《新闻法》当初是胡绩伟在搞。胡绩伟当时是七届全国人大常委会委员，他确实也是这方面的专家。在政治风波以前，《新闻法》起草进行得还挺快，但1989年政治风波后，胡绩伟被撤销了常委委员和人大代表的资格，这个《新闻法》也就不了了之了。

当然，后来还有人建议继续制定《新闻法》。包括1998年时，我记得李鹏在接受外国记者采访时，还说过“中国将按照法定程序起草一部符合中国国情的新闻法”。但我又听说，最后各方面经过讨论后，认为中国要走依法治国的道路，制定《新闻法》是必不可少的，但目前出台的条件还不成熟，暂时不宜出台。

回过头来看，近二十年来，关于《新闻法》的讨论始终没有离开条件成熟或者不成熟的话题。我觉得，《新闻法》涉及的是意识形态的大问题，它的出台与否，不能仅从保护或是规定新闻记者的权利来看，而是要从整个社会来看。

《出版法》、《新闻法》、《结社法》，这三部法律，不能只看做某一部门的法，或是某一部门从业人员的道德准则，它是涉及宪法规定的公民政治权利，即“公民有言论、出版、集会、结社、游行、示威的自由”怎样具体落实。

新闻问题历来是很敏感的问题。因为在中国,新闻媒体是党的喉舌,它不是政府在管,而是党在管。所以,完全的新闻自由、完全的新闻放开是不现实的,也是不可能的。《新闻法》的制定与出台,是总的政治体制改革中的内容,什么时候出台,要根据国家稳定、经济发展的情况而定。但是我认为,政治体制改革要有,而且应该加快。

现在大家都提舆论监督,处理好新闻监督和新闻审查的关系,我认为这也是健全舆论监督所必要的。审查过严的话,监督的作用就发挥不了,但如果新闻批评变成不负责任的,甚至通过新闻批评泄私愤,则可能使监督走上歪路。这在世界各国都不乏其例,从保证舆论监督的正常发展来看,制定《新闻法》也是十分必要的。

那么,现在讨论制定《新闻法》的问题,从大的方面看,是制定一个比较开放的、允许新闻在一定限度内自由的、放宽舆论环境的法律,还是制定一个收紧甚至严加控制舆论的法律,这是问题的所在。

我的总体看法是,如果要立一部更趋向禁止性的法律,我不赞成,而且也没必要。制定这样的法律,不仅对国内的改革开放不好,对我国的国际影响也很不利。

但如果是制定一部比较改革开放的、进一步体现政治体制改革的、能够把现有的在群众中起到比较好的作用的新闻媒介的舆论监督作用固定下来;对新闻腐败现象严格杜绝;在新闻管理体制上有前瞻性的《新闻法》,那么我不仅完全赞成,而且认为绝对必要。

考察海南设省后的执法

海南执法检查比较重要,这次共有十个全国人大常委会委员报名参加,所以叫十个常委的执法考察。这次考察的重点,主要是看海南设省之后的执法情况。

海南设省之后没多久,位于海南省西北部的洋浦港就开港。1988年,海南省政府将洋浦规划为一个港口工业城市,并确定了洋浦港发展的基本思路:吸引外资在个别区域成片开发,实行封闭式隔离管理,特区中再套"小特区",取得经验后再在全岛推开。1988 年 12 月,海南正式向中央请示,打算将洋浦港 30 平方公里土地使用权,一次性出让给外商成片开发。

这一下子就引起了轩然大波。很多人大代表和常委,对洋浦港提出了一些意见。支持者认为,洋浦港一次性出让给外商开发,有利于成套地引进外国资金、技术和管理,有利于试验改革开放的经验。而反对者,则将此举上升到"民族尊严"与"国家利益"的高度,认为海南省的做法是把主权给卖了,甚至有的说是新时代的"殖民地",争议很大,酿成了改革史上所谓的"洋浦风波"。

我看到一篇文章上说,1989 年 4 月 6 日,中国高层专门研究了洋浦问题。在会上,时任国务院副总理的田纪云援引《宪法》和有关法规指出,"土地有偿出让,成片开发 70 年是有根据的,不能给人家戴卖国的帽子"。最终,邓小平在海南省委的汇报上批示说:"我最近了解情况后,认为海南省委决策正确,机会难得,不宜拖延,但须向党外不同意者讲清楚,手续要迅速周全。"这场"洋浦风波"才算终止,刚刚设省的海南,则经历了一次意识形态上大是大非的洗礼。

当时海南之所以受到人大常委会委员的关注,还有一个原因,即一些人大代表对中央政府授予海南省的特别权力也有看法。据说当时海南的走私很严重,因为当时国家给了海南一个特殊政策,海南可以以比较优惠的价格从国外进口汽车,在税收方面有很大优惠,购买成本很低。但中央政府也明确指出,这些汽车只能够在海南使用,不能够卖到大陆地区。当时如果允许这些汽车卖到大陆的话,这个问题就太大了。但是,这个问题实际上很难禁止。要从海南走私汽车的话,过琼州海峡应该是很方便的。那大家就争议,给海南的优惠政策,怎么使海南变成汽车走私的发源地?这个问题就很严重了。

所以,当时全国人大常委会就组织了十个常委的考察团,时任内务司法委员会主任的邹瑜是考察团团长。

我们这次考察的时间比较长。我们考察了洋浦港,也考察

1990 年十常委巡视海南时与团长邹瑜(时任内务司法委主任)合影

了莺歌海的天然气以及设在海口的日本马自达汽车制造厂等，当然还有其他的一些问题。我想这个考察面还是相当广泛的，海南开发初期的很多问题都有涉及。

我们那时候还到了海南最南边的三亚市。当时，三亚凤凰国际机场刚动工，我们一行还参加了三亚机场的开工典礼。当时，三亚几乎没怎么建设，连机场都才刚刚开始修建。

我们一行还经过五指山市，还专门看琼崖纵队的革命根据地。

有一次，我们从五指山上下来，邹瑜，我们去路边人家随便看看，不要按照海南地方指定的路线去看。我们知道，凡是常委的视察，包括看哪些地方、去哪些人家，都是事先安排好的。于是，我们就在路边停车，随便到了一户农民家，进去之后一看，发现这个农民家真正是“家徒四壁”，除了吃的锅碗瓢盆之外，没有任何东西。当时我们就问那个人，你是干什么的，他说了。哎哟，那么一个大小伙子，穿得破破烂烂，一件都快看不出本来颜色的军大衣，他就是不干活，就眼巴巴等着政府救济。

当时大家很有感慨地说，海南的气候应该说是最好的，随便种点什么，都可以长出来。就像有人说，在海南插一支铅笔都能长出来。但是，海南当地人那时候还是那么穷，完全不懂得利用这些自然资源。这确实是个很重要的问题。

去山东检查《矿产资源法》

第三次执法检查，已经到了七届人大任期的末尾。这次调研叫做《矿产资源法》执法大检查，完全是有目的的调查，目的就是调查《矿产资源法》在各个地方的实施情况。

当时，全国人大常委会组建了五个调查组，分别去河北、山东、湖南、贵州和云南调研。至于谁去哪儿，完全由常委自己报名。一般来说，常委们都愿意到偏远一点且没有去过的地方，所以报名去湖南、贵州、云南等省份的人比较多，而离北京较近的河北省和山东省，几乎没人报。后来，人大常委会内负责安排此次调研的领导人就跟我讲，“都没人去山东、河北怎么行呢？这两个地方也很重要啊”。于是就让我担任山东、河北小组的组长，带队去这两个地方调研。

我这一组，还有矿产资源部一个司长郭振西，还有全国人大财经委员会的王连洲，我们几个人组成一个团，我成了全国人大常委会中唯一的代表。

应该说，我们这个调研工作组还是很和谐的。我们先到了山东。山东是一个矿产大省，煤炭、铁矿、黄金、宝石等资源都很丰富。我们一路上，从济南一直到胶东半岛，对各地的情况都做了深入的调查，就《矿产资源法》存在的问题做一定的了解。

后来我们一行又到河北。就矿产资源来说，河北很重要，首钢的矿山基地就在河北省。但那个地方的铁矿石开采，一点秩序也没有，乱得很，中央、省、地、县、乡都在抢掠当地的铁矿石资源。我们出发之前，陈慕华副委员长，还特别要求我们拿出一个好的办法，打破中央、省、地、县、乡各自为阵的无序开发格局。

我们回北京之后，也向陈慕华做了报告。后来陈慕华提出中央、省、地、县、乡入股开采当地煤矿的解决方案。陈慕华提议，能否在矿藏的所在地，中央和地方各级都入股，然后各自按照入股比例开发矿藏资源。但最后，这个设想还是没法实现，各级机构的利益争执太激烈，很难协调。

所以，在这次《矿产资源法》的视察里面，我第一次感觉到在矿藏资源开发方面，中央和地方有着尖锐的矛盾，有着严重的利益冲突。

这次执法大检查结束后，时任地质矿产部部长的朱训，还于1992年2月20日在第七届全国人民代表大会常务委员会第二十四次会议上做了《关于〈中华人民共和国矿产资源法〉贯彻实施情况的汇报》。在这次汇报中，朱训将地矿工作面临的问题分三点来讲：第一，地质勘查投入严重不足，矿产资源形势日趋严峻；第二，矿产资源浪费损失现象仍比较严重，实施《矿产资源法》还存在一些困难和问题；第三，地质环境问题突出，治理与监督管理工作薄弱。其中，朱训在阐述第二个问题时提及：

局部地区矿产开发秩序还比较混乱，仍有39处（涉及114个行政矿）采矿纠纷“热点”矿山，目前近3%的国营矿山、15%的乡镇集体矿山、20%的个体采矿尚未依法取得采矿许可证；滥采乱挖现象时有发生。在《矿产资源法》执法中还存在一些困难和问题：由于历史原因，

《矿产资源法》的一些条款不完善，执行中有一定难度；矿产资源国有观念、法制观念淡薄，执法还有不少阻力；地质矿产资源管理机构不健全，相当一部分矿管机构未进入政府序列，执法地位不明确，一旦出现行政诉讼易引起麻烦；行政处罚权没有落实，对浪费和破坏矿产资源行为缺乏应有的制裁手段；矿产资源无偿开采，矿产国有经济权益得不到应有体现，对矿产资源的争夺和浪费破坏现象也难以根本制止。

对于这些问题，真可以用“触目惊心”来形容。如果真正去了现场调研的话，我想确实会有很切身的感受。而且，涉及生死攸关的利益之争，这些问题解决起来，恐怕也没有想象的那么容易。

二十五、牵动改革神经的“双城记”

“温州模式”始终是改革争论的焦点

在经济发展的模式中，长江三角洲一带似乎总有些“抬江苏、压浙江”的感觉，而在浙江的发展模式中，又是“抬浙北、压浙南”，“温州模式”始终是一个改革争论的焦点。一抬一压的焦点，无非仍是国有经济和民营经济哪个为主导之争，似乎前者就是社会主义，后者就是资本主义。“政治风波”之后，一位领导同志到杭州，点名批评温州搞资本主义，这不仅给温州带了巨大压力，也给浙江带来很大压力。

第七届全国人民代表大会第三次会议开会后不久，听说万里委员长要来参加浙江团的全体会议，大家都很高兴。因为自从第七届全国人大召开以来，还没有一位党的总书记、国务院总理或全国人大常委会委员长，来参加过浙江团的会。现在万里同志要来参加，自然引起人们的关注。

在当时的政治气氛下，精心安排的两位发言人谈的都是如何加强思想工作，我看到万里同志的表情有些无奈，有些呆滞。当两位授命发言的人发言完毕后，主持会议的陈安羽同志（浙江省人大常委会主任）请万里同志发言。万里同志一脸不高兴地说：我没什么好说的，你们都不讲实话，我有什么好说的？然后转身问，董朝才同志来了没有？董朝才回答说来了，万里同志接着说，你到前面来谈谈温州的情况。

董朝才是原来的温州市市委书记，卸任后到浙江省体改委工作，“温州模式”主要是他任书记时出名的。董朝才虽然已经不是书记了，但万里同志仍然点他来汇报温州工作。当谈到温州走过的道路以及所遇到的巨大压力时，董朝才说，现在人们又在指责温州是走资本主义道路。

这时，万里同志插进一句铿锵有力的话，“谁说你们走资本主义道路，我说你们走的是社会主义道路！”使在场的人受到巨大的震撼。

我想，万里同志在这个时候到浙江代表团，专门要听温州工作的汇报，又专门让卸任的书记来汇报，汇报中又斩钉截铁地支持温州发展的道路，心中对他的这一番举动甚为感动，这也是需要有巨大勇气和承担巨大风险的啊！

归根结底是私营经济所占比重之争

温州道路之争，归根结底仍是私营经济所占比重之争。看温州经济所有制比重，国有成分很少，因为国家根本不投资，但公有制比重却仍很高，其中相当大的公有制是号称集体企业的“股份合作制企业”。

这就引起了人们对股份合作制企业的关注，大家很关注它究竟姓社还是姓资，纷纷去温州调查、研究。经济学家关注的是它的性质，法学家则从另外一个角度去关注。

世界上的企业划分，除简单分为独资和合资外，又将合资分成三种合，即人合、资合和劳合。人合为人的信用的联合，如普通合伙和无限公司。资合为资本信用的企业，我们《公司法》中的两种公司便是。劳合为劳动者的联合，典型的是合作社。我们在 2006 年通过的《农民专业合作社法》，便是劳合的组织形式。

除了上面所说的三种联合，西方国家还普遍存在一种两合性质的企业，即人合加资合，西方国家的两合公司和美国的有限合伙（大陆法中的隐名合伙）就属这种形式。我国后来在 2006 年《合伙企业法》修改时，加进了有限合伙，也肯定了这种两合形态。

而股份合作制企业，则是创造了一种新的两合，即资合加劳合，股份属于资本性质的联合，而合作则属于劳动者的联合。这种两合性质的企业，在西方国家也是没有过的，它完全是在中国大地上产生的。究竟它的生命力如何？它是现今集体企业改制后的过渡阶段的企业形式，或是为了戴一顶红帽子以适应一定历史时期需要的暂时现象，还是真正中国自己独有的、具有中国特色的、属于中国改革进程中应运而生的一种具有生命力的企业形态呢？这引起了我的极大兴趣！

对温州股份合作制企业进行实地考察

带着这样的兴趣，并借助全国人大常委会委员的身份，我带着一个博士生对温州股份合作制企业进行了实地考察。

当时,温州市政府法制局瞿局长是北京政法学院的老毕业生。通过他的安排,我获得了不少第一手资料,而且跑了温州一些地方,直到温州市的最南端,也是浙江的最南端,与福建接壤的新兴农民城——龙港镇。

龙港镇是一座完全由农民集资兴建的镇。龙港镇也是在全国首先取消了农村户口和城镇户口区分的镇。从当时的规模来看,其产值和人口也和小的县级市差不多,不久后便成了县级市。

接待我们的是镇长助理,一位学经济的复旦大学毕业生。当时大学生还很珍贵,尤其是复旦大学这种名校的毕业生,竟然到了这么偏远的一个新兴城镇,当这么小的一个官。这让我们感到很惊讶。

参观了几个股份合作制企业后,我发现温州的股份合作制企业,既不是以土地为纽带的股份合作,也不是原有农村乡镇企业改制形成的股份合作,它们都属于私人出资新设立的股份合作制企业。

为什么叫股份合作呢? 一是虽然属于私人出资(而且多属于独资),但其分红有一些限制,有的根本就是借出资来担任职务,拿较高的经理职务工资;二是规定了一些职工的利益,有些甚至还有"集体股"作集体福利之用。

显然,这不是产权方面股份合作,而更多的是分配方面的"股份合作"。至于我所了解的,只是企业方面的介绍和文字上面的规定,实际情况有多大水分就很难说了。

总的印象,它还是属于"私营企业戴红帽子"的现象,不足以作为一种模式,作为一种企业形态来推广。

授予深圳特区立法权

深圳的情况与温州有相似之处,但也有很大不同。我们早就听说,中央对深圳特区的看法不尽相同。小平同志是深圳特区以及其他经济特区最有力的倡导者与推动者,不止一次到深圳,而且是在深圳发展的关键时刻。但也有的领导人,始终不去深圳,对深圳的做法不以为然。深圳又是一个改革的敏感地带,是意识形态带来的敏感!

1989 年 3 月 17 日,时任国务院总理的李鹏向七届全国人大二次会议提交了《国务院关于提请授权深圳市人民代表大会及其常务委员会和深圳市人民政府分别制定深圳经济特区法规和深圳经济特区规章的议案》,建议全国人大“授权深圳市人民代表大会及其常务委员会根据具体情况和实际需要,遵循宪法、法律和行政法规的基本原则,制定深圳经济特区法规,发布实施,并报全国人民代表大会常务委员会、国务院以及广东省人民代表大会常务委员会备案;授权深圳市人民政府制定深圳经济特区规章并组织实施”。

深圳成立特区已经有争议,现在深圳又提出要特区的立法权,就更会有争议,尤其是在“政治风波”以后的敏感时期。

深圳市政府(当时还未成立深圳市人大常委会)怕在表决时反对票数过多,就派了当时的法制局长周焕东同志和副局长张灵汉同志来做工作,希望在表决通过时少些阻力。

张灵汉同志是原来北京政法学院的老同事,他们二人后来又陆续担任深圳市人大法制委员会领导工作,可以说从开创时期,就一直主导深圳市立法工作。

1992 年 7 月 1 日召开的七届全国人民代表大会常务委员会第二十六次会议上,全国人大常委会通过给予深圳特区立法权的提案。全国人大常委会在这次会议上决定,“授权深圳市人民代表大会及其常务委员会根据具体情况和实际需要,遵循宪法的规定以及法律和行政法规的基本原则,制定法规,在深圳经济特区实施,并报全国人民代表大会常务委员会、国务院和广东省人民代表大会常务委员会备案;授权深圳市人民政府制定规章并在深圳经济特区组织实施”。

我当然给深圳特区立法权授予全力的支持。常委会表决结果,反对者仍然有不小的比例,其中许多人并不完全反对给予深圳市立法权,只是认为给予深圳市的立法权过大。

授予深圳市人大及其常委会的立法权是“遵循宪法的规定以及法律和行政法规的基本原则,制定法规”。这就意味着,深圳市人大可以制定地方法规,与广东省平起平坐。广东省人大通过的地方法规,深圳可以不买账,可以不适用。这也就引起了经济特区与省之间的矛盾。

深圳市聘我作立法顾问

深圳市享有地方立法权之后,带来了一系列重大变化:一是设立人民代表大会及其常委会和人大的立法机构；二是开始深圳市的立法规划，尤其是在经济领域、民商法领域的立法工作。

深圳市开展了雄心勃勃的立法规划，而且决心以较快的速度、高质量地完成这一系列立法目标。属于第一批要立法的项目，包括：《股份有限公司条例》、《有限责任公司条例》、《股份合作公司条例》、《合伙条例》、《企业破产条例》、《企业清算条例》等。以后，还计划制定《商事条例》、《国有独资有限公司条例》等，其他涉及市场管理的条例更多。

在这种情况下，由于我在全国人大立法的经验，又是这方面的专家学者，再加上对深圳立法的支持，深圳市聘请我担任深圳市的立法顾问。

我参与最多的是《深圳经济特区股份合作公司条例》和《深圳经济特区合伙条例》的制定，尤其是前者。因为在温州，我就已对股份合作企业感兴趣，并作了调查研究，对深圳的股份合作的模式和立法更为关心。

当时，全国股份合作的模式很多，有“山东模式”、“温州模式”等，“深圳模式”也是其中一种。我还对深圳龙岗镇的“龙岗模式”进行了调查。很有意思的是，温州是龙港，深圳也是龙岗，只不过是一字之差。

深圳市的股份合作有其明显的特征，它是和社区经营、土地纽带联系在一起的。所制定的条例也明确写道：“本条例适用于由社区集体经济组织改组设立的股份合作公司”，既然是社区作为经营单位，那么土地必然要作为出资，但土地又不能流动，所以在条例中明确写上“注册资本由社区集体所有财产折成等额股份并可募集部分股份构成”，“但集体所有的土地不能直接用以抵偿债务”。

这种规定，显然不符合《公司法》的基本原则，但似乎又有些类似于中外合作经营企业。因为在中外合作企业的实践中，中方不是以土地作价入股，而是以土地作为中外双方的合作“条件”。既然土地不是“入股”而是“合作条件”，合作存续期间，或合作企业终止后，土地都不得拿来清偿债务或转让。

这也只能是一种过渡性规定。从长远来看，出资的财产不得用于抵债，这是怎么也说不过去的。但为了便于乡镇集体企业的改制和发展，作为过渡性特殊条款也就勉强认可了。

城市中的“集体土地”

深圳在改革开放前只是一个镇，在短短的十年左右变成一个规模很大的城市，这是国内任何一个城市发展所未遇到的问题。所以，深圳经济特区的发展有个特点，那就是由于经济发展很快，城市发展又极快，政府也没那么多钱用于征收农村集体土地，而城市内又有许多集体土地、集体经济组织和农民，城市和乡村完全混合在一起。

从所有制角度来看，本来是“城市土地属国家所有，农村土地属集体所有”。但当时深圳的实际情况是，“城市有的土地属国家所有，有的土地属集体所有”。这就为有关立法带来新问题。后来，深圳以外的一些城市发展，也逐渐出现了这种现象，北京也有这种情况。如何解决城市发展中的集体所有土地的地位和作用呢？

在深圳讨论这些问题时，有一次杜润生带朱厚泽等参加了讨论，我是第一次见到他们两位。杜润生长期担任中共中央农村政策研究室主任，对农村问题应该说是第一号权威和专家，离休后仍然到处奔波调查。朱厚泽是胡耀邦同志任总书记时的中共中央宣传部部长。

杜润生的发言我印象很深，他谈到城市大发展后农村集体土地怎么办，对于搞股份合作制、土地入股，总的是赞成的，持支持的态度，但也要注意防止新地主现象。他说，城市发展土地急剧增值，这些集体土地早已不是用于耕种，耕种带来的收入极为有限，而现在在这些集体土地上建厂房出租、建市场出租摊位、建旅馆经营等，其收入是耕种收入的几百倍几千倍，这样一来，有些集体组织的成员、原来的农民，现在可以一年什么都不干，躺在土地的收益上，完全可拿到比机关工作人员、教授、企业人员高出许多倍的收入，弄不好他们会变成新的地主。

这就是后来许多人讨论的城市大发展后给集体土地所带来的“级差地租”的利益归谁的问题。把集体土地用低的价格实行国家征收，然后再由国家高价出让的办法固然不可取，但城市发展后，集体土地急剧增值带来的新增值部分，又当如何解决呢？

深圳公司制度的创新

股份合作企业,究竟能不能冠以公司的名称,也是争论的一个问题。深圳的《股份合作条例》是在 1994 年 4 月通过的。通过之时,全国的《公司法》已经颁布。

有人主张,依照《公司法》的规定,只有两种公司能叫股份制公司,而不是三种,将股份合作企业称公司,会和《公司法》相抵触的;也有人担心,地方立法中也有对股份合作制企业立法的,但没有一个叫公司,深圳会不会冒进。

对此,我还是支持可以叫公司的。企业是个总称,股份合作企业也具有法人资格,也属于资本性质的企业,也是出资人承担有限责任,为什么不能叫公司?

最后我们看到,深圳始终没有一个统一的"公司条例",而是由三个条例分别组成的。所以,我们可以说深圳的公司有三种形态:有限责任公司(简称"有限公司")、股份有限公司(简称"股份公司")、股份合作公司(也可简称为"合作公司",以区别合作社)。这是深圳公司制度的创新。

深圳《公司条例》的是与非

另外,给予深圳市人大的立法权,还大于地方法规。只要不违反宪法规定,不违反法律和行政法规的基本原则,它都可以立法。而一般的地方法规,是不得违反法律和行政法规的规定的。这两种地方法规的不同用语差多了,什么叫不违反法律和行政法规的"基本原则",这个界限很难掌握。

这样的话,深圳经济特区就面临着一个问题,如何行使这一权力?这一权力的边界到底在哪里?而且更让人们困惑的,就是授予经济特区的立法权是不是太大了?突破人们意识上的禁区,可能比单纯制定一部法律难度更大。

比如说在公司立法上,深圳经济特区早在 1993 年 4 月 26 日,就利用地方立法权,由深圳市第一届人大常委会第五次会议制定了《深圳经济特区股份有限公司条例》和《深圳经济特区有限责任公司条例》,而全国第一部《公司法》的通过,则到了 1993 年 12 月 29 日的第八届全国人民代表大会常务委员会第五次会议召开时。

在全国没有《公司法》的情况下,深圳自己能不能制定《公司条例》呢?根据这个授权,当然是可以的。但问题随之又来了,在全国后来又颁布了《公司法》的情况下,那深圳原来的《公司条例》又能保持多大的自主性呢?

我记得 1993 年的《公司法》第 27 条规定:"股东的全部出资经法定的验资机构验资后,由全体股东指定的代表或者共同委托的代理人向公司登记机关申请设立登记,提交公司登记申请书、公司章程、验资证明等文件。法律、行政法规规定需要经有关部门审批的,应当在申请设立登记时提交批准文件。公司登记机关对符合本法规定条件的,予以登记,发给公司营业执照;对不符合本法规定条件的,不予登记。"也就是说,公司的注册资本金必须是全额交付才合法,才能向公司登记机关申请注册;如果注册资本金不是全额,那么公司登记机关可以以此拒绝登记。

而原来《深圳经济特区有限责任公司条例》第 19 条则规定:"出资人认缴的出资可依公司章程规定分期缴纳。依前款规定分期缴纳出资的,首期缴纳的出资总额不得少于公司注册资本的百分之五十,并不得低于前条规定的最低限额,其余出资应在公司成立后二年内缴足;生产经营期长、投资规模大的公司,出资人首期缴纳的出资额和缴足出资的期限,由市政府另行规定。"也就是说,只要有公司注册资本金数额的一半以上,公司就可依法成立。

那么,全国《公司法》颁布后,深圳市的有关公司条例要不要修改呢?有的认为这是"基本原则",深圳的规定必须和全国的一致,有的则认为这不属于"基本原则",而是属于"具体规定",因此不必和全国一致。

授予深圳市人大地方立法权,远远大于省、自治区、直辖市人大的地方立法权,当然也会受到各方面的非难和反对。

这个问题现在来说,稍微好一些,因为现在经济特区的立法,已经没有太突破中央的立法。因为特区地方领导也知道,如果中央已经有成文、成形的东西,特区还跟中央不保持一致的话,他自己可能也觉得有些说不过去，毕竟中国的政治文化还是一直强调跟中央保持一致的。

深圳经济特区的《合伙条例》

深圳经济特区的《合伙条例》也是我参与制定的，颇具有特色。

其中最大的特点，就是合伙条例包括普通合伙和有限合伙两种形式。由全国人大财经委负责起草的全国《合伙企业法》的草案中，本来也是规定了有限合伙的，但在征求国务院意见时，认为中国既没有有限合伙的实践，也没有这方面的需求，所以，建议删掉有限合伙部分。深圳在全国首先制定了有关有限合伙的地方法规，然后北京市人大常委会在其制定的《中关村科技园区条例》中明确规定，在中关村科技园区可以设立有限合伙，同时北京市人大常委会又制定了有限合伙的实施办法。此后还有一些城市（非直辖市）规定了有限合伙。

这就给中国法治建设又提出一个新问题：地方能否自己立法而允许设立一种新的企业形式？因为企业是需要工商登记的。全国的《合伙企业法》未规定有限合伙，而各地方有的规定了，绝大多数又未规定，这无疑会对企业法定主义带来很大的冲击。企业法定主义中的“法定”应该怎样解释？我理解当然应当是全国性法律，而不能是地方性法规。

《合伙企业法》于2006年修改时，又加进有限合伙的规定。这已经是迟到十年之事。这应该理解为立法缺乏预见性，轻易以“只有外国有，中国还没有”为理由，而把一项好的法律制度取消的一个教训。因为全国的《合伙企业法》颁布不久，科技部等一些单位和专家已经证实，有限合伙是高科技风险投资的一种很好形式，建议在立法上加以规定。

深圳的商事立法很有特色

深圳的商事立法是很有特色，也很有成就的，尤其是后来在1999年通过的《商事条例》。这个条例是在王保树教授的帮助下完成的，我只提了点意见，没有参与具体事务。

深圳的《商事条例》是商事关系的基本规定，不论是民商分立的国家还是民商合一的国家，这部分都是不可或缺的。只不过是规定在什么地方。以什么形式来规定，各有差别，各有千秋而已。深圳的商事立法，开辟了全国完整的、科学的商事立法之先河。

平心而论，深圳在被授予特区立法权之后，在商事立法方面有很多创新。至少在当时来说，这些创新对于全国的改革，起了很大的推动作用。过去深圳的很多立法，都走在了全国的前头。但是现在看来，深圳特区创新的勇气、胆识和魄力，都减少很多了。所以，也有人说，现在特区立法的劲头已经不像一开始那么有冲劲，甚至在很大程度上和全国其他地方没有太大的区别。这也可以说，根本问题在于什么叫不违反法律和行政法规"基本原则"很难把握。

二十六、国企改制与《公司法》

国企改革如何改

20 世纪 80 年代初,随着经济体制从计划经济向市场经济的转变,国有企业在中国国民经济中扮演的角色越来越尴尬,原先计划经济模式下的国有企业制度设计,已经完全不能适应市场经济的要求了。国有企业的诸多问题渐次浮现,举国上下都开始集中精力思考国有企业改制问题。

历史证明,在国有企业改革问题上,中国最终选择了一条渐进化的改革思路,这种思路用延长时间的方式,将集中在一起的矛盾按照轻重缓急予以分离,亦将改革带来的痛苦也分散在历史的长河中。这种改制过程,显然与后来俄罗斯所采取的"休克疗法"大相径庭,"休克疗法"犹如狂风骤雨,对于积重难返的国有企业改革问题,试图大破大立,毕其功于一役。我想,历史最后会告诉我们,究竟哪一种方法更好一些。

无论如何,在我看来,俄罗斯式"休克疗法"本身固然带来了阵痛,但这种阵痛本身,并没有一劳永逸地解决制约国有企业改革所面临的问题。换句话说,就像医生给病人治病,尽管花费了巨大的成本、承担了巨大的风险,做完一个疑难杂症的手术,但手术后却发现,老的病灶并未解决,而手术本身又带来了新的问题。"休克疗法"就是这样,并没有真正解决预期解决的问题,而阵痛本身却又带来了新的社会矛盾,对于病入膏肓的国有企业来说,旧创未除,又添新痛,无疑是雪上加霜。

回头来看,中国的渐进式改革,固然把改革带来的痛苦分散在历史的长河中,使社会短期内承受的压力有所减轻,但是,渐进式改革事实上也使得改革本身付出了巨大的代价。

这些代价中最重要的一点,就是改革的大部分利益被少部分人取得,而改革的痛苦和代价,却由大部分弱势群体(包括国企职工等)所承受。这种利益与风险乃至代价的背离,带来了社会利益以及社会心理的极不平衡。

从国企改革一开始，法学家尤其是民商法和经济法的学者们，就身体力行地参与了这项工作。他们的主要任务，就是从法律层面说明国企改革的性质，并从法律层面探索国企改革的新手段和新思路。尽管法学家的看法很有差异，但无论什么样的思路，其实都是在找法律上能够自圆其说的理论。

总之，从法律角度看，国企改革所面临的问题，实际上就是解决国家与企业、经济管理部门与企业以及企业相互之间的财产权利关系问题。这些关系当中，国家与企业之间的财产权利关系又是制约其他关系的关键。

国家与企业，应该是所有者和占有者的关系

国有企业改革一开始，学者们的目光当然先集中在如何减少国家的行政干预，从而给企业更大的自主权上。而在当时来说，无论是实务界还是学界，对于国家与国有企业之间究竟是什么关系，还存在很大的分歧。

一种意见认为，国家与国企之间的财产关系，是建立在代理基础之上的，企业是代表国家在行使财产权，即所谓"代理权说"。但是，按照这种意见，国家对国企就具有主权者和所有者双重身份：国家作为主权者出现时，只能由各级政府和主管企业来行使其权力，企业处于被行使的地位；而国家作为所有者出现时，它和企业之间的关系，显然不是平等主体之间的代理与被代理关系。

而另一种意见认为，国家将所有权中的占有、使用和受益权交给了企业，而将处置权保留在国家手中。从这个意义上来说，企业对国家财产只享有所有权中的部分权利，即所谓"部分所有权说"。这种思路把所有权截然分割，分别属于国家和企业，并不符合实际情况——实际情况中，国家也享有受益权，而企业有处置权。尤其在20世纪80年代中期，企业的财权越来越大，这种思路基本上已脱离实践。

而在当时，经济学界亦有人提出，企业和国家之间应该是一种租赁关系。这种"租赁说"认为，国家将生产资料租给企业，企业为此支付租金，企业和国家成了完全平等的两个主体。而企业在租赁国家的

生产资料后，就自然获得了一种远离国家的完全独立自主权，即可以摆脱行政干预而自行其是了。这种看法本身并没有否认国家所有权，租赁关系建构在国家所有权的躯壳下面。

与前述“租赁说”相比，更离经叛道的一种观点就是“独立所有权说”。这种观点认为，国家所有制并不是全民所有制的唯一形式，并且也不是最好的形式，因此，企业应该对生产资料占有独立、完整的所有权。

而无论如何安排国家和企业之间的关系，我记得无论在法学界还是经济学界，当时最流行的一种说法就是“经营管理权说”。这种观点认为，企业对国家所有的财产，享有经营管理权。

通过这些众说纷纭的说法，大家不难看出，当时对于学术界来说，探讨国有企业改革问题，首当其冲的就是要厘清国家与企业之间的关系。从法律理论上，大家必须要寻找出一种比经营权概念更准确，而且比经营权外延更广泛的一种带有支配权性质的物权。

坦率地说，我当时对这些说法都不是很同意。于是，我和同事康德瑄、田建华联合撰写了“国家与国有企业之间的财产关系应是所有者和占有者的关系”，发表在 1984 年第 4 期《法学研究》上。在这篇文章中，我们的基本思路，还是在肯定国家所有权的前提下，来探讨国家和企业之间的关系。

在我们看来，在国家所有制中，国家和企业是建立在这样一种特殊的关系基础上的，即国家是生产资料的所有者，但国家毕竟不是法人，一般情况下也不参与民事流转；企业是直接参与民事流转的法人，但却不享有生产资料的所有权。

我们当时认为，这种情况只能用国家地位的双重性以及企业地位的双重性来解释。国家地位的双重性，即国家既是主权者，又是所有者。而企业地位的双重性，即企业既是权利的主体，又是权利的客体。这两个双重性，共同说明了一个不容否认的事实，即国家和企业之间存在双重财产关系，即国家对生产资料的所有权，和企业对生产资料的占有权。而且，具体地说，国家所有权是国家对生产资料能最终支配的物质基础，而企业的占有权则是企业能进行相对独立经营并享有自己独自利益的直接依据。

在这些看法的基础上，我们大胆地提出，从法律层面来看，国家所有制就是国家所有权和企业占有权的有机统一。国家和企业之间的关系,应该表现为财产所有者和占有者之间的关系。只有这样界定权利关系,法律才能进而规定所有者和占有者各自的权利义务,以及违背各自义务后应该承担的法律责任。而且,在这种情形下,一旦企业的占有权遭到侵犯,企业才有权取得类似于对所有权的保护。当时我们认为,只有这样界定国家和企业的关系,才能既保护和巩固国家所有权,也能保护和扩大企业财产权,给困境中的国有企业一线生机。

1988 年 4 月 13 日,第七届全国人民代表大会第一次会议通过《全民所有制工业企业法》时,最终在第 2 条规定:“企业的财产属于全民所有,国家依照所有权和经营权分离的原则授予企业经营管理。企业对国家授予其经营管理的财产享有占有、使用和依法处分的权利。”这种立法规定,等于说是确立了“国家享有所有权、企业享有经营权”的国有企业经营模式。这部法律出台后,国家和国企之间的关系已经明确,原来的各种探索和争论,也就告一段落了。

《转机条例》:朱镕基的药方子

但是,《全民所有制工业企业法》的出台,并没有使国有企业彻底走出困境,国有企业的经营自主权,仍然受到重重限制。而到了 1992 年邓小平南巡讲话之后,中国上下重树改革开放的旗帜,国企改革亦期待大动作、大突破。

在这种背景下,时任国务院副总理的朱镕基同志,决心再搞一个《全民所有制工业企业转换经营机制条例》(以下简称《转机条例》)。1992 年 6 月 30 日,国务院第 106 次常务会议通过了《转机条例》,7 月 23 日,国务院令第 103 号正式对外发布《转机条例》。

朱镕基同志很重视这个条例,在《转机条例》出台前,他亲自主持召开四次会议,我参加了其中一次。朱镕基谈到,这是挽救国有企业的最后一个药方,必须把给企业的经营权落实到最大范围。《转机条例》第二章“企业经营权”第 6 条至第 22 条中,详细地说明了国有企业经营权的 14 项内容,即生产决策权;产品、劳务定价权;产品销售权;物资采购权;进出口权;投资决策权;留用资金支配权;资产处置权;联营、兼并权;劳动用工权;人事管理权;工资、奖金分配权;内部机构设置权;拒绝摊派权。

就这个规定来说,《转机条例》中所列举的逐项权利,已经是当时国有企业经营权定义中的,对国家授予其经营管理的财产享有"占有、使用和依法处分的权利"这一原则最大限度的规定了。

但就像其他立法一样,这个《转机条例》亦基于种种原因,而对现实作出了妥协。其中,关于国有企业对一些重要的设备处分,《转机条例》仍然做了限制。

《转机条例》第42条规定,"为确保企业财产所有权,政府及其有关部门分别行使下列职责……(五)根据国务院的有关规定,审批企业财产的报损、冲减、核销及关键设备、成套设备或者重要建筑物的抵押、有偿转让,组织清算和收缴被撤销、解散企业的财产;"……而第48条更是明确规定,"企业违反本条例规定,有下列行为之一的,政府或者政府有关部门应当责令其改正;情节严重的,对厂长、其他厂级领导和直接责任人员,分别追究行政责任、给予经济处罚,并依照有关法律、法规,对企业给予相应的行政处罚;构成犯罪的,由司法机关依法追究刑事责任……(六)未经批准,擅自处置企业的关键设备、成套设备或者重要建筑物,造成企业财产损失的"。也就是说,在重大设备的处分权上,国有企业依然不享有最终的决定权。

正是由于有这些妥协和保留,在《转机条例》出台后,很长一段时间内,法学界争论的问题,依然是围绕国家所有权内容和企业经营权内容划分展开,尤其是这种涉及两者都有处分权的情况,要明确回答处分权怎么划分,确实不是一件容易的事情。

既然《转机条例》对政府的权力还有很大的保留,而对国有企业的权利也有很多限制,那么其效果也就大打折扣了。所以,费很大力气制定的《转机条例》,最终仍然无法挽救国有企业所面临的困境。

回应经济学界的"股份制"

在《转机条例》出台前后,一些经济学家提出了"股份制"和"现代产权"的概念。这种声音后来越来越强烈,学者们指出,国有企业要走出困境,最好的改制方法是在产权制度上作出根本变革,走股份制道路。由此,中国国有企业改革又开始了"股份制"试点的道路。

然而，经济学家所称的“产权”或“现代产权”概念，在法学中并不存在。那么，这些经济学概念相对应的法律概念究竟是什么？这些概念又会引来什么样的权利义务安排？这些问题，又摆在了民法学者面前。

当时，我和有些经济学家、法学家的观点是，在改制企业的产权关系上，应当是“国家对企业享有所有权，而企业应当对它所支配的财产享有所有权”。这是一种新的“双重所有权”的表述方法，但两个所有权并不重叠。

依照经济学家的解释，国家变成出资人后，出资人只对所出资的企业享有所有权（即公司是股东所有的），而出资的财产则应属于企业所有（即公司的财产应属于公司所有）。如果这么理解，那么所谓的“现代产权”，应该是投资者的权利（即后来所称的股权）。

1993 年 11 月，中共中央召开十四届三中全会。这次会议意义比较特殊，一个原因是这一年正好是十一届三中全会召开 15 周年，鉴于十一届三中全会对于中国改革开放的重要意义，中央自然会大张旗鼓地加以庆祝；而另一个原因则是在这次会议上要通过一个进一步推动改革开放的决定，并对大家争论很多的国有企业股份制改制以及新的产权概念，从中央文件的层面作出界定。大家都非常关注中央将会有什么样的新看法。

十四届三中全会报告的“征求意见稿”拿出来以后，人们发现，中央对于现代企业的产权制度，新的提法是“国家享有终极所有权，企业享有法人所有权”。这显然是一个很大胆的“现代产权”构想，实质是一种“双重所有权”，它摒弃了两层架构式所有权，即国家对企业有所有权，企业对其财产有所有权，而采用了在同一财产上的双重所有权，即国家是终极所有权，企业终止时其财产归属国家，但当企业还存在时，其财产应属该企业法人所有。

这种产权构思，在讨论中遇到了强烈的批评。这种批评的意见，一方面是来自保守的传统力量，这股力量特别反对“法人所有权”的提法，认为它是违反宪法表述的。持这种看法的人认为，如果国家所有权变成法人所有权，那无异于为将来国家财产变成企业财产，然后再由企业财产变成企业职工的财产开启了大门。他们坚决主张，国家所有权是一点都不能动摇，不能改变的。至于企业的财产所有权叫什么,则可以突破“经营权”的范围予以扩大。

对这种“双重所有权”的表述,也为传统的法学观念所反对。法学界部分学者认为,大陆法的所有权是绝对、统一的所有权,各国民法立法中,均无双重所有权的写法,“征求意见稿”中的双重所有权写法,也应改变。

1993 年 11 月 11 ~ 14 日,中共中央十四届三中全会举行。这次全会通过了《中共中央关于建立社会主义市场经济体制若干问题的决定》。该决定提出:

建立现代企业制度,是发展社会化大生产和市场经济的必然要求,是我国国有企业改革的方向。其基本特征,一是产权关系明晰,企业中的国有资产所有权属于国家,企业拥有包括国家在内的出资者投资形成的全部法人财产权,成为享有民事权利、承担民事责任的法人实体。二是企业以其全部法人财产,依法自主经营,自负盈亏,照章纳税,对出资者承担资产保值增值的责任。三是出资者按投入企业的资本额享有所有者的权益,即资产受益、重大决策和选择管理者等权利。企业破产时,出资者只以投入企业的资本额对企业债务负有限责任。四是企业按照市场需求组织生产经营,以提高劳动生产率和经济效益为目的,政府不直接干预企业的生产经营活动。企业在市场竞争中优胜劣汰,长期亏损、资不抵债的应依法破产。五是建立科学的企业领导体制和组织管理制度,调节所有者、经营者和职工之间的关系,形成激励和约束相结合的经营机制。所有企业都要向这个方向努力。

这种表述,概括起来,即“国家享有财产所有权,企业享有全部法人财产权”。也就是说,十四届三中全会用国有企业的“全部法人财产权”代替了原来的“法人所有权”。

这也就为后来《物权法》起草时,究竟是否应当将“法人所有权”写进去埋下伏笔。虽然在后来制定的《物权法》中,所谓法人所有权,已不仅仅涉及国有企业和事业单位,也包括民办的学校等事业单位,但对“法人所有权”一词,各方面仍然讳莫如深,避之唯恐不及。

“全部法人财产权”未解决分歧,新添了混乱

本来,《公司法》是能够在 1993 年秋天就可以通过的。但就是因

为要将十四届三中全会上中央提出的有关国有企业的产权构想写进去，所以，《公司法》推迟到 1993 年 12 月份。12 月 29 日，第八届全国人大常委会第五次会议表决通过《中华人民共和国公司法》。这也就是为什么 1993 年通过的《公司法》中，还有“公司享有由股东投资形成的全部法人财产权”，“公司中的国有资产所有权属于国家”这样一些饱受后人诟病的写法。

至于什么是“全部法人财产权”，真是仁者见仁、智者见智，各有不同的理解。即便在法学界内部，法学家们解释时，有的学者认为，“全部法人财产权”当然大于所有权，其他的物权、债权、知识产权都包含在内；而有的学者则说，“全部法人财产权”实质上就是法人所有权，只不过是名词更换而已。

在一次《国有资产法》起草领导小组会议上，我听到一位经济学家对“全部法人财产权”的解释。他说，“全部法人财产权”应当是比所有权小一点、比经营权大一点的权利，因为如果它等同于经营权，那就没有必要修改；如果等同于所有权，又会等同于法人所有权，而法人所有权是没被立法所认可的。

由此可见，“全部法人财产权”出台后，不仅没有统一看法，反而引起了理解的混乱和更多的争论。但无论如何，在十四届三中全会中提出，国有企业享有“全部法人财产权”比起“经营管理权”以及后来的《转机条例》中规定的更充分的经营管理权是大大地前进了一步，它也为中国公司法的理论奠定了基础，即国家作为投资者，对投资的企业享有股权，而企业（公司）对其财产则享有充分的所有权。

1993 年 12 月 29 日《公司法》通过后，法学界尤其是民商法学界对公司这种“现代企业”中的产权结构，逐渐达成一致的看法，即“公司”和“股东”是两个主体、两种权利、两种责任。其中，“股东”（包含国有股东在内）对公司享有股权，而“公司”对公司财产应享有广义的所有权，即公司对其所有财产，有形、无形财产均在内，都有完全的支配权。

在国有企业改制 15 年内，我们大致有这样一些变化，“从国家所有权、企业经营权”，到“国家对企业有所有权，企业对其财产有支配权”，到“国家有终极所有权，企业有全部法人财产权”，最后到《公司法》中“国家享有股权，公司享有其财产的所有权”。

第一阶段的公司立法，早在 1983 年就开始了

应该说，《公司法》的起草制定，和国有企业改制有非常紧密的关系，但它又远远早于国有企业股份制的试点工作。

《公司法》的起草，可以分为三个阶段，而三个阶段的立法起草，主持的机构却各不相同。而主持机构的不同，也直接影响了立法目的和其规范内容的差异。

第一阶段的公司立法，早在 1983 年就开始了。当时是由国家经委法规局负责起草，当时的局长是杨洪同志。国家经委是主管国有企业的，而当时的许多国有企业又是以公司为名的，而且改革开放后，公司热就已兴起，许多公司有如雨后春笋般纷纷冒出，经委法规局认为，有必要制定一部公司法以解决公司存在的问题。

当时，改革开放开始不久，吸引外资的法律已经有《中外合资企业法》，许多地方提出“外引内联”的口号。对外国叫引进外资，简称“外引”，而对于国内，则采取不同地区之间的联合办法，简称“内联”。所以那时的公司，除原有的完全属于全民所有制企业叫公司外，新出现的都属于这种企业相互联合出资的“公司”。当时还没有后来股份制企业性质的有限公司和股份公司。

国务院经委法规局请了一些专家参加公司立法的讨论，我也参加了。当时争论的焦点是制定一部什么性质的公司法。

有人主张，这样一部“公司法”应该反映当时的实际，实际存在什么公司就规定什么公司，而当时的公司几乎都是国有企业性质的公司，或叫国有公司，而混合所有制的公司只是数量不多的中外合资企业和联营企业，前者又有单独的立法。

这种方案认为，《公司法》中不仅应该规定股份制式的公司（有限责任公司和股份有限公司），而且应该独立设章规定单一所有制的“国有公司”，理由是：如果现实中存在的绝大多数公司不纳入公司法范围内，那么所制定的《公司法》将会失去其意义和作用。

也有人主张，这样一部公司法应当有前瞻性，应当向国际通行的公司接轨，应该制定一部股份制的公司法，而不是按所有制划分的公司。

最后，采取了折中式的解决办法：以两种股份制公司（有限公司、股份公司）为主，同时保留特别一章“国有公司”。由于当时国有企业向股份制方向改制并未得到国家的正式认同，实践中这种股份制公司数量又极少，也缺乏本国可参考的经验，所以，这部公司法立法遇到了很大困难和障碍。

在1983年经委法规局主持公司法立法之初，争论的另一个问题，是中国搞不搞无限公司。当时这个问题研究的并不深，掌握的国外资料也不多，大家只是笼统地认为，世界潮流都是走向有限责任，我们为什么还要去搞什么无限责任的公司呢？

《合伙企业法》已经是十多年以后的事。既否认无限公司，也不提合伙企业，现在看来并不是很合理的选择。无限公司至少可以是一种以少量资本带动更大信用的一种可供选择的企业形态。当然，后来有了《合伙企业法》，在普通合伙基础上又增加了有限合伙，就可以代替无限公司和两合公司了。

经委法规局主持的公司法立法，积累了一些中国和外国的调查和翻译资料，使我们扩大了对外国公司立法和中国公司现状的了解，也形成了一些草拟稿，后来逐渐就停滞下来，销声匿迹了。

第二阶段的《公司法》起草

这里面主要的原因，是体改委的职能加大。体改委由原来的国务院体制改革办公室升格为国务院体制改革委员会（以下简称体改委），最初的体改委主任还是由国务院总理兼任，国有企业改制的工作当然成了体改委的首要工作。第二阶段的公司立法，主要由体改委来领导了。

这时，厉以宁教授等经济学家提倡的国有企业朝股份制方向改制，股改的呼声越来越高，社会反响也越来越大，赵紫阳同志对此也越来越重视，于是，体改委承担起了国有企业股份制改制的重大责任。

这样，体改委就着手制定两个东西：一个是两个“规范意见”，即《有限责任公司规范意见》和《股份有限公司规范意见》，作为股份制改制的法律依据及规范标准；另一个就是《股份制企业试点办法》，规定股份制改制的实施步骤和具体办法。

两个“规范意见”在中国公司立法史中，起了重要的作用。这两个“规范意见”，就是后来公司法形成的基础。

如果说它和之前的《公司法》起草有什么不同，那就是《公司法》还是以规范公司的组织和行为为主，而两个“规范意见”的主要目的，则是规范国有企业的股份制改制行为。由于它的名称只是“规范意见”，不仅不具有法律阶位的高度，甚至连国务院的法规都够不上，它是由国家体改委在 1992 年 5 月发布的。在《股份有限公司规范意见》第 2 条中还明确写明“公司应遵守《股份制企业试点办法》及其配套政策”。正是由于这两个规范意见是国家体改委作为国务院一个部门的规章出现，它的通过相对要简单得多。

第三阶段的公司立法

第三个阶段，是由国务院法制局负责公司法的起草工作。

由于两个“规范意见”的法律阶位比较低，而现代企业制度的呼声又很高，人们心目中的现代企业，已经从股份制企业转移到公司制企业。再加上十四届三中全会又要通过一系列关于现代企业制度的规定，停下来的公司法起草工作，又恢复起来并开足马力加快进行，而且要限期完成。

作为《公司法》的正式起草单位，体改委已经不那么名正言顺了，于是国务院法制局就成了主持单位，具体工作由法制局工业企业司来管。

这里的主要原因是：长期以来，中国的企业制度属于工业企业性质，第一部企业法就叫做《全民所有制工业企业法》。当时人们也很惊奇，为什么第一部国有企业法，居然还要冠以工业企业名称，难道商业企业就不适用吗？但从该法的行文来看，也适用于其他国有企业，那为什么不直接叫“全民所有制企业法”，而偏要叫“全民所有制工业企业法”呢？

我猜想无非有两个原因：一是工业老大的思想。新中国成立以来我们一直强调工业，包括重工业和轻工业，一直有“重工业，轻商业”，“重生产，轻流通”的思想。二是和立法起草工作部门化、分散化有关。立法审议机构是统一的，但立法准备工作却很分散，不仅可以是全国人大的专门委员会，法制工作委员会，更多的是国务院各部门，甚至连一些社会团体（总工会、妇联）也可以。各部门立法，不仅有利益关系，而且还有权限问题，部门利益和部门权限往往就会使法律的名称和内容发生变化。

国务院法制局领导下的《公司法》起草工作进行的很迅速，在两个“规范意见”基础上，再广泛听取各方面意见加以总合修改，在一年多的时间内，就由全国人大常委会通过了。如果从1983年开始起草《公司法》算起，那么《公司法》起草可以说是经历了十年的漫漫路程。但如果从体改委发布的两个“规范意见”算起的话，却只有一年半的时间。究竟是长是短，仁者见仁，智者见智。

我看1993年《公司法》

由于1993年12月29日通过的《公司法》，是在两个“规范意见”的基础上形成，大体的框架和内容都是在原有基础上的变化，它就必然带来原有的烙印：

一是原有的两个“规范意见”，其出台主要是应国有企业改制之需的烙印。法制局领导的《公司法》起草，也曾力图减少这个烙印的比重，尽量让人们感受到，这是一部统一适用于所有公司的最高法律准则。但从其中一些条文人们仍强烈感觉到，它还未完全脱离这个国企改制色彩颇浓的束缚。直到2005年的《公司法》修改，才去除了这一明显的痕迹。

二是原有两个“规范意见”，是各自独立的两个法律文件，现在统一为《公司法》后，虽然也加了一个总则，把两类公司的共同性的东西加以归纳，但终究还是大范围地保留了两种公司各自独立的特点。在股东权利以及公司治理结构上，显示出既有不应该有的分散，也有不应该有的重复。这一体例上的缺陷，即便是在2005年《公司法》的修改中，也已经难以改变了。

1993年，经过十年的反复认识，我们终于通过一部只规定股份制形式的《公司法》，和世界各国总体接轨的《公司法》。但这只是第一步认识上的胜利，并不意味着真正彻底的认识。

1993年通过的《公司法》只是不把国有公司纳入公司法中，但却仍然认为这两类公司（股份制公司和所有制公司）将在中国长期存在下去。《公司法》第229条的争论就充分显示出这一点。一种意见认为，《公司法》实施前成立的所有公司（当然也包括单一所有制公司）可以继续保留，但应在规定的期限内达到公司法所规定的条件。另一种意见认为，应当在规定期限内达到公司法所规定条件的只能是公司法施行前设立的有限责任公司和股份有限公司（当然也就不包括单一所有制公司）。前一种意见是限期并轨的观点；后一种意见是不限期并轨的观点。由于当时许多人认为限期并轨很不现实，两种公司将"长期共存"，为稳妥起见，《公司法》第229条采取了第二种观点的写法和解释。这也就是为什么《公司法》颁布实施后，《公司法》贯彻得不好，其作用不大的根本原因。

也正是由于法律上承认了两类公司长期并存的局面，所以许多人对公司的认识混乱，认为这两类既然都可以称为公司，因此都属于合乎《公司法》的公司。这样一来，实践中就出现了许多非驴非马的公司、半驴半马的公司乃至亦驴亦马的公司。这可以说是《公司法》实施几年来的一个值得总结的教训。

但无论怎么说，1993年的《公司法》颁布，和12年以后对《公司法》的修改，应该说为中国的市场经济法制的完善，作出了重要贡献。1949年中华人民共和国成立后30年间，中国大陆地区一直没有真正的现代公司出现过。改革开放后，公司开始出现，但它也不是立即出现的，只有当经济土壤出现一定的温度和湿度，它才会生根发芽。

这种温度和湿度，就是私有制和市场经济。完全的公有制，不会产生混合所有制的公司；完全的计划经济，也不需要这种公司。从20世纪80年代中期这种土壤在中国初步具备后，不到五年期间内，就产生了第一部《公司法》，这应该算是很快了。我们不能比西方国家，他们即使从股份公司算起（1600年和1602年的英国以及荷兰东印度公司成立），也已经有400年的历史。从这点看，我们已经很感到安慰了。我们的汗水没有白流，我们在它上面砌过砖、加过瓦！

自改革开放以来，公司发展很快，《公司法》制定得也算比较快、比较顺利。但是，中国公司赖以生存的土壤，却远非一片沃土。西方国家终究已经有了400多年的历史，长期的实践历史和公司文化理念的沉淀，形成某些道德规范和无形的行为准则。虽然美国也有安然丑闻,也要不断出台新的法律,来治理公司秩序和市场秩序,但我们的公司治理难度,说实在的要远远大于他们。

1993年《公司法》通过后,我应一些地方的邀请讲解《公司法》。在这些讲座中,我特别强调现代公司的三性:第一,它是资本企业;第二,它是自治企业;第三,它是民主企业。

公司作为一种资本企业,这当然是它的第一属性。资本是要追求最大利润的。这一点在资本主义社会和社会主义社会并没有什么根本不同,不同的只是在社会主义条件下,国有资本的比例要大于私人资本,而在资本主义条件下则相反。资本不是划拨,资本不是恩赐,资本也不是济贫。在今天国有资产亏损现象仍没有改变的情况下,只有根本改变观念、改变机制,把国有资产变成国有资本,变资产经营为资本经营,将国有资本按其市场规律投向能产生最大效益、最大利润的地方去,才能有国有资产状况的根本好转。

从这方面说,国有企业改制的第一要务,当然也是将国有财产变为国有资本。只有将国有财产变成国有资本,它才可以流通,才可以增值。流通本身并不意味流失,真正合理的流通才可以增值。资本有两个规律:一是它必然流向能产生最大利润的地方,所以2005年《公司法》的修改,取消了转投资限制;二是它必然流向更利于设立的地方,所以2005年《公司法》修改时,降低了设立公司的门槛。

来自德国的明信片,说我背叛了马克思主义

1997年,我在《中国法学》第6期发表了一篇题为"公司是资本企业"的论文。在这篇论文中,我分别着重论述了"股份化就是资本权利化和资本权利人格化"、"资本企业的灵魂——资本信用原则"、"资本企业的重要特征之一——资本社会化原则"、"资本企业的重要特征之二——资本流通原则"等问题。

这篇论文发表后不久,没想到竟然接到来自德国的一张明信片。这张明信片是用中文写的,署名是"一群德国马克思主义者",在明信片背面只有短短的几行话,大意是说我的这篇文章背叛了马克思主义。当时,我想和他们争辩,但却不知信该寄到哪里?!

我觉得,公司只是一种企业形态,谁也不能说公司只能是资本主

义的，社会主义社会根本就不能利用这种企业形式。马克思批判了资本主义公司中存在的对工人剩余价值的剥削，那也是指责资本家，而不指责公司本身。既然公司能为社会主义所用，公司是一种资本企业，那么私人可以有私人资本，国家也可以有国家资本。为什么社会主义者还要反对国家资本呢?!

公司作为一种自治企业，当然是指它相对于政府而言的独立地位，以及它在活动中的自由空间。长期以来，国有企业缺乏自主空间，而且它都有一个相应的政府主管部门作为它的婆婆，工业企业有那么多的工业主管部门，商业、交通各有其相对应的局、部。而公司应当是独立的企业，不应再从属于或听命于某个行业主管部门，否则再好听的公司名字，也没有生命力。

1993 年《公司法》通过后，朱镕基开始担任国务院总理。在这期间，朱镕基总理对国务院的政府部门和职能进行了大刀阔斧改革，原有的大量的行业主管部门被撤销了，代之的是监管部门，很大程度上给了企业独立地位，大体地理顺了政府部门和企业之间关系。2005 年《公司法》修改后，《公司法》又大大扩大公司章程中任意性规范内容，给了公司章程以更大自由规定的空间。这两项措施，从根本上落实了公司作为自主企业的法律地位。

二十七、失去衡平法依托的《信托法》

我负责起草《信托法》

1993年新的八届全国人大及其常委会组成,我已经不再担任任何工作。新一届全国人大常委会委员长是乔石同志。每一任的委员长有自己的作风和想法,八届人大似乎有个特点,给予专门委员会很大的立法权,尤其是财经委员会。

八届人大财经委员会自己负责起草的法律多达10部。而自己的力量有限,必须要组织专家的力量来起草。我由于在七届人大的工作中与财经委员会也多有联系,包括在《矿产资源法》执法检查中,又与财经委员会办公室主任王连洲同志等共同参与,因此,八届人大财经委员会的立法工作我参与颇多。

这10部法律当中,由厉以宁教授负责起草《证券法》,由董辅礽教授负责起草《破产法》,而由我负责起草《信托法》。

由厉以宁教授负责起草《证券法》,理所当然,他一直提倡股份制,有"厉股份"之称,证券市场法律他驾轻就熟。在《证券法》起草小组中,我也算是起草小组成员之一。

由董辅礽教授负责的《破产法》起草工作,我想一是因为他一直关心国有企业改制,而破产制度是与企业改制有关的;二是因为新《破产法》起草的难度很大,他当时是财经委员会副主任,由他来负责主持,权威性更大些。

总之,由他们二位来主持立法工作是名正言顺的,因为他们都是财经委员会的成员。而由我来主持《信托法》起草工作,却是名不正、言不顺,不仅因为我不是财经委员会成员,而且我也已经不是新一届全国人大代表及其常委会成员。

我想当时财经委之所以让我来负责,是因为《信托法》的法律问题更多,法律色彩更重,也更专业。当时国内了解《信托法》的人并不多,而我在学校讲过信托法,而且还有博士生在专门研究信托法。人大财经委员会知道后,就希望我来抓一下《信托法》的起草工作。对此,我也就欣然答应了!

当时,我的博士生周小明正在写有关信托法的博士学位论文,这是我国第一篇研究信托法的博士学位论文。于是我就让周小明具体负责调查和起草工作。

为什么要制定《信托法》

北京政法学院复校后,我开设了"西方国家民商法"课程,信托法就是这门课程中很重要的一部分。当时,就我的了解来说,对英美信托法制度的了解是很肤浅的。但学生们听后,对这个制度总是抱着很大的兴趣。

而从实践层面来说,自从 1979 年第一家信托机构——中国国际信托投资公司成立以来,中国信托业获得了极大的发展。从 1979 年到 1986 年,短短的八年期间,通过各种渠道设立的信托机构就达数百家之多。到 1993 年后我们开始起草《信托法》的时候,国内各地信托投资公司纷纷成立,粗略统计也有四五百家之多。

据当时了解,这些专业的信托投资公司主要从事信托投资和信托存贷款等金融信托业务。此外,信托制度还被广泛地运用于海外企业的设立和经营之中。当时,许多海外企业都是国家出资以私人名义在海外注册登记的,为了防止个人名下的企业资产被该人侵吞或因其他变故而受损失,实务上多借鉴英美信托制度,即通过签订信托声明书,使该人成为出资设立海外企业的公司的受托人。而且当时,一种国际上十分流行的集合投资计划——投资基金在中国已悄然兴起,当时绝大多数投资基金,都是通过信托契约即运用信托机制来管理和运用的。由此,我们当时乐观地预见,信托作为一种管理财产的有效方式,还将得到更为广泛的利用和发展。

然而,这些迅速发展的多层次信托机构,从一开始就没有独立的经营方针和明确的业务发展方向。它们虽然都冠之以"信托"的名称,但实际上都是以非信托业务的经营为主,真正的信托业务则少之又少。即使向来被视为信托业务的所谓"信托存贷款",其实与银行的信贷业务并无二致,只有"信托"之名,而无"信托之实"。

更有甚者,为了维持和扩张所谓的"信托存款",各信托机构还纷纷从其他金融机构低利拆借资金，并以“信托贷款”的方式，高利投放到计划外的基建项目甚至非生产项目上，从而使大量计划内的信贷资金转化为计划外资金，冲击了国家的信贷计划。

而且，尽管信托机构在实践中如火如荼，却不见任何形式的信托法规出台。这就使得信托业的设立和经营长期处于无法可依的状态。信托业发展中的教训，最终催生1986年国务院发布的《银行管理暂行条例》，在其第四章“其他金融机构”中有关于“信托投资公司”的三个条文；另外，可以依据的还有中国人民银行发布的《金融信托投资机构管理暂行规定》。

但是，这些法规不光调节范围过于狭窄，只适用于营业信托，一般的民事信托，则未被纳入其调整之中，而且其内容几乎都集中于对信托业的纵向行政管理上，比如信托机构的成立条件、审批机关、经营范围、行政监督等，欠缺调整横向信托关系的最基本原则，比如有关信托的设立、变更和终止规则；关于信托关系人的资格、权利、义务和责任的规则等——这些规则，恰恰是规范信托活动的基础性规则。

不仅如此，这些信托法规的许多规范，并不体现信托的本质，反而扭曲了信托的观念。比如，在信托业的法律地位上，单纯地视信托业为金融机构，而抹杀其作为财产管理机构的本质；在信托业的业务范围上，更多地确立了非信托业务，颠倒了信托业经营上的主次，使信托业丧失了明确的发展方向；在信托财产的来源和范围上，片面地将信托财产的范围限定为资金一项，而且只能吸收五种来源的机构资金，由此大大地缩小信托业的生存空间；在信托资金的运用和管理上，肯定银行信贷业务的做法，从而混淆信托业务和银行业务的界限。由此可见，当时的信托法规本身，尚属于有待进一步“规范”的规范，尚难以提供信托制度健全发展所需要的法律环境。

基于此，《信托法》起草一开始，人们增加了对信托了解和研究的兴趣。在起草过程中，各地信托投资公司又很关心，特别是当他们知道新起草的《信托法》要规范信托制度和信托行为，可能影响他们的饭碗和前程时，更是对这个法的起草倍加关心。我也曾参加过多次有关信托实务状况的座谈会，对中国的信托业状况有了一些深入的了解。

信托制度在中国的继受

一百多年前,英美式的信托就出现在中国,但信托事业在中国的发展却历经曲折,信托的制度建设更是空白,信托的观念和运用,长期处于误解和歧义之中。就信托理论和信托制度而言,这当然是从英美法中引进的一种制度。

对于国外的法律制度,我一向认为大陆法中占有制度是最难的,它介乎权利与非权利之间,它涵盖的民事活动层面又非常广,它的理论又多歧见,我一直视大陆法的占有为畏途。

我对英美法的研究不多,但英美法中的衡平已经不是一种方法、一种理念,而且形成一套和普通法独立的法律体系。衡平法不仅有自己的一套判例,而且形成了自己一套独特的谚语,诸如:“衡平法不容许违法者逍遥法外”,“寻求公平的人必须做事公平”,“求助于衡平者必须自身清白”,“延误是衡平之大敌”,“衡平法注重实质而不注重形式”,“衡平法把应做的事看做是已做的事”,“衡平法把意图归同于履行义务”,“衡平法诉讼是对人诉讼”等。衡平法的有些谚语很难懂,它是从衡平法实践中抽象出来的理念升华,有些是道德与法律的融合、结晶,也就像在中国一样,把本来是“合法不合理的东西以及合理不合法的东西”颠倒过来,依普通法合理不合法的东西,在衡平法中也要合法化,把法和理从司法高度加以统一,从这个意义上来看,衡平法确实是英美法中最难懂的东西。

而信托制度,恰恰是衡平法中最重要的制度。离开衡平法,是无法弄懂英国的信托制度的。而英国信托制度中的双重所有权,又是从衡平的真谛中产生出来的。信托制度中的所有权,又不是大陆法绝对所有权、单一所有权的概念,Title 这个词既可以译为权源,也可以译为权利,更可以译为所有权。要懂得英国法中的 Title,和大陆法中理解占有有相似的难度。它和占有一样涵盖面很广,具有多样性、复杂性甚至社会性,和当时社会所特有的多种财产制度有关。

将如此复杂的制度引进为中国的一部法律,难度可以想象。中国没有英国的衡平法,怎能制定一部很好的《信托法》?! 但我听说,日本早在1922年就制定了一部《信托法》,而日本恰恰是大陆法国家。如何在一个没有衡平法传统和理念的国家制定一部《信托法》,这是我最想了解的。摆在我们面前的任务,是制定一部失去衡平法的信托法。后来我的另一位研究信托法的学生张天民,我给他的博士论文干脆就改为《失去衡平法的信托制度》,因为这一直是我头脑中时刻不能摆脱的问题。

中野正俊说,"十三陵应该搞公益信托"

无巧不成书。正在这个时候,我们经人介绍,认识了日本亚细亚大学的中野正俊教授,他在日本搞信托法,有一定名气,恰好在中国,听说中国也要搞《信托法》,很关心。于是,全国人大财经委员会办公室就设宴招待他。

一见面,他就说,他刚从明十三陵地下宫殿参观回来,并颇有风趣地说,"十三陵为什么不搞信托?"我们都有些丈二和尚摸不着头,以为是搞商业信托呢。他说,"十三陵应该搞公益信托,如果搞公益信托,参观的人肯定会比现在多,社会效益肯定也会比现在好"。

当时我也产生一个想法,我想如果徐悲鸿纪念馆能信托给中央美术学院,那它的社会效益肯定会好多了。

接着他又建议,把我们现在搞的《信托法》改为两个立法,一个是《信托法》,私法性质,主要解决信托法律关系和信托财产地位等;另一个是《信托业法》,公法性质,主要解决信托公司的设立、监督等问题。

我们当时还一再解释,中国公法和私法的划分没那么严格,一个法全包括了。我们还举《保险法》为例,不仅包括保险公司的设立、监管那种公法规范,也包括保险合同等私法规范,甚至还解释说,中国立法有立法规划,立法规划已经列入并经批准,再改变就比较难。

《信托法》究竟应该包括哪些内容?我们最早拿出的草案中,主要包括了三大部分内容:一是各种信托关系的共通性规范,如信托的设立、变更和终止,信托财产的法律地位,信托关系人的权利、义务和责任等;二是特种信托的特殊规范,即关于公益信托和证券投资信托的规范;三是关于信托业的特殊规范,如信托业的设立条件、法律地位、业务范围、信托资金的运用、业务财务监督等。显然,我国信托立法的思路,是打算将与信托活动有关的一切规范都纳入一部统一的《信托法》之中。

这种立法模式主要是基于现实需要的考虑。我国制定《信托法》的初衷,在于规范信托业的无序行为与已经出现的某些特种信托活动,诸如以投资基金面目出现的"证券投资信托"。要规范这些行为,自应先将有关信托的一般原理在法律上予以确认;但是,若《信托法》只规范信托关系的一般原理,而不包含特种信托即信托业的特殊规范,则《信托法》的制定就丧失了其现实意义。这是其一。其二,如果《信托法》不将特种信托及信托业的规范纳入其范围,那么,由于认识上的原因,和已经形成的八届人大五年立法计划的限制,这方面的规范在短时间内不可能由国家权力机关以"法律"的形式加以制定。这样的话,我国信托发展中一些亟待解决的问题,仍然在立法上难以解决,在实践中,势必只能由主管机构制定行政性规范来解决,而主管机关限于立法素质、本位主义和已经形成的对信托的不甚正确的观念等因素的影响,其规则恐怕一时难尽人意。正是基于这些现实因素,我国信托立法在结构和内容上采取了"大一统"的立法模式。

我们当时也意识到,这种"大一统"的立法模式会带来一些问题,尤其是科学性和现实性的冲突。坦率来说,这种"大一统"的立法模式并不符合立法的科学性:

第一,调整对象的非单一性。有关信托的一般规则,调整的是横向信托关系,且属于所有信托关系的共通性问题;而有关特种信托和信托业的规则,有许多是调整主管机关对它们的监督关系,属纵向的行政管理关系,涉及信托关系的部分,也仅限于它们运作中所产生的特殊问题。调整对象的非单一性,不符合现代立法的基本原则。

第二,规范的异质性。有关信托关系的一半规则在性质上属于民事规范,而调整特种信托和信托业的许多规则属于行政规范。同一部法律之中,异质的规范太多,在立法技术上难以协调。

第三,稳定性和变动性的冲突。作为信托关系基本法的《信托法》

应具有相对稳定性，而国家对特种信托和信托业的监督管理规则，需根据经济现实不断加以修改，具有较大的变动性。如果将这部分规则纳入《信托法》之中，则会影响《信托法》的稳定性。

况且，这种立法模式也不符合世界成文信托立法的趋势。无论是英国1925年的《受托人法》，还是美国《信托法重述》（第2版），抑或是继受信托制度的日本、韩国《信托法》，其内容都只是针对信托关系的一般性规则和共通性规则，至于特殊信托和信托业，则专门另行立法加以规范。

比如在英国，公益信托由1980年的《公益法》专门调节；在日本和韩国，信托业和证券投资信托分别由单行的《信托业法》和《证券投资信托法》予以规范；美国的证券投资信托同样由专门的《投资公司法》和《信托契约法》调整；我国台湾地区的“信托法”草案起草过程中，原先也将信托业的规范纳入“信托法”中，后考虑到其规范的特殊性，又将其从“信托法”中分离出来，而另立专门的“信托事业法”加以规范。

因此，我们当时认为，我国《信托法》在内容设计上，最好如中村教授所说，也能遵循立法的科学性，并参考世界各国成文信托立法的惯例，而集中就信托的一般原理和共通性问题作出规定，使之成为信托关系的基本法。

另外，就信托业和特种信托的设立、运作和监督再进行专门的立法，比如《信托业法》、《公益信托法》、《证券投资信托法》等，使它们成为《信托法》的特别法，以期形成合理的信托法体系。

如果确实无法逾越现实的障碍，而不得不在一定程度上牺牲立法的科学性，那么，也应在现实的格局下，尽量实现科学的立法原则。一种可行的做法是，《信托法》只对信托关系的一般原理作出具体详尽的规范，其更为具体的规范则可通过颁布“实施细则”的方式来丰富，或者委托主管机关，根据原则性规定来完善。

没想到，到最后《信托法》面临通过时，恰恰因为“信托业”这部分争论很大，暂时难以取得一致意见，只好删除，以后由国务院制定条例去解决。《信托法》真的只成为私法内容的《信托法》了，这与中村教授的建议不谋而合。我们又形成了在信托制度上私法与公法部分分开制定的格局！

去日本考察信托法

由于中野教授的热心,他邀请我和周小明去日本考察信托法。经中野教授安排,此行由日本一家信托银行出资,由他接待,并解答我们所关心的问题。于是,我和周小明完全由日方出资,完成我们对日本信托业以及信托法的考察。

当时,这笔钱是包干给我们用的,而安排住的宾馆花费又很高。于是,我们就离开对方安排的宾馆,住在一位熟悉的朋友家中,省下一笔钱。那时候中国教授的收入还很低,现在回想起来,确实很寒酸。后来又去过日本许多次,随着我们自己收入的不断增加,出手也逐渐阔绰起来。

回想过去,感触良多。记得第一次去意大利参加国际罗马法大会时,是从香港乘飞机去的。飞机上坐的大多数都是日本中学生,他们到意大利后,被人家奉为财神。意大利人也把我当成日本人,而我出手寒酸,人家一下就认出我不是日本人,肯定是中国人。后来当我也可以不再斤斤计较那点外汇时,我才真正感到中国人也像那时日本人一样富裕起来了!

台湾地区和我们同时起草信托法

在日本考察信托法的时候,恰恰台湾地区也在起草“信托法”,也派了一个代表团在日本访问考察。台湾地区主持“信托法”起草的是“法务部”,我记得带队的一位“女司长”叫叶赛莺,因为名字很特别,所以记得很清楚。

我们也了解到了台湾地区“信托法”的起草。开始时间比我们早一两年,几乎和我们同步,但后来我们通过《信托法》时,已经是 2001 年,比台湾地区晚了很多年。台湾地区不仅通过了“信托法”,亦制定了“信托业法”,还制定了一系列有关“信托税收”的法,可谓已经配套了。而我们只通过《信托法》,有关信托业和相关信托税收的法律或法规迟迟未能通过。

日本《信托法》的前世今生

日本《信托法》是在第一次世界大战结束后不久，于 1922 年通过的，比我们早了八十年。英国创造了民事信托，美国发展了商事信托，而日本在“二战”后的 1952 年，为解决经济困难通过了《贷款信托法》，创造了金钱信托。

日本是很善于学习的民族。唐朝中国法律发达，它学中国；19 世纪末起草民法典时，他学习法国；德国民法典起草中，又改为学习德国；第一次世界大战后，学习英国信托法；第二次世界大战后又更多的学习美国。可以说，只有善于学习的民族，才可以不断前进。如果说，英国的先进主要靠殖民地，美国的先进主要靠各国移民，那么日本的先进则主要靠学人家先进的东西。

日本之所以要在 1922 年颁布《信托法》，也在于要整顿当时数量众多的信托公司。看起来，以信托为名，可以从事多种的商事活动，但信托之名与信托之实，却又相距甚远。日本又在 1943 年颁布《兼营法》，允许银行兼营信托业务，信托公司大都被银行兼并。到我们去日本了解情况时，日本只剩下七家大的信托银行。

总体来看，日本走的是一条“整顿—混营—兼并—高信用”的道路。在今天，中国也面临信托公司质量不高，信用不高，金融业不许混营的局面。

对公益信托很感兴趣

在日本了解信托制度现状时，我们对公益信托很感兴趣。因为公益信托是英美法模式，而日本传统的大陆法模式——设立财团法人的方式仍然大量存在。在公益信托的模式中，基金会仍是一种很重要的形态。

金钱信托中，一种是属于商业性质，即投资基金；另一种是非商业性质，即公益基金。这两种性质的基金在中国也一直都存在。在财经委员会牵头的立法中，有一项即为《投资基金法》。

《投资基金法》立法时，即确定应包括三种形式的投资基金：产业投资基金、证券投资基金和高科技风险投资基金，而且所有这几种投资基金的性质属于信托关系。但在《投资基金法》立法过程中，发现这三种投资基金的管理部门不同，管理方式也就有所不同，因此很难在一部法中共同加以规定。

这样，《投资基金法》就在原有的证券投资基金的行政法规基础上，改为《证券投资基金法》，由证监会管理，把产业投资基金和高科技风险投资基金完全排除在外。

依我看来，这三种基金均属商业投资性质，而且均属信托，均属商业信托性质，只不过是投资领域有所不同，流动方式有所不同而已。我始终主张应当将商业性质的投资基金统一制定一部法律。

至于公益性质的基金会，民政部也曾制定一部《民间基金会管理办法》，我也参加过讨论。在讨论中，大家一致认为设立基金会的办法复杂、严格，这样的严格管理的方法，使人们望之生畏。本来是公益的好事情，却使人们在公益基金会面前却而止步，究竟是鼓励设立这种公益性基金会呢，还是要限制设立呢?!

由于基金会已经属于社会团体性质，社会团体又涉及结社这个敏感问题。公益性的社会团体又往往会与境外捐款有关，而境外捐款又是一个敏感问题。于是，本来不过是一个公益信托的东西，就会与政治问题挂上钩。虽然后来在《信托法》中对公益信托作出规定，但实践情况并不理想。

后来董辅礽教授在美国故去后，他的门生弟子准备发起董辅礽基金会，把我也列为发起人。但这个董辅礽基金会在民政部审核时，费了很大麻烦，把发起人的姓名，经历查了又查，总算是按社会团体成立了。

也有人问我，你那个江平基金会是怎么成立的？我说，我那个只是一个基金，而不是基金会，所以也无须民政部批准。基金只不过是一笔钱，不像基金会是一个组织，一个社会组织需要批准，一笔钱不需要批准。我作为委托人，把这笔钱按信托的办法，交给中国政法大学民法教研室（后来为民商经济法学院），使其作为受托人，按照公益目的去使用。现在高校里，由教授出资设立基金越来越多，它究竟属于什么性质，严格说来，也有说不清的地方。

新中国成立后信托制度运用的实践

从日本考察回来后，周小明很快就把《信托法》的专家试拟稿完成了。当时我们请了谢怀栻和魏家驹两位专家把关。

在起草过程中，我们还很惊喜地找到新中国成立后信托制度运用的实践。大约是在20世纪六七十年代，我们国家也要在境外设立公司，而在境外设立公司，如果写明出资者是国有企业或国家，会带来很多不便和麻烦，国外可以认定你的企业财产既然是国家的，那由此而产生的负担和债务也要由国家来承担。

为了避免这个麻烦，允许以国有企业负责人的个人名义在境外设立公司，但在以个人名义设立公司时必须在国有企业或国家主管部门与该负责人订立合同，确认是属于信托关系，在海外设立公司的出资属信托投资性质，这使我们得到证据证明，新中国也曾有信托的实践存在。

20世纪90年代，最高人民法院还有一个判决，是涉及商标权的纠纷。大致情况是，20世纪50年代时广东轻工业厅将一个电扇的商标交给香港一家企业生产、使用，经过很长时间后，该商标已经在东南亚一带非常驰名，现在争论谁应享有商标权。案子几经周折，争议极大。最后，最高人民法院的判决认定为事实上的信托，即使双方当事人没有任何书面文字的信托合同。最高人民法院的这个认定，也引起争议。但再怎么争议，最高人民法院的判决是终审、生效的判决。这是在《信托法》正式通过前，除上面政府文件外，属于法院判决认定信托关系的又一例证。

信托财产归属的问题

信托法在专家立法过程中，遇到了很多难题。这些难题，即便在《信托法》最后通过时，都没有办法回避。

其中的第一个难题就是信托财产归属的问题。我们的意见是：既然在大陆法国家，失去衡平法依托的信托法只能采取单一所有权办法，而不能像衡平法那样，再搞双重所有权。而要承认单一所有权，那就要明确写明受托人是信托财产的所有人，当然要加以限制以区别于受托人自有的财产，这样，受益人就只能享有受益权，而不是所有权了。

但后来在《信托法》通过前，这一制度性规定受到了争议。究竟信托财产是谁的，有不同看法。结果就用了一个模糊的用语："委托人将其财产权委托给受托人"。有人说，"委托给"只是指委托而不说明财产权转移；有人说，"委托给"既然有个"给"字，那就说明财产权转移，确是各取所需。我对日本和韩国信托法中信托财产属于受托人所有，一直相信无疑。

可是 2004 年在长沙召开信托法研讨会时，韩国一位大法官做报告，称韩国最新的一个法院判决确认，委托人的债务可以由信托财产来偿还。我没有详细了解具体案情，但可以肯定，在特定情况下会这么判的。既然这么判，就说明信托财产并不是绝对的，在任何情况下都属于受托人的财产。

所以，《信托法》最终通过时，这种模糊写法，没准儿会被历史证明是正确的！

信托财产公示主义

《信托法》起草过程中，遇到的第二个难题，就是信托财产公示主义。

信托财产当然应当公示，因为它已经设有负担，就和抵押物上设立负担一样。公示当然要和登记联系在一起，怎么登记、向谁登记又是一个争论问题。也有人认为，信托还要登记，太复杂，也没有那个必要。于是，《信托法》在通过时，又作了一个修改，修改为："法律规定需要登记的应当登记"。

这又是一个折中、模糊的规定，连《信托法》中都没说明哪些信托财产需要登记，我们还能指望再有什么法来规定哪些信托财产需要登记？！

后来，中国建设银行要想搞一个受益证券，即把个人买房抵押贷款的债权连同抵押权一起，按信托办法委托给中国国际信托投资公司发行。他们马上遇到一个问题：要不要登记？如何登记？甚至可不可以用登报这种公示的方法……如此等重要的问题,全成了未知数。

2006 年,中国融资租赁协会在昌平开会,讨论财经委员会负责制定的《融资租赁法》(初稿)。与会者中,许多人主张融资租赁物也应当具有物权性质,也应当登记,否则没有物权的效力,没有追及权,当承租人一方面不付清融资租赁物的贷款而又把它卖掉时,出租人缺乏物权保障手段。这又涉及公示和登记的问题。

可见,和《物权法》的登记有关的,还有信托财产和融资租赁物是否应当登记和如何登记的问题。

信托目的合法性

信托目的合法性,是大陆法信托立法的一个原则。

但这个原则怎么掌握,仍是一个没有解决好的问题。其实,在英国最初的信托的目的,就在于规避法律,就在于要规避那种"合理却不合法"的法律,衡平法就是这么产生的。但在今天,怎么再看待这个合理规避法律的问题呢?

我有一个澳大利亚籍的台湾博士生孙依府,她也写了个信托方面的博士论文。她在论文中提到一个香港案例:香港有一个富豪,死后留有数额极其巨大的一笔遗产,按香港法律,这笔巨额遗产是应交很大一笔遗产税的。但他在生前,委托律师作了十四个信托文件,结果竟然把遗产税给回避了。香港政府打官司,一审香港政府胜诉,二审香港政府胜诉,而三审终审时,他的继承人竟然把案子翻过来了,法院判政府败诉。法院在判决中说,当事人委托律师所作的所有信托文件都是合法有效的,既然信托文件是合法有效的,当然就要按信托文件规定的权利义务办。

看起来,英美法和大陆法在这点上仍有很大差别。大陆法普遍有民法典的基本规定,我国《民法通则》也有这个规定:"以合法形式掩盖违法目的民事行为无效"。按照这样的理解,香港这种诉讼要是在内地法院,继承人一方肯定是要败诉的,而在香港他们却胜诉了。究竟怎么来理解信托目的的合法原则,这确实是个问题。

现在仍然有人争论,偷税漏税是违法的,但合理避税则是可以的,因为它并不直接违法。甚至有人授课,讲如何合理避税。那么利用信托制度合理避税是合法？是违法？还是一个悬案？

失去了衡平法依托的中国《信托法》，仍然留下了模糊的空间和难以解决的悬案。自从我们把《信托法》的专家建议稿交给全国人大财经委员会后，我也就不再过问《信托法》的事了。

《信托法》出台

2001 年，中国颁布了自己的《信托法》，这部历经 8 年努力起草的法律，最终将源自普通法系的信托，引进了经济快速增长的中国。

《信托法》的颁布和实施的两个背景非常重要：一是我国民法体系正处于建立和完善的过程中，尤其是《物权法》当时正在制定过程中；二是社会结构处于深刻的变革中，经济发展处在全球化的浪潮中。《信托法》的颁布和实施，是建立和发展我国信托制度的基石，是我国信托事业发展中的里程碑。

《信托法》的实施为运用信托提供了有力的制度保证，这将极大地促进信托的应用，使这一在普通法系国家深具社会功能的制度，在我国发挥应有的作用。

二十八、我对仲裁有感情

坚决取消行政仲裁

我在七届全国人大担任人大代表、法律委员会副主任及人大常委会委员的时候,《仲裁法》就已经开始制定。尽管这部法律是1994年才通过的,当时我任期届满,已不再在全国人大担任任何职务,但毕竟立法是有一定连续性的,我在参加七届人大立法工作的时候,《仲裁法》就在讨论过程中,涉及《仲裁法》的一些争论,多少了解一部分。

参加由中国、日本、韩国三方学者组成的仲裁制度现状与展望讨论会

1994年之前制定《仲裁法》,如何解决仲裁机构的独立性、取消行政仲裁制度,就成了《仲裁法》制定的主要目标,当然,也就成了各方争论的焦点。

我想,就当时我国的仲裁制度来说,必须改革。而这个改革的方针,首当其冲就是要坚决取消行政仲裁制度。

行政仲裁制度实际上来自苏联。苏联当时有这么一个理论,既然纠纷都是在公有制的国有企业的范围，所以处理纠纷，也不一定要通过法院，完全可以通过仲裁机关，去解决国有企业之间的纠纷。这个仲裁制度翻译到中国时，被译为“公断”。当时翻译成“公断”，当然有道理，因为他是由公家来断，由行政机构来断。两家国有企业如果同属于苏联部长会议下面的某个部门，比如商业部，那它们的纠纷就由商业部下面的公断机构来解决；如果两家国企分属不同的部门，那么它们的纠纷就由部长会议下面的公断机构来解决。而这是从前苏联的联邦层面来说，就只有这两层公断机构；往下的话，就到了联邦成员，又是分为部长会议下的公断和部委下的公断两层。

这样的制度引进中国时，我们并没有完全按照前苏联的模式。但是有一条很明显，我们原来在《经济合同法》里面规定，经济合同的纠纷，是由国家工商管理部门下属的仲裁机构来仲裁解决。如果你在合同里面写了发生纠纷后到仲裁机构里头解决，那你就去仲裁机构解决。但仲裁机构解决的仲裁，还可以到法院提起诉讼。

这样的话，我们长期以来，行政机构都有进行行政仲裁的权力。国家科委的部门，有调处科技合同的权力；工商行政管理部门，有解决经济合同纠纷的权力。

而行政部门来仲裁，最大的问题就是其仲裁员的聘任是由行政部门来决定的。这样的话，很多时候这种行政管理，就很容易影响仲裁员的独立性，比如说国家工商局聘请的仲裁员，当然由国家工商行政局来领导，最后怎么解决纠纷，可能还得请示国家工商行政局。

这样的做法，是跟全世界通行的仲裁制度不相容的。现在全世界的仲裁，都很强调它的独立性。所谓独立性，最明显的特征，就是仲裁机构的人事和财政都不归政府部门管辖，仲裁机构是完全脱离政府之外的民间组织。

仲裁机构怎么设立

当时争论的第二个问题就是，到底仲裁机构怎么设立。既然仲裁机构的设置不能按行政部门来设立，那就只能按地域来设立。可是按照地域设立的话，北京市可以设立仲裁委员会，那么其他城市可不可以呢？到底这个仲裁机构的设立，是以什么作为标准呢？

最后，在仲裁机构设置问题上，《仲裁法》第10条规定："仲裁委员会可以在直辖市和省、自治区人民政府所在地的市设立，也可以根据需要在其他设区的市设立，不按行政区划层层设立。"所谓"其他设区的市"，也就相当于我们现在所称的地级市吧。

这个问题现在看起来，确实是一个值得思考的问题。到底仲裁机构在哪一级市来设立？截止到2005年，中国的地级行政建制333个，其中地级市就有283个。如果每个地级市都设立一个仲裁机构的话，加上直辖市、省会城市，那么中国的仲裁机构也实在是太多了。北京贸仲委网站上的数据，现在全国已经有180多个仲裁委员会了。

这就引起了很大的争论。比如说，北京已经设立了仲裁委员会，那么廊坊还有必要再设立吗？保定还有必要设立吗？而且，还有更关键的问题：比如河北省共有石家庄、邯郸、邢台、保定、张家口、承德、唐山、秦皇岛、沧州、衡水、廊坊11个地级市，那么如果这些地级市普遍都来仲裁委的话，像这样的地方，能够保障有多少专家具有仲裁、客观公正的能力呢？而且在全国来说，河北省还算是好点的，到西部边远省份呢？

所以，今天《仲裁法》实行中最大的问题是仲裁机构过多过滥，每个仲裁机构大多数都由市财政解决经费，人员都由市编制去解决，很多仲裁员都由行政部门负责人担任，而当事人选择仲裁员时又往往愿意找这些人担任仲裁员，这就形成了我们取消了行政仲裁制度，但我们实际上建立的是变相的行政仲裁制度。

仲裁机构的设立

我记得《仲裁法》第10条规定："仲裁委员会由前款规定的市级人民政府组织有关部门和商会统一组建。设立仲裁委员会，应当经省、自治区、直辖市的司法行政部门登记。"《仲裁法》在1994年8月31日通过之前，这一条也是人们争议最大的条款之一。

所谓"人民政府组织有关部门和商会统一组建"，说到底就是由当地人民政府来组建。那么，到底仲裁机构设立，是由当地政府的法制办牵头来组织，还是由当地司法局来设立？

按照这条法律的规定，"设立仲裁委员会，应当经省、自治区、直辖市的司法行政部门登记”。但是,司法行政部门既不能牵头来组织仲裁委,也不能给地方政府和商会组建的仲裁委拒绝登记,只要组建符合法定条件,就必须对其进行登记。这样的话,地方司法行政部门事实上是很被动的,因为仲裁委的人员组成、领导的任命主要由当地政府来管,而在这种情况下,司法局作为当地政府的一个组成部门,是不可能拒绝其登记的。登记是一点油水都没有的。中国的现状是,主管部门就有油水了,至少它的机构设立、人员安排、经费使用等都与“油水”有关,难怪当初司法部与国务院法制办为这个“主管部门”颇有争执。

《仲裁法》通过后,各地仲裁机构一变而成为当地法制办的“下属机构”,无论是仲裁机构的设立还是运行,乃至仲裁案件,都很容易受到政府干预。

据我所知,绝大部分地方仲裁机构的设立,都是政府力量完全主导的。既然仲裁委员会可以成为一个机构,就有一定的级别,地方政府一般也都会千方百计地在当地设立仲裁委员会。仲裁委员会的主任当然是由法制办来提名,它当然就有一定的编制。有了这个编制,就好跟地方政府要钱。

这样的话,很多地方仲裁机构设立的时候,还一个案子都没有,就先设立了机构,人马也要配备齐全,房子汽车也要配备齐全。而设立十多年来,即便到现在,每年也审理不了几个案子,连自己的开支都不能够维持。这导致了今天全国近二百个仲裁机构,相当一部分自己都不能养活自己。

这又导致一个什么后果呢?就是这些仲裁机构本身,不再主张仲裁机构民办和独立,更不主张仲裁机构与政府脱离关系。他们就希望能够依靠政府的力量,维持自己的生存,或者按照他们的说法,仲裁机构只有依靠政府的力量,才会在当地有权威;如果仲裁机构完全是民办的,那能有什么权威?

所以从一开始,中国的大部分仲裁机构就是依靠政府的力量设立,也在依靠政府的力量运转。到现在,国务院法制办下面,还在政府法制协调司下面设置了专门的仲裁处,来专门管理仲裁事务,每年召开全国会议。连《仲裁法》规定的仲裁协会,在 15 年后仍然没有成立,仲裁的自律、自治被抛到九霄云外。

仲裁机构的经费

关于仲裁能不能够独立，又涉及另一个问题，那就是仲裁机构的经费到底怎么办。

仲裁机构的经费问题，在《仲裁法》并没有写得很清楚。但《仲裁法》第 14 条明确规定："仲裁委员会独立于行政机关，与行政机关没有隶属关系。仲裁委员会之间也没有隶属关系。"这暗含着一个思想，就是仲裁机构的经费应该是独立的。

但是在实践中，涉及仲裁机构的经费，有两种做法：

第一种，是绝大多数现在的仲裁委员会，包括像国际经济贸易仲裁委员会的仲裁机构，都按照政府财政部门规定的办法，收支两条线，所有收入都交给财政，所有支出也都由财政部门再下拨。那么这种收支两条线的办法，实际上使得仲裁机构完全依靠财政——你挣多挣少，都要交给财政，财政给你多少钱，你才能拿到多少钱。也就是说，当事人交纳的仲裁费，全部都交公了。这种做法，实际上没有鼓励、激励的作用。像中国国际经济贸易仲裁委员会，它的收入是很高的，而全部都给了财政部门，自然不利于激励其更好地进行仲裁。而对于那些刚才说的一整年还仲裁不了几个案子、也挣不了多少仲裁费的仲裁机构，这么做倒也安稳，反正它就挣那么一点钱，多多少少都给财政，而仲裁机构开支用度，也全由政府财政包干。其实到最后，对于这种仲裁机构也没有激励作用。

第二种，是像北京仲裁委这样的。在仲裁机构里面，北京仲裁委员会是很特殊的。北京仲裁委比较早地争取到地方财务、税收的支持。它是按事业单位纳税的办法，即将其所收入的仲裁费用按所得税交税，交完税之后，剩余部分就都归你，你愿意干什么就干什么，政府无权过问了。这样的话，对于北京仲裁委来说，这是一个很好的激励机制。

后来，财政部制定仲裁统一实行"自收自支"的办法，但由于国务院法制办的作梗，这个办法又搁浅了。

涉外仲裁谁来管

我记得当初讨论《仲裁法》的过程中，关于涉外仲裁的管辖，也是各方面争论很激烈的一个问题。

仲裁案件，五花八门，不仅有国内的，也有一些涉外的。原来在《仲裁法》颁布之前，凡是涉外的仲裁，都是由中国国际经济贸易仲裁委员会来专门管辖。那么在《仲裁法》颁布之后呢？既然全国各地方都可以设立仲裁机构，那么这些新设的仲裁机构，有没有权力来处理涉外仲裁呢？这是一个很重要的问题。

当时明显的有两种意见：

一种是主张涉外仲裁，只能够由中国国际经济贸易促进会下面的中国国际经济贸易仲裁委员会来解决，因为该机构就是专门处理涉外仲裁的。而且，我国的中国国际经济贸易仲裁委员会早在20世纪50年代就设立了，对外也有一定的威信。所以从当时来说，由中国国际经济贸易仲裁委员会来搞涉外仲裁，应该说没有任何争议。

另一种是应该赋予地方仲裁委员会解决涉外仲裁的权限。其中最重要的一个理由，就是说现在边贸很发达，比如黑龙江、新疆、云南等边境省份，都有很多边境贸易。如果边境贸易双方当事人之间有仲裁协议，一旦发生纠纷，都跑到北京来，那负担也太重，必须给一个地方仲裁委员会解决涉外仲裁的权限。

我记得王汉斌在这个问题上，反复思量后说，为了适应中国市场经济的需要，应该大力发展边境贸易，必须要把处理涉外仲裁的权限下放到地方仲裁委员会。

应该说，这个决定是正确的。但这么做也会出现一些问题，这些边境省份尤其是地级市，它究竟有多少能力、力量来处理涉外仲裁，的确很成问题。

我在北京贸仲委做了五届主任

《仲裁法》1994年8月通过，于1995年9月1日正式实施。各地都在接下来一两年内逐渐成立了仲裁委员会。这里面，北京仲裁委员会成立于 1995 年 9 月 28 日,在全国来说算是成立比较早的。

2002 年任北京仲裁委员会主任时与外宾合影

北京仲裁委员会成立后,北京市人民政府法制办就研究请谁来担任第一任主任。最后他们找到我,请我来做北京市仲裁委员会的主任。这一当,就当了十几年。按惯例来说,仲裁委员会都是三年一届。假如按照三年来算的话,我这都是第五届主任了,可是他们每一届都还是让我来当。

我的理解是,他们可能认为由我来当北京仲裁委员会主任比较合适。毕竟,我是个纯粹的学者。他们可能也发现,学者来当仲裁委主任的话,没有权力欲,也不会推荐或者安插任何人。假如让副市长担任仲裁委员会主任的话,那他可能就会安插自己的人马,这种情形在各地方相当普遍。所以应该说,让学者来担任仲裁委员会的主任,不失为一种好办法。

北京仲裁委员会秘书长是王红松。王红松对开创北京仲裁委员会的事业作出了很多努力,也付出很大热情,在国际上建立了很多联系。王红松的父亲王怀安,也是我国司法界的元老,原来担任过最高人民法院副院长,思想很开明。据王红松介绍,王老现在都九十多岁了,还坚持游泳,身体很好。王老现在还挺关心最高人民法院的司法改革。

对于北京仲裁委员会来说，我作为这个仲裁机构的主任，我觉得我们做得很好的一点，就是在《北京仲裁委员会章程》中规定，北京仲裁委员会主任及工作人员不兼任仲裁员，副主任和委员只有在双方选定的情况下才可担任仲裁员。另外，我们也在《仲裁员守则》中规定，仲裁员不得在北京仲裁案件中担任代理人。这也就是说，凡是北京仲裁委员会的主任、副主任、委员、秘书长，一律都不办理案子。

我自己在北京仲裁委员会中，除了做主任之外，也不做任何工作，尤其不担任仲裁员。虽然北京仲裁委员会给仲裁员的报酬，要大大高于国际贸易仲裁委员会。

我想这是一个很好的自律规则，因为国际仲裁的惯例就是这样的。如果国际仲裁委员会的副主任或者委员自己来办案子，则很容易影响办案的公正性。

有一次，科恩教授就提出这个质疑，他说沈四宝教授作为对方的律师，来参加中国国际经济贸易仲裁委员会的辩论，而同时，沈四宝又是中国国际经济贸易仲裁委员会的副主任，这么做合不合适？这个问题，我想既是对沈四宝教授提出的，也是对我们每一个仲裁委员会提出的。无论如何，我们需要保持仲裁机构的客观公正性，惟其如此，才能赋予仲裁事业长久的生命力。

我在国际贸仲委

中国国际经济贸易仲裁委员会是由政务院于 1956 年 4 月设立的。五十多年来，这个仲裁机构的名称也几经变化，最早的名称为对外贸易仲裁委员会。1980 年时，改名为对外经济贸易仲裁委员会，又于 1988 年改名为中国国际经济贸易仲裁委员会至今。与此同时，自 2000 年 10 月 1 日起，该机构对外亦用“中国国际商会仲裁院”的名称。

从 20 世纪 80 年代开始，我就开始在中国国际经济贸易仲裁委员会担任仲裁员。二十多年来，我就一直在国际贸仲委，总共审理过至少两百多件案子。除了国际贸仲委的仲裁员外，我还担任过国际贸仲委的顾问委员会委员、专家委员会委员等。

应该说，对于仲裁事业，我也是很有感情的。在二十多年里，我担任仲裁员有三点体会：

第一，人是要担任多重角色的，只有担任多重角色才能体会各自分工、责任的不同。我担任教授，一生离不开的是讲坛；我担任过校长，离不开的是行政权力；我担任过两级（最高的和最低的）人大代表，行使的是民意代表的职能；我担任过全国人大法律委员会副主任，行使的是全国立法职能；我担任过二十多年的仲裁员，行使的是司法的职能，我从中学到了如何行使审判员的权力。只有参加多种社会活动，担任多重社会角色，才能使自己避免成为关在象牙塔内的封闭学者。

第二，解决纠纷的机制是多样的，无论在中国或在世界范围内都在探索这一新课题。我是学民商法的，解决民商事纠纷是根本的目的。仲裁有许多的优势，例如，平等的地位就是其中之一。如何利用平等者的优势地位创造出与审判不同的效果、如何在程序上与审判有所不同，这是至今没有能够解决的问题。

第三，在解决纠纷的机制中，究竟如何解决权力腐败这个中国人最关心的问题。法院的腐败已经是尽人皆知的事实。世界上恐怕难以找到像中国那么多的最高人民法院副院长、各省法院院长被判刑的例子。如果老百姓能够寄希望于公平、公正解决问题的法院都如此黑暗，那么老百姓的希望在哪里呢？

我在仲裁机构二十多年，我不敢说仲裁机构一点腐败都没有，但我绝对可以说，仲裁机构里的腐败比起法院来说，确有天壤之别。为什么在法院有一审、二审、再审的监督，有各种制度的制约，仍然不能有效监督审判员权力的滥用；而在仲裁，是一裁终局，没有审级的监督，却很少有仲裁员权力的滥用呢？我觉得，仲裁员队伍的清廉、敬业、公正，是仲裁事业生命力的最大保障。

第五卷

为法治呐喊

二十九、我看苏东剧变

苏东剧变是大事件

从1988年开始，苏共中央总书记戈尔巴乔夫宣布放弃所谓勃列日涅夫主义，对于东欧诸国实行新的政策，减少对东欧诸国内政的干涉尤其是武力干预。这一下子导致了东欧各国的“政治地震”，最终使得东欧诸国的社会主义体制纷纷解体，各国共产党次第下野，失去了政权。

1991年12月25日，苏共中央总书记、苏联总统戈尔巴乔夫宣布辞职，俄罗斯的三色旗也取代了苏联的镰刀斧头旗，世界上最大的社会主义国家苏联，在其存在了近80年之后，宣告解体。

苏联东欧的剧变，在国际共产主义运动史上，应该说是一个非常大的事件。尤其是苏联，作为世界上最大的社会主义国家，最后居然解体了。

苏东剧变的原因在于“三垄断”

在很长一段时期内，我们对于苏东剧变的认识，在舆论上都停留在宣传和平演变的阶段，认为苏东剧变是西方资本主义国家和平演变的结果。但后来，我们的宣传口吻逐渐发生了变化，开始强调苏东剧变的发生，还有很多内在制度上的原因。

2000年在我的文集自序中，我特别讲到了俄罗斯共产党中央总书记久加诺夫对于苏联解体的反思：

在我去那里学习的四十年后，这个制度垮台了，究竟垮台的原因是什么呢？是“修正主义”上台？是帝国主义“和平演变”？我看都不是，倒是身历这一制度现今仍为社会主义理想奋斗的俄罗斯共产党中央书记久加诺夫说得好，他说：“苏联共产党垮台的真正原因是它的三垄断制度，即共产党员以为自己想的说的都是对的——垄断真理的意识形态制度；以为自己的权力是神圣至上的——垄断权力的政治法律制度；以为自己有不能说却可以尽管做的特权福祉——垄断利益的封建特权制度”。这三垄断：垄断意识形态，垄断政治权力，垄断特权利益，就是十足的专制，就是缺少真正的民主、自由机制。斯大林统治下，不是也把那些稍有主张民主自由的人，对专制独裁稍有不满的人，都扣上一顶“资产阶级”的帽子，称为反对派，也有时称为右派。那时只不过处理的方法比我们更干脆，不像毛泽东那样还把他们当做“反面教员”，而是枪毙了之，不留后患。

当然，久加诺夫的这段言论，我并没有直接看到。我看到的是2000年第5期《学术界》杂志上，欧远方在其文章“前苏联垮台的教训是什么”中转引的久加诺夫的原话，但这篇文章并未交代该文献的出处。

我觉得，久加诺夫所讲的“三垄断”，也就是垄断意识形态、垄断政治权力、垄断特权利益，对于我们反思苏东剧变，具有非常重要的作用。

思想意识的垄断

先说思想意识的垄断。我当年在苏联留学的时候，这一点体会特别深刻。按照当时苏联国内的宣传，世界上唯一的真理，就是马克思主义，马克思主义以外的任何理论、观点，都是伪科学。在这样的思想指导下，所有能够看到的书籍中，引用的都只能是马克思主义的著作。即便偶尔有介绍西方国家法律制度的书籍，那也会在书名上加中“批判”二字，认为这是非马克思主义的学说。

这也就是说，从意识形态的角度而言，它划分正确与不正确、真理与非真理的标准，就是看你是属于马克思主义，还是属于非马克思主义。只要是非马克思主义的学说，那就“非我族类，其心必异”，是异端的、错误的思想。

思想意识的垄断并不因此而告终，每一代人都自奉为马克思主义者，所以在苏联有列宁主义、斯大林主义，凡是违反列宁、斯大林的，都是异端学说，都在禁止之列。这种做法的结果，就是阻碍思想进步，阻碍社会进步。

我们知道，宗教领域正盛行这种简单的二分法，只有我这个宗教是唯一正确的，凡是游离于我的思想体系之外的教派，都是一种异端。如果认定对方是异端的话，不但不能和对方和平相处，异端学说被排斥，异端书籍要焚毁，一切都要烟消云散才可善罢甘休。这种非此即彼的二分法，造成了历史上基督教和伊斯兰教的长期冲突。我想，这个东西跟宗教很类似，苏联当局的做法，事实上就是逐渐把马克思主义宗教化。这是一种很极端的做法。

国家权力的垄断

第二个垄断，就是对国家权力的垄断。

什么是对于国家权力的垄断？在当时苏联的意识形态认为，无产阶级只有通过暴力革命的方式，才能掌握国家政权，才是唯一正确的执政方式。所谓和平过渡只是一种幻想。

既然无产阶级是通过武装革命夺取政权，都是千万个烈士用鲜血换来的。所以谁打的江山，谁就坐江山，这是天经地义的道理。

既然无产阶级是通过千万个烈士的鲜血换来的，按照“血酬定律”，所以，坐江山的人最大的任务，就是不能使江山改变颜色。

其实，现今世界上无产阶级政党也好，左派政党也好，通过选举取得政权的例子已经不是个别的现象。尼泊尔共产党（毛主义）就是通过选举得以执政，印度有两个邦的共产党通过选举执政多年，摩拉维亚共产党两次在选举中取胜成为执政党。但它并不是无产阶级专政政权，而是无产阶级执政的政权。

时代发生变化了，观念也应该发生变化。现在应该说，人民拥护谁，谁就可以坐江山。人民不拥护你，不选举你，即使是你打的江山，你也无权去坐这个江山。苏联的巨变，不正是说明了这个真理嘛！

经济利益的垄断

第三个垄断，就是经济利益的垄断。

对于这个问题,我的感受更深刻。因为无产阶级取得政权以后,就变成了统治阶级。而统治阶级与被统治阶级的区别,最主要的还是社会利益分配、占有方面的区别,尤其是经济利益。如果没有经济利益的话,那么这个政权的价值,就大打折扣了。所以,当时我在苏联学习的时候,跟很多苏联普通的老百姓、大学生交往,我看他们表现出来的最大的不满情绪,就是对特权阶级的痛恨。他们认为,苏联共产党的领导人,都变成了特权阶级。

所谓特权阶级,就是那些当了高官的苏共领导人。按照当时的供给制度,官衔越高,享有的相关待遇也就越高。而这部分待遇,是别人永远享受不到的。因为在资本主义社会的话,只要你有足够多的钱,你还可以花钱来买那些奢华的待遇。但是在社会主义社会,尤其是当时的苏联,钱几乎没有任何用处,只有你有官职、有对国家财产的处分权,才可以享有相关的待遇。这样的话,部长所享有的别墅、部长所享有的特殊供给乃至其他待遇,即都是别人望尘莫及的。

最终,物质利益的驱使,就成了驱使人们当官并拼命往上爬的很重要的理由。人们都希望当官,而且官越大越好,人们都希望在这个体系里爬得越高越好。

《新阶级》

在相当长的一段时间,我们在国内的读物,也被分成了不同的等级,有些书是"内部发行"的,只有一定级别、一定范围内的人才能看到。当然,这种级别和范围,也是官衔越高、级别越高,允许看到的图书也就越多。

我当时曾经特别慕名一本叫做《新阶级》的书。这本书全名是《新阶级——对共产主义制度的分析》(*The New Class – An Analysis of the Communist System*)。作者是南斯拉夫的密洛凡·德热拉斯(Milovan Djilas),这个名字也被译成是密洛凡·吉拉斯。

德热拉斯 1911 年出生,早年在贝尔格莱德大学学法律和哲学。作为铁托的战友,德热拉斯曾经担任南共联盟中央执委、中央书记、国民议会议长、副总统等职务。1954 年,德热拉斯主张把南共联盟变成资产阶级政党,实行西方式的多党制民主制度。此举当然遭到南共联盟中央的反对,德热拉斯也被开除一切职务,并于 1956 年 11 月底被捕判刑,被羁押至 1961 年。《新阶级》便是德热拉斯在被捕前写的“一本全面剖析、批判马克思列宁主义和社会主义制度的著作”。这本书于 1957 年在美国出版,1963 年 2 月世界知识出版社出版了“内部发行”的中译本。1981 年前后,中共中央政法委员会理论室重印了这本书,当然是“仅供中央部门负责同志参阅”。

据看过这本书的人说,这本书写得很深刻。我当然不具备看“内部发行”书的资格,但也很慕名,很想看看。我最终还是看到了这本书,当然是通过内部渠道,才实现这个愿望的。

我看了这本《新阶级》之后,很有同感。德热拉斯说,在苏联、东欧国家,共产主义者在取得政权后,并没有消灭阶级分化,而是建立了一个由权势控制的“新阶级”。德热拉斯指出,“这个阶级也正和以前的那些阶级一样,相信它的权力的建立,将可为所有人类带来快乐和自由,这一点是易于了解的。新阶级和其他阶级间的唯一区别是,新阶级对于其幻想之迟迟未能实现,都以粗暴的方式来处理。它的权力较历史上以前所有任何其他阶级更为完备,它的阶级幻想和成见也因之更大。这个新阶级就是官僚,或者更准确地说,就是政治官僚,它除了具有其本身的若干新特点之外,还具有以前旧阶级的所有特点。”“新阶级视全国的资产为己有,甚至认为‘社会主义的’、‘公有制’或‘国家的’财产等名词,不过是法律上的空洞字眼而已。新阶级认为,凡对其绝对权威稍有冒犯,即是破坏其所有权。因此,新阶级反对任何形式的自由,目的就在保障其‘社会主义的’所有主之地位。批评新阶级对财产的独占,足以使新阶级发生失去权势的恐慌,新阶级对于批评与要求之敏感,是他们的统治与行使权力的态度造成的。”“当新阶级在革命中大获全胜时,其控制手段却在人类历史上留下最可耻的一页。人们一面会为其成功感到惊异,一面又会为其使用的手段感到羞耻。”最终,德热拉斯甚至断言,“新阶级终有一日会被历史所淘汰,是时,人们将不致为它的凋落而有丝毫伤感。一切都是咎由自取,它是命中注定要失败与遭受可耻的毁灭的”。

整体来看,德热拉斯告诉我们,在社会主义的条件下,仍然可能出现阶级的异化现象。为什么这么说呢?按照马列主义的经典理论,社会主义社会,本来是没有什么新的阶级分化的。但是,由于这个社会里长期形成了这么一种制度结构上的分化，所以分化出了一个"新阶级"。对于社会主义事业来说，这是一个很危险的阶级。

我同意这个观点。从苏联来说，最后给予其致命一击的，很大程度上就是这"经济利益的垄断"所造成的。到了最后关头，叶利钦振臂一挥的时候，别说苏联人民，就是广大苏联共产党员，也没有几个人站出来真正拥护苏联共产党。

这里面的道理很简单。因为苏联共产党内部产生了一个严重脱离人民并拥有巨大特权利益的官僚集团。原来的苏共的领导人，已经严重脱离群众，成为人民利益对立的"新阶级"。我想这是导致苏联最终瓦解的很重要的原因。

这一点，在中国也有其现实的意义。权力的腐败，应该说这是老百姓心里感受最直接，也是最痛恨的。老百姓对于意识形态的垄断、对于权力的垄断，可能并没有特别直接的感受。但是如果老百姓看到官僚阶级内部，利用权力就能直接剥夺老百姓的金钱，从人民手中直接拿走他们的财产，能过和老百姓完全不一样水平的生活，我想老百姓一定会对此深恶痛绝的。

所以我觉得，单纯以西方资本主义国家的和平演变来解释苏联东欧社会主义制度的瓦解，未免太简单化。而且，这种解释也不符合我们常说的马列主义基本原理，即事物变化是内因和外因共同作用的结果。而且，根据这个原理，一个社会体制发生天翻地覆的变化，主要还是内因，内因是决定性的因素。苏联东欧社会主义制度的瓦解，"苏东波"的发生，内部的原因应该是根本原因。

苏东社会主义制度并未体现其优越性

还有一个问题，我想说一说。苏联、东欧的社会主义制度之所以瓦解，在某种意义上还有个根本原因，那就是至少在这些国家，社会主义制度并未体现其优越性。

从根本来看的话，苏联的瓦解是符合历史的规律的。我觉得在两个问题上，苏联的社会主义没有体现出它的优越性，所以它就解体了。

第一个问题是经济问题。列宁曾经说过，"归根到底，战胜资产阶级所需力量的最深泉源，这种胜利牢不可破的唯一保证，只能是新的更高的社会生产方式，只能是用社会主义的大生产代替资本主义的和小资产阶级的生产。”也就是说，只有当社会主义的劳动生产率超过资本主义的时候，它才能够战胜资本主义。这个说法我是非常赞成的。判断一个政治经济制度的优劣，并不是看你说的怎么样，而是看你实际表现出来的情形，是不是较之其他制度有更大、更明显的优越性。我想在经济问题上，社会主义要想超过资本主义，那就需要更大程度地提高劳动生产率，然后使其经济总量、经济发展速度都能够战胜资本主义。

可是我们看一看苏联自1922年12月30日成立以来的历史，发现实际情况并不是这样。前三十年尚可以不说，因为它原来基础就比较差，再加上1941年到1945年抗击德国法西斯的“卫国战争”，发展慢点、劳动生产率低点情有可原。但是，从1951年我们去苏联到1990年苏联解体这四十年间，苏联有没有在经济方面体现出明显优越于西方资本主义国家呢？坦率地说，个别领域是有，比如航天竞赛、军备竞赛等。但是，从总体上来看，苏联的发展大大落后于西方。这虽然有地理等方面的原因，但是苏联从各个方面，尤其是老百姓的生活方面，完全没有体现出社会主义制度的优越性。

按照马克思主义的本意，真正的社会主义应该是在生产力最发达的国家开始闹革命，而苏联原来经济就比较差。可是如果拿东德和西德来比较，东德和西德原来是同样的基础，同样地受到破坏，但是在发展过程中，西德却远远地超过了东德的发展。如果我们拿分裂的北韩鲜和南朝鲜相比，20世纪六七十年代中国大陆和台湾地区相比，都有类似问题。

第二个问题就是人权保障。我始终认为，社会主义要战胜资本主义，应该在人的解放或者人权的保障方面，显示出更大的优越性。也就是说，社会主义国家应该在人权保障方面做得更好，应该给予人民更多的自由。

但实践证明，苏联在建国七十多年来，在人权保障方面表现得太差。也就是说，并没有体现给予人民更多的自由，在人权问题的保障方面，也都普遍不如西方国家。在这种情况下，在人权保障方面、在解放生产力方面，都不能战胜资本主义制度。所以实际上也是苏联崩溃的内因之一。

三十、律师兴则国家兴

律师是一个国家法治文明的标志

我在有关律师的问题上，发表的文章不少。尤其是中国律师制度初创时期，涉及律师制度的方方面面，我几乎都做过专题报告。2005年之后，我觉得中国律师制度经过几十年的发展，已经初具规模和气象，很少专门就这个问题讲什么了。

为什么重视律师的问题？我认为律师是一个国家法治文明的标志。前几年孙国栋主编《中国大律师》，约我写序，我就曾指出了律师界当前面临的伦理困境：

律师对于我们这一代人来说真是又熟悉又陌生的名称，五十年内一半熟悉，一半陌生。在新中国成立五十年中一个职业遭到历史这样截然不同的评价，律师可以说是最有代表性的。但是，不论历史如何不公正地对待律师，律师毕竟对共和国起到了它应起的作用。律师中也毕竟有一些杰出的人物，需要历史把他们记载下来。

一提起律师，人们自然会想到他们"凭三寸不烂之舌，挽狂澜于既倒"，以自己的智慧、辩才和法律知识扶正司法天平的缺陷和倾斜，律师作用绝不可低估，心中真的感到："成也律师，败也律师。"

一提起律师，人们往往羡慕不已——"无拘无束多自由，谈笑之间黄金来。"但一些律师谈起来，往往也有许多难言的苦衷，真是"强装笑脸拉关系，个中滋味谁人知"。人们往往只知其乐，不知其苦，于是心中又感到："苦也律师，乐也律师。"

一提起律师，人们往往会联想到律师的高大形象，不畏劝势，为民请命，真是"为弱者呐喊，向强权抗衡"。但律师业发展到今天确也泥沙俱下，鱼目混珠，趋炎附势者有之，唯利是图者有之，玩弄法律于手掌者有之，名声败坏如讼棍者有之，心中因而又感到："善也律师，恶也律师"。

一提起律师，人们总会把它和民主政治联系起来，说它是民主的镜子也好，说它是人权的卫士也好，无非是强调它在法治建设中不可替代的作用。共和国五十年正反两方面的经验教训都无可辩驳地证明：律师兴则民主兴，律师衰则民主衰，甚至可以更进一步说，律师兴则国家兴，律师衰则国家衰，心中又深深感到："兴也律师，衰也律师。"

成败、苦乐、善恶、兴衰，写成了五十年残缺不全的律师史和律师人物。

律师应当是一个令人肃然起敬的人物。像张思之那样半生受屈，一身胆气，不畏权势，只向真理低头的老律师更是我心有灵犀的仰慕者。

律师啊！你应当比其他的人更首先成为一个真正的人！

只有律师制度发达了，国家的民主、法制制度才能够更加完善，律师制度的成败关乎国家的兴亡。

1951年到苏联留学时，我看到苏联也有律师存在。但后来逐渐了解到，苏联律师更多的只是一种形式或者象征。这跟我们改革开放前后的情况恐怕一样，有律师制度，也有律师，但是律师的作用却极其有限。在苏联，我的印象中律师不是人们所向往的职业。所以我常常说，律师制度跟一个国家政治开明程度是有直接关系的，越是专制、越是封闭的国家，越是排斥律师所起的作用。

我们看西方国家，对人权的重视、对法治的重视，很大程度上都表现在对律师作用的重视上。一个人被捕的时候，警察马上要说，你有请律师为自己辩护的权利。辩护的权利可以自己行使，也可以请别人行使。律师的权限也很大，无论是审判还是侦查期间，律师都可以参与其中。而且，律师在社会上，也得到很高的尊重。

在西方国家法律制度中，律师的地位和作用在审判中表现得尤为明显。律师和检察方是平等的，控辩双方是站在同样的位置上，而法官则代表法院，高高在上并且绝对中立。在审理过程中，控方从法律的角度提出控诉被告人的理由，然后律师则要通过自己的工作，向法官和陪审团证明，控方的控诉是站不住脚的，使法官相信被告人的无辜或者轻罪。从法律地位上来说，控辩双方的地位是完全一样的。

就中国的司法状况来说，还没有达到这么文明的高度。从这一点来说，中国应该大力发展律师制度，更应该把律师制度的重要性提到政治的高度来认识。

律师应该是“人权卫士”

中国现在的司法在相当程度上还有不公正现象存在。由于各种原因司法不公正、司法腐败，侵蚀着老百姓最后所寄希望的公正机关。这样就面临着一个很重要的问题，如何来解决司法不公？

针对司法不公，我们现在也找出了一些办法来，但我觉得还有很多欠缺的地方，那就是没有真正解决律师的真正的地位。律师在我们的政法机关、在专政的机构里面起的作用，太微不足道，或者他只是一个附属的作用。

我们不能够完全怪律师都去向钱看，我们没有把律师的地位放在真正应有的地位上。所以在这种情况下，律师更多的是起了能够说服法官，或者能够讨好法官，或者利用法官的一些决策来给予当事人一定的恩惠。

我觉得律师的地位和作用，很重要的一点是“人权卫士”。我们谈到西方国家律师的作用，很多人愿意用“人权卫士”来表示。或者说我们讲到“人权卫士”的时候，每个人心目中应该想到的是律师，而不是法官或检察官。法官是应该按照实际的情况裁量，是弄清事实然后做裁量，检察官是代表国家来控诉，当然立场、角度不太一样。而作为当事人，被告也好，原告也好，他们是一个弱者，没有很多保护自己权利的手段。所以，只有律师能够在其中明辨法律，能够给予当事人正义之言来为他辩护。不仅是刑事案件，也包括民事案件，也包括环境案件、行政案件，也包括一切这方面的案件，在这方面，就律师的作用来说，很重要的一条是维护当事人的基本权利。

我们国家在人权问题上经历了三个阶段。最早的时候，也就是我们学法律的时候，教科书里讲人权是资产阶级的概念，人权是欺骗人的口号，我们对人权是持批判的态度。第二个阶段，即人权入宪，我们把保障人权、保护人权写在宪法中，以表明我们对于人权的重视，但是，人权还是停留在宪法规定的层面。现在很高兴可以看到我们推出了《人权行动计划》，有人认为这是第三个阶段，具体拿出行动纲领来了。

当然，这个行动纲领依然有所欠缺，对于政治上的、新闻舆论上的一些人权保障，还仍然缺乏足够的力度。这个《人权行动计划》应该包含怎么能够发挥律师的作用，强调律师的作用，这点做的还不够。但是我们可以看到这三个阶段，从批判的对象，到宪法中的条款，一直到现在的行动计划，这说明我们在人权的问题上已经有了一些改变。这个改变应该说是很大的，其中跟很多学者呼吁保障人权是有密切关系。我们搞宪法的学者，很多人把注意力集中在人权保护上，是很重要的。

人权的问题，我觉得现在应该有个最根本的改变。我在去年写过一篇文章在《中国法学》上发表，我讲《思想解放和两个解放》，是纪念改革开放30周年所写的。我的文章里很重要的一个思想是讲我们在改革开放初期的时候，邓小平说“发展是硬道理”，这个“硬道理”是什么意思？我觉得硬道理就是不受意识形态约束的道理，高于意识形态的道理。那时候我们整天讲意识形态，这个也是意识形态，那个也是意识形态，但小平同志讲“发展是硬道理”，就是发展超越于意识形态之上。这是马克思主义最根本的思想，生产力是最硬的道理，生产力是没有阶级性的，不能说发展的是资本主义的生产力还是社会主义的生产力。

我们也应该看到，在马克思主义的理论里面还有第二个硬道理，那就是人的解放。《共产党宣言》里面特别讲到了解放人的思想，真正能够把人从各种束缚中解放出来，给人以完全的自由，给人以应该能够享受到的权利，他都能够享受到，这是一个硬道理。所以在这个意义上来说，也不能说人权能够区分资本主义的和社会主义的。可以拿人权作为政治斗争的工具，但不能够把人权分为资本主义的和社会主义的。我觉得这个问题，从现在我们的领导人认识方面，应该说认识到了，我们也不再批判资本主义的人权，说他的人权是什么样的，我们的人权是什么样的，只要是保障人的权利，能够把人的权利从各种政治或者其他的束缚中解放出来，这就是很好的东西。

律师与医生

我在关于律师的演讲中，经常引用马来西亚前总理马哈蒂尔的一句话。马哈蒂尔是医生出身,他曾经说,治国最好的人是医生,而不是律师。因为医生首先能够了解病情,病症摆出来,然后寻找解决治好病的方法。而律师是为人服务的,所以拿了人的钱,总要为人去论证,哪怕他有了罪,也要论证他无罪。

当然,我举这个例子,是为了说明律师和医生不同的地方。但实际上,医生和律师这两个职业亦有很多共同的地方。而且,这些共同性,往往与律师职业的两重性有关。

律师和医生有什么一样的地方?如果你问美国人的话,美国人会告诉你,律师和医生在美国都是收入最高的职业,也是美国人最羡慕的两个职业。而同样的问题,欧洲人会回答你,律师和医生都是最古老的两个职业。我们知道,在欧洲最早的大学里,除了神学以外,设立的专业就是法学和医学,应该说法学和医学都是很古老的学科。

从他们之间的方法论来看,也有点类似。我们知道,学法律、学律师的人很多都要从判例来研究方法。英美是判例法国家,大陆法系国家也要研究判例,也要从判例来研究法律的道理,我们律师也是经常要研究判例。而医生是要研究每一个病例,某一个具体的病案,这个病治愈成功在哪里,失败在哪里,开了药方对还是不对。

从职业的宗旨来看,我觉得也有一个共同的特点。我们知道医生是救死扶伤,那么律师应该说是救弱扶贫,对于弱小的需要法律帮助的人给予援助。从这个意义上说,把他叫做救死扶伤也好,叫做救贫扶弱也罢,这个贫和弱是指在法律知识方面的贫弱,当然在某种意义上也可能包括在经济力量方面的贫和弱。

从世界各国来看,还把医生和律师做了另外一个比喻,就是这两个都是涉及人命关天的职业。医生可以把人从死亡的边缘里救出来,律师可以把一个人从死亡的边缘拉出来。从这个意义上来说,律师和医生职业都涉及一个人的生命、健康、幸福,我想这样的一个比喻也可以说明律师和医生之间的共同点。

既然如此,那么无论律师还是医生,就都存在职业双重性问题了。什么叫职业的双重性?就是他们从事的职业本身,具体有两个方面:一方面,是为社会服务,为公众服务;但另一方面,又都为自己工作,为自己的执业收入工作。

比如说,从医生私人的角度来说,他希望病人越多越好,而且希望病人越重越好,越重的病,意味着他的收入就越高。但是从他的社会职责或者社会公德来说,他的天职是把人的病治好,病人是越少越好,大家都健康,没一个人生病,这是他的工作目的,是他的社会职责、良心所在。这是一个巨大的矛盾啊!

对律师来说有没有这个问题呢? 律师也有这个矛盾。从社会公德来看,我们希望法律越健全越完善越严谨越好,法律越完善,纠纷就越少,那么对律师来说,业务越来越少,需要他们的客户比较少了。从这个意义上说,律师的职业道德,不能为了更多的客户而去做违反自己的法律良心、道德良心的事情。我们不能为了从事法律咨询服务,有人来咨询怎么能够杀了人而不被侦破,我们的律师就告诉他可能碰到的侦察方法以及反侦察手段。我们不能够去告诉当事人,怎么能够赚大钱又能够逃税,我们总不能教唆他注册一个公司而实际上一分钱都不用交出来。律师界里有没有这种情况呢? 很难说绝对没有。

古代有位著名的哲学家叫韩非子,他说卖药的人总希望人多生病,卖棺材的人总希望人多死。我看也是这个意思。但卖药的人希望人得病,卖棺材的人希望人多死,他们是商人啊! 商人当然是要追求利益。医生和卖药的,在这点上来说有本质的不同,卖药的人是一个商人,而医生本身并不是商人。我们要看到律师不是商人,特别强调律师职业的非商业化的性质。虽然我们在市场经济要具有商业的头脑,我们不反对律师要有商业的头脑,市场经济里任何一个人包括医生、律师没有商业头脑,那是一个糊涂人,但是绝对不能纯商业化了,纯粹以营利为目的。

吉尔顿的一段名言

中国律师现在面临的很大的问题,就是为金钱所诱惑,却以发财为目的从事律师职业。甚至有的律师本身,都不专门做律师,一旦有钱,就马上开公司,就跟商人结合起来,完全走商业化的道路,这是很危险的。我想律师还是应该凭借自己在法律方面的知识和技能,来为客户服务,在服务的同时赚取合理的报酬。如果律师试图靠法律方面的知识垄断而经商,这太可怕了。

1875 年,在美国律师协会第一次会议上,美国著名律师吉尔顿说过一段名言。他说："先生们，毋庸置疑，我们中间的任何一个人，都不可能看不到这样的一个事实，即在本世纪的最后的25年里，我们律师的地位、培训、教育和道德都存在着严重的衰落趋向，该协会所要做的第一件工作，就是把律师职业提高到更高、更好的水准。如果律师事务所仅仅变成了一种挣钱的方法，一种尽可能方便而又甘冒任何风险的挣钱方法，那么律师就堕落了。如果律师事务所仅仅是一个试图打赢官司，并且通过向司法机关走后门而打赢官司的机构，那么这一机构不仅堕落而且腐败了。"

看到这段话之后，我感到很震动。我想这里面他指出了以下几个问题：

第一，律师道德衰落的趋向，就是一味地在于商业化，一味地追求挣钱，挣钱是唯一的目的。我们在市场经济下，绝不能把挣钱和人格作为对立的东西。但是它们又有对立的一面，挣钱越多，人格和道德的东西就衰落，那么甚至钱越多，友谊就越少。我想这个问题，从吉尔顿的讲话里面就已经提出来了。

第二，律师事务所变成一种挣钱的工具，一种尽可能方便而又甘冒任何风险的挣钱工具。律师的挣钱工具是方便一些，不需要多少投资。要办一个公司还要最低注册资本，而律师事务所，过去叫律师间、律师楼，一间房子、一个电话即可开办一个律师事务所。律师凭的是脑袋里面的知识，凭的自己的经验在办案。但如果甘冒任何风险，那就是不择手段，所以，第二个危险就是律师甘冒亵渎法律的危险，说轻一点，也可能是甘冒规避法律的危险。从我们民法来说，规避法律还不算了不得的事。但是你要亵渎了法律，甚至本身就是违反了法律，那这个问题就复杂了。

第三，金钱为上。如果仅仅是为了金钱而不择手段，那他就是堕落，这就是刚才我所讲的职业的两重矛盾问题，司机为了多赚钱，可以故意载客多绕路；律师也可以为了多赚钱，在法律上多绕路。我曾说过，律师有个服务之道，有个治国之道。服务之道是如何为当事人来服务，他给我钱，我给他服务，单纯的金钱服务关系。治国之道是用法律来维护社会的尊严，来维护社会的正义公平。那么，我们把为自己的当事人服务好当成是必要的，但如果把这个凌驾在我们为社会所尽的义务之上，那就是错误的。

第四，为了打赢官司，向司法机关走后门。这样一来，就不仅堕落，而且腐败。我想这句话，在今天听起来也应该说是非常现实的，具有警钟的作用。法院经常爱谈这个问题，说法院的腐败是律师引导的，律师勾引法官。而一些律师说，我现在真是麻烦，天天得应酬法官，又腻又烦，可是中国的现状，不请客、不招待、不上卡拉 OK 或去歌舞厅，就办不成事。到底是谁勾引谁啊？律师为什么要找他呢？法官手中有权，律师手中有钱。但是法官不是自己的权，是国家的司法权；律师也不拿自己的钱，是当事人的钱。现在的司法界，钱权交易无非是律师用当事人的钱来和法官手中的国家司法权做交易。而在司法界现在最危险的也正是这个问题。

近年来，全国人大会议在审议最高人民法院和最高人民检察院的工作报告时，投票中的反对票、弃权票数量不小，而且年年增多，反映了人们对司法腐败的不满。人们对于法院和检察院的不满，说透了就是腐败问题。我们律师在里面起到多少作用呢，这个板子打到哪儿？有多少要打到律师的身上呢？

我曾经开玩笑地说过，世界各国没有听说过枪毙一个法官的事，美国、英国历史上没有因法官贪赃枉法而把法官枪毙的吗？恐怕没有吧！法官的形象不允许人枪毙，没枪毙之前最好把他先换了。我说中国可能要创造世界上的奇迹，枪毙几个法官，判处法官死刑，可能世界上要为之震动，中国腐败已经腐败到法官，法院都已经这样。当然，我谈到枪毙法官大家鼓掌，如果讲枪毙律师，就不知道大家鼓掌不鼓掌了。当然，枪毙律师的可能性小，因为他的地位与法官不一样。

律师的职业病

在哪些方面，律师最容易产生职业病呢？

第一个是麻木。在学校里，我这一辈子都是从事法学教育。我跟同学讲，你们在学校慷慨激昂反对腐败，你们可以说反对这个、反对那个，这个不满、那个不满，可是一当上法官之后，可能比老法官还黑。学校学的时候赤子之心，真是满腔热忱，但是一到了官场，一旦从事某些职业，他的赤子之心麻木了！我觉得现在学法律的人面临的问题，主要就是缺少赤子之心。

对于司法界黑暗腐败的问题，律师应该是最先知道的。我说春江水暖鸭先知，司法腐败律师先知！那么法律的强大或者软弱，法律里面的各种问题应该说律师是最有亲身体会的，这是我们司法改革、法制建设动力的一个重要部分。因为你最先知道，甜酸苦辣体会的最深啊！

但是我们有很多律师碰到这些东西忍气吞声，一句话不说，明哲保身。我不要求你们现在丢掉一切，冒杀头的危险去做捍卫法律的先锋，都做烈士，没这个意思。我看到一个实验，有人把一个蛤蟆扔到开水锅里，一扔这个蛤蟆就跳出来，那水太烫了。但是把这个蛤蟆放到冷水里面，慢慢加温，它舒舒服服就死了，一点都不动弹，还是闭上眼睛、舒舒服服地死。我想这就是我们对于习惯、对于周围的环境逐渐习以为常。习以为常就是麻木了，这个问题对于我们说来很值得注意。

"生于忧患，死于安乐"，如果一个国家、一个民族老是在忧患中，她就有一个十足的动力老是要不断奋斗。一个人有些磨难，有些困苦他要不断地来奋进。如果都是在安乐的生活里面，小汽车也有，房子也很好，东西也很多，很舒服，生活很富裕，就缺乏朝气，缺乏勇气。我不是让律师人为地去过苦行僧的生活，但是如果过分安乐，我看这个国家就危险了，这个民族也就危险了。

第二个是浮夸。浮夸是律师的另一个职业病。有人跟我讲，他说找过某个律师，这个律师跟他承诺，法院人都认识，这案子交给他没问题。有些律师可能能耐不小，有的可能能耐还不太大，但包打官司，跟当事人说起来，口气很大、信心十足。这个现象我觉得值得注意。

当然你可以说，律师为了拉案源，总要跟当事人说好一点，不能说我一点本事都没有，我在法院一个人都不认得，那谁找你？律师本身，就是靠自己的知识和机智来办事，你的知识、你的聪明、机灵，能够帮助你非常敏感地抓到一些有利于当事人的东西，那么如果我们再不注意这一点，就最容易产生浮夸，而浮夸的进一步，就是产生虚假甚至欺骗。

对于律师、法院、政府以及任何一个行业，现在仍然要警惕浮夸，尤其作为律师，贵在严谨、科学、老实。我奉劝律师几个字："严谨、科学、老实"。律师是严谨的工作，容不得半点虚假，半点浮夸，到法院打官司要严谨，要以事实为依据，法律为准绳，法律是哪一条，证据是哪些，要一个一个摆出来。辩论时要用哪个证据、法律依据，不一条一条抠行吗？必须要以“真实”作为基础。

财政部和有关会计部门曾召集过一个专家座谈会，讨论会计事务所对出假证要承担多大责任。这里没有讲律师，但是，我们国有企业改组为股份制企业要有律师的证明。如果律师开具虚假证明，律师、律师事务所要承担什么责任？我想现在律师也要打假，不仅打假律师，还要打律师的假行为、律师的假话。我们民法讲，在世界各国通行八个字，世界各国称为民法中的“帝王”条款的是“诚实信用，公序良俗”，诚实信用现在还用，“公序”是指公共秩序，“良俗”是优良风俗，我们叫社会主义道德。我想这八个字是市场经济法律里面的根本东西。作为律师工作，这几个字也是一个重要准则。

“保民官”应该由律师来做

前些年，我去秘鲁的利马开拉丁美洲第九届罗马法大会。在那次会议上，我看他们争论得很激烈，就问一个懂英文的人，争论什么问题？他讲争论的是现在在拉丁美洲国家，怎么对待罗马法的保民官、这个官到底怎么样、起什么作用、现在还要不要等诸如此类的问题。

我读过商务印书馆出版《罗马帝国衰亡史》，从里面得到了一些关于保民官的信息。在共和国时期，罗马国家大概有三个官：一个是执政官，相当于咱们的行政官员，执政人不多，第一执政、第二执政，执政相当于总理；第二是裁判官，也就是司法官，裁判官权力通过法院的判决行使；第三个是保民官。这个显然就跟我们古代不一样，我们古代裁判官和行政官是一回事，没这个保民官。

这个保民官的性质是什么？《罗马帝国衰亡史》里面讲到，罗马帝国的保民官从各方面，都跟执政官不一样，保民官谨慎、谦虚，神圣不可侵犯的，他不像行政官作出各种决议，他掌握的权力主要是为了反对而不是主动采取行动。按规定，他们的责任是维护被压迫者的利益，赦免某些罪刑，在他们认为必要的时候，只需要一句话，就可以停止政府的一切活动。保民官一共有十个人，有了保民官的存在就可以约束政府的权力，也可能限制法官权力的滥用。所以现在看起来，罗马国家也有权力制约的机制，这三权是行政权力、司法权力、保民官的权力。行政权力滥用保民官可以约束制衡，法官如果滥用保民官也可以支持公民。但是保民官是政府官员，那就意味着他说话算数，哪怕是侵犯奴隶的或者其他平民的权利，他也可以出来说话。

保民官的这种职责，在我们现代社会里，应该由谁来行使呢？我对照了一下，我看更像律师应该做的。律师的作用，一个是一种对行政权力滥用的制衡；另一个通过承办刑事案件、民事案件和其他业务来体现。当然，我们律师的人数不像保民官，那只有十个人，另外我们也不是官，不是公职的官。

后来我曾经问过他们，现在拉丁美洲国家有没有设立这种保民官？他们说，个别的地方还保留着。所以，我觉得从这个意义上来说，从我们国家来看，律师本身应该具有"保民"的使命。

法律人的守与变

我国台湾地区陈长文先生送给我一本书，书名为《法律人，你为什么不争气》，写的是台湾政界法律人的现象。这本书的序是马英九写的。马英九在序中谈到，他当年报考学法律，其父不同意，要他报考政治，三十多年来，谁也未说服谁。马英九的父亲认为儿子学了法律后，"法治观念太强，司法性格太重，守经有余，权变不足。"由此，我联想起法律人的性格问题。究竟什么是法律人的性格？

首先，我们要承认，任何一个职业和它的职业人，都会有它职业带来的性格，就必然有其性格中的优点和缺点，有其职业习惯及其职业病。

政治家们纵横捭阖，没有永恒的朋友，也没有永恒的敌人，我们会以为权术过重，诚实不足；经济学家寻求机会创造财富，但我们会以为太过于实用主义；社会学家立足民间草根，反映民舆民情，但似乎又缺少社会制度设计的眼光；文学家以其浪漫主义征服人们的心灵，似乎又是理想有余，缺少现实主义情怀。我们又如何用解剖刀解剖我们法律人自己呢？

从法律职业的基本层面来说，无论是法官、检察官、律师、教授，他们的本职工作都是在依法办事，或者再好听些，都在努力把法律诠释得更好些，但无论如何，是不能跳出法律条文所规定的框架。某种程度上，法律的条文与各种宗教的教规一样，是不能逾越的，逾越了就是异教，就是异动，所以，宗教既有其虔诚的一面，也有其保守的一面。

虽然程度不同，但我们这些法律人也有对法律的虔诚一面，因此，也有其保守谨慎的一面，这大概可以叫做“守经有余，权变不足”吧！中国历史上著名的萧规曹随的典故，就是讲汉初萧何制定的律令制度，是后人不能随便更改的；打天下时立下的王法，是不能随意变动的！法律人，要警惕你的保守性格！

其次，我们要承认在中国历史上真正改变祖先王法号称法家的，其实并不是法律人，而首先是政治家，或者是作为政治家的法家人物。中国历史上，很难说是儒家和法家的斗争贯穿始终，但我们可以说，改革和保守的斗争贯穿始终，王安石算不上法家，康梁也算不上法家，但他们完全称得起改革家，称得上是杰出的政治家。改革虽然失败了，但仍然推动了历史前进。

环顾世界，法律人成为杰出政治家的不在少数，美国的总统有一半是法律人出身，俄罗斯的普京也是法律人出身的政治家。法律人出身的政治家，既有守成固本法统延续的一面，又有大胆变革，锐意进取的一面。无论是民主政制或是集权政制下，一个杰出的政治家都会对国家的命运起着重大作用，一个好的政治家可以带领国家走上繁荣昌盛，一个坏的政治家可以把它引向深渊绝境，历史上这种情况不是太多了么?!

我们现在就是要创造这样一种政治制度，让更多的法律人走向政治家的行列，让政治家的选择更符合民主竞争和透明的机制，只有这样，才是国家之大幸，人民之大幸！

最后，法律人自身并不是被动的只是去诠释法律、执行法律，他完全具有能动性，去能动地改变法律。在我们国家，每一项立法中法律人的作用已经充分展现出来，立法的全部过程，也就是法律制度变革的全部过程。法律人不仅有守的一面，也有变的一面 。

随着立法的更大开放性，对于善法恶法的评论也越来越公开，越来越大胆，这是社会的一大进步。说物权法是善法者有之，说它是恶法者也有之；说劳动合同法是善法者有之，说它是善法掩盖下的恶法也有之。

今天法律人面临着一系列的困惑。谁能判断一个法院的判决是对还是错呢？终究还有个立法的旨意和解释可循；但谁能判断一部法律是善法还是恶法，或者一部法律中哪个条文是善或恶呢？恐怕难有统一的看法，谁也不能禁止有不同政治理念的人各自作出不同的判断。没有政治理念的法律人，可以在有关执法的是非判断上很清醒，但却可能在所执行的法是善法或恶法上判断很不清醒，这并不奇怪。

从这个意义上说，没有政治理念的法律人是盲目的，法律是不能脱离政治的。我在七届全国人大法律委员会工作时，已故的著名学者李慎之先生时任委员，他曾语重心长地对我说：你们搞法律的人对法律研究越深，就越会感到和政治的碰撞、和现行政治体制的碰撞。看起来法律人要想躲避政治，是不可能的，也是不现实的。

政治家必然要面对巨大的风险，乃至杀身之祸，但法律人要为国家和社会作出更大的贡献，就要义无反顾地坚持自己的政治理念！

律师应当参与政治

2000 年的时候，全国律师论坛邀请我发言。我选择了一个题目，就是“律师应当参与政治”。我认为，律师应当积极参与国家政治制度的构建和创立，而不是一味地躲避政治。现在我们的律师界，很大的一个问题，就是律师逃避政治，律师躲避政治，认为谈政治是危险的。如果我们律师都逃避政治，那中国的法治就真的没什么指望了。律师缺乏问政的热情，甚至可以说律师只是个法律的工匠，而缺乏法学家的灵魂。律师只有在正确的政治目标的前提下，才能更好地起到一个国家建设者的任务。所以我提出来，中国律师应该更积极地参与政治。

我所说的政治，并不是我们现在所理解的那个概念，而是一般意义上的政治，或者说就是政治生活。律师参与政治生活，不仅仅是说应该有更多的律师成为人大代表和政协委员，在人大、政协里面发挥作用；也不仅仅意味着，应该有更多的律师参与司法改革；甚至也不仅仅意味着，律师应该更多地参加中国的立法。

律师参与政治生活，实际上还意味着律师应该更多地参与中国政治体制改革，我想在这个领域，中国律师应该最能发挥它的余地。或者说，“春江水暖鸭先知”，那么中国的政治体制改革、司法体制改革，律师应该是最先知道这个水的冷暖。在政治体制改革领域，律师的作用应该还可以发挥得更大。

律师应当多一点哲人气质

现在我跟律师界也还有一定的联系。目前我还担任孙国栋主编的《律师文摘》顾问。《律师文摘》是一本对律师能够起很大的指导意义的杂志。

我曾在孙国栋主编的《中国大律师》一书中写了一个序，题名为《律师兴则国家兴》，为我国律师制度在国家民主化、法制化中的作用呐喊。两年后，国栋又主编《律师文摘》，我想为律师的气质呐喊，题为《律师的哲人气质》。我是这样写的：

美国前总统卡特曾说过一句话："我们拥有世界上最多的律师，但我不能说我们拥有的正义就最多。"这句话颇值得我们深思。律师是国家民主法制中的重要组成部分，而众多的律师又恰恰不能必然说明民主法制的加强，这只能有一个解释，那就是律师本人的素质与气质不同。在我们今天的律师队伍中也确实存在极大差异，有些律师是民主法制的破坏者，是邪恶的支持者。

律师应属于哲人的范畴，哲人并不仅指哲学家。西方国家在中世纪时从事法律职业的大都是神职人员，都应有哲人的地位和哲人的气质。哲人和商人是两个对立的范畴和概念。

哲人者，以真智慧给人以启迪、帮助，指点迷津，而不应是法律贩子，借当事人不懂法律的空子赚黑心钱。

哲人者，忧国忧民，以天下为己任，具有政治家的胸怀，而不是蝇营狗苟，鼠目寸光。

哲人者，正人君子也，堂堂正正做人，胸襟坦荡，夜半不怕鬼敲门，而不是不顾人格，拜倒在金钱、权势之下。

哲人者，具有很高的文化教育修养，言谈吐语、待人接事均有相当的品位，而不是市侩习气、拉帮作风，整日忙于应酬、饭局，流连忘返于市井之中。

律师应当多一点哲人的气质，少一点商人的习气。当然我这里的商人是指和哲人相对应的一个概念，而不是要贬低商人的地位和作用。世界各国有许多商人的作用不亚于哲人，也有许多商人具有哲人的气质。

律师的舞台在法庭上

在香港，我们要说起律师，只把那些出庭的律师叫"大律师"，虽然这个"大律师"的含义不见得很准确。之所以这么叫，是有其道理的。因为出庭本身，对律师的业务素质有很高的要求。那么第一个要求，就是出庭律师思维必须要非常敏捷，他不光要能够在庭审中发现对方的问题，而且要马上组织自己的知识资源去应对对方的挑战，这个是很不简单的。第二个要求，就是出庭律师对口才、辩护水平的要求也比较高。当然，出庭律师也是律师中最能够一夜成名的。所有世界上最有名的律师，几乎都是通过精彩的出庭辩护而扬名立世的，都是通过出庭，在审理过程中表现出自己的风格和魅力。从这一点说，出庭律师一般都是很出色的。

但是中国现在的情况却是，越有名的律师，越不愿意出庭。甚至包括很多知名律师在内。大家潜意识里面，都认为出庭应该是刚出道的小律师去做的。而真正有名气的律师，他自己可以也认为没有必要出庭，去接一些非诉业务，诸如公司上市、破产、兼并等，风险不大，挣得又多，何乐而不为？我想，这是一个完全错误的认识，其实律师的作用，主要体现在出庭上。

为弱者辩护是律师最可贵的地方

我总觉得，在中国当前的环境下，维权律师是律师群体中风险最大的一个群体。

我觉得维权，更多体现的是一种保护弱者的思想，因为维权的对象，是需要你提供法律援助，需要你通过法律上的努力，给他更多的帮助。在这种情况下，较之为强势的人辩护，律师的意义就更大了，所以我们也可以说，世界上最著名的律师，也往往是维权律师，往往是维权的出庭律师。

而且，维权律师通过为弱势阶层辩护，据理力争，说服法官，把劣势扭转过来变成优势，我想这是一个维权律师的最可贵之处。所以，从这个意义上说，维权律师比起普通的出庭律师来说，他对于公众有更大的感召力。维权律师能够在法庭上为弱势群体奋臂呼吁，能够把弱势群体的劣势变成优势。

所以我始终认为，维权律师在中国律师中应该具有更重要的地位，应该发挥更大的作用。但在实际生活中，维权律师受到的打压更多。

现在的维权律师，可以说有两类：一类是维护经济利益的，诸如环境受到污染、生态受到破坏，相关受害者求助无门，最后找维权律师来为他们的权益辩护；另一类就是政治案件，其辩护的风险当然更大一些。因此，能够有律师为这些正面临着审判并且处于很弱势地位的被告人辩护，不光完全必要，也是非常可贵的。

发扬“思之精神”

张思之律师是最典型的中国律师。在各类政治案件中，他作为被告人的辩护人，所以，他说自己是“屡战屡败”。这种“屡败屡战”的精神是很感动人的。明知不可为，仍要坚持为的人，正是因为有他自己的政治理念作为后盾。

2006 年 11 月 26 日，各界朋友共同庆祝张思之大律师 80 华诞。我在发言中，提出并号召大家发扬“思之精神”：

第一，鞠躬尽瘁的服务精神。思之先生虽然名气很大，许多人慕名求其办案，但他总是以一个普通律师的地位和心态来对待当事人。首先想到的是尽全力地来为当事人利益着想。他在接案子时，不是考虑从当事人身上拿到多少，而是考虑能为当事人做到多少。我第一次去朝阳区水碓子他家的时候，实在不能想象作为一个名律师，居然家中“寒酸”到这个地步，也不由我钦佩他“敬业”甚于“敬钱”的精神。

第二，人文关怀的维权精神。思之先生很少办那些标的金额很大的财产纠纷案件，他更多办的是涉及人权的案件。只要他认为侵犯的是公民的基本权利，再大的风险他也敢于接受。思之先生也很少办那些豪门的案件，他更多办的是维护弱势群体利益的案件，只要他认为弱势群体利益受到不公平待遇时，就愿意为他们提供强有力的法律帮助。

第三，宁折不弯的抗争精神。律师在任何社会中都可以称得上是“高危”行业。当然，如果你善于“趋利避害”，完全可以没有什么危险，但当你要坚持律师的良心和良知时，往往会和现行体制发生碰撞，那就必然要带来巨大的危险。思之先生就是明知有巨大的危险，仍然敢于据理抗争的一个。有几个政治敏感的案件当事人曾寻求得到我的帮助，而我不是搞刑法的，我就和思之先生商量，问问他能否为之出庭辩护，思之先生当然知道这里的巨大政治压力和风险，但他仍然欣然承诺。我深深感到正是他的政治理念和他的律师良心叫他无法拒绝。思之先生常说，他在许多案子中都是败诉的。我则认为，明知必然败诉却敢于去承接，这正是见精神之处。如果说“不以胜败论英雄”在律师业中尤应强调的话，那么在有些案件中“胜虽英雄，败更英雄”。

在张思之先生的带领下，现在已有一些勇敢的律师步他的后尘，成为我们律师队伍中勇敢的先行者。这是非常值得欣慰的。

三十一、我与经济学界的交往

商法既需要懂法律，也需要懂经济

我个人主要从事法学教育，尤其是侧重民商法领域的研究。而在民法领域，我更多的侧重于搞商法学研究。

早在1984年的时候，司法部在西南政法学院组织全国民法师资的培训班。在这个培训班上，佟柔教授讲民法，我讲的则是商法。当然，在1984年的时候讲商法，也只能讲商法学的ABC，讲的都是最基本的一些东西，比如有限公司、证券、票据等。但即便这些东西，在当时对大多数学员来说，都还是前所未闻的。

后来随着经济社会的发展，商法学越来越发达，逐渐变成一个独立的学科，开始有很多优秀的学者，专门从事商法学研究。在这种情况下，我越来越感觉到自己知识结构的欠缺。

这种知识结构的欠缺，主要表现在哪儿呢？主要体现在经济知识方面。我越来越发现，研究商法学，不仅需要法律知识，还需要经济知识。而对于跟市场经济密切相关的经济学，我几乎完全不懂，证券领域很多专门的知识也不懂。哪怕涉及会计，也有很多专门的术语和资料，我压根儿就没学过这些，连会计报表都看不懂。如果想要在商法学领域有更大的建树，这些知识的欠缺，成了制约我的"瓶颈"。无疑，对我研究商法学来说，这些知识是必须要补上的。

后来我在给学生讲商法的时候，专门提到了这个问题。我跟学生讲，在市场经济条件下，如果对于市场经济的操作全然不懂的话，这是讲不好商法课的，培养出来的学生，也很难从事市场经济所需要的法律服务。所以，如何能够加强自己在这方面的知识积累，成为我自己很关注的一个问题。

而北京政法学院，一向都是单科性的学校，整个学校里里外外都是跟法学相关的学科，说穿了也就只有法学一个学科。成立中国政法大学后有了商学院、社会学院、公共管理学院等，这都是很靠后的事情。既然学校里当时的知识资源无法满足我对经济学知识的需要，我只好在与经济学界学者们接触的过程中，虚心向他们求教。

在这种情况下，我跟经济学界的交往就越来越多了。

我最早接触的是董辅礽

在经济学界，我第一个接触而且接触最多的是董辅礽。

董辅礽是我 1988 年在七届人大开始担任全国人大代表时认识的。比较巧合的是，我和董辅礽都是宁波老乡。每次全国人大开会时，会务组都会安排我和董辅礽住在一起。当然，我们家都在北京，谁也不去住。但每次全国人大开会的时候，我们两个代表总是在同一个会议室。两个人在一起一聊，说起来都是宁波人，董辅礽也是很小就从宁波出来的，很有感情。

还比较巧合的是，我们俩都是留学苏联的。我 1951 年去苏联，1956 年莫斯科大学法律系毕业，而他则是 1953 年去的苏联，1957 年在莫斯科国立经济学院获得苏联硕士、副博士学位。这也是我们俩在人生经历上，比较相似的一点。

此外更为巧合的是，我是七届人大法律委员会副主任，而他是七届人大财经委员会副主任。应该说，这也是我们两个类似的地方之一。

兼职副主任的待遇

我记得有一次，董辅礽跟我说，“我俩都是全国人大兼职的委员会副主任，那么我们究竟应该享受什么待遇啊？”

如果从全国人大法律委员会副主任或财经委员会副主任来说，应该相当于副部级待遇。可是如果按照我们原单位的级别，我们最多只能享受正局级待遇。

为这个事，董辅礽还专门问过七届全国人大常委会秘书长彭冲，问这个事应该怎么处理。董辅礽后来跟我说，他跟彭冲秘书长谈得时候，彭冲说七届全国人大中，在专门委员会担任副主任委员而需要明确究竟应该享受什么样待遇的，也就只有我和董辅礽两个人有这个问题。别人都没有这个问题，因为其他来全国人大的，一般都是副部长或者部长之类，下来后担任委员会的副主任。他们在原本单位就已经是部级、副部级，来全国人大专门委员会属于平级或降级调动，所以不存在这个问题。

董辅礽跟我讲，后来人大常委会领导专门研究过这个问题。最后给我们的答复，说从七届人大开始，像我和董辅礽这样干兼职副主任的，在人大工作期间，待遇按副部级或部级算。但是因为我们不是专职的，我们在原单位也都还有自己的工作，所以，我们在原单位工作时，原单位什么级别，就享受什么待遇。

这个问题，对我们来说原没有太大的意义，当时只是觉得有点意思，他还专门去问了一下。我们的待遇明确后，好像唯一一次跟这个待遇有关的，就是我随全国人大代表团去苏联访问时，按照外交惯例，拿的是红皮护照。而与此相关，此次出访住的酒店、坐的飞机都享受了一次副部级待遇。而在其他场合，无论我是否还担任全国人大法律委员会副主任，只要我以中国政法大学校领导或教授身份出访，都只能是普通待遇。

从这件事本身来说，我们不难看出董辅礽教授细心、认真的一面。

和董辅礽一道做改制

董辅礽当时是中国社科院的研究员。早在改革开放初期，在我们认识之前，我就看过他的一些文章。

董辅礽和他的学术观点，在整个改革开放年代都很有影响力，当然，也饱受围追堵截。董辅礽特别强调所有制改革的重要性，发表了许多关于所有制改革的文章。他认为，改革开放关键在所有制改革，中国未来所有制发展的方向，应该就是多种所有制并存的混合所有制，即“八宝饭”模式，而不是公有制一统天下。在大陆，他应该是最早提出“政企分离”、“政社分离”政策建议的学者。而在这些理论体系的支撑下，董辅礽对于中国改革开放初期的证券市场和民营企业，都给予了宽容而富有建设性的理论贡献。

20 世纪 80 年代中期，以市场为导向的“温州模式”备受批评，董辅礽专门写了一篇《温州农村商品经济考察与中国农村现代化道路探索》，这之后，经济学界为“温州模式”辩护的文章才日渐增多。

当初，我和董辅礽、厉以宁都在中国诚信信用评估公司（以下简称中诚信）担任学术顾问。中诚信成立于1992年，是中国大陆第一家经中国人民银行批准成立的全国性信用评级机构。这个“中诚信”的负责人叫毛振华，是董辅礽的学生，现在仍然是中诚信国际的董事长兼首席执行官，也兼任董辅礽经济科学发展基金会理事长。董辅礽被毛振华请为顾问后，先拉了我作为法律方面的顾问，后来又拉了厉以宁，他和厉以宁的关系也不错。

我们仨一起，从事了一些国有企业改制方面的事情。我记得有一次是到山西省，参加汾酒厂的改制。山西省自古就以汾酒闻名，汾酒厂在山西乃至全国，也都是很有名的工厂了。汾酒厂改制时邀请我们三人作为其改制的顾问。我们仨是一起去山西的，一道商讨后，汇总形成了提出了我们的意见。

为董辅礽一叹

随着和董辅礽之间的交往越来越多，我逐渐感受到，他们经济学家思考问题的方式，和法学家的思路确实是不完全一样的。法学家往往考虑一项决策的合法性问题，主要关注其符不符合法律；而经济学家往往考虑的是效益，主要关注怎么样才能够使效益最大化。

跟董辅礽接触过之后，比较深的印象之一，就是他一再跟我炫耀他的身体特别好。我印象尤其深的是，每年冬天，无论多冷，他也只穿一件衬衫。无论有多冷都这样，这是很神奇的。他跟我讲，这种抗寒的能力，是在苏联时练出来的。

我记得他曾写过一篇《赴美就医记》，言辞中对他健康的身体流露出沾沾自喜：“我一向身体状况良好，‘文革’前没有办公费医疗证，‘文革’后有了医疗证，却未到医院看过病。平时连感冒也很少，有点不舒服，自己吃点药就过去了。‘文革’后共有过两次发烧，都是因为吃坏了肚子。冬天上身只在衬衣外加一件单夹克或西服，下身仍只一条单裤。我不冬泳，但我对自己实施‘冷空气浴’。我也没有任何不良嗜好，不吸烟、不酗酒。”

2003年9月，董辅礽在国内查出直肠癌。开始时，他一直认为美国的医术和医疗服务都不错，而且当时他女儿、女婿所在的杜克大学，其医疗中心正好也宣称研发出新抗癌药物，正在进行临床试验。于是在家人的鼓励下，董辅礽于10月启程去美国，在杜克大学医疗中心接受治疗。

但不幸的是，美国的医疗水平也无回天乏术。2004年7月30日下午15时03分，董辅礽在度过77岁生日后的第四天，在美国与世长辞。

我们这些他的老朋友们每念及此，都还忍不住嘀咕，他要是不去美国治病的话，也许他在国内享受的医疗待遇，尚不至于使他因为癌症而送命。

后来，我专门写过一篇悼念董辅礽的文章。在文章中，我特别提到：

在七届全国人大常委会中，董辅礽教授、厉以宁教授和我是三位不脱离自己工作岗位的学者型常委。学者型常委在常委会上的发言往往具有独立性，其观点也不尽然与主流观点一致。董辅礽教授的发言很鲜明的一个特点就是从不人云亦云，从不亦步亦趋。他的观点具有独立性，论据充分，令人信服，这反而会给领导决策时多一重思考角度，体现出一位有责任感的经济学家对国家、对人民高度负责的良知。董辅礽教授表现出一位有独立人格的学者风范，不说违心话，不做违心事。我对他的这一精神尤为敬佩。

董辅礽经济学奖

董辅礽过世后，他的弟子们即在武汉大学董辅礽经济科学奖励基金基础上，于这一年的年底设立“北京市董辅礽经济科学发展基金会”。该基金会于2004年12月21日在北京市民政局注册成立，注册资金为200万元，以推动经济科学的创新与进步为宗旨，主要开展经济学方面的学术活动。

这里面的原因当然很简单，董辅礽的弟子们比较有钱的，都是在经济领域创业方面做得很优秀的，他的这些弟子们拿出一部分钱，很快就凑够200万元，有200万元，就可以在民政部门设立基金会了。

2007年8月29日，董辅礽经济科学发展基金会理事会召集会议，选举经济学界的于光远、厉以宁、刘鸿儒、萧灼基和我担任基金会名誉会长。由于这一层关系,董辅礽教授去世了,但我和以他名字命名的基金会依然保持着联系。

2008 年 4 月,依靠这个基金会的支持,我和厉以宁、于光远、萧灼基等学者一道,提议创设“中国经济理论创新奖”,作为董辅礽经济科学发展基金会固定性的公益项目。该奖项主要奖励取得重大原始创新性成果的经济理论成果。设立这个奖项的目的,也在于推动中国的经济科学发展和创新。经理事会决定,“中国经济理论创新奖”每一年或两年评选一次,由不少于 100 位中国经济学界和熟悉中国经济学的国际经济学家,以民主的方式评选产生 1 名获奖者,奖金为 50 万元人民币。

在“中国经济理论创新奖”之前,中国经济学界有一个由国家发改委所属的中国宏观经济学会,和中国经济体制改革研究会共同发起设立、由香港瑞安集团支持的“中国经济学奖”。该奖项号称是中国经济学界的“诺贝尔奖”,奖金有 30 万元人民币。2005 年,薛暮桥、马洪、刘国光、吴敬琏四位经济学家被评为第一届中国最高的经济学奖获得者。这个“中国经济学奖”评奖时,搞了个近百人的专家委员会来民主投票选举,我亦应邀作为评委——我几乎是唯一来自法学界的评委。但“中国经济学奖”似乎就搞过这一届,后来就没怎么听说。

2008 年 11 月 29 日,首届中国经济学家年度论坛暨“中国经济理论创新奖”颁奖典礼在北京大学隆重举行。这次评选评委人数有 148 人,除了我来自法学界外,大都是来自国内经济学理论和实务界的学者、专家。经过大家的民主投票,杜润生及中国农村发展研究组的“农村家庭联产承包责任制理论”获得了首届“中国经济理论创新奖”。

如今,第二届中国经济理论创新奖的评选亦已完成,厉以宁教授获得该奖。无论谁捧得这顶桂冠,我想倘若董辅礽先生地下有知的话,他一定会含笑九泉的。

在北戴河认识吴敬琏

跟我接触比较多的经济学家,另一个是吴敬琏教授。

认识吴敬琏,是在 2001 年 8 月。当时,以江泽民为核心的中共中央政治局，决定邀请20位社会科学的知名学者50个国防科委的专家，一道去北戴河休养。

与吴敬琏教授在浙江宁波奉化藤头村共同植树时留影

当时，法学界受邀的有我、曹建明和张文显，而经济学界受邀的只有吴敬琏。我和吴敬琏各自携夫人前往北戴河休养过程中，彼此就熟悉起来了。

那次，我们在北戴河一共休养了大概有一周时间。这期间，只有一天时间是专门用来开会，其他时间都是自行安排。在那么一个场合下，我和吴敬琏就有了更多的机会，来互相交流一些思想和观点。

发起法学和经济学的联姻

在那次休养的过程中，有一次我跟吴敬琏讲，现代社会科学中，法学和经济学是最具有显学价值的学问，或者说，是最能够影响到国家的命运的学问，我觉得应该加强合作。

这就与吴敬琏的想法不谋而合。吴敬琏一向重视法治的重要性，他觉得市场经济有好有坏，如果市场经济有法治理念支撑的话，那应该是一个好的市场经济。我记得他举了好多例子，跟我说明市场经济有好有坏，有的市场经济搞得很好，有的市场经济搞得很糟糕。“关键在哪里呢？关键在于，有没有法治作为灵魂。"吴敬琏跟我这么讲。

在这么一个共同认识的前提下，我们初步决定，由我们两人发起，成立一个以法律与经济为主要研究对象的民间研究机构。

吴敬琏教授的社会关系更多一些，他就借在上海的关系，成立上海法律经济研究所，挂靠在上海社科联下面。这个研究所从2001年后半年开始筹备，到2002年春正式成立，用了不到一年时间。当时，我和吴敬琏共同邀请梁治平先生担任研究所所长。

应该说，民间研究所能够挂靠在官方机构下开展活动，这是一个很好的开端，多少年来都是不多见的。

法治与市场经济的对话

上海法律与经济研究所成立后，我们便着手组织了一系列学术活动。很重要的一次，便是2002年11月27日晚上，我和吴敬琏在中国政法大学学院路校区礼堂，做了一次"法治与市场经济的对话"学术研讨会。

这次研讨会由上海法律与经济研究所与中国政法大学民商经济法学院共同主办，梁治平主持这次讨论会。这次对话引起各方面的关注，网上的消息说，连天津市都有人专程赶到北京旁听。

在发言中，吴敬琏先讲了自己对于法治的认识过程：

我想参与了市场经济改革的人们对于法治的认识都有一个过程，特别是我自己。我原来想得比较简单，想着就是把市场交换关系建立起来，经济就会腾飞，可是好像事与愿违。随着我们市场经济的兴盛，社会失范的问题，缺乏规范的问题却越来越严重。以前在开始计划经济（计划经济靠上对下的命令，下对上的行政责任和报告，是命令经济）改革的时候，我们很天真地想，只要把这一套冲破了，市场关系建立起来了，那么一切都会像走在长安街上一样，一帆风顺。

可实际上并不是这样。社会上的各种不正常现象越来越严重，特别是在东南亚金融危机以后，我们发现了很多实行市场经济的国家许多方面也都有很多丑恶现象。环顾世界，世界上大多数国家都是市场经济，但是社会稳定，符合人类基本追求的正义的国家，可能只占少数。

这样就提出一个问题,就是现在的市场经济是一个什么样的市场经济?它建立在一个什么样的社会关系基础之上?在这个探索里面就提出了法治问题。

法治是人类的一个基本追求,但是经济学家看待法治问题有他自己的角度——从经济发展本身来看。因此提出了这么一个问题:现代的市场经济需要建立在法治基础之上,为什么是这样?如果不从人类的追求,只从经济发展的本身来看,这个要求也是必然的。我想这大概可以归结为这么一些基本的观点:现代市场经济和过去的大不一样,从它的范围来看,现在是一个非常广大的范围,甚至经济全球化。从它的性质来看,从物物交换、一手交钱一手交货的直接交换,发展到通过信用来交换。像这种交换关系,如果说是在过去很狭小的范围内,所谓抬头不见低头见的那样一种商品交换关系,那么它可以像我们历史上那样通过血缘、亲族、乡亲关系来支撑,让这种关系来稳定进行。可是在现代市场经济就不行了,它不但要有很严密的规则,还要有第三方来监督,来保证规则的执行。最有资格担任第三方的就是国家和政府,国家用它的强制力量来保证规则的执行,这样市场经济就必然要求法治。如果没有法治,我们现在碰到的诸多问题就必然发生。如果这样一些规则,比如产权规则和信用规则都不能够执行、实现,那么就会出现普遍的失范——"失去规范"的现象,那么现代市场经济就没有办法运转,弄得不好就会变成东南亚金融危机之后我们看到的东南亚国家那种所谓的"权贵资本主义",旧中国的官僚资本主义这种现象就会还魂,那么这个市场经济就变成了坏的市场经济。所以我们就开始关心法治的问题。20 世纪 90 年代末以后,许多的经济学家都开始关心法治的问题,但进入这个领域后才发现这是个大学问,我们知道的太少,所以我们就寻求与法学家的结盟,结成联盟来建设我们国家的"法治的市场经济"。我个人的思想历程大概也就是这样的。

市场经济和法律都不是万能的

2003 年 12 月底的时候,上海法律与经济研究所召开年会。

我记得吴敬琏教授在致开幕词的时候，语重心长地说了一番话："我们搞经济学的人，搞市场经济的人，在改革开放初期有一个天真的想法，认为只要搞了市场经济，一切都会好起来了，似乎有了市场经济一切问题都解决了。但经过这么多年，我看到市场经济也有好有坏，所以，我改变了这点天真的想法。"吴敬琏指出，市场经济的好与坏中间，最重要的一个标志就是有没有法治。

对此，我在闭幕式上做了一个回应："我们搞法律的人在78、79年也有一个天真的想法，认为过去是法律虚无主义，最缺乏的是法律，那现在只要有了法律，中国就会好起来，我们就走上了法治建国的轨道。二十多年过去了，我们发现，真正缺乏的是法治精神和法治的观念。在这个意义上，我们可以说今天要承认法律有好有坏，光有法律，还并不能够解决中国的问题。比如说低价征用农民土地的法规，难道能说是一个好的法规吗？当然对于法律的善和恶，有的是从权利限制来看，有的是从经济发展的角度来看。我们的《公司法》十年来起了很大的作用，但是《公司法》里面已经有很多条文落后了，阻碍了经济的发展。所以，今天修改《公司法》的目的，就是修改其中恶的部分，让它逐渐变善。但遗憾的是，我们国家现在法律的修改不够及时，尤其是市场经济方面的法律。有些法律在制定的时候就有不合理的地方，有时是制定当时是合理的，过了一定时间它已经变得不合理了，这样的规则如何能够及时地改变？我们必须要承认，现在有的法律已经落后于经济的发展，落后于改革，有的实际上已经是老百姓不满意的法律了。这就像我们常说的，有宪法并不等于有宪政，有法律也并不等于有法治。只有实行法治，那么中国才有希望。"

我和吴敬琏教授同时都发现，无论他所熟悉的市场经济，还是我所熟悉的法律，都不是万能的。单纯的市场经济或法律，都无法导致一种善良的生活。由此可以看出，我们在这些问题上，能够从不同的专业角度出发，最终共同认识到法治在中国经济改革中的重要地位。

经济学内与经济学外

吴敬琏于2007年9月出版了一本书，题为"呼唤法治的市场经济"。后来，《读书》编辑部专门邀请我和其他几位学者，一道就"呼唤法治的市场经济”发表些看法。2008 年第 1 期《读书》上，刊登了我的文章：

任何一门学科的研究，研究者在本学科内的研究深入到一定程度就必然会延伸到本学科之外的其他学科，因为今天的社会现象也好，自然界现象也好，都不是一个单一学科所能驾驭得了的。吴敬琏教授堪称经济学界举足轻重的学者，对中国经济有许多精辟的见解，他在深入研究经济现象之后也必然要把研究的目光延伸到经济之外，这就是他的新著《呼唤法治的市场经济》引人注目的地方。

这些年来与吴敬琏教授有较多往来，特别对他对法治的倾心关注深有了解。他对法治的关注和论点可以归纳为四个方面：

一是市场经济有好坏之分，好的市场经济应是法治市场经济。在吴敬琏教授与我共同发起设立的上海法律经济研究所召开的一次大型研讨会的开幕词中他曾说：作为首先提出市场经济的他曾天真地以为，有了市场经济中国经济问题就解决了，但是二十多年来的事实告诉我们市场经济也有好有坏。他不断以资本主义国家市场经济为例，说明其中有好的、成功的，也有坏的、失败的。好的市场经济是以法治为主导，坏的市场经济是以“权贵”为主导。究竟市场经济是以法治为主导还是以权贵为主导，我认为这正是今天中国经济面临的核心问题。本来市场是以“机会平等”为其要义的，而在中国的现实中往往机会并不是人人平等的，而是被权力掠夺去，被金钱收买去。只有真正的法治能够从法律上确保“机会的平等”。因此，腐败丛生并不是市场自身之过，而是权贵主导市场之过。

二是要处理好政府与市场的关系，关键是改变政府的职能并使政府权力置于法律约束和大众监督之下。吴敬琏教授始终认为政府这只手在市场经济中应当发挥其应有作用，但究竟是什么作用呢？“宏观调控”和“微观干预”如何区别，“铁本事件”闹得沸沸扬扬究竟属不属于宏观调控？“资源分配”究竟是市场自主还是政府操控，都是现实经济生活中没有解决的重大问题。吴敬琏教授和我在中央财经大学对话时，他就特别强调如何理解宏观调控。我们应当承认，中国政府在市场经济中的决策权和干预度是比任何市场经济国家都大得多的，这其中哪些是积极的，哪些是消极的，都需要认真研究。我认为“市场自由”和“市场秩序”是市场法治的两大层面，在市场自由和准入（包括资源配置）方面应当更多地靠市场这只手，而在市场秩序（中国市场秩序的混乱在世界排名上居第一百多位）方面则应更多靠国家这只手。现在情况有些反过来，国家这只手更多去管资源配置、抢利益、追效益，而忽视了对市场秩序的调控和管理，因此改变政府职能，建立法治政府，依法行政就成为法治经济的一个重要内容。

三是政治体制改革应当和经济体制改革同步进行。他常引用邓小平的话：“只搞经济体制改革，不进行政治改革，经济体制改革也搞不通。”尽管有人认为今天的中国政治体制改革和经济体制改革是同步进行的，但人们的感受是二者并不同步，形成严重的跛脚。不同的认识关键在于什么是政治体制改革？政治体制改革不等于政府体制改革，更不等于政府内部体制改革。中国政治体制改革的核心有两点：一是解决好党的体制，二是解决好民主的体制。前一个问题吴敬琏教授也常用邓小平的话：“政治改革的内容，首先党政要分开。”党权过大，党权干预了政权，党权和政权不分，这是中国的现象。从政治理论的角度而不是从政治口号的角度认真解决党的权力和政府权力的界限点，这是法治国家必然要求的。至于民主政治应当说是市场经济必然的呼唤，二者是相辅相成，内在的统一。真正的市场主义者必然是民主主义者！

四是要使市场经济真正成为法治理念下的市场经济必须要有经济学家和法学家的联盟。2001 年夏中央领导在北戴河召开二十位社会科学学者座谈会，吴敬琏教授和我都在参与者之列，在这几天里我和吴敬琏教授有了更多的切磋机会。我们谈到了经济学和法学结盟的必要性和紧迫性，正是在他的市场经济离不开法治的思想下，我们共同发起成立了上海法律经济研究所（后改为北京洪范法律与经济研究所），集合一批志同道合的经济学家、法学家、社会学家等，形成了一股民间的跨学科的联合。由于中国的特殊社会历史情况，研究中国国内政治的政治学很难形成大气候，政治学似乎被大法学涵盖，而社会学也有不少敏感的地带，相当大的一部分社会问题被经济学涵盖。从这一意义上说法学和经济学的联盟，实际上是政治学、法学、经济学和社会学的联盟。社会科学学者逐渐走上国家领导人的行列，治理国家的研究是这四个学科学者的历史使命。政治学研究的主要是政治力量的“纵横捭阖”;法学研究的主要是法律制度中的“公平正义”;经济学研究的主要是经济活动中的“机会效率”,社会学研究的主要是社会的“民情民意”。只有把这四种研究力量和研究方法结合起来,才能对中国的未来发展给予更准确的定位和方向。

我看法学家和经济学家的异与同

前面已提及,我和董辅礽过从的时候,就发现法学家更注重合规性,而经济学家更注重效率。那么,在我越来越多的与经济学家们共同参加的一些活动里面,我越来越发现,法学家和经济学家的视野有时很不一样。

比如,法学家经常觉得法律多一点是正确的,现在法律要多一点,完善社会主义法制;而经济学家恰恰觉得法律多了反而会使经济出现过多的干预,反而会出现不正常。这对我震动也很大,可见法学家和经济学家的视野不能完全一样,法学家可能认为法律越多越好,经济学家可能会觉得法律过多会产生副作用。特别是证券市场的例子,有人认为现在的证券市场上,证监会过多的管理办法、过多的规定束缚了人们的手脚。我记得我也说过这样一句话:是不是警察越多交通越堵塞啊?如果真是警察越多交通越堵塞,要那么多警察干吗?没警察可能光凭红绿灯就畅通,为什么在红绿灯之外还要那么多警察呢?再如果说红绿灯是法律,那么,是不是红绿灯设置得越多,交通就越通畅呢?这些都是法学家思维中必须思考的问题!

三十二、我的法治观

法治的三个层面

法治应该是我说得最多的话题了。我始终认为法律包含着三个层面：

最低的是制度层面，即法律就是制度的化身。在这一点上，我常说，我们跟经济学有共同的地方，那就是制度经济学。经济学家要建立各种制度，我们法律学家也要建立各种制度。所以，制度包含各种方面，我们改革开放，就是要摸着石头过河，走向彼岸，建立新的制度，抛弃原来的计划经济体制。

除了制度层面，我认为方法层面的法律，是更高一层的法治。这也很好理解，实际上我们学法律，也是学一种方法。实际上这可以从法学院里法律教育的方法中揣摩出来。人们常说，美国的法学教育制度，是教授拿出一个案例，让学生来自由讨论，是一个漫无拘束的讨论，人人都可以自由发言，但是到最后，学生要问老师，你有什么意见，老师说，我没有意见，我没有结论，我教给你们的是方法，我教给你们用法律思维。所以，把法律作为一种方法去思维去运用，这是很重要的。

过去我们有一篇文章，叫做 Thinking like a Lawyer，就是像律师一样思考，像法律人那样去思考。法学院里教会学生用法律的逻辑、法律的思维去思考，是很重要的。法律的思维特点是什么？首当其冲是重证据，这是法律思维里很重要的一个东西。就是你什么事情都要拿出证据，没有证据你就不要说话，没有证据说的话没用，人家也不会采纳你。那么我要拿出证据来说话，那就得考虑了。不仅拿证据说话，而且拿证据作为辩论的手段。

那么第三个层面，我觉得法律还必须要有一种理念。这个理念对我们说来就是法治。我觉得法制和法治的区别就在这。我们现在已经把对法律的理解进一步提升了。我们原来说，法律是人民的意志，人民的意志则当然全部是正确的。而现在呢，我们则把这个认识提升为法律有善法和恶法之分了。这是一个很高的理念。原来只是认为法律是人民的意志,国家的意志,那有什么坏的?但现在我们看到,法律有善法和恶法,这就开始出现了区别,制度里面也有好坏了。即使是现在你制定的法律,也有善法和恶法的区分了。

那么判断善法和恶法,就在于有没有法治理念。这个我不知道说过多少遍。就像宪法有好坏一样,有宪法不等于有宪政,只有好的宪法,才可能被叫做宪政。宪政是在 constitution 后面加一个 ism,这就说明这个宪法是有理念的。

这样的话,我们研究法律,就不能仅仅关注制度的本身,还有方法和理念。

宪政的核心是民主和自由

与法治息息相关的是宪政。宪政里面最核心的东西就是两个,一个民主,一个自由。宪政作为宪法的核心理念,是评判宪法好坏的重要标志。而这个评判,就是靠民主和自由这两个基本的东西。

民主讲了国家权力是从哪里来的。是上帝赋予神权最高?君权最高?还是民权最高?实际上是要解决这个问题。所以不管你是什么样的制度,人民的选举权、监督权的有无,是评价国家权力的划分是否科学、是否有效的重要依据。权力之间的分工制约,是宪政体制最根本的东西。三权分立也好,人民代表大会制度也好,或者其他什么制度也好,人们要看哪一种权力分工最科学,人民得有个比较。从这个角度来说,民主表达了权力的来源,或者说"主权在民"的思想。这是民主的核心精神。

自由是宪政的第二个核心内容。自由回答的是:公民到底享有哪些权利、国家赋予了多大的保障等问题。需要注意的是,这个权利的保障,必须是实实在在的,当你的权利受到侵犯的时候,国家会来保护权利不受侵犯,那么这个问题就是自由的问题、人权的问题。所以宪法里面应该规定公民的人权,应该规定公民的自由和限度。这就是自由的问题。

一般来说,西方传统中所讲的自由与民主,实际上就是公民和国家的契约。既然要规定宪法,那么宪法就要保障公民有哪些权利,或者规定公民可以放弃哪些权利。所以权利的限度或者自由的限度，本身就是一个契约问题。我们国家的宪法，现在还有什么政府的政策，这显然没必要，宪法就是讲国家机关的设置和公权力的权力分配，完全不用讲我们施行哪些政策，政策毕竟是会变的。

所以说来说去，如果脱离民主和自由，或者脱离我们共同的宪政理念，再提依法治国，那就没有意思了。

我们生活在共同的社会里，没有一个共同的标准那怎么行啊！

中国法治的四个阶段

根据我前面对于制度、方法、理念三个层次的区分，我想中华人民共和国的六十年，前三十年就是从法律实用主义到法律虚无主义，后三十年是从法律经验主义到法律理念主义。也就是说，我们国家经历了四个法律时期：法律实用主义、法律虚无主义、法律经验主义，现在走向法律理念主义。

实用主义阶段是从新中国成立后到“文革”前吧。实用主义阶段，就是以人治为基础，法治为辅助。当时法律被认为就是统治阶级的工具，就是无产阶级专政的工具。与之相适应，这段时间我们的立法很少，主要靠人来治理。法律实用主义也可以叫做法律工具主义，它有三大特点：一是法律不要求有体系，立法也不要求完善、完备，有一些法律够用就可以了；二是法律也不要太复杂，条文不要过多，简要的内容就够了；三是法律不要太约束人，不要捆绑自己的手脚，法律只不过是行动准则的参考。这样的话，法律不光成为一种工具，而且是不太重要的工具。

1951 年到 1956 年我在苏联学法律，苏联也是这样。但苏联所采取的法律实用主义，也许比我们高明一点。苏联还是很注意法律建设的。1917 年十月革命胜利的第一天，列宁就颁布了两个法律《土地法令》和《和平法令》，但沙俄原来的法律仍然留着。我们 1949 年完全彻底地废除了国民党的《六法全书》，就连规范市民生活、婚姻家庭的民法典也废除了。苏联到 1923 年列宁亲自领导制定的《苏俄民法典》通过以后，才把原来旧沙俄的法律废除了，人家尽量避免让法律出现空白。而我们到底需要什么法律体系，要构建一个什么法律体系？直到

80年代、甚至90年代才逐步提出来。

“反右”运动的时候，有一些法学家就是因为纯法律的理念被划为右派。著名法学家谢怀栻先生就是因为主张“一切都要有法律、一切都必须依照法律”而被划为极右分子。因为他的理念与当时流行的法律实用主义是格格不入的。法律实用主义的主张是，不一定需要法律，也不需要严格按照法律办事。可以说法律实用主义的思想现在仍然存在，一些学者就把法律实用主义当作马克思主义法学的核心观点，认为法律就是国家的工具，而且应该是很得心应手的工具。

法律实用主义可以向两个方面发展。发展得好，逐步总结经验，也可能逐渐走向健康的法治道路；但是，法律实用主义也可能走向另一个极端：法律虚无主义。很不幸的是，中国走向了法律虚无主义。

第二阶段是法律虚无主义。就是法律工具主义走向最彻底的否定，连工具也不要了。这当然是代表“文化大革命”时期了。这一时期最高指示就代表一切，伴随而生的不仅是最高指示，也有群众运动。只要群众运动起来就是好的，公检法都砸烂，文科也不要，这是走到虚无主义最典型的表现。

“文革”中，不仅是什么法律都可以被打倒，宪法也可以被践踏，甚至“公检法”都可以被彻底砸烂，“最高指示+群众运动”就是一切行动的最高准则。当时有一句口号“只要是符合全中国最大多数人民的最大的利益，那就什么都可以干”。到底谁来裁定是不是符合中国最大多数人的最大利益？最高领袖的话就是最高指示。群众运动更是天然地代表群众的最大利益，被看作是最天然合法的，一切都崇拜群众运动。只要以人民的名义，以革命的名义，以国家的名义，什么事都可以干。以人民的名义、以革命的名义、以国家的名义干的坏事，干的践踏法律的事情，我们到现在还没有很好地清算。

20年前，那时我还担任七届全国人大常委，曾经发生了“邮票事件”，在人大常委会激起了风波，争论得很厉害。当时邮电部把邮票上面的“中国人民邮政”改成“中国邮政”，这就引起几名常委巨大的愤怒，甚至上书到中央，说把“人民”都取消了，等于把我们的国家性质都改了，又恢复到过去了。经过认真的讨论，最后还是认为改革并不错，没有“人民”两个字，并不等于性质就变了。到底邮政是不是真正为人民，并不是你上头写了两个字就能够代表的。

前些年，北京大学贺卫方教授提议把“人民法院”中的“人民”两字拿掉，也激起了舆论风波，许多人批评甚至谩骂贺卫方。不是说“人民”二字不能用，问题是在以人民为名义的下面，谁是人民呢？深圳市中级人民法院的院长说了一句话：“法院的判决不能够让人民都满意。”据说引起了常委会一些人极大的不满，你不能够让人民满意，法院的性质是什么？只要法律的判决能够符合大多数人的意见，大多数人都满意，那就是一个好的判决，能这样来说吗？法院的判决本身应该是高度专业化和高度公正的产物，而不是群众来作出的决定。

所以，我们又必须学会区别“以民为本”和“民粹主义”。民粹主义是产生于19世纪俄罗斯知识分子中的一种思潮，即所谓“走向人民中去”，以泛泛的所谓民众的利益为革命追求的目标。

第三阶段是法律经验主义。从改革开放开始，我国的法治进入了法律经验主义阶段。从改革开放以来，我们要建立法律，但是采取了“摸着石头过河”的方法来建立法律制度，而不是我们一开始就人为地摸索出一整套完整的法律制度。所以，邓小平同志提出“摸着石头过河”，这是改革一个很重要的手段，而且提出了一个目标，即建立社会主义法治，还是需要通过“摸着石头过河”来积累经验。

法律经验主义之所以出现，有很深刻的历史背景。邓小平同志提出“摸着石头过河”，曾经受到一些人的赞扬，也有一些人称之为经验主义。在改革开放之初，我们知道中国要走向另外一个“岸”，要摆脱原来国家无所不包的高度控制状态，走向一个开放的社会，那彼岸究竟是什么样呢？确实不是看得很清楚。在这种情况下，就要“摸着石头过河”。

“摸着石头过河”也就成为相当长的一个时期之内法律发展的指针。一段时间里，法律人实际上有两种思考：一种是希望能够像美国一样先做制度设计，有一个宪法然后一管就是200年，甚至更长，这当然是一个很好的办法，但是需要很好的制度设计。另一种是先摸索，当实践充分以后再把它上升为法律，成为制度。我把前一种叫做法律理想主义，它用法律制度设计来开创改革道路，显然不符合实际。据我所知，这种实践大概只有几个，《专利法》是这样的。当时必须先有《专利法》，先有制度的完全设计，然后才有实践。第二个是《行政诉讼法》，不可能先有行政诉讼的实践，然后再有行政诉讼法。

法律先行毕竟是个案,绝大多数是实践充分以后,再上升为法律。在改革时期也只能如此。《农村土地承包法》什么时候出来的?是农村的土地承包经验很充分以后,才用法律的形式固定下来。一位"三农专家"说:如果依照你们法律人的搞法,那就永远没有农村土地承包。农村搞土地承包经营制,能够先搞一个法律吗?显然不可思议。

俄罗斯的私有化改革,就是"先设计后施工"。1991 年"8·19"事件之后,由青年改革学家盖达尔和其他一些人关着门来研究私有化的过程。这些人用了一个半月的时间,起草了一部法律和 20 个法令,1992 年 9 月颁布了私有化的方案,把国有企业变成了私有化的证券,规定 1992 年 9 月 2 日以前出生的每一个俄罗斯人,都可以领到一张面值一万卢布的认股权证。这完全是精心设计好的。但这种法律先行的最终结果是,认股权证被一些人收购,出现了寡头垄断。

对比来看,我们这样的一种经验主义看起来是慢一点,或者有一些曲折,但是总的损失相对小一些。事实说明,法律经验主义的保守、谨慎,对于正在进行的改革确实有利。从 1982 年我们就开始搞民法典,四稿都已经很成熟了,快要提交通过的时候,全国人大委员长彭真的讲话改变了进程。他说,农村的改革我们大体已经知道了走什么方向,但在城市究竟怎么搞?国有企业走什么路?经济将来到底是计划还是市场?都没有一个最后的定论,或者说明确的方向。在城市改革还没有明确方向的情况下,搞一套完整的、系统的、无所不包的民法典,符不符合实际?在这种情况下,如果我们搞一部无所不包的民法典,可能是不切合实际的,甚至是束缚改革的。彭真提出了一个很值得我们思考的问题。

现在来看,当时没有急于搞民法典是正确的。制度是从哪里来的?是从我们法律人或者法学家抑或立法人的脑子中出现的呢?还是在转轨的时候从实际出发、从现实出发总结出来的呢?应该说三十年的改革,没有碰到太大的波折,或者非常大的损失,可能跟法律经验主义有关系。

但是,我们进一步的改革开放,能不能在经验主义的基础上来完成?这个问题我一直在思考。我随便举一个例子来看一看。农村土地制度是进一步改革很大的难点,为了避免在全国"一刀切",所以在《物权法》里面写得比较笼统。但是在《物权法》通过了以后,紧接着重庆和成都就搞城乡一体化的试点,包括土地的问题。这些试点有些已经超出了《农村土地承包法》、《物权法》的规定,这些问题究竟怎么看?我是完全主张中国的改革还要进一步试点的,因为如果不试点,在法律上仓促规定,很可能会对全局造成危害。现在如果只在一个省或者一个直辖市进行,那么它即便有问题,它所造成的危害也就会小一点。

法律是保守的、刚性的,不能够随便改。而改革开放实践又是很柔性的,是不断前进、不断发展的。如何解决两者间的关系,是一个难题。法律一旦制定,变通余地很小。《物权法》在制定的时候,写了禁止城市人到农村买房,大家说这一条千万别写上,如果写上变通余地一点都没了。所以我们应该看到,法律既有它积极的一面,又有它消极的一面。如果它不是好的法律,是恶的法律,出来了以后,或者条文规定太不符合现在改革开放的要求,那么它给社会带来的损害比没有这个法更危险,这是学法律的人必须看到的。

我认为在这种情况下,有三个途径:一是先修改法律。由于改革在不断前进,社会经济也在不断发展,不适应现在要求的法律要修改。二是现在制定法律时要留有余地。法律不要搞得太刚性。有的法律刚性太足,恰恰妨碍了改革开放的发展。三是要有授权。如果你要想改变土地管理法,你不能够只有国务院的授权,应该有人大的授权。国务院给你的授权,你可以突破国务院的规定,人大的授权,你才能够突破法律的规定。

总之,在法律经验主义基础上,我们走了很长一段道路,减少了损失,但是也有一定的弯路,有前进,也有倒退。经验主义发展下去,要逐渐从里面出现法律的理念,不能够仅仅是一个制度的设计,还要有一个理念的设计。

第四个阶段是法律理念主义。什么是法律理念主义?所谓法律理念主义,就是把法律从工具、从制度变成治国的理念。1999 年《宪法》里面写进了"实行依法治国,建设社会主义法治国家",可以说是中国走向法律理念主义的开始。十七大报告里面,一方面讲社会主义法治的理念,另一方面又讲了弘扬法治精神。2009 年五四青年节期间,温家宝总理到中国政法大学来,也谈到法治精神。

目前应该说这个阶段也刚刚开始,从我们宪法中写明依法治国、人权、私权保护、市场经济，表明一个很高的理念。我们过去反对人权，认为这是西方国家的，现在也提出这是一个目标，同样也提出私权的保护和依法治国理念，并坚持市场经济的理念。当然，在宪法中写明这些东西是一大进步，但是写明并不是说实现，我们要真正实现这些，还要很长时间。

中国有些用语很有意思，前一段对于到底是叫“法治理念”，还是“现代法治精神”，还是“社会主义法治精神”，一直都有争论。保守一些的人就用“社会主义法治”来为自己的理念说话。这是很有意思的现象。我记得当初提“社会主义市场经济”时，人们就有不同解读：思想解放的地方强调的是“市场经济”，保守的地方强调的是“社会主义”。当然，《宪法》上所写的，或者党代表大会决议、报告里面所写的，就是求最大的公约数。你要光写市场经济，有些人可能就不接受；如果你要写计划指导下的市场经济，另一些人也不接受。

改革开放三十年，无非就是两个主轴：一个是市场，另一个是法治。而这两个主轴都面临如何理解的问题。所以，我们需要很好地思考：究竟怎样理解法治精神？我认为，在今天，市场经济和法治更多地是在和国际趋同。虽然市场经济里面可能还有些经济命脉需要国家控制，但市场是什么？应该是有一个共同的语言；同样，法治也应该有一个共同的准则，也应该在国际上有一个共识。如果连这些共识都没有，谈何弘扬法治精神呢？我们刚刚踏入法治理念的大门，有分歧是必然的，但我觉得任何东西都要找出它最基本的东西是什么。我觉得法治精神中最基本的，无非是民主和自由这两个基因。

我过去常常说，中国法治建设的发展，就是一个曲折的过程，或者说是进两步，退一步。进，进到哪里？退，退到哪里？总得有个交代，这样我们才可以对历史负责，我们走向一个更光明、更好的前程。不能笼统的一句话，道路是曲折的，前途是光明的。不知道总结自己历史教训和历史经验的民族，不是一个严肃认真的民族。这三十年来，我们知道自己是从哪里走过来的，但是究竟将来走向何处去，现在看起来仍然有争论，仍然有困惑，仍然有一些不确定的因素。

六十年前，我还是国民党统治区的高中学生，在参加学生运动时，就是高喊着民主和自由的口号。我想，建立法治国家、弘扬法治精神，民主和自由仍然是现在我们所追求的目标。

对我来说,六十年前是要为民主自由而努力奋斗,今天这个任务还仍然存在。当然,我认为中国的民主进程只能循序渐进,只能在目前的体制内来进行。

我们这一代人经历了个人的磨难和苦难,也经历了国家的磨难和苦难,所以,希望中国不要大乱,希望中国富强、政治民主、社会公平。如果现在出现体制上的大乱,那中国要走向历史的大倒退。

中国法治建设的四条主线

就法治而言,我认为改革开放三十年来中国法治的主线有四条。

第一条法治主线是人治和法治。从改革开放开始邓小平同志就特别注意这个问题,人治和法治的基本观念有两个:第一,我们不应该以人的变动来主导国家的命运,只有制度的稳定,我们才可以保障党和国家的政策不因人的变化而变化,这是人治和法治最关键的区别。一个国家的命运不能够由一个人来决定,而是应该由制度来决定,这个制度就是法律。第二,是人治和法治观念的变化,就是邓小平同志曾经提到的,党和政府也要在宪法和法律的范围内来活动。这句话的根本含义是制度和人的关系,制度应该在人之上,而不是在人之下。现在从人治到法治,制度应当高于人,制度应该管着任何人。改革开放三十年,这种观念应该是改变过来了,我们能够在三十年保持政局的稳定、政治的稳定,我看这个观念起了很大的作用。

改革开放初始,邓小平提出"有法可依、有法必依、执法必严、违法必究","有法可依、有法必依"就是法治高于人治的最主要说法。现在看来,大部分做到了有法可依、有法必依,初步解决人治和法治的矛盾关系。当然是不是都做得那么好?也可以看出来,现在人治的痕迹还很重,有些地方还是县长的话高于一切,到了基层支部书记的话可能高于法律,这些现象都存在,我们是不是把法治和人治关系都解决好了?应该有很多可以继续完善的地方,但至少法治这个基本的东西有了,这是第一条主线。

第二条法治主线是国家和社会。我们以前的社会是国家干预过多,过去是国家无孔不入的干涉,经济完全国家计划,甚至老百姓的生活、教育、婚姻、生育等任何一切都是国家来干预。改革开放一个很大的变化，是给社会以更多自治的地位。社会要讲自治，没有国家干预的时候社会也有自己的职能，比如社会有经济发展的职能，家庭婚姻的职能。所以，我们可以看到，改革开放以来经济方面一个非常重要的做法就是给企业松绑，给企业让权放利，给企业更多的自主权。这个自主权就是不是国家来干预一切，我们企业做到了这一点，其他方面也在给社会更大的自主权，包括教育、医疗等方面。所以，我们可以看到国家和社会是一个国家改革开放非常重要的基础，强调国家就是强调专政的力量，国家靠强制力；强调社会就是更多强调社会公平。某种意义上说这也是法律理念的转变，过去法律就是国家强制的工具，现在法律是社会公平的工具，到底是强调国家强制还是强调社会公平，这是法律一个理念上的巨大转变。

而在我们企业的改制、国有企业的变化，整个都体现了给予市场、企业、社会、公民更多自主的权利，不要什么都是国家来干预，这是改革开放以来在法律方面很重要的体现。当然，这个问题说起来也有不足，企业都公司化，自治很明显；但其他方面还不够，大学的自治还不够、医院体制也要改革，所以，社会自治应该包含高等学校的自治。

但是，现在行政的干预、权力的过分干预在社会里面还没有完全消除，社会自治的功能还需要进一步来提倡和发挥。这个社会自治包含了更多的社会组织来完善。

比如，我们国家的环保主要靠环保局等国家行政机关来管理，西方国家环保主要靠民间组织，如绿色组织、绿党等，公众自发地发起绿色组织。我们的环境保护、消费者权益保护应该更多地依靠社会力量来解决，不是单纯地靠国家机关来解决。所以，把国家的功能的一部分，改变成社会的功能，这是非常重要的政府职能变化，也是将来发展很重要的方面。

第三条法治主线是公权和私权。三十年改革开放很重要的进步是私权的扩大，这个“私”包含三个方面，私营企业、私人财产、私人权利，我们过去一切都是以国家为本，改革开放我们可以看到私人的作用很重要。私人的财富得不到增加、私人的利益得不到保护，那么，这个国家也不行。所以，在这个意义上说，私营企业、私人财产、私人权利的扩大和保障是非常重要的红线。我们也认识到民营企业的作用，认识到私人财产保护的重要性，《物权法》确定私人财产的保护和国家财产的保护一样，这个理念形成并体现在法律中是非常重要的。一个国家如果连私人财产都保护不了，哪还有什么社会利益，国家利益？公民还有什么积极性？我们认识到私人财产保护是社会一个重要的基础，而与此同时，公权力必须受到限制。中国社会几千年来一直是公权力绝对庞大、私权利绝对没地位，私人财产也没有任何地位，我们过去都是这样。所以说，从这点考虑法律，包括《物权法》、将来的《民法典》，权利保护是非常重要的内容，权利保护再说透了就是人权。私人权利包括民事权利、社会权利、政治权利，这就是人权了，人权高于一切。

我想私权的重要性是这样，同时就涉及对公权的限制，我们的《行政诉讼法》设立民告官制度；我们的《物权法》保护私人财产权等都体现了这个机制。公权力和私权利的冲突，这个问题不能够视而不见，不能够避而不谈。公权力和私权利冲突任何社会都会有，解决好这个问题，就要有限制、制约、监督公权力的机制，这样一个社会才能够完善。过去公权力过分庞大，必须给予必要的限制。

第四条法治主线是从法制到法治，从刀"制"到水"治"，这是改革开放三十年法治的一个重大的飞跃。如果开始讲法律就必须要有制度保证，没有制度不能叫法律，法律就是制度。

现在看来，光有制度不行，制度仍然是人可以随时改变的，况且制度也有好有坏，法律也有善法、恶法，这个大家都有认识。限制老百姓权利的可能是恶法，有的恶法并不涉及人，而是涉及经济，如果经济制度已经不能够促使经济发展，而是拖后了，这也是一个恶法。我们国家现在已经从过去所说的无法可依到有法可依了，但法律还需要不断地完善。

法制和法治的不同点在哪里呢？法制是制度，法治是理念，制度和理念是不一样的，法治作为理念很重要的内容是保障人权，给予人更多的自由，建立民主政治制度，我想这些理念进一步提出我们除了经济制度的改革，还要有政治制度的改革，以及政治制度的不断完善，这仍然有很长的路要走。

三十三、我所能做的是呐喊

我比较喜欢对公共事件发表意见

2004 年的时候,《南方人物周刊》搞了个"50 个公共知识分子"的评选,把我也选上了。2008 年改革开放 30 周年,很多媒体搞活动庆祝,比如《南方都市报》搞的"30 年,30 人",还有体改委评选的"三十年风云人物",还有"中国改革开放 30 年论坛暨评选活动"评选出的"中国改革开放 30 年 30 名杰出人物",这些评选结果中都有我。2009 年 6 月,《南方周末》搞了一个"中国梦的践行者",也给我发了一个奖。

我觉得,这些活动一方面是有媒体在推动,而在这个推动的过程中,被评选出来的人物就打上了"公共知识分子"的标签。而公共知识分子,在今天这个环境下,在当局看来就多少有点说你是反对派的意味了。当然,频频在公共事件中发言,也会招致各方面的关注。尤其是如果稍微有点名气,那么有关部门就要留意你在相关活动里面起什么作用,关心你是不是所谓的公共知识分子。

2005 年 3 月 8 日,我在中国人民大学法学院做报告,我说过这样一句话:"我现在没有专门对法学某些具体问题作深入的研究,但是我这个人又喜欢发表言论,什么题目都谈一些。"这在一定程度上,确实是我现在的思想状态。尤其是最近这十多年,我几乎不担任任何职务了,说话、做事也自由很多,对于我认为具有价值但又明显失之公平的公共事件,我也愿意以法学家的身份发表我的看法,此外,对于人权入宪、司法改革、物权法等大家关心的问题,我也比较喜欢发表意见。

我想,这可能就是我们这个时代的一个特色!

民法与宪法:谁先谁后

大家都知道,我的专业是搞民商法的。但是最近几年,我又跟修宪或宪政问题发生了比较多的联系，甚至让人误以为我跟宪法之间也有关系。导致这种情形的原因，可能是涉及中国的宪政问题，我愿意表达自己的意见。

那么，民法与宪法到底有没有关系？且不说理论层面的争执，其实在立法实践中，尤其是《物权法》的制定过程中，已经涉及这个问题。反对《物权法》的北京大学巩献田教授，振振有词地指责《物权法》违宪；那么，我们支持《物权法》的学者，则必须证明《物权法》没有违宪，我们当然要找出理由来。那么为什么说《物权法》不违宪呢？

回答这个问题，不能不讲民法学界和宪法学界之间的争论。在《物权法》的讨论过程中，民法学者和宪法学者确实发生了一些争论，产生了某些隔阂。

为什么会出现这种情况呢？在我看来，问题的产生，主要是因为有些民法学者把这个问题说得太极端，他们认为从法律史的角度看，是先有民法，后有宪法。

先有民法、后有宪法，这个对不对？这个当然对。民法从古罗马时代就有，那时候罗马法很发达，而且罗马法体系中只简单分为公法和私法，还没有宪法。宪法完全是现代法学概念，修宪的问题、立宪的概念，这都是现代的概念。

但有的学者说过头了。他们认为，既然先有民法，后有宪法，那么，民法跟宪法当然没关系，所以，民法体系跟宪法体系不应该被同日而语。民法和宪法没关系？民法可以超越宪法？宪法学者听了这种说法，就感觉到有点刺耳了。

争执的实质在于，谈论这个问题的历史角度不一样，结论也就大相径庭。在法学的历史发展中，民法是先有的，而宪法是后来的。而且，宪政是有宪政国家的概念时才有的。民法和宪法之间的关系，不能简单地说谁大于谁、谁高于谁。

所以我后来讲，《物权法》也好，民法典也好，整个都是受宪法来管。如果非要说民法和宪法是平行的，民法与宪法是互相独立的，这种说法肯定不合适。

我曾经对我国的宪政问题提出了不同的看法，尤其是我对宪政里面保障人的权利的问题，谈过一些自己的看法。宪法所规定的公民权利和义务里面，当然也包括了财产权，所以任何国家的宪法里面，不管是声明保护私有财产，还是宣扬私有财产神圣不可侵犯，无论哪种表述，都是首先肯定公民的财产权。没有公民财产权的保护，严格说来算不上一部好的宪法。从这个角度来说，应该说宪法本身必然保护私人财产权。

民法里面，当然也涉及人身权和财产权。实际上，民法从产生之初，就以保护财产权为主，无论罗马法还是《法国民法典》、《德国民法典》，都是如此。

那么这么做，有没有保护人身权呢？后来民法学界就有争论，民法到底是保护人身权还是财产权？有的学者说，应该先保护人身权；而有的学者则认为，应该先保护财产权，人身权不是不重要，但在民法里面人身权不是最重要的。

在这种背景下，后来涉及人身权保护，西方国家大都是按照人权法院的体系来解决的。也正是因为如此，西方国家的人权研究是很重要的。

这就是中国和西方法学理念的差异所在。我们在《民法通则》中，将人身权内容单独成一章，规定隐私权、人身权、名誉权等内容。对于人身权侵权诉讼，也单独在普通的法院里提起诉讼。可是在欧洲国家，这些诉讼都是由人权法院审理的。

因此，无论涉及人的财产权还是人身权的保护，宪法都是有明确规定的。所以从这方面来说，民法和宪法有很多交融点，而且，这些交融点是不可忽视的。

宪法保护公民的权利和义务，实际上就是三大权利：一是政治权利，二是社会权利，三是民事权利。我想对宪法意义上的公民权利作出这种区分是有意义的。

政治权利指的是言论、出版、集会、结社、游行、示威这样的一些权利，这部分权利是我们最应加强的，这部分权利我们只在宪法中有规定，而没有单行法的保障。唯一有单行法的，只是一部《集会游行示威法》。我们没有言论法，没有新闻法，没有出版法，没有结社法，这是很欠缺的。我们的宪法权利没有实际的法律保障。

那么社会权利当然比较多了，比如受教育权也好，劳动权也好，社会保障权也好，甚至包括被告之后的人身权利等。我想这部分权利，整体而言我们是在逐渐改善之中。

最后当然还有民事权利。这部分权利都是在《民法通则》里规定。正是由于公民的这部分权利在宪法中仍然有很多不足、不完善的地方，所以，现在引起了人们对这个问题的关注和焦虑。比如说违宪问题，违宪以后怎么办？我国的宪法没有违宪审查机制，如果违宪了以后，是不能到法院里提起诉讼的。像前几年山东的齐玉苓案，考试录取后又被别人顶替，那么当事人的受教育权被侵犯了，能不能援引宪法条文用诉讼来保护呢？这是我国宪法中很大的问题。我也常常讲，中国的问题，实质上还是宪法权利保障的问题。

将私有财产权绝对化是对《物权法》的曲解

2007年3月，重庆发生了"最牛钉子户"事件。对于这起拆迁纷争，我与舆论的主流观点并不一致。

我想，当时的社会舆论有一种误区，就是将私有财产权绝对化，那是对《物权法》的曲解。

根据《物权法》的规定，因为公共利益的需要，可以对公民的私有财产进行征收，给予合理补偿。具体补偿的标准，地方政府也有相应的规定。但补偿是否合理，也不能完全由个人说了算，不能说只要个人的要求没有达到，补偿就是不合理的。

任何征收行为都是由行政权力来行使的。如果财产所有人认为征收的补偿不公正、不合理，认为行政机关在权力行使的过程中存在着不公正或者程序违法，可以向法院提起诉讼，这是公民的合法权利。如果起诉后，法院判决认为仍然应当拆迁，那么我认为应当执行法院的判决，至少在目前的体制下没有其他的办法。

目前，社会舆论有一种误区，就是将私有财产权绝对化，如果大家都认为我的私有财产神圣不可侵犯，任何人都不能拆我的房子，那是对《物权法》的曲解。

任何社会，都需要有一个基本的秩序，需要用一种理性的办法来解决矛盾。所谓理性的办法，就是在其他手段无法解决争议的时候，最后提交给法院，由法院作出最终的裁决。我们不能说法院也不讲理，我也不服，那就没有办法了，整个社会就会陷入混乱、无序的恶性循环。在重庆"钉子户"事件中，人们被政府野蛮拆迁行为的照片激怒了，从而把愤怒行为导向那种断水、断电、断交通的行为，而忽略了“钉子户”是否有充分依据抗拒拆迁。

当然，目前我国在行政诉讼中，抽象行政行为不能起诉，而各地政府制定的拆迁补偿标准，正是被视为抽象行政行为而不能起诉，这个问题确实存在。应当说，我们目前还缺少一个东西，根据法律规定，政府在拆迁的时候，如果财产所有人认为不合理，也只能针对具体行政行为起诉，而不能针对抽象行政行为。当政府制定一个有关拆迁补偿标准的规定，被认为不合理，这被认为是抽象行政行为，不是针对具体的某个人，而是针对所有公民的拆迁补偿办法，法院对这种起诉一般不会受理，即使受理也会驳回诉讼请求。因此，法院在拆迁案件的判决中，只是判决是否强制拆迁，并没有解决补偿是否合理，更没有去审查政府制定的补偿规定是否公平合理。所以说，法律确实有不完善的地方，将来只能通过《行政诉讼法》或其他相应的法律完善来解决这个问题。

此外，围绕拆迁问题，对于到底什么是公共利益，什么是商业利益，社会各界争议较大，重庆“最牛钉子户”的所在地亦涉及此问题。

美国就有一个案子，大名鼎鼎的辉瑞制药厂要在一个小镇上建制药厂，遭到该镇居民的反对，引起很大争议。美国联邦最高法院大法官奥康纳认为，在这个镇上建设制药厂，虽然属于商业行为，但可以提供就业机会，也符合社会公共利益的需要。

20 世纪 20 年代，美国修建帝国大厦时，很多商户要被拆掉。当时，这些商户就提出，修建帝国大厦是商业利益行为，我们私人商户也是商业利益，凭什么我们小商户要给大商户作出牺牲？后来经过讨论，还是倾向性地认为帝国大厦是当时最高的建筑，代表美国的形象，从这一点上，也可以理解为公共利益。这就是说，从美国历史上发生的情况看，这个问题也是非常复杂的。

我们在制定《物权法》的时候，对于什么是公共利益，最初是想采取列举的办法，但后来还是没有列举。因为一旦列举，等于作茧自缚。比如，在北京三环以内建一个商场，可能被认为是纯粹的商业行为；但如果在六环以外，在新的开发区建了居民住宅，没有其他的商业设施，居民生活很不方便，如果在那里建一个商场，可能又被认为符合公共利益的需要。所以，这个问题很难一概而论，不能说只要具有赢利性质，就一律认为是商业利益。

《物权法》实施以后，也不是所有的问题就都彻底解决了，因为《物权法》并没有列举哪些是公共利益，哪些是商业利益。

当然，这起事件给我们最大的意义，就是提醒我们，《物权法》颁布施行之后，并不能解决所有的问题，还需要相关法律予以完善。目前，法院在拆迁案件的判决中，只是判决是否强制拆迁，并没有解决补偿是否合理，更没有去审查政府制定的补偿规定是否公平合理。

总之，我对重庆"史上最牛钉子户事件"的观点，并不像舆论主流一样，一边倒地偏向当事人。这也引来了网上无数的批评，有的说我坐在开发商一边，有的说只有把我下放到农村，才会让我变成人民的法学家。后来我开玩笑说，我在这个事件中，受到了"吴敬琏式的攻击"，吴敬琏教授就老被舆论误解为替富人、替权贵说话。对于"史上最牛钉子户事件"，吴苹一家拒绝拆迁的理由是政府提出的"拆迁涉及公共利益"的说法不能成立。我想这就有问题了，难道他说不是公共利益就不是了？什么是社会公共利益，不是个人决定的，而是由法院决定的。

我想，该保护的也保护了，当事人该申诉的也申诉了，救济手段已经穷尽，那么，对法院已经下达裁定，就要按法院裁定执行，最终还是要有公权力的行使。如果法院已做裁决，就要执行，要尊重法院，抵制或不服从是不行，除非法院撤销裁决，在世界任何国家，法院的最后判决和裁决都是不可动摇的，这是最高权威，否则就不是法治社会了。

只向真理低头

我自己认为，我从划右派到后来出来工作，后来又被免职，我的一生里面，很重要的一个就是尽量不说违心话，尤其是在重大问题上我不说违心话。我是怎么想的，就怎么说出我的观点。你认为我合适，我就来担任工作；你认为不合适，你给我免掉，我还是一个教授。

中国历次的政治运动遗留下来的最大的问题，就是培养一种不敢说真话的习惯。中国真正敢说真话的知识分子是比较少的，所以也可以说，这是知识分子的某种软弱性吧！可能从中国来说，知识分子总有一些软弱性。这种东西也不能太多地责怪当事人。我只能说，在这种情况下，我尽量做到了说真话。不去诬陷别人，不去往上爬，不去为了追求官职而昧掉自己的良心，我觉得尽量做到这一点，是我一生很大的愿望。我在当中国政法大学校长期间，我也没有去跑官或者跑什么，我觉得知识分子就是凭自己的知识和能力，能够在这个范围做到问心无愧，学生觉得这个老师还有他的起码的良心，同事对你也还有起码的理解，这就够了。

不媚权，也不讨好舆论

最近我对独立思考这一点感触特别深。在这么一个网络时代，你的任何意见都会在短短时间内传遍世界。而且，你的观点可能会得到舆论的拥护，也可能会遭到强烈的批评。我想作为知识分子，思考、发表意见，固然不能屈从于权力，在一定程度上，也不能讨好甚至屈从于舆论。

我所亲历的，除了“史上最牛钉子户事件”外，杨佳案亦是如此。

杨佳案发生后不久，2008 年 10 月 25 日下午，《新京报》与首都青年编辑记者协会邀请我在国家图书馆共同举办《改革三十年法治进程的轨迹和曲线》报告会。

报告结束后，照例是回答听众提问。这时候，一位坐在中后排的听众问我，“前不久发生的北京青年杨佳袭击上海警察事件引发了社会广泛关注，请问江教授对此事怎么看？”我对此也没多想，我认为无论司法过程有多大问题，司法结果本身仍然需要尊重，不能结果有利于当事人就说是司法公平，结果不利于当事人就说司法不公，更何况这是一起杀人案件。所以我说，“我完全同意上海市高院的二审判决结果。”我话音刚落，听众席中传出一个声音，“我坚决反对判处杨佳死刑！”从公民的角度，自然有权利表达对于判决的态度。所以，我继续回答这个问题，“尽管上海市司法系统在杨佳案审判过程中，确实存在许多问题，比如相关证据不公开、审判过程不公开等。但我坚持认为，杨佳杀了人，判处死刑不存在问题，我完全同意上海高院的判决结果。”这个问题就此打住，轮到另一位听众提问，他并没有提出问题，而是对我的回答做了评论，“江教授，我非常尊重您在中国法学界的泰斗地位，正因为如此，我才抽出我的宝贵时间来听您的报告。您前面的讲话我都赞同，但是您在杨佳案件上的观点我不同意。假如我手里有一个鸡蛋，我一定会向您扔过去。”我有点没太听清楚他的评论，因此请他再重复一遍，他说，“假如我手里有一个鸡蛋，我一定会向您扔过去。”这场报告就这样结束了。

说实在的，就这些事件来说，最终的问题，都是可能不公平的司法判决该不该执行。我理解每一个人对于明显不公的司法判决的愤慨。但是，我也常常说，我最喜欢的一句话就是“只向真理低头”，我从来没有、未来也不会为了讨好某一个群体而说话，我想我的言论，都是经过我独立思考后才发出的。

我为什么要呐喊

2010 年 1 月 23 日，《律师文摘》编辑部将他们的年会和我的 80 大寿贺寿文集首发式合在一起开。在这次年会上，我也做了个发言，一方面表达谢意，另一方面也说说我心里的想法。

我觉得，现在我们国家法治的形势较为严峻，在这种情况下，人们可能对我有更高的期待，但是，我觉得自己各个方面的不足还很多。严格来说，改革 30 年我实际上做了一个我分内的事情，就是为私权而呼吁。因为我选择了民法、选择了私权，就是因为在中国的私权保护太薄弱了，或者说中国的私权在强大的公权面前，始终是处于弱势。这个私权可能是包括私人企业的权利，可能包括私人财产的权利，也可能是包括更广义的私权。

我最近两本书都用了“呐喊”这个词，头一本书是《我所能做的是呐喊》，另一本书是《私权的呐喊》。最近两年，我为什么选择了“呐喊”这个词？一方面，当然是受了鲁迅的启发，但也不仅仅是因为这一点。我觉得选择“呐喊”，很重要的一个理由就是，形势越来越严迫，也就是说外面的环境越来越恶劣了。在这种情况下，就有必要“呐喊”，不管你用了什么字，“呐喊”是在情况比较恶劣的情况下，人们去呼吁的一种声音。

我想用“呐喊”这个词，也说明了另外一个问题，那就是既要敢于斗争，又要善于斗争。我觉得在现今中国法治建设的情况下，要把这两个东西很好结合起来。我始终在思考，这是一个很难的问题。要么你是善于斗争而不敢表态，或者你敢于表态，有时候又失去分寸。因为中国的法治建设与政治体制紧密联系，政治制度不改革，法治、司法改革包括其他任何东西，都没有太大的成就。所以在这种情况下，弄不好就容易“踩着线”、跨过禁区。如何能够在中国，把这两个东西很好地结合起来，既敢于斗争，又要善于斗争，这是一个很艰巨的任务。

但无论如何，我对中国的法治仍然是抱着乐观的态度。我以前经常爱说一句话，中国的法治是进两步、退一步，今天我仍然不改变这个观点。因为从私权的保护角度来看，中国的私权保障比过去是大大进步了，不用说在前 30 年，更不要说在“文革”的这 10 年，就是在改革开放的 30 年，通过了《物权法》这样的洗礼，人们对于私权保护的权利意识大大提高。成都自焚的案件也好，别的案件也好，已经表明了人们私权的觉醒，再加上我们律师在里面的作用，这种平民觉醒的意识那是非常厉害的。

我们在 20 年前，通过《行政诉讼法》的时候，在当时是很难设想通过一部《行政诉讼法》来保障私人的权利。而今天，不管怎么说，人们通过诉讼也好、其他方式也好，来维护自己应有的权利，这一点，可以说大家都懂得这个道理了，懂得了自己的权利是不能够受到侵犯的。不管怎么说，我们现在强调保护私权，还是要强调：私人的正当权利必须要保障，但是，我们还是要注意不能滥用权利。我们把握住这点就行了。

前因与后果

——整理《沉浮与枯荣:八十自述》手记

陈夏红

从唐德刚逝世说起

2009年10月26日晚,大名鼎鼎的口述史大家唐德刚先生在美国驾鹤西归,享年89岁。

王小波曾写过一篇题为“我的师承”的文章,细数查良铮、王道乾等人对他的影响。按照这种路数,唐德刚先生也可以算作我在口述法史方面的“我的师承”了。坦率地说,我对口述法史的所有知识和热情,都来自于唐德刚先生的作品。

对于学界来说,唐德刚的《晚清七十年》,尤其是“历史三峡论”,无论如何才高八斗、学富五车,毕竟只是一家之言,而其诸多口述史作品,则是货真价实的“干货”。

我相信,大多数读者可能跟我一样,并未读完唐德刚的口述史作品,如《胡适口述自传》、《李宗仁回忆录》,尤其是洋洋十四卷的《顾维钧回忆录》,毕竟阅读这些书的前提是对胡适、李宗仁、顾维钧这些人以及他们的时代感兴趣,否则的话,这些“德刚制造”只能置诸书架,灰尘满面。但我相信,唐德刚在其他文字中,关于口述历史的诸多论述,尤其是口述历史的历史、方法、程序等,对于口述历史稍微感兴趣的读者,一定是耳熟能详的。

比如唐德刚提出,尽管哥伦比亚大学教授芮文斯提出了“口述历史”的概念，但“殊不知它是我国历史学里的老传统”，而司马迁的《史记》则成为我国史籍中最早的“口述历史”。

比如针对外界关于“口述历史就是你讲我写”的误会，唐德刚特别强调了撰稿过程中，需要参考大量的文献、档案等旁证，“所谓口述历史并不是一个人讲一个人写就能完成的，而是口述部分只是其中史料的一部分而已。一般而言，大学者的口述史料大概有百分之五六十；非学术人士的口述史料只有百分之十五、二十左右。”

……

罢了罢了，实在没必要引用太多，有心的读者自可查阅唐氏《胡适杂忆》第十章《历史是怎样口述的?》以及《撰写〈李宗仁回忆录〉的沧桑》等文。这些文字，已经在字里行间，将唐德刚牌的“口述历史”说得清清楚楚。

至今仍然记得，最早听说唐德刚这个名字，是在贺卫方的《具体法治自序》中。从那之后，我就成了唐德刚的铁杆“粉丝”，短期内就收齐了唐德刚在大陆的所有作品。那时候，广西师大出版社的唐德刚作品系列尚未出，其作品散见于中华书局(《顾维钧回忆录》)、华东师范大学出版社(《史学与文学》、《胡适杂忆》、《战争与爱情》)、广西人民出版社(《李宗仁回忆录》)等，找齐这些书委实不易。

《我师江平》的前前后后

我们中国政法大学2000级新生开学典礼，校方按照往年的惯例，邀请江老师做主题报告，给我们上大学里的第一课。

现在只记得他讲了如何看待成功的问题。江老师说，如果你把成功的目标定得太高，可能你一辈子也不会成功，没多大意思；如果你把成功的目标定得太低，那么你可能每天都在成功，也没多大意思。江老师的结论是说，作为大学新生，要确定一个合适的目标，并为这个目标去奋斗。他在那次报告中有没有讲“只向真理低头”我已经忘了，但却清楚地记得他提起“生于忧患，死于安乐”。

真没想到，十年后我居然成了江老师的 co-author。

当然这中间还有颇多故事。后来听说了更多关于江老师的人生传说，尤其说他是燕京大学新闻系的高材生，中国最早去苏联的留学生等。总之,各方面道听途说的信息汇总起来,只能得出他是一个有故事的人的结论,“江平”两个字本身,似乎也就蒙上了一层神秘的色彩。那阵子,我看了清华大学新闻系李希光教授的一些书,对他提出的新闻采访就是“找故事的艺术”之说,还真有“于我心有戚戚焉”之感。江老师是一座富含故事的富矿,理应千方百计地去开采。

2002 年暑假我在《人民日报·海外版》实习,找的选题、发的作品,还没有跳出我的“小农意识”,都是在法大的小圈子里打主意。这段时间,借着《人民日报·海外版》的大招牌,前前后后采访过张晋藩、巫昌祯、王灿发等以前我做梦都想不到会面对面采访的学界名流。当然,这里面让人兴奋并回味无穷的经历,正是采访江老师。

那次采访,注定是一场异常艰难的旅程。从昌平坐 345 支线再倒 725 路公交车,去江老师在丰台区的家里,来回路上就花了差不多六个小时,而在他家待的时间,还不到一个小时。

现在来看,那次采访算不上很成功。那时候没经验,准备的问题,都是别的记者已经问过百遍、江老师已经回答过百遍的问题。再加上我口齿不清,每次提完问题,江老师总是要让我再大声慢慢重复一遍。我能感觉出来江老师也不是特有兴致,不时地问我,“你到底想了解什么呢?”但即便如此,他依然耐着性子,等我问完最后一个问题。我问他民法典啥时候能出来,当时他还挺乐观,说三五年肯定没问题。

由于事先已经看过一些写江老师的文章,采访结束后写稿子,对我来说并不难。我起的标题是《我师江平》,仿照唐师曾的《我师萧乾》;文章第一句话,“他的生活、经历以及对中国法学的贡献,都是一个传奇”,这个句式学自《中国青年报》当时报道来京参加世界数学家大会的诺奖得主纳什的一篇特写。

这篇文章作为一篇新闻特写,给读者提供的新信息并不多;但在我看来,能够有机会与江老师面对面,已是莫大的成功,哪管他采访怎么样、报道怎么样呢!

但对江老师这次虎头蛇尾的采访,始终是我的一个遗憾,我一直想再有机会,能够很深入地采访。通过对法学大家的采访,我已经越来越多地沉浸到法律人的世界里,开始关注江平,也开始关注钱端升、杨兆龙、吴经熊等民国法律人的志业及命运。在 2004 年大学毕业前后,我有了写江老师传记的想法,当时曾跟龙卫球老师聊过这个问题,并于2004年8月8日在电脑里建了一个名为“江平传记”的文件夹，下载了当时网上能找到的所有关于江平老师的资料。

对江老师不住

2006年，我已经回到中国政法大学一年多，刚转战“中国政法大学校园文化建设办公室”，想通过口述访谈的方式，听老人讲故事，追溯法大的传统，为构建法大的校园文化，作出力所能及的贡献。我再次成为江老师的座上客。

这次采访，无论是预先准备还是采访过程，都很成功。我知道读者对江老师在1989年政治风波中的经历特别感兴趣，所以是我采访的重点，其实也是这一部分，兼及江老师在其他地方谈得不多的反右和“文革”期间的经历。

采访的成果，便是那篇署名“江平口述、陈夏红整理”的《我只向真理低头》。由于涉及一些所谓敏感事件，我最后将稿子给了香港中文大学主办的《二十一世纪》。这份杂志于2006年12月份的网络版第57期上，发表了该访谈全文。发表出来后，这篇文章还得到了很多人的追捧，当时博客方兴未艾，贺卫方、郭国松等人的博客上都转过这篇文章。

这篇文章还有很传奇的经历——居然未做删节，在《中国政法大学校报》连续三期刊载。由于第三期正好涉及江老师在1989年的经历，据传，曾发生离退休老干部举报并导致回收该期报纸的事情。真乎？假乎？我就不知道了。我唯一知道的是，因为这篇文章，我也得到了有关方面的“关照”。

一直没有当面问过江老师，这篇文章有没有给他带来麻烦。此前发生了“冰点事件”，由于江老师领衔签名，他一度也受到颇多的关注。我的访谈，会不会对江老师的处境雪上加霜？我真有些惴惴不安。

记得采访完之后，我还特意问过江老师，整理出来要不要给他看，他大手一挥，“不用看啦，我相信你。”这让我受宠若惊，既因信任感到自豪，亦因信任感到压力。如今，捅下这么大的篓子，我从内心觉得，着实有点对江老师不住。

后来在《律师文摘》2007年的年会上，我还特意问江老师相关情况，并向他当面表达了歉意。他哈哈一笑，此事就此打住。

撰写《沉浮与枯荣》的来龙去脉

那么，怎么又有了这本《沉浮与枯荣》呢？

方才提及，早在2004年8月，我就萌生了为江老师做传的想法，但这件事后来并没有往下推进。最主要的原因是，一方面，那时候我刚工作，供职于《人民铁道》报社，成天打交道的都是铁路系统的"车机工电辆"；另一方面，那段时间，我的主要兴趣在于对杨兆龙的研究上。我不失时机地趁着铁路职工可以免费坐火车的机会，将很多个周末，花在去上海采访陆锦碧、杨黎明夫妇上。2005年8月，我调入中国政法大学，研究的重点亦在钱端升身上。此后从2008年5月开始，撰写硕士论文加上考博，几乎耗去了一整年的时间。

2009年3~4月，我的师兄、赵旭东教授的高足吴未央找到了我，请我给他推荐几个国内人物传记方面的高手。当时他未透露给江老师写传的事情，只是让我推荐人选。我向他推荐了几位大陆地区人物传记领域成果颇丰的前辈。

但没隔多久，吴未央又来找我，这次提及了为江老师写传记的事情，他说我之前推荐的人选，文笔非常好，但不太理想的，是他们都没法学的背景，写江老师的传记，可能不是很得心应手；而且这些人都是"大腕"，不一定有时间。最后，吴伟央问我有没有兴趣。对此千载难逢的机会，我当然欣然应允。

后来，与赵旭东教授直接接触。赵旭东教授的想法，是直接给江老师写一部大部头的传记。而我的思路，则是先做江老师的口述自传，然后在此基础上写江老师的传记。为了给他普及"口述自传"的知识，我当时还特意带过去几本已经出版的口述自传佳作，如胡适口述、唐德刚译注的《胡适口述自传》；如何兆武口述、文靖整理的《上学记》等。我当时提出的理由是，反正写传记也需要对江老师做充分的采访，而这些采访足以构成"口述自传"的基本素材。

赵旭东教授从善如流的品格，在决定这本书能否面世的关节眼儿上，表现得特别突出。他觉得我的思路也有点新意，基本上表示接受，但对我能否在既写"口述自传"又写传记，两线作战，还得保持两本书内容的迥异,有一定的担心。

说实在话,在开始的时候,我自己也不是特别有把握。尽管我提出了"第一人称"与"第三人称"的大框架,但我的思路却谈不上有多清晰。无论如何,我坚定地认为,江老师是一个做口述历史的最好的对象,这个千载难逢的机会,可能比为他写传记更为难得。职是之故,我更把这种高难度,看作对我搜集资料能力、整合资料能力的一种挑战,也将此看做我人生中的一个机遇。

说服赵旭东教授,还得说服江老师。后来跟江老师沟通后,他接受了我的想法。我们约定版权、经费等事宜之后,这项抢救历史的工作便紧锣密鼓地开始了。

两个"80后"的合作

在学识和人生境界上,我差江老师十万八千里。但如果不算高攀的话,随着对江老师了解的不断加深,我觉得在某些方面,我们还有一些共同点:

其一,我们都曾热爱新闻,也都放弃了新闻。江老师当年报考燕京大学新闻系,除了燕大新闻系的品牌效应外,更多的是他自身对新闻的热爱,对做一个自由奔放的记者的人生期许,对新闻记者伸张民权和匡扶正义的预期;但革命的形势和组织的分配,让江老师放弃了他的记者梦。

而我在上大学之后,放着"枪杆子、刀把子"的法律职业不做,也有了做记者的梦想,并开始实实在在地为梦想而努力,先在《中国政法大学校报》做学生记者,后来又两度去《人民日报·海外版》实习,最后去了《人民铁道报》,最终回到中国政法大学;个人的机遇和对新闻管制的厌倦、无奈,让我放弃了我的记者梦。

其二,我们都受过不错的法律教育。江老师1951年被选送到苏联学法律,先是在喀山大学法律系,后是在莫斯科大学法律系,并最终以全优的成绩学成归国。而我也于2000年进入中国政法大学,获得了法学学士、法学硕士学位,并成为中欧法学院博士研究生。

其三,我们都热爱足球。江老师在崇德中学、燕京大学上学时,即是校队主力球员,即便课间都要出去踢两脚;后来罹患大难,但亦不改对足球的热心，大半夜爬起来观看意甲、欧冠、世界杯更是常事；而我上中学时踢过排球，因而被老师罚踢过铅球，现在作为“五月花”球队的一员，成为不折不扣的球迷，不光喜欢看，更喜欢自己踢。

其四，我们都是“80后”。江老师1930年出生，到2010年已然进入“80后”。我是1981年出生，正儿八经的“80后”。这本江老师的口述自传，是真正的两个“80后”的合作。

战暑斗寒说采访

第一次口述采访安排在2009年6月18日开始。自那天起，这本四十多万字的书，从一个空白的Word文档，一个字一个字地变成了您所看到的样子。

经过我和江老师事先的沟通，我们基本上是这么工作的：

事先，我先确定大致的主题，提前一两天告诉江老师，在采访前，江老师先对该主题做基本的回忆与准备，列出口述的要点。我也会阅读相关材料，并尽可能地列出一个采访提纲，把那些必须要问的问题先写下来。

正式的采访，一般有两个小时左右。这两个小时，大体分两段：

前一段一般是江老师根据他准备的提纲来说，我则静静地聆听，除非必要，我不会轻易地打断江老师的讲述。这段时间通常至少需要一个多小时。在这段采访中，江老师一般会比较投入，甚至进入那种物我两忘的境地，似乎忽略了我的存在，忽略了录音笔的存在，忽略了时间的流逝，唯一没有忽略的，是历史和回忆。

大部分情况下，江老师基本上不需要任何引导性提问，即可按照我所需要的内容口述；但他偶尔也会忘掉一个人名或地名，暂时打断流畅的思绪。倘若这段情形我事先准备时正好看到了，知道相关细节，我会轻轻地提醒江老师。“啊呀，你知道得挺多，是这样的”江老师说着，便重新回到了口述的主题上。

后一段则是江老师按照自己准备的提纲讲完后，我再根据我事先准备的问题，结合江老师的口述，进行查漏补缺的提问，补充采访相关信息。我所关心的，一般是这么几类问题：一是江老师在口述中可能遗漏的关键事件；二是江老师在口述中蜻蜓点水、一句带过的内容，而我恰恰又认为这部分内容,尤其是细节非常重要,不容忽略;还有一类问题,有时候与采访主题的联系并不是那么紧密,我会就采访主题中所涉及的人、事,谈谈我的想法,谈谈别人的臧否与评价,然后再询问江老师的看法。一般来说,这部分的采访也会有一个小时左右。

采访的频率,基本上固定在每周或每两周一次。一方面,江老师尽管八十高龄,但仍有不少社会事务,过于频繁的采访,对他势必是一种负担。另一方面,我也需要整理采访录音、撰写相关稿件,以便在下次采访之前给江老师审阅;除此之外,我还得提前为下次采访的主题做准备工作,熟悉相关材料,在采访之前,心里大概有个谱。江老师好几次都说,"啊呀,你还知道得挺多",其实都源于这些准备工作。

采访从六月开始,到十一月结束,将近半年时间。采访开始的时候,北京还没有进入酷暑;而结束的时候,北京已经是寒冬。

于是,这样温馨的一幕便反复出现了:炎炎夏日,我穿着大短裤,端坐在藤椅上,静静地聆听江老师讲故事;江老师穿着大背心,斜躺在电脑桌前的椅子里,沉浸在波澜壮阔的回忆中。我们的脚下,卧着江老师家的"小熊"。

江老师旺盛的精力,给我留下了深刻的印象。有好几次采访进行一个多小时后,我担心江老师的体力不支,于是提议歇一阵,或者请他用茶等打断他。但这些举动,江老师一般都会婉拒,"没事没事",采访便顺利进行下去。采访他的时候,觉得时间过得飞快,两三个小时总是转瞬即逝……

我喜欢很宁谧、随意的采访气氛。在江老师家采访,万事如意,稍微美中不足的是,江老师的电话实在是太多了。有的是熟人,有的是第一次致电;有的不到一分钟便结束,有的需有好半天……这个时候,我只好按下录音笔的暂停键,起身看看江老师的藏书架,整理一下采访思路。八十高龄尚且如此繁忙,江老师真不容易!

我做加法,江平做减法

采访回来之后,我则会尽可能迅速地整理采访录音的文本。一般情况下,两个小时的访谈,我需要多半天的时间将其整理出来。

录音整理完,关于相关主题如何撰写,尤其是其大体的框架安排,我基本上有了思路。接下来的工作，相对来说比较简单了，那就是拟定小标题；将采访录音的文本按小标题的内容，分门别类码放；接下来最重要的工作，则是正式文稿的整理。

正式文稿的整理是非常费时间和精力的。口述中的大部分语言，是口语体的，这种口语体在录音中可能非常清楚，听起来一点歧义都没有，但变成文本之后，则破绽百出，语句也不通顺，语病也不少，细节很模糊，甚至语言本身也很啰唆。我所做的工作，则是按照书面语言的标准，在不改变原意的前提下，参阅相关资料，核对细节，然后撰写相关内容。

相关资料的寻觅和决定采纳与否，是比较费神费力的一件事情。举个例子，比如关于江老师在燕京大学那一章，其实江老师在那待了只有半年时间，说的内容也不多，但我需要借此复原江老师亲历的燕京大学的所有生活。除了手头原先就有的如司徒雷登的回忆录《在华五十年》、林孟熹的《司徒雷登与中国政局》外，我陆陆续续地在孔夫子旧书网还买了《燕大文史资料》6 本、《燕大校友通讯》38 本、燕京大学天津校友会编印的《燕园钟声通讯》2 本等，甚至还买到了两本《燕京大学校友通讯录》。这些资料，可能 90% 的内容并没有参考价值，但即便只有 10%，甚至即便只有 1%，我也得必须亲眼看到相关材料，才能比较审慎地下笔，否则总是对自己的叙述尤其是立论，持一种比较怀疑的态度。几乎每一章的撰写，都要参考很多的史料，这些资料也成为我撰写本书过程中，开支最大的项目之一。

一般来说，我着重收集的资料有以下几类：

第一类，江老师自己的论文、访谈、诗词、演讲等文献。在收集资料过程中，我既找到了江老师最早出版的《西方国家民商法概要》，也找到了最新出版的《私权的呐喊》。凡是跟江老师有关的只言片语，从我的角度来说，我都会视若珍宝。

第二类，对于某一主题，同时代人可能有的记述。比如江老师讲到大百科全书的编纂，我想起《法制早报》记者邱春艳，曾专门对法学卷的作者做过专题报道，于是我上网检索到了这篇文章；再比如关于首批留苏学生的事迹，我的朋友古川供职于《国家历史》时，曾做过专题报道，我专门要来了他的原稿。

第三类，则是围绕一些事件，而收集相关背景性材料。比如江老师曾讲到反右派运动过程中，他曾因向别人转述陶里亚蒂对斯大林的看法，而作为他右派的罪行之一。于是，我就专门找来陶里亚蒂的传记，看看有没有相关文献。再比如，江老师讲斯大林秘密报告时，曾提及列宁对斯大林的评价，于是我专门去图书馆，翻了好几本列宁和斯大林的传记，核实相关细节。

唐德刚在"撰写《李宗仁回忆录》的沧桑"一文中，曾提及过他撰写《李宗仁回忆录》的三大原则："（一）那必须是'李宗仁的故事'；虽然在他的口述史料之外，所有成筐成篓的著述史料，全是我一手收集编纂的。""（二）尽可能保持它口述时桂林官话的原语气，和他对政敌、战友的基本态度。""（三）他如有少许文字上的改写，我也尽量保留他那不文不白、古里古怪的朴素文体，以存其真。只是有时文字组织不清、文理欠通或字句讹错，非改不可之时，我才加以改写。"应该说，唐公提出的这"三大纪律"，也是我在撰写《沉浮与枯荣》过程中，持笔行文的基本原则。

撰写出的内容，远远不是定稿。我会在下次采访时，打印出来给江老师看。打印的时候，我特意打得是四号字，还在右栏留出了至少三分之一的篇幅，供江老师增加相关内容。由于整理过程中，有江老师口述的底稿，又参考了大量的文献，再加上我对细节的追求，撰写本身，变成了一个不断做加法的过程。有时候一个上午的采访，能变成本书中好几章的内容。

我做加法，江老师也做加法，他也会在我整理出来的文稿的基础上，再增加相关内容、评语，以保持字里行间语气的连贯。让我很于心不忍的是江老师还会做一些校对，把我在电脑录入中打错的错别字一一订正。

但江老师做得更多的是减法了，尽管这种减法做得并不多。江老师会酌情删去那些他口述时提及但无须放入定稿中的内容，也会删去一些我后来依据资料新加入但他觉得了解不多、没把握的内容。本书定稿后我做了大体的统计：在江老师改定之前，本书初稿有大概 53 万字的内容。在江老师改定之后，本书变成现在这样，大概 43 万字。而删去的 10 万字中，其中有一章，即"反右中的钱端升"，这章主要内容是我根据手头搜集的资料，讲述了钱端升在 1957 年中后期的遭际，江老师觉得与他本人联系不大，很多情况究竟是不是我整理的那样他也不是很有把握，这部分篇幅又不小，于是跟我商量后，决定整章拿下了，差不多有 6 万字，剩下 4 万字平均到全书中，也就是说，江老师删去了不到十分之一的内容。

江老师改定的内容，相当于二稿。而在此之后，我还在此基础上，整理出了本书的定稿，也就是读者诸君眼前的这本书。在统稿的过程中，我的基本原则是不再新添加东西，而是从全书的角度，对篇章布局、前后呼应等方面作出安排与调整，并对重复的情节，或增之，或删之，或统之。比如说，江老师曾先后在留学苏联那章、北京政法学院复办那章以及比较法的情怀那章，三次提出了在留学苏联时既要学拉丁文，又要学罗马法的内容，而且三次叙述大同小异，似乎对每一章来说，这部分内容放入其中都是比较自然的。但我在统稿的时候，还是理智而坚决地删去了重复部分，只在该部分内容第一次出现时，对其做了深入的阐述，由此确保正文中并不出现重复内容，尽量使读者没有"似曾相识"之感。

当然，需要如实地告诉读者的是，出于可以理解的原因，本书在出版时，由我和出版社编辑共同完成了"自我审查"，您所看到的只是一个"节本"。至于"足本"究竟如何？暂且保留一个悬念吧。但无论如何，本书能够顺利出版，必须向法律出版社以及孙东育、郑导两位编辑致以谢意。

为口述法史正名

现在中国法制史学界的学者，甚至包括官方的学科设置，都更多强调了中国法制史的法学特性而忽视了史学属性。这种偏见，不光导致了法制史本身研究的褊狭，亦形成了法史学者的先天不足：研究历史，却不懂得历史的基本方法，只是在封闭的法史体系中故步自封、画地为牢。由此更进一步，也造成了法史学本身的贫乏。正是在这种情况下，黄宗智、李贞德等非法史出身的学者，写起法史的作品，笔走龙蛇，龙飞凤舞，虎虎有生气，一纸而风行天下。

那么，在这里我想着重说的，就是口述法史本身，属于不折不扣的口述史学。它先是史学的，后是法学的；史学是上位的，法学是下位的。充其量，口述法史只是口述历史在法制方面的表现，只是口述历史的小分支而已。

中国内地的口述法史，已经有人在做，但做得还不是很多。比如王文正口述、沈国凡采写的《共和国大审判：审判林彪、江青反革命集团亲历记》、《以共和国名义判决》、《我所亲历的胡风案》等，都可算是口述法史领域的代表作之一。但中国内地，目前仅见的出版物恐怕也就这些。

而反观台湾地区，口述法史的事业可以说是方兴未艾。其中最为精彩的当属于"司法院司法行政厅"主持的《台湾法界耆宿口述历史》，如今已经连续出版到第四辑。另外，"中央研究院"近代史研究所历时三十年而成的洋洋九十一卷"口述历史丛书"中，大致可以归入口述法史领域的也有《杭立武先生访问记录》、《张知本先生访问记录》等。

我天真地期望，这本江平口述自传的出版，能够引领着学界内外，一道投身于中国内地刻不容缓的口述法史事业。

口述法史的采写对象，我想应着重于如下两个方面：其一，法律人的个人回忆，比如学者、法官、检察官、律师、书记员等；其二，重大法制事件的亲历者，无论其知识背景，但求其在现场，亲眼所见、亲身经历。

口述法史的特性在于，先是口述，再是法史。而口述本身，自然需要口述者本身具备这种行为能力。江平诗云，"劝君应服老，莫学莽少年"，可是服老本身，又与口述法史的旨趣大相径庭了。大凡年纪越高、距离历史事件越远，那么口述的清晰度就越差，有用信息也就会越少。

以前胡适曾提出做口述历史（或者回忆录）的黄金时代，即以十年为间隔，四十岁回忆三十岁以前的事，五十岁回忆四十岁以前的事……如此一来，既和历史保持了适度的距离，又不至于距离历史事件过于遥远。

为什么说中国口述法史刻不容缓呢？

读者诸君呀，1949年之后的中国，政治运动频仍，而法律人又是历次政治运动的"重灾区"，当事诸公轻者担惊受怕，中者受尽蹂躏，重者灰飞烟灭，已经使我们这个民族，失去了关于法治事业的最好的历史记忆。

也正是在这种历史背景下，当事人的日记、书信等私人记述，动辄成为揭发批判的罪证，也导致了诸多历史人物不留片瓦的习惯。

与此相对应的，则是我们历史本身的虚假。用胡适的话说，历史成为任人打扮的小姑娘。用更极致的话说，则梁启超所说："二十四史非史也，帝王将相家谱也！"从中小学教育开始，我们的历史教育就成了一种粉饰太平的遮羞布，丝毫未摆脱"成王败寇"的所谓封建史观。

由此推演，口述法史实在已经成为抢救民族法律记忆的不二法门。我们迫切地需要用口述法史的方式，去抢救命运多舛的中华民族那残缺不全的法律记忆。要知道，如江平等生于20世纪30年代的法律人，都已经步入了"80后"，跟遑论比江平还年长十岁、二十岁的学者，怕是早已墓木已拱了。

来吧，让我们一起做口述法史！

2010年5月5日于昌平军都山下

图书在版编目(CIP)数据

沉浮与枯荣:八十自述/江平口述;陈夏红整理.
—北京:法律出版社,2010.9(2023.12 重印)
ISBN 978-7-5118-0857-8

Ⅰ.①沉… Ⅱ.①江…②陈… Ⅲ.①江平—自传
Ⅳ.①K825.19

中国版本图书馆 CIP 数据核字(2010)第 104894 号

沉浮与枯荣:八十自述
CHENFU YU KURONG:BASHI ZISHU

江 平 口述
陈夏红 整理

策划编辑 孙东育 郑 导
责任编辑 孙东育 郑 导
装帧设计 魅力天华

出版发行 法律出版社
编辑统筹 学术·对外出版分社
责任校对 杨锦华
责任印制 陶 松
经 销 新华书店

开本 710 毫米×1000 毫米 1/16
印张 32.5 **字数** 446 千
版本 2010 年 9 月第 1 版
印次 2023 年 12 月第 18 次印刷
印刷 三河市龙大印装有限公司

地址:北京市丰台区莲花池西里 7 号(100073)
网址:www.lawpress.com.cn
投稿邮箱:info@lawpress.com.cn
举报盗版邮箱:jbwq@lawpress.com.cn
销售电话:010-83938349
客服电话:010-83938350
咨询电话:010-63939796

书号:ISBN 978-7-5118-0857-8
定价:88.00 元

凡购买本社图书,如有印装错误,我社负责退换。电话:010-83938349